中华人民共和国海船船员培训大纲熟悉训练资源

# 船长/驾驶员训练指南

## （未满500总吨）

大连海事大学交通运输教材研究所 组织编写

驾驶专业
（未满500总吨）

大连海事大学出版社

Ⓒ 中国海事服务中心　2021

图书在版编目(CIP)数据

船长/驾驶员训练指南：未满 500 总吨 / 中国海事服务中心编. — 大连：大连海事大学出版社，2021. 2
中华人民共和国海船船员培训大纲熟悉训练资源
ISBN　978-7-5632-4122-4

Ⅰ. ①船…　Ⅱ. ①中…　Ⅲ. ①船长—技术培训—教材　Ⅳ. ①U661. 32

中国版本图书馆 CIP 数据核字(2021)第 028702 号

大连海事大学出版社出版

地址:大连市凌海路1号　邮编:116026　电话:0411-84728394　传真:0411-84727996
http://press. dlmu. edu. cn　E-mail:dmupress@ dlmu. edu. cn

大连永盛印业有限公司印装　大连海事大学出版社发行

2021 年 2 月第 1 版　2021 年 2 月第 1 次印刷
幅面尺寸:184 mm×260 mm　字数:758 千　印张:30. 5

出版人:余锡荣

责任编辑:张　华　责任校对:刘长影
封面设计:解瑶瑶　版式设计:解瑶瑶

ISBN 978-7-5632-4122-4　定价:92. 00 元

# 前　言

为有效履行《1978年海员培训、发证和值班标准国际公约》,进一步规范海船船员的培训、发证工作,提高培训质量,提升海员业务素质,交通运输部颁布了《中华人民共和国海船船员适任考试和发证规则》(以下简称"20规则"),并发布《中华人民共和国海事局关于印发〈中华人民共和国海船船员适任考试和发证规则实施办法〉的通知》。通知指出:"'20规则'第二十九条规定的适任考试按照《海船船员培训大纲》确定的适任标准和内容实施。"

为更加有效地配合海船船员适任考试培训,帮助考生顺利通过考试,大连海事大学交通运输教材研究所在深入解读《海船船员培训大纲》的基础上,研究部海事局公布的大纲训练资源,针对海船船员适任考试的特点,组织编写了"中华人民共和国海船船员培训大纲熟悉训练资源"(以下简称"训练资源")。

"训练资源"涵盖了各航区、各船舶等级、各部门的海船船员,所有专业、职级的考试内容,包括:

《航海学》(船长/大副)
《船舶操纵与避碰》(船长/大副)
《船舶结构与货运》(大副)
《航海英语》(船长/大副)
《船舶管理》(船长/大副)
《航海学》(二/三副)
《船舶操纵与避碰》(二/三副)
《船舶结构与货运》(二/三副)
《航海英语》(二/三副)
《船舶管理》(二/三副)

《GMDSS综合业务》
《GMDSS英语阅读》

《主推进动力装置》(大管轮)
《船舶辅机》(大管轮)
《船舶电气与自动化》(轮机长/大管轮)
《船舶管理》(轮机长/大管轮)
《轮机英语》(轮机长/大管轮)
《船舶动力装置》(轮机长)
《主推进动力装置》(二/三管轮)
《船舶辅机》(二/三管轮)
《船舶电气与自动化》(二/三管轮)
《船舶管理》(二/三管轮)
《轮机英语》(二/三管轮)

《船长/驾驶员训练指南》(未满500总吨)

《轮机长/大管轮训练指南》(未满750 kW)
《二/三管轮训练指南》(未满750 kW)

《船舶电气》(电子电气员)
《船舶机舱自动化》(电子电气员)

《船舶管理》(电子电气员)
《信息技术与通信导航系统》(电子电气员)
《电子电气员英语》(电子电气员)

《水手业务》
《机工业务》
《电子技工业务》

《基本安全》
《精通救生艇筏和救助艇、精通快速救助艇、高级消防》
《船舶医疗》
《船舶保安》
《油船和化学品船货物操作》
《液化气船货物操作》
《客船船员特殊培训》
《大型船舶操纵特殊培训》
《高速船船员特殊培训》
《船舶装载危险和有害物质作业》
《使用气体或其他低闪点燃料船舶》
《极地水域船舶操作》

“训练资源”具有针对性强、实用性强的特点,是海船船员参加适任考试、培训必不可少的参考书。

“训练资源”的出版,得到了中国海事服务中心的大力支持,在此表示感谢。在“训练资源”的编写过程中得到了各海事管理机构、航海院校、海员培训机构、航运企业等单位的关心和帮助,特致谢意。

大连海事大学交通运输教材研究所
2020 年 12 月

# 目　录

## 第一篇　航海学

# 第二篇　船舶操纵与避碰

## 第三篇　船舶结构与货运

# 第四篇　船舶管理

# 第一篇
# 航海学

## 第一章
## 船舶定位

### 第一节　地理坐标的定义和度量方法

1. 地理经度和地理纬度的度量范围分别是________。

A. 0°~90°、0°~90°　　B. 0°~180°、0°~180°

C. 0°~180°、0°~90°

2. 地理坐标的基准线是________。

①经线；②纬线；③赤道；④格林子午线

A. ①②　　B. ②③

C. ③④

3. 经差、纬差的方向是根据________来确定的。

A. 起航点相对于到达点的方向

B. 到达点相对于起航点的方向

C. 起航点的地理坐标的名称

4. 地理经度的度量方法是自格林子午线向________或向________度量至该点子午线，由0°至180°计量。

A. 东；西　　B. 北；南

C. 东；南

5. 地理经度中，所谓"东经"是指处于格林子午线________的位置。

A. 东面　　B. 西面

C. 东面或西面

6. 地理经度中,所谓“西经”是指处于格林子午线________的位置。

A. 东面　　B. 西面

C. 东面或西面

7. 地理纬度是以________作为基准线。

A. 赤道　　B. 经线

C. 格林子午线

8. 所谓“地理纬度”是指________。

A. 地球上某点的法线与赤道面的交角

B. 地球椭圆子午线上某点的法线与赤道面的交角

C. 地球椭圆子午线上某点和地心连线与赤道面的交角

9. 某地的地理纬度度量方法是自赤道向________或向________度量至该点所在纬度圈,由0°至90°计量。

A. 东;西　　B. 北;南

C. 西;北

10. 下列关于经差、纬差的说法中,正确的是________。

A. 经差最大为180°　　B. 纬差最大为90°

C. 经差最大为360°

11. 下列关于经差说法中正确的是________。

A. 到达点在西半球,经差方向为西

B. 船舶在东半球航行,经差方向不一定是东

C. 经差最大为90°

12. 下列关于纬差说法中正确的是________。

A. 到达点在南半球,纬差方向为南

B. 船舶在北半球航行,纬差方向为北

C. 北半球航行至南半球,纬差方向为南

13. 已知到达点纬度 $\varphi_2 = 26°24'.6$N,两地间的纬差 $D\varphi = 8°06'.2$N,则起航点纬度 $\varphi_1$ 为________。

A. 18°18′.4N　　B. 15°47′.8N

C. 34°30′.8N

14. 已知起航点经度 $\lambda_1 = 108°24'.6$E,到达点经度 $\lambda_2 = 118°04'.6$E,则两地间的经差 $D\lambda$ 为________。

A. 9°40′.0E　　B. 10°20′.0E

C. 9°40′.0W

15. 已知起航点经度 $\lambda_1 = 111°23'.5$E,两地间的经差 $D\lambda = 24°11'.0$E,则到达点经度 $\lambda_2$ 为________。

A. 135°34′.5E　　B. 087°12′.5E

C. 135°34′.5W

16. 已知起航点经度 $\lambda_1 = 168°24'.0$E,到达点经度 $\lambda_2 = 120°24'.0$E,则两地间的经差 $D\lambda$ 为

________。

A. 48°00′. 0E　　B. 48°00′. 0W

C. 288°48′. 0E

17. 已知起航点纬度 $\varphi_1 = 23°24'.2N$，到达点纬度 $\varphi_2 = 39°16'.4N$，则两地间的纬差 $D\varphi$ 为________。

A. 15°52′. 2N　　B. 15°52′. 2S

C. 62°40′. 2N

18. 已知起航点纬度 $\varphi_1 = 25°10'.2N$，到达点纬度 $\varphi_2 = 13°08'.3N$，则两地间的纬差 $D\varphi$ 为________。

A. 12°01′. 9N　　B. 12°01′. 9S

C. 12°12′. 9S

19. 地理经度是以________作为基准线的。

A. 赤道　　B. 格林经线

C. 测者经线

20. 某地地理经度是格林子午线与该地子午线之间的________。

①赤道短弧；②赤道短弧所对应的球心角；③赤道短弧所对应的极角

A. ②③　　B. ①③

C. ①②③

21. 地理坐标的基准线是________。

A. 经线、纬线　　B. 赤道、格林经线

C. 格林子午圈、纬圈

22. 纬度是以________作为基准线计量的。

A. 赤道　　B. 等纬圈

C. 格林经线

23. 舷角是________。

A. 船首尾线船首方向至物标方位线的夹角

B. 物标的方向

C. 真航向减去真方位

## 第二节　航向、方位和舷角

1. 真航向是________。

A. 船舶航行的方向

B. 船首尾线的方向

C. 船舶航行时真北至航向线之间的夹角

2. 某船真航向 040°，测得某物标真方位 030°，则该物标的相对方位（舷角）为________。

A. 10°　　B. 10°左

C. 50°

3. 某船真航向 040°，测得某物标真方位 050°，则该物标的相对方位（舷角）为________。

A. 10°　　　　B. 10°左

C. 10°右

4. 真方位是________。

A. 船首尾线至物标方位线的夹角

B. 真北至物标方位连线的夹角

C. 真航向减去真方位

5. 某船在我船右前方成交叉态势,系统观察后断定该船能安全在我船首通过,则该船通过我船首线之前,该船位于我船的舷角(圆周法度量)如何变化?

A. 舷角变大　　　　B. 舷角变小

C. 舷角不变

6. 某船真航向 060°,该船舷角 330°处某物标的真方位为________。

A. 30°　　　　B. 030°

C. 270°

7. 某船真航向 060°,该船右正横某物标的真方位为________。

A. 150°　　　　B. 330°

C. 090°

8. 某船真航向 120°,该船右舷 160°某物标的真方位为________。

A. 280°　　　　B. 040°

C. 320°

9. 某船真航向 120°,该船左舷 160°某物标的真方位为________。

A. 40°　　　　B. 040°

C. 320°

10. 某船真航向 120°,该船左正横某物标的真方位为________。

A. 210°　　　　B. 30°

C. 030°

11. 某船真航向 240°,测得某物标真方位 210°,则该物标的相对方位(舷角)为________。

A. 30°左　　　　B. 30°右

C. 30°

12. 某船真航向 060°,该船右舷 30°某物标的真方位为________。

A. 090°　　　　B. 90°

C. 030°

13. 某船真航向 240°,测得某物标真方位 080°,则该物标的相对方位(舷角)为________。

A. 160°右　　　　B. 220°

C. 160°左

14. 当舷角等于 090°时,称为________。

A. 右正横　　　　B. 左正横

C. 正横

15. 当舷角等于 270°时,称为________。

A. 右正横　　　　B. 左正横

C. 正横

16. 下列有关真方位度量的说法中，正确的是________。

A. 真北逆时针度量到物标方位线，度量范围 000°~360°

B. 真北顺时针度量到物标方位线，度量范围 000°~360°

C. 由陀螺北逆时针度量到物标方位线，度量范围 000°~360°

17. 下列有关舷角度量的说法中，正确的是________。

A. 由物标方位线顺时针度量到航向线，度量范围 000°~180°

B. 由物标方位线顺时针度量到航向线，度量范围 000°~360°

C. 由航向线顺时针度量到物标方位线，度量范围 000°~360°

18. 航向（$TC$）、方位（$TB$）、舷角（$Q$）三者之间的关系是________。

A. $TB=TC+Q$　　B. $TB=TC-Q$

C. $TC=TB+Q$

19. 甲、乙两船对驶，甲船大幅度向右转向，乙船保向保速，此时下列说法正确的是________。

A. 甲船位于乙船的舷角发生变化　　B. 甲船位于乙船的舷角不发生变化

C. 乙船位于甲船的舷角不发生变化

20. 甲、乙两船对遇，甲船大幅度向右转向，乙船保向保速，此时下列说法正确的是________。

A. 甲船位于乙船的舷角发生变化　　B. 乙船位于甲船的舷角不发生变化

C. 乙船位于甲船的舷角发生变化

21. 用罗经点划分方向，相邻两罗经点间的夹角为________。

A. 11°30′　　B. 11°15′或 11. 25°

C. 11°25′或 11. 15°

22. 罗经点方向 SW 相当于________。

A. 135°　　B. 45°SE

C. 45°SW

23. 真航向是________。

A. 船舶航行的方向

B. 船舶航行时真北至航向线之间的顺时针夹角

C. 船首向

24. 真方位是________。

A. 船首尾线至物标方位线的夹角　　B. 物标的方向

C. 真北至物标方位线的夹角

25. 下列有关真方位度量的说法中，正确的是________。

A. 由真北逆时针度量到物标方位线，度量范围 000°~360°

B. 由真北顺时针度量到物标方位线，度量范围 000°~360°

C. 由陀螺北逆时针度量到物标方位线，度量范围 000°~360°

26. 某船在我船左前方成交叉态势，系统观察后断定该船能安全在我船首通过，则该船通过我船首线之前时，该船位于我船的舷角（半圆法度量）如何变化？

A. 舷角变大　　B. 舷角变小

C. 舷角不变

27. 某船真航向060°,该船左舷30°某物标的真方位为________。
A. 30°　　B. 90°
C. 030°

## 第三节　海图作业基本要求

1. 海图作业时,船舶航行中决定风流压差值的采用或改变的是________。
A. 值班驾驶员　　B. 大副
C. 船长
2. 驾驶员应认真进行海图作业,发现问题,及时向________报告,并积极提供意见。
A. 船长　　B. 大副
C. 公司
3. 在海图作业中,推算船位的标注方式是:在推算船位附近用分数形式标明船位的时间和________。
A. 船舶航速　　B. 船位的经纬度
C. 推算航程
4. 本航次进行的海图作业,必须保留到________方可擦去,以备查考。
A. 本次航次结束前　　B. 下一次用图时
C. 更换下一张海图时
5. ________应对海图作业全面负责。
A. 船长　　B. 大副
C. 二副
6. 海图作业时,应选择________。
A. 软质铅笔　　B. 硬质铅笔
C. 墨水笔
7. 推算船位的起始点________。
A. 通常采用标准船位　　B. 可根据当时定位条件确定
C. 必须是准确的船位
8. 观测船位记入航海日志时,应记________。
A. 观测船位的经纬度　　B. 观测原始数据
C. 修正误差后的数据
9. 海图作业规则要求,航速15 kn以下的船舶在沿岸航行时应________。
A. 每20 min定位一次　　B. 每30 min定位一次
C. 每小时定位一次
10. 绝对计程仪航程一定可以在________上截取。
A. $TC$　　B. $CA_{\alpha}$
C. $CG$
11. 相对计程仪航程一定可以在________上截取。
A. $TC$　　B. $CA_{\alpha}$

C. *CG*

## 第四节　航标的种类与作用

1. 按设置地点不同，航标可分为________。
   A. 沿海航标、内河航标、船闸航标　　B. 灯塔、灯桩、立标
   C. 灯船、灯浮、浮标
2. 下列沿海航标中，哪些属于固定航标？
   ①灯塔；②灯船；③灯桩；④灯浮；⑤立标；⑥浮标
   A. ①②　　B. ④⑤⑥
   C. ①③⑤
3. 航标的主要作用是________。
   ①指示航道；②供船舶定位；③标示危险区；④供特殊需要
   A. ①②　　B. ①②③④
   C. ③④
4. 是中国海区水上助航标志制度中的________。
   A. 娱乐专用标志　　B. 安全水域标
   C. 孤立危险物标志
5. 中国海区水上助航标志制度所包含的标志类型有________。
   ①侧面标；②方位标；③安全水域标；④孤立危险标；⑤专用标；⑥应急沉船示位标
   A. ①②③④⑤　　B. ②③④⑤⑥
   C. ①②③④⑤⑥
6. 中国海区水上助航标志的顶标形状有________。
   ①罐形；②锥形；③球形；④叉形；⑤柱形；⑥杆形
   A. ①②③④⑤⑥　　B. ①②③④⑤
   C. ①②③④
7. 中国海区水上助航标志的形状有________。
   ①罐形；②锥形；③球形；④柱形；⑤杆形；⑥叉形
   A. ①②③④⑤⑥　　B. ①②③④⑤
   C. ①②③④
8. 船舶夜间由海上驶近我国沿海某港口，发现一光质为“Fl(2+1)红”，表明________。
   A. 该标为推荐航道左侧标　　B. 该标为推荐航道右侧标
   C. 该标为左侧标
9. 我国沿海航行，发现一红色柱形浮标，中间有一道绿色横纹，其上有一红色罐形顶标，该标为________。
   A. 左侧标　　B. 推荐航道左侧标
   C. 推荐航道右侧标

10. 我国沿海航行,发现一绿色杆形浮标,中间有一道红色横纹,其上有一绿色锥形顶标,该标为________。
    A. 右侧标
    B. 推荐航道左侧标
    C. 推荐航道右侧标
11. 我国沿海右侧标的顶标特征为________。
    A. 红色罐形
    B. 红色锥形
    C. 绿色锥形
12. 我国沿海左侧标的顶标特征为________。
    A. 红色罐形
    B. 红色锥形
    C. 绿色罐形
13. 夜间某船驶近我国某海港,看见一红色联闪光灯浮,表明________。
    A. 该标为左侧标,应将其置于本船左舷
    B. 该标为左侧标,应将其置于本船右舷
    C. 该标为右侧标,应将其置于本船左舷
14. 夜间某船驶离我国某海港,看见一绿色联闪光灯浮,表明________。
    A. 该标为左侧标,应将其置于本船左舷
    B. 该标为左侧标,应将其置于本船右舷
    C. 该标为右侧标,应将其置于本船左舷
15. 夜间由海上驶近我国沿海某港口,发现前方有一红色混合联闪光(2+1)灯浮,表明________。
    A. 该标为推荐航道左侧标,应将其置于本船左侧通过
    B. 该标为推荐航道左侧标,应将其置于本船右侧通过
    C. 该标为推荐航道右侧标,应将其置于本船左侧通过
16. 夜间由海上驶近我国沿海某港口,发现前方有一绿色混合联闪光(2+1)灯浮,表明________。
    A. 该标为推荐航道左侧标,应将其置于本船左侧通过
    B. 该标为推荐航道左侧标,应将其置于本船右侧通过
    C. 该标为推荐航道右侧标,应将其置于本船右侧通过
17. 夜间由海上驶离我国沿海某港口,发现前方有一红色混合联闪光(2+1)灯浮,表明________。
    A. 该标为推荐航道左侧标,应将其置于本船左侧通过
    B. 该标为推荐航道左侧标,应将其置于本船右侧通过
    C. 该标为推荐航道右侧标,应将其置于本船左侧通过
18. 夜间由海上驶离我国沿海某港口,发现前方有一绿色混合联闪光(2+1)灯浮,表明________。
    A. 该标为推荐航道左侧标,应将其置于本船左侧通过
    B. 该标为推荐航道左侧标,应将其置于本船右侧通过
    C. 该标为推荐航道右侧标,应将其置于本船左侧通过
19. 浮标的习惯走向可以是航海人员从海上驶近港口、河流、河口或其他水道时所采取的总走

向或由主管当局所确定的，原则上应沿________。

A. 环绕小片陆地的顺时针方向　　B. 环绕大片陆地的逆时针方向

C. 环绕大片陆地的顺时针方向

20. 我国沿海左侧标的顶标是________。

A. 红色锥形　　B. 绿色锥形

C. 红色罐形

21. 我国沿海右侧标的顶标是________。

A. 红色锥形　　B. 绿色锥形

C. 红色罐形

22. 推荐航道侧面标设置在航道的分岔处，标示推荐航道在该标的________。

A. 同名侧　　B. 异名侧

C. 左侧

23. 推荐航道位于推荐航道右侧标的________，深吃水进港船舶通常应将其置于本船________通过。

A. 左侧；左舷　　B. 左侧；右舷

C. 右侧；右舷

24. 推荐航道位于推荐航道左侧标的________，深吃水进港船舶通常应将其置于本船________通过。

A. 左侧；左舷　　B. 左侧；右舷

C. 右侧；左舷

25. 混合联闪光可用于标示________。

A. 锚地　　B. 渔区

C. 航路分支点

26. 如在我国沿海发现一浮标，标身颜色为上黄下黑横纹，则危险物位于其________。

A. 北侧　　B. 东侧

C. 南侧

27. 如在我国沿海发现一浮标，标身颜色为黑黄黑横纹，则船舶应从其________通过。

A. 北侧　　B. 东侧

C. 南侧

28. 如在我国沿海发现一浮标，标身颜色为黄黑黄横纹，则船舶应从其________通过。

A. 北侧　　B. 东侧

C. 西侧

29. 如在我国沿海发现一浮标，标身颜色为黄黑黄横纹，则危险物位于其________。

A. 北侧　　B. 东侧

C. 南侧

30. 如在我国沿海发现一浮标，标身颜色为上黑下黄横纹，则可航水域位于其________。

A. 北侧　　B. 东侧

C. 南侧

31. 如在我国沿海发现一浮标，标身颜色为上黄下黑横纹，应将其置于________通过。

A. 北侧　　B. 东侧

C. 南侧

32. 我国沿海航行,真航向 015°,发现某灯标的真方位为 035°,下列何种情况下表明你船正处在该标所标示的可航水域?

A. 该标显示快闪光(Q)　　B. 顶标为两黑色圆锥,尖对尖

C. 显示联快闪加一长闪光[Q(6)+LFl]

33. 我国沿海航行,真航向 075°,发现某灯标的真方位为 050°,下列何种情况下表明你船正处在该标所标示的可航水域?

A. 该标显示快闪光(Q)　　B. 标身为黑黄黑横纹

C. 显示联快闪加一长闪光[Q(6)+LFl]

34. 我国沿海航行,真航向 105°,发现某灯标的真方位为 130°,下列何种情况下表明你船正处在该标所标示的可航水域?

A. 顶标为两黑色圆锥,尖向上　　B. 标身为上黄下黑横纹

C. 显示联快闪光"快(3)或 Q(3)"

35. 我国沿海航行,真航向 165°,发现某灯标的真方位为 145°,下列何种情况下表明你船正处在该标所标示的可航水域?

A. 顶标为两黑色圆锥,尖向上　　B. 显示联快闪光"快(9)或 Q(9)"

C. 显示联快闪光"快(3)或 Q(3)"

36. 我国沿海航行,真航向 195°,发现某灯标的真方位为 215°,下列何种情况下表明你船正处在该标所标示的可航水域?

A. 该标显示快闪光(Q)　　B. 标身为黑黄黑横纹

C. 显示联快闪加一长闪光[Q(6)+LFl]

37. 我国沿海航行,真航向 265°,发现某灯标的真方位为 245°,下列何种情况下表明你船正处在该标所标示的可航水域?

A. 该标显示快闪光(Q)　　B. 标身为黑黄黑横纹

C. 显示联快闪加一长闪光[Q(6)+LFl]

38. 我国沿海航行,真航向 275°,发现某灯标的真方位为 290°,下列何种情况下表明你船正处在该标所标示的可航水域?

A. 顶标为两黑色圆锥,尖向上　　B. 标身为上黄下黑横纹

C. 显示联快闪光"快(3)或 Q(3)"

39. 我国沿海航行,真航向 355°,发现某灯标的真方位为 335°,下列何种情况下表明你船正处在该标所标示的可航水域?

A. 顶标为两黑色圆锥,尖向上　　B. 标身为上黄下黑横纹

C. 显示联快闪光"快(3)或 Q(3)"

40. 夜间船舶在我国沿海航行,发现某浮标灯质为:甚快(3)5 秒,表明其________存在危险物。

A. 北侧　　B. 东侧

C. 西侧

41. 夜间船舶在我国沿海航行,发现某浮标灯质为:快(6)+长闪 15 秒,表明可航水域位于该标的________。

A. 北侧　　B. 东侧

C. 南侧

42. 夜间船舶在我国沿海航行，发现某浮标灯质为：快(9)15 秒，表明可航水域位于该标的________。

A. 北侧　　B. 东侧

C. 西侧

43. 夜间船舶在我国沿海航行，发现某浮标灯质为：快闪或甚快闪，表明其________存在危险物。

A. 北侧　　B. 东侧

C. 南侧

44. 下列有关方位标志的说法，正确的是________。

A. 危险物位于其同名侧　　B. 异名侧为可航水域

C. 应将其置于异名侧通过

45. 白天，在我国沿海航行的船舶，看到前方有一灯浮的顶标为两尖端朝上的黑色垂直圆锥，则船舶应在该标的________侧通过。

A. 北　　B. 南

C. 东或西

46. 安全水域标志只能显示________。

A. 红色闪光　　B. 绿色闪光

C. 白色闪光

47. 安全水域标志标身的颜色特征为________。

A. 红黑红横纹　　B. 黑红黑横纹

C. 红白相间竖纹

48. 安全水域标志可用于________。

①中线标志；②航道中央标志；③航道入口标志；④指名固定桥下最好的通过点

A. ①②③　　B. ②③

C. ①②③④

49. 安全水域标志的顶标为________。

A. 单个黑球　　B. 垂直两黑球

C. 单个红球

50. 孤立危险物标志的顶标为________。

A. 上下两垂直黑色圆锥　　B. 上下两垂直黑色圆球

C. 单个黑球

51. 沿海航行，发现一柱形浮标，其上装有上下两黑色球形顶标，则船舶应________。

A. 避开该标航行　　B. 靠近该标航行

C. 从该标左侧通行

52. 沿海航行，发现一浮标的标身为黑色中间有红色横纹，该标为________。

A. 推荐航道侧面标　　B. 孤立危险物标

C. 安全水域标

53. 沿海航行,发现一浮标灯质为:闪(2)5秒,则船舶应________。
A. 避开该标航行　　B. 靠近该标航行
C. 从该标左侧通行

54. 沿海航行,发现某浮标标身为红白相间竖纹,则船舶应________。
A. 避开该标航行　　B. 靠近该标航行
C. 从该标右侧通行

55. 沿海航行,发现一柱形浮标,其上装有上下一个红色球形顶标,则船舶应________。
A. 避开该标航行　　B. 靠近该标航行
C. 从该标左侧通行

56. 某船在中国沿海航行,夜间发现一灯标的灯光的颜色为黄蓝光互闪,且在雷达上显示莫尔斯编码"D",则该标为________。
A. 应急沉船示位标　　B. 安全水域标
C. 孤立危险物

57. 在中国海区水上助航标志制度中,专用标的顶标形状是单个________。
A. 黑色圆锥形　　B. 红色圆球形
C. 黄色叉形

58. 专用标的特征是________。
A. 标身为红色　　B. 周期6 s
C. 顶标为黄色

59. 在中国海区水上助航标志制度中,用于标示海上作业区的专用标的闪光节奏为莫尔斯信号________。
A. Q　　B. O
C. F

60. 在中国海区水上助航标志制度中,用于标示禁航区专用标的闪光节奏为莫尔斯信号________。
A. O　　B. P
C. F

61. 在中国海区水上助航标志制度中,用于标示锚地专用标的闪光节奏为莫尔斯信号________。
A. Q　　B. P
C. F

62. 在中国海区水上助航标志制度中,用于标示水产作业区专用标的闪光节奏为莫尔斯信号________。
A. O　　B. P
C. F

## 第五节　方位、距离的测定方法

1. 下列哪些方法不利于提高物标方位的测定精度?

A. 利用罗经测定物标方位时，应保持罗经面水平

B. 尽量采用雷达测定物标方位

C. 尽量观测海图上有准确位置的近物标

2. 在大比例海图上，山形等高线________。

A. 越密表示山形越陡峭　　B. 越疏表示山形越陡峭

C. 疏密与山形的陡峭平坦无关系

3. 初到一陌生海岸，识别沿岸物标的基本方法是________。

①利用对景图；②利用等高线；③利用实测船位识别

A. ①②　　B. ①③

C. ①②③

4. 下列哪些是航海上常用的陆标识别的方法？

①利用对景图；②利用等高线；③利用实测船位；④利用已知物标

A. ①③④　　B. ①②③

C. ①②③④

5. 用于识别物标的对景图可在下列哪些资料中获得？

①航用海图；②航路指南；③航路设计图

A. ①②　　B. ①③

C. ②③

6. 利用等高线识别山形时需要驾驶员能够根据等高线把山的形状想象出来，根据某海图所显示的等高线和驾驶员所看到的实景判断该实景是在此山的哪个方向所看到的？

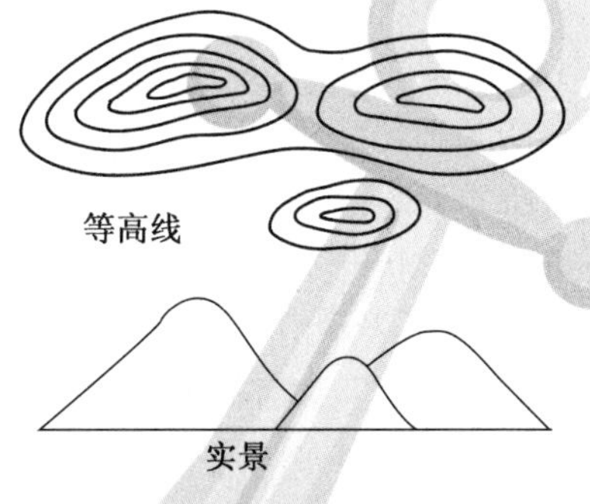


A. 北面　　B. 东面

C. 南面

7. 利用等高线识别山形时需要驾驶员能够根据等高线把山的形状想象出来，根据某海图所显示的等高线和驾驶员所看到的实景判断该实景是在此山的哪个方向所看到的？

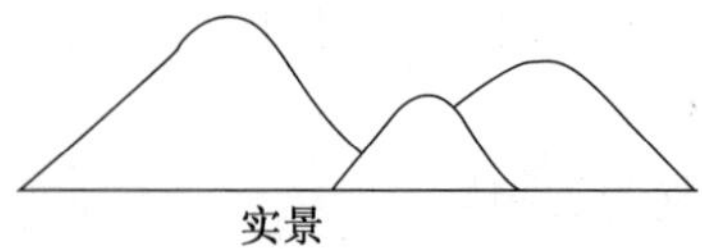


A. 北面　　B. 东面

C. 南面

8. 利用等高线识别山形时需要驾驶员能够根据等高线把山的形状想象出来，根据某海图所显示的等高线和驾驶员所看到的实景判断该实景是在此山的哪个方向所看到的？

A. 北面　　B. 东面

C. 西面

9. 在海图对景图下标有“方位 180°，14 n mile”，表明对景图上的山形是________。

A. 从该物标的南方 14 n mile 所看到的形状

B. 从该物标的北方 14 n mile 所看到的形状

C. 从本船向南 14 n mile 所看到的形状

10. 在大比例尺海图上山形等高线越疏，表示山形越________。

A. 低　　B. 陡峭

C. 平坦

11. 利用船位识别物标的关键是________。

A. 船舶的航行不受风流影响　　B. 所用初始船位应正确无误

C. 船舶应航行在沿岸

12. 陆标定位中，以下物标应首选的是________。

A. 平坦小岛　　B. 显著岬角

C. 树木茂盛的大岛

13. 陆标定位中，以下物标应首选的是________。

A. 孤立小岛　　B. 灯浮

C. 平坦小岛

14. 陆标定位中，以下物标应首选的是________。

A. 灯塔　　B. 灯浮

C. 山峰

15. 下列哪个航标可供船舶进行定位?

A. 灯塔　　B. 灯船

C. 浮标

16. 方位定位,下列哪项不是物标选择时应考虑的因素?

A. 物标离船的远近　　B. 物标是否孤立、显著

C. 物标附近有无危险物

17. 陆标定位时,有远近不等的数个物标分布在船周围,我们在选取时________。

A. 应远近搭配选用　　B. 应选用离船远些的物标

C. 应选用离船近些的物标,且夹角适当

18. 利用磁罗经进行方位测量时,罗经读数要经过下列哪项修正之后才能在海图上绘画定位?

A. 罗经差　　B. 舷角

C. 自差

19. 航海上常用下列哪种方法测定物标的方位?

①利用罗经测定方位;②利用雷达测定方位;③利用六分仪测定方位

A. ①②　　B. ①③

C. ②③

20. 观测陆标进行定位,至少是________条位置线相交才能确定船位。

A. 2　　B. 3

C. 4

## 第六节　方位定位、距离定位和单标方位距离定位

1. 夜间用灯塔进行方位定位时,应先测________。

A. 灯光强的灯塔　　B. 距离近的灯塔

C. 闪光周期长的灯塔

2. 单一物标方位距离定位中,航海上最为常用的方法是________。

A. 利用雷达测定距离和方位定位

B. 利用初显距离和罗经方位定位

C. 利用测深确定距物标距离和罗经方位定位

3. 关于单标方位距离定位方法理解正确的是________。

A. 单标方位距离定位需要考虑位置线的交角

B. 单标方位距离定位不需要考虑物标的距离

C. 雷达观测孤立小岛的方位时不需要修正水平半波束宽度

4. 关于单标方位距离定位方法理解正确的是________。

①单标方位距离定位不需要考虑位置线的交角;②单标方位距离定位不需要考虑物标的距离;③单标方位距离定位不需要考虑观测顺序;④雷达观测孤立小岛的方位时不需要修正水平半波束宽度

A. ①④　　B. ②③

C. ③④

5. 适用雷达单标方位距离定位的物标是________。
①水面灯船;②陆地烟囱;③孤立小岛;④突出岬角
A. ①② B. ②③
C. ③④

6. 航行中采用方位定位时,应先测________。
A. 接近首尾线的物标 B. 正横附近的物标
C. 孤立、平坦的物标

7. 夜间用灯塔进行方位定位时,应先测________。
A. 灯光强的灯塔 B. 闪光周期长的灯塔
C. 闪光周期短的灯塔

8. 锚泊中船舶偏荡时用两标方位定位,为提高锚位精度,应________。
A. 先测船首尾方向附近的物标 B. 先测船正横方向附近的物标
C. 先测任意物标均可

9. 夜间利用两方位进行定位时,应先测________。
A. 强光灯 B. 弱光灯
C. 距离较近的灯

10. 夜间利用两方位进行定位时,应先测________。
A. 闪光灯 B. 定光灯
C. 红光灯

11. 陆标定位时,在有多个物标可供选择的情况下,应尽量避免选择下列何种位置的物标进行定位?
A. 正横前 B. 正横后
C. 左正横

12. 两方位定位时,关于物标的观测顺序,下列哪个说法不正确?
A. 先测首尾方向的物标,后测正横方向的物标
B. 先测周期长的灯光,后测周期短的灯光
C. 先测定光灯,后测闪光灯

13. 两方位定位时,两方位线的交角应________。
A. 不小于20°,不大于120° B. 不小于30°,不大于150°
C. 不小于60°,不大于120°

14. 某船在沿岸航行中,只有一舷有物标可供定位,这种情况下利用三方位定位,应选择物标的夹角约为________最好。
A. 30° B. 60°
C. 90°

15. 三方位定位时,位置线交角最佳值为________。
A. 120° B. 60°
C. 90°

16. 两方位定位时,仅考虑偶然误差的影响,位置线交角 $\theta$ 最佳值为________。

A. 任意角度　　B. 90°

C. 30°<θ<150°

17. 形成船位误差三角形的主要原因有________。

①观测误差；②绘图误差；③位置线交角太接近 120°；④观测仪器的误差

A. ①②③④　　B. ①②③

C. ①②④

18. 形成误差三角形的主要原因是________。

①观测误差；②绘画误差；③看错物标引起的误差；④罗经差不准确引起的误差

A. ①②④　　B. ①③④

C. ①②③④

19. 在测三物标方位定位中，小误差三角形如由随机误差引起，且呈直角形状，则最概率船位在________。

A. 三角形的中心　　B. 三角形的靠近直角顶点

C. 三角形内任意一点

20. 在测三物标方位定位中，小误差三角形如由随机误差引起，且三边近似相等，则最概率船位在________。

A. 三角形的中心　　B. 三角形的任一顶点

C. 三角形内任意一点

21. 在测三物标方位定位中，当三条方位位置线恰好相交于一点，认为该点是________。

A. 三条位置线都不存在误差　　B. 是观测时的实际船位

C. 是最概率船位

22. 在测三物标方位定位中，若存在随机误差，则应将最概率船位确定在误差三角形内的________。

A. 中心点　　B. 短边附近处

C. 导致船舶最靠近危险物的顶点

23. 航行中距离定位时，应先测________。

A. 正横附近的物标　　B. 接近首尾的物标

C. 较远的物标

24. 在下列定位方法中，一般最准确的方法是________。

A. 两方位定位　　B. 三距离定位

C. 三方位定位

25. 两物标距离定位时，在其他条件相同的情况下，两圆弧位置线的夹角为________时，定位精度最高。

A. 30°　　B. 60°

C. 90°

26. 两物标距离定位时，两圆弧位置线交于两点，其中________是观测船位。

A. 离物标较近的一点　　B. 离物标较远的一点

C. 靠近推算船位的一点

27. 两距离定位时，两条方位位置线的夹角应满足________。

A. 大于 30°，小于 150°　　B. 大于 60°，小于 120°
C. 大于 15°，小于 90°

28. 单物标方位距离定位，为了提高定位精度，在物标选取上应尽量________。
A. 选取正横附近物标进行观测　　B. 选取首尾线附近物标进行观测
C. 选取较近物标进行观测

29. 以下定位精度最差的是________。
A. 三方位定位　　B. 距离定位
C. 初隐（显）方位距离定位

30. 当航行海区只有一个可用于定位的陆标，为了测定船位，最好采用________。
A. 单陆标两方位移线定位　　B. 单陆标方位、距离定位
C. 两方位定位

31. 船舶右正横附近有一陆标，利用该标方位、距离定位，关于观测顺序说法正确的是________。
A. 先测方位，后测距离　　B. 先测距离，后测方位
C. 由观测者的习惯决定先后顺序

## 第七节　风流压差

1. 某船航向 030°，海区西北风，西北流，则下列说法正确的是________。
A. 风压差角为“+”　　B. 流压差角为“+”
C. 风流合压差角为“-”

2. 风压差指的是________。
A. 航迹向偏开真航向的角度　　B. 风中航迹向偏开真航向的角度
C. 流中航迹向偏开真航向的角度

3. 关于风压差，下列说法错误的是________。
A. 同等条件下平底船的风压差值要大于尖底船的风压差值
B. 吃水越大风压差值越小
C. 航速越快风压差值越大

4. 流压差指的是________。
A. 船舶在有流无风水域航行，航迹向与真航向之间的夹角
B. 船舶在有流无风水域航行，计划航向与流向之间的夹角
C. 船舶在有流无风水域航行，航迹向与流向之间的夹角

5. 关于风流压差的正负，下列说法正确的是________。
A. 船偏在航向线的左边时为正　　B. 左舷受风、流时为正
C. 左舷受风、右舷受流时为负

6. 某船在狭水道航行，计划航向 030°，所驶陀螺航向 029°，陀螺差 1°E，发现前方右侧浮标方位不变，则下列说法正确的是________。
A. 风压差角为“-”　　B. 流压差角为“-”
C. 风流合压差角为“+”

7. 某船船位刚好位于自海上看陆地方位为 060°的叠标导航线上，以船首对准叠标航行，发现前标逐渐向左偏移，则下列说法正确的是________。

A. 风流合压差角为“-”，应向左调整航向

B. 风流合压差角为“+”，应向左调整航向

C. 风流合压差角为“-”，应向右调整航向

8. 船舶在风中航行，受风影响向下风漂移的速度________、方向________。

A. 小于风速；一定与风向平行

B. 等于风速；不一定与风向平行

C. 小于风速；不一定与风向平行

9. 船舶在航行中测到的风是________，它的方向是指它的________。

A. 真风；来向

B. 视风；来向

C. 真风；去向

10. 关于水流，以下正确的是________。

①流向是指流的来向；②流向是指流的去向；③流向等于受流影响的船舶漂移的方向

A. ①②

B. ①③

C. ②③

11. 某船真航向 225°，海区有西风，则风舷角为________。

A. 45°右

B. 45°左

C. 90°西

12. 某船真航向 000°，海区内北风 6 级，则风舷角为________。

A. 0°

B. 180°

C. 120°

13. 风中航迹推算中，所考虑的风指的是________。

A. 视风

B. 真风

C. 船风

14. 风压差的大小________。

A. 与风速有关，但与风向无关

B. 与风舷角有关，风舷角 90°时最大

C. 与船舶吃水差有关，但与船舶吃水无关

15. 下列哪些因素能影响风压差的大小？

①船型；②风速；③风舷角；④吃水；⑤海流

A. ①②③④

B. ①②③④⑤

C. ②③④⑤

16. 下列哪些因素能影响风压差的大小？

①潮流；②航速；③受风面积；④干舷高度；⑤吃水

A. ②③④⑤

B. ①②③

C. ①②③④

17. 航迹绘算法即海图作业是根据________在海图上作图，画出推算航迹和定位的。

A. 方位、航程和气象资料

B. 航向、方位、距离和风流资料

C. 航向、航程和风流资料

18. 某船真航向 090°，海区内 NW 风转 N 风，风力不变，则船舶风压差________。

A. 变小　　B. 变大

C. 先变小再变大

19. 某船真航向 090°，海区内 N 风转 NW 风，风力不变，则船舶风压差________。

A. 变小　　B. 变大

C. 先变小再变大

20. 确定风压差正负的方法是________。

A. 东风为正，西风为负　　B. 东风为负，西风为正

C. 左舷受风为正，右舷受风为负

21. 下列哪些方法可测定风压差？

①叠标导航法；②连续观测定位法；③雷达观测法

A. ①②　　B. ①③

C. ①②③

22. 在航迹推算中，风流压差小于多少时可不予考虑？

A. 2. 5°　　B. 1°

C. 1. 5°

23. 有流无风情况下的航迹绘算，水流三角形由以下哪些矢量线组成？

①计划航线或推算航迹线；②真航向线；③水流矢量；④流压差

A. ①②③④　　B. ①③④

C. ①②③

## 第八节　航迹推算

1. 某船计划航向 315°，驶真航向 315°，连续定位法实测航迹向 310°，则该船实测风流压差和修正风流压差后应驶的真航向分别为________。

A. +5°、320°　　B. +5°、310°

C. −5°、320°

2. 某船计划航向 315°，驶真航向 315°，连续定位法实测航迹向 320°，则该船实测风流压差和修正风流压差后应驶的真航向分别为________。

A. +5°、320°　　B. +5°、310°

C. −5°、320°

3. 有风流影响下，船舶的推算航迹向 *CG* 与真航向 *TC* 之差，就是当时的________。

A. 风流压差　　B. 风压差

C. 流压差

4. 有风无流影响下，船舶的推算航迹向 *CG* 与真航向 *TC* 之差，就是当时的________。

A. 风流压差　　B. 风压差

C. 流压差

5. 有流无风影响下，船舶的推算航迹向 *CG* 与真航向 *TC* 之差，就是当时的________。

A. 风流压差　　B. 风压差

C. 流压差

6. 用叠标导航法测定风流合压差时，应操纵船舶沿着叠标线航行，此时叠标线的方向就是________。

A. 真航向　　B. 实测航迹向

C. 船首向

7. 某船沿某叠标线航行，图示叠标方位为 358°，罗航向 003°，罗经差 -2°，则风流压差为________。

A. -3°　　B. +3°

C. -7°

8. 叠标导航法测定风流压差时，操纵船舶沿着该叠标线航行时，叠标位于船首偏右，此时风流压差________。

A. 为"+"　　B. 为"-"

C. 为"0"

9. 叠标导航法测定风流压差时，操纵船舶沿着该叠标线航行时，叠标位于船舶首尾线方向，此时风流压差________。

A. 为"+"　　B. 为"-"

C. 为"0"

10. 用雷达观测法测定风流合压差时，风流压差为________和________的夹角。

A. 船首线；物标方位线　　B. 物标方位线；电子方位线

C. 船首线；电子方位线

11. 用雷达观测法实测风流压差，调整电子方位线与固定孤立物标相对运动轨迹平行，如电子方位线偏在航向线左面 3°，罗经差 2°W，则实测风流压差为________。

A. +3°　　B. -5°

C. -3°

## 参考答案

## 第一节 地理坐标的定义和度量方法

1. C　2. C　3. B　4. A　5. A　6. B　7. A　8. B　9. B　10. A
11. B　12. C　13. A　14. A　15. A　16. B　17. A　18. B　19. B　20. C
21. B　22. A　23. A

## 第二节 航向、方位和舷角

1. C　2. B　3. C　4. B　5. B　6. B　7. A　8. A　9. C　10. C
11. A　12. A　13. C　14. A　15. B　16. B　17. C　18. A　19. B　20. C

21. B　22. C　23. B　24. C　25. B　26. B　27. C

## 第三节　海图作业基本要求

1. C　2. A　3. C　4. B　5. A　6. A　7. C　8. B　9. B　10. C
11. B

## 第四节　航标的种类与作用

1. A　2. C　3. B　4. B　5. C　6. C　7. B　8. A　9. B　10. C
11. C　12. A　13. A　14. C　15. A　16. C　17. B　18. C　19. C　20. C
21. B　22. B　23. B　24. C　25. C　26. A　27. B　28. C　29. B　30. A
31. A　32. B　33. C　34. A　35. B　36. B　37. A　38. B　39. C　40. C
41. C　42. C　43. C　44. C　45. A　46. C　47. C　48. C　49. C　50. B
51. A　52. B　53. A　54. B　55. B　56. A　57. C　58. C　59. B　60. B
61. A　62. C

## 第五节　方位、距离的测定方法

1. B　2. A　3. C　4. C　5. A　6. C　7. B　8. C　9. B　10. C
11. B　12. B　13. A　14. A　15. A　16. C　17. C　18. A　19. A　20. A

## 第六节　方位定位、距离定位和单标方位距离定位

1. C　2. A　3. C　4. A　5. C　6. A　7. B　8. B　9. B　10. A
11. B　12. C　13. B　14. B　15. A　16. B　17. C　18. A　19. B　20. A
21. C　22. C　23. A　24. B　25. C　26. C　27. A　28. C　29. C　30. B
31. B

## 第七节　风流压差

1. A　2. B　3. C　4. A　5. B　6. C　7. B　8. C　9. B　10. C
11. A　12. A　13. A　14. B　15. A　16. A　17. C　18. B　19. A　20. C
21. C　22. B　23. C

## 第八节　航迹推算

1. C　2. B　3. A　4. B　5. C　6. B　7. A　8. A　9. C　10. C
11. C

# 第二章 航海图书资料

## 第一节　海图投影

1. 航用海图的基本要求是________。
   A. 恒向线在图上是直线和等角投影
   B. 经线、纬线各自平行且相互垂直
   C. 图内各点局部比例尺相等
2. 船舶在近海和沿岸航行，通常都采用恒向线航线，这是因为________。
   A. 墨卡托海图上恒向线是直线，是两点间最短航程航线
   B. 按恒向线航行，船舶操纵方便，对航程的影响也不大
   C. 恒向线是等角航线，能保持海图的等角特性
3. 某船以固定航向050°航行，该船在球面的理想航行轨迹为________。
   ①与所有子午线相交成恒定角度；②与同一纬线仅相交一次；③与同一子午线相交无数次
   A. ①②　　B. ①③
   C. ①②③
4. 下列哪项是恒向线的特性？
   A. 在墨卡托海图上为直线，但并非最短航程航线
   B. 与经线仅相交一次
   C. 与纬线相交无数次
5. 航向为000°时，恒向线一定与________重合。
   A. 格林子午圈　　B. 子午圈
   C. 赤道
6. 航向为180°时，恒向线一定与________重合。
   A. 格林子午圈　　B. 子午圈
   C. 赤道
7. 航向为270°时，恒向线一定与________重合。
   A. 格林子午圈　　B. 子午圈
   C. 等纬圈
8. 恒向线在墨卡托海图上是一条________。
   A. 直线　　B. 螺旋线

C. 大圆弧

9. 船舶通常沿恒向线方向航行,是因为________。

A. 航程最短　　B. 能保持比例尺相等

C. 能保持航向稳定

10. 航用海图的必备条件是________。

①图上恒向线为直线;②等角投影;③大圆弧为凸向赤道的曲线

A. ①②　　B. ①③

C. ②③

11. 航用海图应满足的条件是________。

①各点局部比例尺相同;②等角投影;③大圆是直线;④恒向线是直线

A. ②④　　B. ②③

C. ①③

12. 纬度渐长率是指墨卡托海图上________。

A. 自赤道到某纬度线的距离

B. 自赤道到某纬度线的距离与图上 1 n mile 的比

C. 自赤道到某纬度线的距离与图上 1 赤道里的比

13. 在同一张墨卡托海图上,1′经度的图长________。

A. 随着纬度的升高而渐长　　B. 随着纬度的升高而变短

C. 处处相等

14. 在不同基准比例尺的两张墨卡托海图上,同一纬度线到赤道的子午线图长________。

A. 与比例尺无关

B. 随比例尺的增加而减小

C. 均为 $MP$×1′经度的图长($MP$ 为该纬度的纬度渐长率)

15. 下列关于墨卡托海图特点的说法,其中错误的是________。

A. 图上经度一分的长度相等　　B. 图上纬度一分的长度相等

C. 所有恒向线在图上都是直线

16. 大比例尺港泊图可以采用下列哪种投影方式?

①高斯投影;②平面图;③心射投影

A. ①②　　B. ①③

C. ①②③

17. 在用平面图制作的大比例尺港泊图中,图上任意两点的局部比例尺________。

A. 相等　　B. 随纬度升高变大

C. 随纬度升高变小

18. 高斯投影,即高斯-克吕格投影,其投影方式为________。

A. 圆柱投影　　B. 圆锥投影

C. 平面投影

19. 高斯投影主要用来制作________。

A. 大圆海图　　B. 小比例尺的大洋图

C. 大比例尺的港泊图

20. 高斯-克吕格投影在航海上主要用于绘制________。
   A. 远洋航行图　　　　B. 近海航行图
   C. 大比例尺港泊图

## 第二节　海图比例尺与海图极限精度

1. 在同样图幅的海图上,下列说法正确的是________。
   A. 基准比例尺越大,海图所表示的地理范围越大,精度越高
   B. 基准比例尺越大,海图所表示的地理范围越小,精度越高
   C. 基准比例尺越小,海图所表示的地理范围越大,精度越高
2. 在同样图幅的海图上,下列说法正确的是________。
   A. 基准比例尺越小,海图所表示的地理范围越大,精度越高
   B. 基准比例尺越小,海图所表示的地理范围越小,精度越高
   C. 基准比例尺越小,海图所表示的地理范围越大,精度越低
3. 海图比例尺越大,海图作业精度________。
   A. 越高　　　　B. 越低
   C. 不变
4. 海图比例尺越小,海图作业精度________。
   A. 越高　　　　B. 越低
   C. 不变
5. 某张海图的比例尺为 1 : 750 000,则图上 0.2 mm 代表地球表面的距离是________。
   A. 75 m　　　　B. 150 m
   C. 375 m
6. 海图比例尺的大小与资料记载的关系:比例尺越大,记载资料________。
   A. 越简单　　　　B. 越详细
   C. 多少不一定
7. 为了提高海图作业和定位的精度,航行中的船舶应尽量选择________海图。
   A. 小比例尺　　　　B. 大比例尺
   C. 任意比例尺

## 第三节　海图的识读及使用注意事项

1. 下图为中版海图的一部分 (1·7) (3·1),则该图显示的两数字的起算面为________。
   A. 平均大潮高潮面(MHWS)
   B. 海图深度基准面(CD)
   C. 1985 年国家高程基准面
2. 中版海图,我国沿海系统测量区域采用________为深度基准。
   A. 理论最低潮面　　　　B. 天文最低潮面

C. 平均大潮低潮面

3. 海图深度基准面通常是海图所标________的起算面。

①水深；②干出高度；③净空高度

A. ①③　　B. ②③

C. ①②

4. 通常情况下，中版海图的高程基准面为________。

A. 理论最低潮面　　B. 平均大潮高潮面

C. 1985 年国家高程基准面

5. 在中版海图上标注的山高，其起算面是________。

A. 平均大潮高潮面　　B. 1985 年国家高程基准面

C. 理论最低潮面

6. 中版海图，图注水深的起算面是________。

A. 平均海面　　B. 平均大潮高潮面

C. 理论最低潮面

7. 通常情况下，中版海图资料上给出的水深比实际的水深________。

A. 大　　B. 小

C. 一样

8. 海图高程基准面通常作为海图上所标________等高程的起算面。

A. 山峰、暗礁　　B. 岛屿、暗礁

C. 山峰、岛屿

9. 某张海图的深度和高程基准面可在下列哪种资料中查取？

A.《航海图书总目录》　　B. 海图图廓注记中

C. 海图标题栏内

10. 下列哪项不是海图标题栏的主要内容？

A. 图名　　B. 本图的改版日期

C. 比例尺与基准纬度

11. 关于海图标题栏中用洋红色印刷部分，下列说法正确的是________。

A. 是制图美观的需要

B. 是海图出版后的补充小改正

C. 与航行安全有关，应重点关注

12. 大比例尺的港泊图上，在计算磁差时，应在________查取磁差资料。

A. 海图左下角　　B. 标题栏

C. 海图右下角

13. 值班驾驶员必须要清楚地知道所使用海图水深、高程的单位和比例尺，欲查阅相关内容，可以查阅________。

A. 海图标题栏　　B. 海图图廓注记

C. 海图图式

14. 海图标题栏通常包括________。

A. 图名、图号、比例尺、投影方法

B. 图名、比例尺、投影方法、计量单位
C. 图名、图号、比例尺、投影方法、计量单位

15. 中版海图图号是按________顺序编排的。
A. 地区　　B. 新版日期
C. 出版日期

16. 判定中版海图是否可用的最重要因素是________。
A. 海图图号和小改正　　B. 出版、发行情况和小改正
C. 海图图号和出版发行情况

17. 在中版海图上，海图的图号在________。
A. 左下角　　B. 四个角上都有
C. 右下角

18. 二副利用《航海通告》某则通告改正海图之后，为了让后续二副或有关人员知道该海图已经改正至最新，应该把该通告的号码和年份登记在________。
A. 海图标题栏　　B. 海图图廓注记左下角区域
C. 海图图廓注记右下角区域

19. 中版海图发行、出版情况印在海图的________。
A. 左下角　　B. 下边中间
C. 右下角

20. 海图上所标比高是指________。
A. 海底至物标顶端的高度　　B. 高程基准面至物标顶端的高度
C. 物标基部地面至其顶端的高度

21. 中版海图所标净空高度是指从________至桥下净空宽度中下梁________的垂直距离。
A. 平均大潮高潮面或江河高水位；最高点
B. 平均高高潮面或当地平均海面；最高点
C. 平均大潮高潮面或江河高水位；最低点

22. 在中版海图上，下列属于高程的是________。
①大部分陆上所标数字；②部分水上带括号的数字；③海图水面上的数字
A. ②③　　B. ①③
C. ①②

23. 中版海图和灯标表里的灯高是指________。
A. 海图高程基准面至灯标基部的垂直距离
B. 海图高程基准面至光源中心的垂直距离
C. 平均大潮高潮面至灯标灯芯的垂直距离

24. 在米制海图上，下列高程标注正确的是________。
A. 10(km)　　B. 11(m)
C. 7.18(m)

25. 我国灯高起算面是采用________。
A. 平均海面　　B. 平均大潮高潮面
C. 深度基准面

26. 架空电缆和桥梁的高度起算面是采用________。
    A. 平均海面　　　　B. 深度基准面
    C. 平均大潮高潮面
27. 灯船的灯高起算面是采用________。
    A. 平均大潮高潮面　　　　B. 深度基准面
    C. 海平面
28. 干出高度是指________。
    A. 涨潮时淹没，退潮时露出水面的高度
    B. 露出在海图深度基准面以上的高度
    C. 露出在平均大潮低潮面的高度
29. 海图水面处带下划线的数字表示________。
    A. 干出高度
    B. 深度不准或采自旧水深资料的水深
    C. 测到一定深度尚未着底的深度
30. 关于下图说法正确的是________。

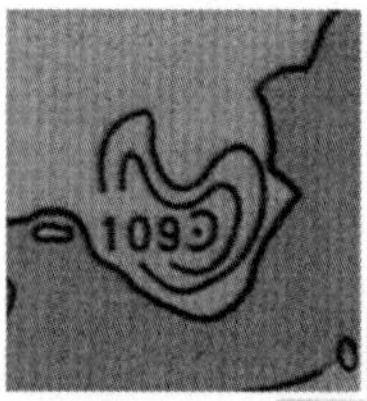

    A. 可以在图上直接读取山顶高程
    B. 该图为草绘等高线
    C. 该图表示地貌测绘精度不符合规范要求
31. 海图底质注记中，缩写“M/S”表示________。
    A. 分层底质，上层为沙，下层为泥
    B. 分层底质，上层为泥，下层为沙
    C. 沙的成分多于泥的成分的混合底质
32. 海图底质注记中，缩写“M. S”表示________。
    A. 分层底质，上层为沙，下层为泥
    B. 泥的成分多于沙的成分的混合底质
    C. 沙的成分多于泥的成分的混合底质
33. 干出高度的起算面为________。
    A. 高程基准面　　　　B. 深度基准面
    C. 平均海面
34. 海图高程基准面通常作为海图上所标________等高程的起算面。
    ①山头；②岛屿；③明礁
    A. ②③　　　　B. ①③
    C. ①②③
35. 海图水面处直体数字注记的水深数字表示________。

A. 实测水深或小比例尺海图上所标水深

B. 深度不准或采自旧水深资料或小比例尺图的水深

C. 测到一定深度尚未着底的深度

36. 海图水面处斜体数字注记的水深数字表示________。

A. 实测水深或小比例尺海图上所标水深

B. 深度不准或采自旧水深资料的水深

C. 测到一定深度尚未着底的深度

37. 海图图式"$15_4$"(直体字)表示________。

①实测水深;②深度不准;③采自小比例尺海图的水深

A. ①　　B. ①或②

C. ②或③

38. 下列各项表示水深的是________。

A. 水上带括号的数字　　B. 水面上的数字

C. 陆上所标数字

39. 中版海图上的注记"疑存"的意义为________。

A. 对礁石、浅滩等的深度存在疑问　　B. 对礁石、浅滩等的存在有疑问

C. 对危险物的位置存在疑问

40. 关于中版海图上的等深线,下列说法正确的是________。

A. 虚线描绘的等深线较为准确

B. 实线描绘的等深线较为准确

C. 采用哪种形式的描绘方法由海图出版商决定

41. 海图水面部分空白处,表示该处________。

A. 不存在航海危险,没有必要测深　　B. 水深足够,没有必要测深

C. 没有详细测量过,应视为不可靠航区

42. 船舶使用资料陈旧、水深点稀少的海图,应尽可能将航线设计在________。

A. 水深点上　　B. 空白处

C. 水深点上和空白处都可以

43. 中版海图图式"细沙泥贝"表示该区底质为________。

A. 上层为细沙,中层为泥,下层为贝

B. 细沙、泥和贝的混合底质

C. 细沙多于泥和贝的混合底质

44. 海图底质注记中,"泥/沙"表示________。

A. 分层底质,上层为沙,下层为泥　　B. 分层底质,上层为泥,下层为沙

C. 泥沙的混合底质

45. 海图底质注记中,"泥沙"表示________。

A. 分层底质

B. 泥的成分多于沙的成分的混合底质

C. 沙的成分多于泥的成分的混合底质

46. 暗礁是指________。

A. 平均大潮高潮时露出的孤立岩石

B. 平均大潮高潮面下，深度基准面以上的孤立岩石

C. 深度基准面以下的孤立岩石

47. 干出礁是指________。

A. 平均大潮高潮时露出的孤立岩石

B. 平均大潮高潮面下，深度基准面以上的孤立岩石

C. 深度基准面适淹的礁石

48. 明礁是指________。

A. 平均大潮高潮时露出的孤立岩石

B. 平均大潮高潮面下，深度基准面以上的孤立岩石

C. 深度基准面适淹的礁石

49. 适淹礁是指________。

A. 平均大潮高潮时露出的孤立岩石

B. 平均大潮高潮面下，深度基准面以上的孤立岩石

C. 深度基准面适淹的礁石

50. 明礁上所标的数字表示________。

A. 明礁的高程　　B. 干出高度

C. 水深

51. 暗礁旁边所标的数字表示________。

A. 干出高度　　B. 深度基准面以下的水深

C. 平均海面下的水深

52. 中版海图图式“+ + + 珊 +”表示________。

A. 珊瑚礁　　B. 明礁

C. 干出礁

53. 中版海图图式中，缩写“概位”是指________。

A. 礁石、浅滩等的存在有疑问

B. 深度可能小于已注明的水深注记

C. 危险物的位置未经精确测量

54. 中版海图图式危险沉船的水深________。

A. ≤20 m　　B. >20 m

C. <28 m，>20 m

55. 中版海图图式非危险沉船的水深________。

A. ≤20 m　　B. >20 m

C. >28 m

56. 海图图式中“船体露出水面的沉船”是指船体露出________。

A. 平均大潮高潮面　　B. 平均海面

C. 海图深度基准面

57. 海图图式中“干出沉船”是指部分船体露出________。

A. 平均大潮高潮面　　B. 平均海面
C. 海图深度基准面

58. 海图图式中“仅桅杆露出的沉船”是指仅桅杆露出________以上的沉船。
A. 平均大潮高潮面　　B. 平均海面
C. 海图深度基准面

59. 中版海图图式“23 岩”表示________。
A. 危险暗礁　　B. 已知深度危险暗礁
C. 非危险暗礁

60. 凡危险物外加点线圈者，表示________。
A. 对水面航行有碍的危险物　　B. 位置未经精确测量的危险物
C. 危险物的位置有疑问

61. 中版海图图式“ⅢⅢⅢⅢⅢⅢⅢⅢ”表示________。
A. 沉船残骸及其他有碍抛锚和拖网的地区
B. 深度不明的障碍物
C. 鱼栅

62. 中版海图图式中，缩写“疑位”是指________。
A. 对礁石、浅滩等的存在有疑问　　B. 深度可能小于已注明的水深注记
C. 对危险物的位置有怀疑

63. 中版海图图式中，缩写“疑存”是指________。
A. 对礁石、浅滩等的存在有疑问　　B. 深度可能小于已注明的水深注记
C. 对危险物的位置有怀疑

64. 中版海图图式“(鱼形符号外加点线圈)”表示________。
A. 禁止捕鱼　　B. 渔网
C. 渔礁

65. 中版海图图式“(鱼形符号外加点线圈) $2_7$”表示________。
A. 已知最浅深度鱼礁　　B. 已知高度的鱼礁
C. 带有编号的渔礁

66. 中版海图图式“⑤碍”表示________。
A. 已知最浅深度的障碍物
B. 经扫海或潜水员探测的障碍物
C. 高出平均大潮高潮面的障碍物

67. 海图图式“┴ ┴ ┴ ┴ ┴ ┴ ┴ ┴ ┴ ┴ ┴”表示________。
A. 引航站　　B. 限制区界限
C. 无线电报告点

68. 海图图式“ 禁 区 ”表示________。
A. 禁止船舶通航区域　　B. 禁止抛锚的区域
C. 禁止捕捞的区域

69. 中版海图图式“ $\underset{岩}{15}$ ”表示________。
A. 适淹礁　　B. 深度不明危险暗礁
C. 已知深度危险暗礁

70. 海图图式“ 270.5 ”表示________。
A. 推荐航线　　B. 导标
C. 叠标

71. 海图改正时，对临时性通告和预告性通告应________。
A. 用红墨水笔改正，并在小改正处做好登记
B. 用铅笔改正，并在小改正处做好登记
C. 用铅笔改正，并在小改正处另起一行登记

72. 使用资料陈旧、水深点稀少的海图，且航行在船舶活动较少的海区时，应________。
A. 尽可能将航线设计在水面空白处
B. 尽可能将航线设计在水深点上
C. 尽可能将航线设计在水深点稀少处

73. 船上海图一旦受潮，应________。
A. 尽量平放阴干　　B. 尽快烘烤干
C. 尽可能晒干

74. 拟定航线时，应尽可能选择________的航用海图。
A. 新版大比例尺　　B. 新版小比例尺
C. 现行版大比例尺

75. 使用海图时，应尽可能选择________。
A. 已改正至最新的新图
B. 已改正至最新的新购置海图
C. 已改正至最新的现行版海图

76. 下列通告中，海图代销店负责改正的是________。
A. 永久性通告　　B. 临时性通告
C. 预告

77. 主要供研究海区形势及拟订航行计划使用的海图叫作________。
A. 海区总图　　B. 航行图
C. 港湾图

78. 主要供船舶在海上航行使用，也可供海洋调查、海洋研究参考使用的海图叫作________。
A. 海区总图　　B. 航行图
C. 港湾图

79. 主要供船舶进出港湾、避风锚地、停靠驻泊时使用,也可用于码头装卸作业和港湾施工建设等方面工作的海图叫作________。

A. 海区总图　　B. 航行图

C. 港湾图

80. 海图按比例尺可以分为________。

①总图;②航行图;③港湾图;④极区图

A. ①②③　　B. ②③④

C. ①③④

81. 下列有关海图使用注意事项的说法不正确的是________。

A. 尽可能使用现行版大比例尺海图

B. 各地海图代销商会对永久性通告进行改正,所以新购置图,其图上资料是最新的

C. 海图上的作业痕迹,应保留痕迹至航次结束或海事处理结束为止

## 第四节　中版航海出版物

1.《中国航路指南》共________卷。

A. 2　　B. 3

C. 5

2. 关于《中国航路指南》,下列说法错误的是________。

A. 可以查阅所覆盖海区的气象水文资料

B. 可以查阅所覆盖海区的航路资料

C. 可以查阅所覆盖海区的所有航用海图

3. 中版《航标表》________更新一次。

A. 每一年　　B. 每两年

C. 每三年

4. 中版《航标表》的主要内容包含________。

①灯标细节;②罗经校正标、测速标表;③无线电信标及差分全球定位系统表;④航标灯质图解

A. ①②③④　　B. ①②④

C. ①③④

5. 下列哪项不属于中版《航海图书目录》的主要用途?

A. 可以查找购买中版航海图书的机构及联系方式

B. 可以抽选航次所用中版航用海图

C. 可以查取航次推荐航线

6. 中版《航海图书目录》________更新一次。

A. 每一年　　B. 每两年

C. 每三年

# 第五节　船舶定线的概念、作用及常见指定航路

1. 关于中版《航海通告》说法正确的是________。
①由海军航保部出版；②周版；③用于改正海图；④用于改正《航标表》等航海资料
A. ②③④　　B. ①②③
C. ①②③④

2. 船舶定线是由任何一条或多条航路系统或航路指定方式构成的航路体系，常见的航路指定方式包括________。
①分道通航制；②双向航路；③推荐航线；④沿岸通航区；⑤避航区、禁锚区
A. ①②③⑤　　B. ①②③④⑤
C. ①②③④

3. 某船在定线制区域内航行，驾驶员应谨慎驾驶。下列有关对定线制的使用和判定正确的是________。
A. 只要船舶沿着某一直通航路行驶，本船就拥有直航船的特权
B. 船舶在定线制区域内航行时，因需要可以穿越航路或转向另一航路，因此，驾驶员必须谨慎驾驶
C. 因实行了定线制，区域内各方向上的交通流得到了很好的组织，真正的通航分隔已经实现

4. 船舶定线制包含________。
①过境航行；②双向航路；③推荐航路；④避航区；⑤分道通航制
A. ①②③④⑤　　B. ②③④⑤
C. ①②③④

5. 船舶定线制包含________。
①过境航行；②渔区航路；③推荐航路；④避航区；⑤分道通航制；⑥双向航路；⑦沿岸通航带
A. ①②③④⑤⑥⑦　　B. ②③④⑤⑥⑦
C. ③④⑤⑥⑦

6. 船舶定线制的主要目标之一是________。
A. 梳理同向或接近同向的交通流　　B. 梳理汇聚区域的交通流
C. 分隔沿岸交通流

7. 船舶定线制的目的是________。
①分隔方向相反的交通流以减少对遇情况；②杜绝在设定航道内行驶船舶与穿越船之间的碰撞发生；③简化船舶汇聚区域内的交通流形式；④指导船舶避开渔场或整顿通过渔场的船舶交通
A. ①②③　　B. ①②③④
C. ①③④

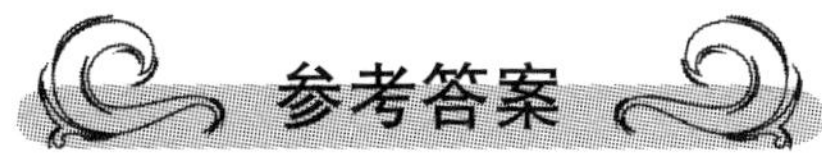


## 第一节 海图投影

1. A 2. B 3. C 4. A 5. B 6. B 7. C 8. A 9. C 10. A
11. A 12. C 13. C 14. C 15. B 16. C 17. A 18. A 19. C 20. C

## 第二节 海图比例尺与海图极限精度

1. B 2. C 3. A 4. B 5. B 6. B 7. B

## 第三节 海图的识读及使用注意事项

1. C 2. A 3. C 4. C 5. B 6. C 7. B 8. C 9. C 10. B
11. C 12. B 13. A 14. B 15. A 16. B 17. B 18. B 19. B 20. C
21. C 22. C 23. C 24. B 25. B 26. C 27. C 28. B 29. A 30. A
31. B 32. B 33. B 34. C 35. B 36. C 37. C 38. B 39. B 40. B
41. C 42. A 43. C 44. B 45. B 46. C 47. B 48. A 49. C 50. A
51. B 52. A 53. C 54. A 55. B 56. A 57. C 58. C 59. C 60. A
61. C 62. C 63. A 64. C 65. A 66. B 67. B 68. A 69. C 70. C
71. C 72. B 73. A 74. C 75. C 76. A 77. A 78. B 79. C 80. A
81. B

## 第四节 中版航海出版物

1. B 2. C 3. A 4. A 5. C 6. A

## 第五节 船舶定线的概念、作用及常见指定航路

1. C 2. B 3. B 4. B 5. C 6. B 7. C

# 第三章

# 船舶报告

## 第一节　船舶报告系统

1. 船舶要加入以船舶搜索救助为目的的报告系统,只需向该系统中心________和提交最终报告。

A. 连续报告船位　　B. 提交航行计划报告

C. 每天三次报告船舶动态

2. 根据《中国船舶报告系统管理规定》,下列说法正确的是________。

A. 参加船舶报告系统是自愿的

B. 参加船舶报告系统是强制的

C. 船舶搜索救助的报告系统是自愿的

3. 关于"船舶报告系统",说法正确的是________。

A. 根据《进港指南》等规定,船舶驶入某国港口时必须加入该港口的船舶报告系统

B. 在以船舶救助为目的的报告系统中,船舶加入该系统是强制的

C. 一般而言,以船舶交通管理为目的的报告对某些船是强制的;以船舶救助为目的的报告是自愿的

4. 关于"船舶报告系统",说法正确的是________。

A. 在以船舶救助为目的的报告系统中,船舶向报告系统提交了航行计划报告就被视为加入该系统

B. 在以船舶救助为目的的报告系统中,船舶向报告系统提交了最终报告就被视为加入该系统

C. 一般而言,以船舶交通管理为目的的报告对某些船是自愿的;以船舶救助为目的的报告是强制的

5. 目前的船舶报告系统主要有________。

A. 以船舶救助和以船舶交通管理为主要目的的报告系统

B. 船位报告系统

C. 船舶动态报告系统

6. 关于对船舶报告系统中的变更报告的正确理解是________。

A. 变更报告是在实际船位与已报告的预计船位有误差时发出的报告

B. 变更报告是在实际船位与已报告的预计船位相差很大,改变航行计划时发出的报告

C. 船长或驾驶员可随时随地发出船位变更报告

7. 根据船舶报告系统文件,“最终报告”是________。

A. 离开报告系统覆盖区域时做出的报告

B. 在离开报告系统覆盖区域内某一港口之前做出的报告

C. 在报告系统覆盖区域内的船位报告

8. 根据船舶报告系统文件,“危险货物报告”是________。

A. 船舶载有危险货物时所做出的报告

B. 当船载危险货物在距岸 200 n mile 范围内散失时所做出的报告

C. 当船载危险货物在大洋上散失时所做出的报告

9. 船舶要退出以船舶搜索救助为目的的报告系统,只需向该系统中心________。

A. 停止报告船位　　　　B. 提交航行计划报告

C. 提交最终报告

## 第二节　船舶交通管理系统

1. 建立船舶交通管理系统(VTS)的目的是________。

①保障船舶交通安全;②提高交通效率;③保护水域环境

A. ①③　　　　B. ②③

C. ①②③

2. 我国船舶交通管理系统安全监督管理的主管机关是________。

A. 交通运输部海事局　　　　B. 国家海洋局

C. 地方港务局

3. 船舶交通管理是海事主管部门通过某些措施,监控通航水域中的船舶交通状况以达到________。

A. 交通法规的全面实施

B. 提高海事主管部门的管理水平

C. 整顿船舶交通秩序,协助船舶航行,减少海难事故

4. 船舶交通管理系统对监管水域所收集的动态信息包括________。

A. 船舶的航向、航速、船位和载货数据

B. 通航监管水域的气温、气压、能见度和航道设施信息

C. 船舶的航向、航速、船位等有关船舶运动数据和水文气象方面数据

5. 船舶交通管理系统实施船舶交通管理的主要形式是________。

A. 收集 VTS 监管水域各种动态和静态信息

B. 发布船舶动态、能见度和他船意图信息;与船舶交换安全信息等信息服务

C. 在船舶请求的情况下提供有偿服务

6. 下列关于船舶交通管理常用方法的表述正确的是________。

A. 向船舶提供航线设计服务

B. 遥控航行船舶,发布操船指令

C. 对通航水域采用船舶报告系统管理制来实现船舶动态管理

7. VTS 中心为船舶提供的服务内容有________。
①他船动态、助航标志、水文气象、航行警(通)告和其他有关信息服务;②航行困难或气象恶劣环境下,或船舶出现了故障或损坏时,提供助航服务;③传递打捞或清除污染等信息和协调救助行动
A. ②③
B. ①③
C. ①②③

8. 航行协助服务是指________ VTS 中心所提供的一种服务。
①应 VTS 区域内船舶请求时;②船舶在恶劣气象条件下航行困难时;③船舶出现故障时;④船舶在锚地等待时
A. ①③④
B. ②③④
C. ①②③

9. 船舶在 VTS 区域内航行、停泊和作业时,在下述哪些情况下需要按主管机关颁发的《VTS 用户指南》所明确的报告程序和内容,通过甚高频无线电话或其他有效手段迅速向 VTS 中心进行报告?
①发生交通事故;②发生污染事故;③发生紧急情况;④发生船员皮肤意外受轻伤事故
A. ①②③④
B. ①②③
C. ①②④

10.《中华人民共和国船舶交通管理系统安全监督管理规则》规定"船舶在 VTS 区域内________时,必须按主管机关颁发的《VTS 用户指南》所明确的报告程序和内容,通过甚高频无线电话或其他有效手段向 VTS 中心进行船舶动态报告"。
A. 航行和停泊
B. 作业
C. 作业、航行和停泊

11. 在我国 VTS 区域内,对船舶向 VTS 系统报告的要求有________。
①根据《VTS 用户指南》要求进行船舶动态报告;②船舶发现助航标志异常、有碍航行安全的障碍物、漂流物或其他妨碍航行安全的异常情况时;③船舶在 VTS 区域内发生交通事故、污染事故或其他紧急情况时
A. ①②
B. ②③
C. ①②③

12. 船舶在我国某港口 VTS 区域内航行、停泊和作业时,必须按主管机关颁发的________所明确的报告程序和内容,通过 VHF 等手段向 VTS 中心进行船舶动态报告。
A.《航次计划指南》
B.《VTS 用户指南》
C.《船舶交通管理》

13. 船舶在 VTS 区域内________时,应通过 VHF 或其他一切有效手段向 VTS 中心报告。
A. 发生交通事故、污染事故或其他紧急情况
B. 转向
C. 与他船协议避让

14. 根据《中华人民共和国船舶交通管理系统安全监督管理规则》,船舶在我国沿海 VTS 区域内航行、停泊和作业时,在通过 VHF 等手段向 VTS 中心进行报告时所用的语言为________。

A. 地方话或普通话　　B. 地方话或英语
C. 普通话或英语

15. 船舶在 VTS 区域内航行,下列哪种情况可不必向 VTS 中心报告?
A. 船员清扫货舱　　B. 发现航标移位
C. 主机故障停车

16. 船舶在 VTS 区域内航行时,应用________行驶,并应遵循主管机关颁发的限速规定。
A. 慢车航速　　B. 快车航速
C. 安全航速

17. 关于船舶在 VTS 区域内锚泊作业时的说法正确的是________。
A. 任何船舶不得在航道、港池和禁锚区锚泊,紧急情况下锚泊必须报告 VTS 中心
B. 任何船舶不得在航道、港池和禁锚区锚泊
C. 除工程作业船舶外,任何船舶不得在航道、港池和禁锚区锚泊

18. 关于船舶在 VTS 区域内航行、停泊和作业时与 VTS 中心保持联系的做法正确的是________。
A. 应在 VHF 16 频道上守听
B. 应在 VHF 16 频道上守听,但可以间断
C. 应在规定的 VHF 频道上守听,并接受 VTS 中心的咨询

## 第一节　船舶报告系统

1. B　2. C　3. C　4. A　5. A　6. B　7. A　8. B　9. C

## 第二节　船舶交通管理系统

1. C　2. A　3. C　4. C　5. B　6. C　7. C　8. C　9. B　10. C
11. C　12. B　13. A　14. C　15. A　16. C　17. A　18. C

# 第四章 船舶定线制

## 第一节　船舶定线制的种类和作用

1. 在定线制区域内对深水航路使用的理解正确的是________。
   A. 深水航路(DW)主要是供船舶吃水与该航路有效水深相关联(安全通过)的船舶使用,不符合上述条件的船舶应尽可能避免使用
   B. 除非有明文规定,一般吃水船舶不可驶入深水航路行驶
   C. 一般吃水船在选择航路时可不采用深水航路,如要使用须经批准后方可驶入
2. 在船舶定线制规定的航路体系中,有关禁锚区的叙述正确的是________。
   A. 禁锚区是一个有规定界限的区域,在该区域锚泊是危险的,禁止任何船舶在该区域内锚泊
   B. 除紧迫危险情况外,所有船舶或特定类型的船舶应避免在该区域内锚泊
   C. 禁锚区是一个有规定界限的区域,在该区域锚泊或是危险的,或是可能对海洋环境造成无法接受的损害,任何时候船舶均应避免在该区域内锚泊
3. 在船舶定线制区域,用空心实线箭矢"⇨"标示________。
   A. 推荐的交通流方向　　B. 指定的交通流方向
   C. 习惯的交通流方向
4. 在船舶定线制区域,用空心虚线箭矢"⇨"标示________。
   A. 推荐的交通流方向(recommended direction)
   B. 指定的交通流方向(established direction)
   C. 习惯的交通流方向
5. 船舶定线制中的避航区域是________。
   A. 有暗礁存在的区域　　B. 渔区
   C. 航行特别危险,船舶必须避离的区域
6. 船舶定线制中的警戒区是________。
   A. 航行特别危险,船舶必须避离的区域
   B. 必须谨慎驾驶但不必避离的区域
   C. 必须谨慎驾驶且必须避离的区域

# 第二节　船舶定线制的航线设计原则和航行方法

1. 根据船舶定线制的规定,船舶________。
   A. 允许穿越双向航路,但必须小角度穿越
   B. 允许穿越双向航路,但应直角穿越
   C. 不允许穿越双向航路
2. 当船舶航行在环行航道区域时,应________。
   A. 在环行航道内,船舶按逆时针方向绕分隔点或圆形分隔带航行
   B. 在环行航道内,船舶按顺时针方向绕分隔点或圆形分隔带航行
   C. 在环行航道内,船舶应将分隔点或圆形分隔带置于右舷航行
3. 当船舶航行在环行航道区域时,应________。
   A. 在环行航道内,船舶应将分隔点或圆形分隔带置于右舷航行
   B. 在环行航道内,船舶按顺时针方向绕分隔点或圆形分隔带航行
   C. 在环行航道内,船舶应将分隔点或圆形分隔带置于左舷航行
4. 船舶航行于双向航路,________。
   A. 应尽可能地靠右行驶　　B. 大船可按中线航行
   C. 小船可按中线航行
5. 船舶定线制规定:在双向航路中航行时,船舶应尽可能地靠________行驶。
   A. 中　　B. 右
   C. 左
6. 根据船舶定线制的规定,双向航路________。
   A. 允许有第三方向的交通流
   B. 不允许有第三方向的交通流
   C. 允许有第三方向的交通流,但保持直角
7. 使用分道通航制的船舶拟定航线时,下列哪种说法是正确的?
   A. 选择双向推荐航线时,应将航线设计在推荐航线右侧适当的地方
   B. 尽可能使用深水航路
   C. 可以将航线设计在相应的分割带内
8. 定线制规定水域的航标是保障船舶定线制顺利实施的物质基础。在定线制水域,浮标的作用是________。
   ①助航标志;②定位标志;③分道界线标志
   A. ①②　　B. ①③
   C. ②③
9. 二副在设计计划航线时,如果使用分道通航制,则计划航线应该________。
   ①顺着分道的交通流流向;②尽可能让开分隔带或分隔线;③驶进或驶出分道的船位应在分道的端部;④尽可能将计划航线设计在沿岸通航带内
   A. ①②③　　B. ①②④
   C. ②③④

10. 不使用分道通航制的船舶拟定航线时,下列哪种说法是正确的?
A. 尽可能远离分道通航制区域 B. 尽可能接近分道通航制区域
C. 可使用深水航路
11. 关于在分道通航制水域设计航线时,下列说法错误的是________。
A. 应直角穿越通航分道 B. 应小角度进出通航分道
C. 应尽量靠近通航分道端部转向
12. 关于在分道通航制水域设计航线时,下列说法错误的是________。
A. 一般将航线画在通航分道的中线上
B. 应直角进出通航分道
C. 尽量避免在通航分道端部转向
13. 在分道通航制水域设计航线时,下列关于航线穿越通航分道的说法中正确的是________。
①尽量直角穿越;②尽量小角度穿越;③应在通航分道端部穿越;④尽量选择警戒区内穿越
A. ①③ B. ②③
C. ①④

## 第三节 使用定线制与船舶避碰的关系

1. 为有利于避让,沿岸航线应尽可能避开________。
A. 深水航路 B. 分道通航区
C. 船舶交汇点和渔船作业区
2. 关于船舶定线制的使用,下列说法错误的是________。
A. 除定线制相关规定外,船舶还应遵守《国际海上避碰规则》
B. 深水航路仅供吃水受限船舶选择,其他任何船舶任何时候不得采用
C. 在双向航路上,船舶应尽可能靠右行驶
3. 在船舶汇聚区域航行的船舶,________。
A. 应实行完全的通航隔离 B. 应十分谨慎地驾驶
C. 拥有特殊船舶优先权

## 第四节 分道通航制区域航行

1. 我国沿海制定的分道通航制区域,如 IMO 未采纳,则________。
A. 仅适用有关“分道通航制”的地方规定
B.《国际海上避碰规则》所有条款仍然适用于该区域
C. 除“分道通航制条款”不适用外,《国际海上避碰规则》其他条款仍然适用于该区域
2. “分道通航制”条款适用于________。
A. 在规则适用水域中设置的任何分道通航制区域
B. IMO 所采纳的任何分道通航制
C. 在公海水域设置的分道通航制区域
3. 船舶在 IMO 采纳的某分道通航制水域航行,应当遵守________。

①《国际海上避碰规则》分道通航制条款；②主管机关制定的特殊规定；③《国际海上避碰规则》其他条款

A. ①②③　　B. ①③

C. ②③

4. 在分道通航水域内，不使用分道通航制的船舶应________。

A. 在分道通航制区域的外缘行驶　　B. 尽可能远离分隔带

C. 尽可能远离分道通航制区域

5. 在分道通航水域，使用分道通航制的船舶，在通航分道内从一侧转移到另一侧，应与分道船舶的总流向成何角度？

A. 尽可能小的角度　　B. 直角

C. 任意角度

6. 船舶在某分道通航制水域航行，则________。

A. 只应沿着通航分道的总流向行驶　　B. 只允许从端部驶进驶出

C. 尽可能让开分隔带与分隔线

7. 在分道通航水域，下列说法正确的是________。

A. 穿越通航分道的船舶不应妨碍沿通航分道行驶的任何船舶的通行

B. 穿越通航分道的船舶，首先有让路的责任

C. 船舶应尽可能避免穿越通航分道

8. 在分道通航制水域，船舶如果不得不穿越通航分道，则________。

A. 应给沿通航分道行驶的船舶让路

B. 不应妨碍沿通航分道行驶的其他船舶

C. 应保持与通航分道呈直角的船首向穿越

9. 在分道通航水域，下列说法正确的是________。

①船舶应避免在分道通航制水域的端部附近锚泊；②船舶航行在分道通航制水域端部附近时应特别谨慎地驾驶；③在分道通航制水域端部附近航行时应充分地考虑到直航船可能改变航向

A. ①②　　B. ②③

C. ①②③

10. 在分道通航水域端部附近，下列说法正确的是________。

①船舶应避免在此区域锚泊；②船舶应保持与通航分道总流向完全一致的航向；③船舶应特别谨慎驾驶

A. ①③　　B. ①②

C. ②③

11. 在分道通航制水域，船舶应尽可能避免在________锚泊。

①在通航分道内；②端部附近；③在分隔带内

A. ①　　B. ③

C. ①②③

12. 在分道通航制水域，船舶应尽可能避免在下列哪些区域内锚泊？

①沿岸通航带；②端部附近；③在分隔带内

A. ①　　　　B. ①②

C. ②③

## 参考答案

### 第一节　船舶定线制的种类和作用

1. A　2. B　3. B　4. A　5. C　6. B

### 第二节　船舶定线制的航线设计原则和航行方法

1. C　2. A　3. C　4. A　5. B　6. B　7. A　8. B　9. A　10. A
11. C　12. B　13. C

### 第三节　使用定线制与船舶避碰的关系

1. C　2. B　3. B

### 第四节　分道通航制区域航行

1. C　2. B　3. A　4. C　5. A　6. C　7. C　8. C　9. C　10. A
11. C　12. C

# 第五章
# 航次计划与航行监控

## 第一节 航次计划

1. 拟定航线的原则是________。
   A. 安全第一　　B. 经济第一
   C. 航程最小
2. 下列关于航线设计步骤的说法中,正确的是________。
   A. 研究航海图书资料、初选航线、绘画航线、拟订重要航段航行措施
   B. 研究航海图书资料、初选航线、拟订重要航段航行措施、绘画航线
   C. 初选航线、研究航海图书资料、绘画航线、拟订重要航段航行措施
3. 设计和绘画航线时应考虑哪些因素?
   ①本船条件;②水文气象条件;③碍航物;④限制区域;⑤分道通航制水域;⑥载重线区域;⑦推荐/习惯航线;⑧船员人数和能力
   A. ①②③④⑤⑥⑦⑧　　B. ①②③④⑤⑥⑦
   C. ①②③④⑤⑥
4. 航线设计的原则为________。
   A. 安全第一　　B. 经济第一
   C. 在安全的前提下考虑经济效益
5. 航线设计时,以下有关禁区(Prohibited Area)的说法中正确的是________。
   A. 计划航线不得穿越禁锚区
   B. 计划航线不得穿越禁渔区
   C. 计划航线不得穿越未做任何说明的禁区

## 第二节 各种条件下的航行方法和监控

1. 经船长审核确认后的航行计划一旦进入执行阶段,________。
   A. 就必须严格按照既定计划执行
   B. 可根据实际情况进行必要的修改和补充,执行过程中应由驾驶员签字确认
   C. 可根据实际情况进行必要的修改和补充,但是修改和补充后的航次计划还需重新由船长审核和确认

2. 在执行航行计划的过程中，值班驾驶员对船位或航行方式有任何怀疑，应________。
A. 立即停车并报告船长
B. 立即报告船长并尽快把船停住
C. 立即报告船长并在必要的情况下采取对船舶安全有利的措施

3. 拟定航线的依据是________。
①现行版航海图书资料；②水文气象条件；③本船技术状态
A. ①②　　B. ①③
C. ①②

4. 在安全的前提下，拟定航线的原则是________。
A. 航程最短　　B. 水文气象最有利
C. 航时最少

5. 拟定沿岸航线时，一般不用考虑下列________因素。
A. 风流情况　　B. 交通密度
C. 安全航速

6. 拟定沿岸航线，应尽量选择________的显著物标作为转向物标。
A. 转向一侧附近　　B. 转向另一侧附近
C. 转向一侧正横附近

7. 拟定沿岸航线，确定航线离岸距离时应考虑下列哪些因素？
①风流影响的大小；②船员技术水平；③航程的长短；④海图测量精度；⑤船舶吃水的大小
A. ①②④⑤　　B. ①②③
C. ①②③④

8. 拟定沿岸航线，确定航线离岸距离时应考虑下列哪些因素？
①通航密度；②转向和避让的旋回余地；③船舶操纵性能；④测定船位的难易
A. ②③④　　B. ①②③④
C. ①③④

9. 拟定沿岸航线，确定航线离危险物的安全距离时可不考虑下列哪项因素？
A. 船上货物装载情况　　B. 能见度的好坏
C. 风流影响情况

10. 沿岸航行中发现水深突然变浅，并与海图上所标水深不符，应采取________措施。
A. 减速并测深　　B. 立即转向
C. 立即停车

11. 单一船位线可用于________。
①避险；②导航；③测定仪器误差
A. ①②③　　B. ②③
C. ①③

12. 单一位置线的用途是________。
①可以缩小推算船位误差范围；②可以判定船舶左右偏离航线情况；③可以作避险线
A. ①②　　B. ①③
C. ①②③

13. 某船以恒定的航向和航速航行，利用相同的两个物标连续进行定位。若各类误差很小可忽略不计，则________。

A. 观测船位沿直线分布

B. 观测船位沿曲线分布

C. 船位间距离与观测时间间隔不成正比

14. 利用浮标导航，下列哪种情况表明船舶被压向前方浮标？

A. 浮标舷角不变　　B. 浮标舷角逐渐增加

C. 船首对着浮标

15. 连续观测航行前方航道一侧某浮标的舷角导航，如船舶行驶在该浮标所标示的航道安全一侧，则该浮标舷角将________。

A. 保持不变　　B. 逐渐增大

C. 逐渐减小

16. 浮标导航，应首先正确辨认各个浮标。通常辨认浮标是观察该标的________。

①颜色；②顶标；③灯质；④形状；⑤编号；⑥射程

A. ①②③④　　B. ①②③④⑤

C. ①②③④⑤⑥

17. 浮标导航，如果看不见估计应该看见的下一浮标或该标位置不对，此时船舶应________。

A. 立即停车、抛锚，查明原因再续航

B. 立即掉头返航，驶往安全水域

C. 立刻采取措施，谨慎驾驶，必要时停车、抛锚

18. 浮标导航，连续观测前方某浮标舷角，如航行中该浮标的舷角始终不变，则表明________。

A. 船舶在通过该浮标前一定行驶在该浮标安全一侧

B. 船舶正逐渐被压向该浮标，并将与之发生碰撞

C. 船舶将偏离航道，进入航道一侧的浅水区

19. 浮标导航，连续观测前方某浮标舷角，如航行中该浮标舷角逐渐增大，则表明________。

A. 船舶在通过该浮标前一定行驶在该浮标安全一侧

B. 船舶正逐渐被压向该浮标，并将与之发生碰撞

C. 船舶将偏离航道，进入航道一侧的浅水区

20. 浮标导航，连续观测前方某浮标舷角，如航行中该浮标舷角逐渐减小，则表明________。

A. 船舶在通过该浮标前一定行驶在该浮标安全一侧

B. 船舶正逐渐被压向该浮标，并将与之发生碰撞

C. 船舶将偏离航道，进入航道一侧的浅水区

21. 利用设置在航道右侧的前后两个浮标导航，如航行中发现本船位于两标连线的右侧，表明本船________。

A. 行驶在航道内，应保向航行

B. 已进入航道左侧的浅水区，应立刻向右转向

C. 已进入航道右侧的浅水区，应立刻向左转向

22. 利用设置在航道左侧的前后两个浮标导航，如航行中发现本船位于两标连线的右侧，表明本船________。

A. 行驶在航道内,应保向航行
B. 已进入航道左侧的浅水区,应立刻向右转向
C. 已进入航道右侧的浅水区,应立刻向左转向

23. 出港航行,利用船尾的方位叠标导航,如发现后标偏在前标的右面,表明船舶偏在叠标线的________(测者自海上观测叠标时的左右),应及时________调整航向。
A. 左面;向左　　B. 左面;向右
C. 右面;向右

24. 出港航行,利用船尾的方位叠标导航,如发现后标偏在前标的左面,表明船舶偏在叠标线的________(测者自海上观测叠标时的左右),应及时________调整航向。
A. 左面;向左　　B. 左面;向右
C. 右面;向右

25. 进港航行,利用船首的方位叠标导航,如发现后标偏在前标的右面,表明船舶偏在叠标线的________(测者自海上观测叠标时的左右),应及时________调整航向。
A. 左面;向左　　B. 右面;向右
C. 右面;向左

26. 利用船尾叠标导航,叠标方位 000°,驶真航向 175°时,恰好保持前后标成一直线,表明________。
A. 船舶应向左转向　　B. 受较大西南流的影响
C. 船舶应向右转向

27. 狭水道航行,常用的保持船舶航行在计划航线上的导航方法有________。
①叠标导航法;②导标方位导航法;③平行线导航法
A. ①②　　B. ①③
C. ①②③

28. 选择自然方位叠标时,从提高灵敏度而言应尽可能选择________的标志。
A. 两标间距大且离测者较远　　B. 两标间距大且离测者较近
C. 两标间距小且离测者较近

29. 通常,方位叠标在航海上可用于________
①导航;②避险;③确定转向时机;④测定罗经差;⑤定位
A. ①②③　　B. ①②③④
C. ①②③④⑤

30. 叠标导航,发现后标位于前标正上方,你船应________。
A. 向左转向　　B. 向右转向
C. 保持航向

31. 进港航行,利用船首的方位叠标导航,如发现前标偏在本船与后标连线的左面,表明船舶偏离计划航线,应及时________调整航向。
A. 用大舵角向右　　B. 用小舵角向右
C. 用小舵角向左

32. 进港航行,利用船首的方位叠标导航,如发现前标偏在本船与后标连线的右面,表明船舶偏离计划航线,应及时________调整航向。

A. 用大舵角向左　　B. 用小舵角向右

C. 用小舵角向左

33. 雷达距离叠标导航，保持雷达活动距标圈始终和前方较近的导标回波相切，此时若发现右侧标志的回波呈现在距标圈外，表明船舶________。

A. 偏左，应向右转向　　B. 偏右，应向左转向

C. 偏左，应向左转向

34. 利用船首叠标导航，叠标方位 270°，驶真航向 275°时，恰好保持前后标成一直线，表明________。

A. 船舶应向左转向　　B. 受较大东北流的影响

C. 罗经可能有偏差

35. 利用船尾叠标导航，叠标方位 090°，驶真航向 275°时，恰好保持前后标成一直线，表明________。

A. 船舶应向左转向　　B. 受较大西南流的影响

C. 船舶应向右转向

36. 利用航线后方导标方位导航，如实测方位大于导航方位，表明船舶________，应________调整航向。

A. 偏在航线左侧；向左　　B. 偏在航线左侧；向右

C. 偏在航线右侧；向左

37. 利用航线后方导标方位导航，如实测方位小于导航方位，表明船舶________，应________调整航向。

A. 偏在航线左侧；向左　　B. 偏在航线左侧；向右

C. 偏在航线右侧；向右

38. 利用航线前方导标方位导航，如实测方位小于导航方位，表明船舶________偏离计划航线，应________调整航向。

A. 向左；向左　　B. 向左；向右

C. 向右；向左

39. 狭水道航行，计划采用导标方位导航法，此时最好选择位于________的单一物标作为导标来引导船舶安全航行。

A. 计划航线正前方　　B. 计划航线正后方

C. 计划航线正横附近

40. 狭水道航行，采用导标方位导航法，应事先根据海图确定所选导标的________，然后结合本船的罗经差，换算出相应的________，航行中保持实测方位等于预先测定值。

A. 罗方位；真方位　　B. 真方位；罗方位

C. 真方位；磁方位

41. 在狭水道航行中，利用导标方位导航，应保持________。

A. 导标方位不变　　B. 导标舷角不变

C. 船舶航向不变

42. 在白天能见度良好情况下，赴指定锚地抛锚时常采用________导航方法。

A. 两方位定位　　B. 三标两水平角定位

C. 导标方位

43. 狭水道航行，采用平行方位线导航，应调整雷达到________相对运动显示方式，并且调整平行方位线与________相平行。

A. 北向上；船首线　　B. 北向上；计划航线

C. 首向上；船首线

44. 采用物标正横转向法，应选择________附近，转向________侧的孤立、显著的物标作为转向物标。

A. 航线；同名　　B. 航线；异名

C. 转向点；同名

45. 某船计划利用转向点右侧附近某物标正横确定转向时机右转 20°，如船舶接近转向点前发现本船偏右，则该船应________。

A. 适当提前转向　　B. 适当推迟转向

C. 物标正横时转向

46. 某船计划利用转向点右侧附近某物标正横确定转向时机右转 20°，如船舶接近转向点前发现本船偏左，则该船应________。

A. 适当提前转向　　B. 适当推迟转向

C. 物标正横时转向

47. 某船计划利用转向点左侧附近某物标正横确定转向时机左转 20°，如船舶接近转向点前发现本船偏右，则该船应________。

A. 适当提前转向　　B. 适当推迟转向

C. 物标正横时转向

48. 某船计划利用转向点左侧附近某物标正横确定转向时机左转 20°，如船舶接近转向点前发现本船偏左，则该船应________。

A. 适当提前转向　　B. 适当推迟转向

C. 物标正横时转向

49. 物标正横转向，应结合本船操纵性能，水流的顺逆和船舶的偏航情况，适当提前或推迟转向。通常顶流航行，船舶应________。

A. 适当提前转向　　B. 适当推迟转向

C. 正横时转向

50. 物标正横转向，应结合本船操纵性能，水流的顺逆和船舶的偏航情况，适当提前或推迟转向。通常顺流航行，船舶应________。

A. 适当提前转向　　B. 适当推迟转向

C. 正横时转向

51. 利用平行方位线转向，自转向物标所作的方位线应________。

A. 与原计划航线垂直　　B. 与新计划航线垂直

C. 与新计划航线平行

52. 船舶在狭水道航行时，下列哪种转向方法必须在雷达的配合下才能进行？

A. 逐渐转向法　　B. 导标方位转向法

C. 平行线转向法

53. 狭水道航行时，如新航线附近有危险物，且无合适的导标用于使船准确地转到新航线上，而利用物标正横转向，一旦转向前船舶已偏离原航线，则转向后很可能偏离新航线，进入两侧危险水域，为避免此情况的出现，可采用________。

A. 平行方位线转向法　　B. 物标正横转向法

C. 连续转向法

54. 船舶在狭水道航行时，无论转向前是否偏离原航线，转向后都能使船舶准确地转到新航线上的转向方法是________。

A. 正横转向法　　B. 四点方位转向法

C. 平行方位线转向法

55. 在平行方位线转向法中，自转向物标所作的方位线应________。

A. 与原计划航线平行　　B. 与新计划航线垂直

C. 与新计划航线平行

56. 如图所示，船舶由 $CA_1$ 转向 $CA_2$ 时，宜利用灯塔采用________。



A. 正横转向法　　B. 逐渐转向法

C. 平行方位线转向法

57. 在狭窄且弯度较大的航道中，常采用的转向方法是________。

A. 逐渐转向法　　B. 平行方位线转向法

C. 导标方位转向法

58. 狭水道航行的转向方法主要包括________。

①物标正横转向法；②逐渐转向法；③导标方位转向法；④平行方位线转向法

A. ①②　　B. ①②③

C. ①②③④

59. 当新航线两侧存在航行障碍物时，宜采用下列哪种转向方法？

①正横转向法；②导标方位转向法；③平行方位线转向法

A. ①②　　B. ①③

C. ②③

60. 下列哪种转向方法中，转向物标既可以用来确定转向时机，转向后还可用来导航？

A. 物标正横转向　　B. 导标方位转向

C. 平行方位线转向

61. ________是一种“转向物标在转向前可以用来确定转向时机，转向后又可用来导航”的转向方法。

A. 导标方位转向法　　B. 平行方位线转向法

C. 平行线转向法

62. 当所选避险物标与危险物的连线与计划航线垂直或接近垂直，且避险物标与危险物位于计划航线同侧时，宜采用________。

A. 方位避险　　B. 距离避险

C. 平行方位线避险

63. 狭水道航行利用距离避险线避险时，避险物标和危险物应该位于航线的________。

A. 同侧　　B. 异侧

C. 正前方

64. 可作为雷达距离避险线的参考物标是________。

A. 陡的岸角　　B. 沙滩岸线

C. 港口建筑中的高塔

65. 在使用雷达距离避险线航行时，应随时操纵船舶使参考物标始终处于________。

A. 距离避险线外侧　　B. 距离避险线内侧

C. 靠近扫描中心

66. 狭水道航行利用方位避险线避险时，避险物标和危险物应该位于航线的________。

A. 同侧　　B. 异侧

C. 正前方

67. 狭水道航行中，为避开航线一侧的危险物，如所选避险物标与危险物的连线与计划航线平行或接近平行，则可采用________。

A. 距离避险　　B. 水平角避险

C. 方位避险

68. 使用雷达方位避险线航行时，将标尺放于避险方位上，下列哪种情况是安全的？

A. 当参考物标回波在避险标尺线与船首线之间时

B. 当参考物标回波在避险标尺线外侧

C. 参考物标在荧光屏上看不见时

69. 如图所示，为避开航线左侧的危险沉船，可利用航线右侧的灯塔进行________。

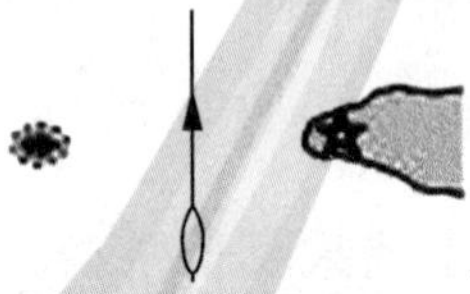

A. 方位避险　　B. 距离避险

C. 平行方位线避险

70. 过浅滩时，保留水深应根据下列哪些因素确定？

①吃水；②底质；③海图水深测量精度；④潮高预报精度

A. ①②③④　　B. ①②③

C. ②③④

71. 过浅滩时，最小安全水深应根据下列哪些因素确定？

①吃水；②咸淡水差；③横倾；④船体下沉；⑤航道变迁

A. ①②③④　　B. ①②③④⑤

C. ②③④⑤

72. 过浅滩时，确定最小安全水深可不考虑下列哪个因素？
A. 海图水深
B. 油水消耗减少吃水
C. 船体下沉

73. 过浅滩时，船舶吃水会因横倾而加大，与吃水增加量有关的是________。
A. 船长
B. 吃水
C. 船宽

74. 过浅滩时，船舶吃水会因横倾而加大，与吃水增加量有关的是________。
A. 船宽与型深
B. 船宽与吃水
C. 船宽与横倾角

75. 水深受限时，船舶到达浅滩前，应及时调整吃水，使船舶处于________。
A. 首倾
B. 尾倾
C. 平吃水

76. 船舶过浅滩时应注意以下哪些事项？
①调整吃水；②候潮；③控制船速；④掌握最新资料；⑤尽量避免在浅水会遇
A. ②③④⑤
B. ①②③④
C. ①②③④⑤

77. 雾中航行，每一船舶必须________。
A. 以正常速度行驶
B. 减速行驶
C. 以安全航速航行

78. 下列雾航措施中，哪项是错误的？
A. 通知机舱备车，采用安全航速
B. 开启 VHF，按章施放雾号
C. 保持肃静，关闭所有驾驶台的门窗

79. 下列关于船舶沿岸雾航的说法中，正确的是________。
A. 应尽可能使航线与岸线总趋势平行
B. 主要使用雷达瞭望，目视瞭望是次要的
C. 采用逐点航法能确保船舶航线安全

80. 某船在沿海驶入雾区后，驾驶员发现航线前方能见度越来越差，为确保航行安全采取了以下对策，其中不恰当的是________。
A. 修正航线，增大航线与海岸线之间的距离，保证有足够的回旋余地
B. 修正航线，绕过雾区
C. 鸣放雾号，认真瞭望，加派瞭头

81. 某船在海上雾区航行，为确保航行安全驾驶员采取了一系列应对措施。以下对策中错误的是________。
A. 修正航线，增大航线与海岸线之间的距离，保证有足够的回旋余地
B. 认真守听 VHF 并每隔一定时间通过 VHF 发布本船动态消息
C. 根据听见雾号迅速判断他船方位，改向航行

82. 潮差比是________之比。
A. 附港平均潮差与主港平均潮差
B. 主港潮差与附港潮差

C. 主港平均潮差与附港平均潮差

83. 对日潮港来说,潮差比是指________之比。

A. 附港平均潮差与主港平均潮差

B. 附港回归潮大的潮差与主港回归潮大的潮差

C. 主港回归潮潮差与附港回归潮潮差

84. 利用中版《潮汐表》求某主港潮汐,可从________查该主港资料所在页数。

A. 主港索引　　B. 目录

C. 地理索引

85. 以下哪种不属于中版潮汐表内容?

A. 主港潮汐预报表　　B. 潮流预报表

C. 调和常数表

86. 中版《潮汐表》预报潮高的误差,在一般情况下为________。

A. 10 cm 以内　　B. 100 cm 以内

C. 20~30 cm

87. 中版《潮汐表》中的潮时采用________。

A. 世界时　　B. 地方时

C. 当地标准时

88. 中版《潮汐表》中,一些重要港口的每小时潮高在以下哪个表中查找?

A. 主港潮汐预报表　　B. 附港潮汐预报表

C. 潮汐预报表

89. 主、附港的潮时差为"+",说明________。

A. 附港位于主港的东面　　B. 附港位于主港的西面

C. 附港高、低潮潮时晚于主港

90. 中国海区《潮汐表》共几卷?

A. 2　　B. 3

C. 4

91. 我国某主港高潮潮时 1038,潮高 489 cm,其附港的潮差比为 0.76,潮时差-0015,改正值-30,则该附港的高潮潮时和潮高分别为________。

A. 1023、295 cm　　B. 1053、365 cm

C. 1023、342 cm

92. 在潮汐推算中,如主港 3 月 6 日低潮时为 2357,低潮时差为+0103,则相应的附港低潮潮时为________。

A. 3 月 6 日 2254　　B. 3 月 7 日 0100

C. 3 月 7 日 0003

93. 以下哪种水文气象因素的急剧变化会引起潮汐变化的反常现象?

①寒潮;②台风;③海啸

A. ①③　　B. ②③

C. ①②③

94. 寒潮对潮汐的影响是________。

A. 引起“增水” B. 引起“减水”
C. 引起下雪

95. 台风对潮汐的影响是________。
A. 引起“增水” B. 引起“减水”
C. 引起降雨

96. 在山东高角以北及渤海，由于冬季寒潮的影响，常常使实际水位低于潮汐表的预报，这种现象称之为________。
A. 增水 B. 减水
C. 涨潮

97. 在我国闽、浙沿海，由于台风的影响，常常使实际水位高于潮汐表的预报，这种现象称之为________。
A. 增水 B. 减水
C. 涨潮

98. 如果海图上往复流箭矢标注两个数字，分别表示________。
A. 小潮日与大潮日的最大流速 B. 大潮日与小潮日的最小流速
C. 小潮日的最大流速与平均流速

99. 海图上某地往复流箭矢上标注的一个数字是________。
A. 平均流速 B. 小潮日的最大流速
C. 大潮日的最大流速

100. 中版《潮汐表》中，江河口涨潮流的流速比落潮流的流速________。
A. 一样 B. 要大
C. 要小

101. 利用海图上的往复潮流资料计算流速，在转流时的流速应为________。
A. 最大流速 B. 平均流速
C. 接近于零

102. 若海图上标注往复流大潮日流速时，则平均最大流速为________。
A. 3/4 大潮日流速 B. 1/2 大潮日流速
C. 1/4 大潮日流速

103. 中国某海区为往复流，大潮日最大流速为 4 kn，则农历初七该地的最大流速为________。
A. 3 kn B. 4 kn
C. 2 kn

104. 中国沿海某海区海图上往复流箭矢上的数字为 4 kn，则该海区农历初三的最大流速为________。
A. 2 kn B. 3 kn
C. 4 kn

105. 中国沿海某海区海图上往复流箭矢上的数字为 4 kn，则该海区农历初十的最大流速为________。
A. 2 kn B. 3 kn
C. 4 kn

106. 从2007年中国潮汐表的“潮流预报表”中查得成山角8月3日的潮流资料如下:
(+)表示流向343°,(-)表示流向163°,时区:-0800

| 8月 | | | |
|---|---|---|---|
| 3 | 转流 | 最大流 | |
| | 时分 | 时分 | 流速 |
| F | | 0239 | -2.6 |
| | 0551 | 0847 | 2.6 |
| | 1152 | 1459 | -2.3 |
| | 1801 | 2102 | 2.5 |

则8月3日1000的流向为________。

A. 343°　　B. 163°

C. -343°

107. 中国某海区为往复流,小潮日最大流速为4 kn,则农历初六该地的最大流速为________。

A. 3 kn　　B. 3/4 kn

C. 6 kn

108. 半日潮港,涨潮流箭矢上标注2 kn,则该处大潮日涨潮流第二小时内的平均流速为________。

A. 2/3 kn　　B. 4/3 kn

C. 8/3 kn

109. 半日潮港,涨潮流箭矢上标注2 kn,则该处大潮日涨潮流第六小时内的平均流速为________。

A. 2/3 kn　　B. 4/3 kn

C. 8/3 kn

110. 半日潮港,涨潮流箭矢上标注2 kn,则该处大潮日涨潮流第三小时内的平均流速为________。

A. 2/3 kn　　B. 4/3 kn

C. 2 kn

111. 半日潮港,涨潮流箭矢上标注2 kn,则该处大潮日涨潮流第五小时内的平均流速为________。

A. 2/3 kn　　B. 4/3 kn

C. 8/3 kn

112. 半日潮港,涨潮流箭矢上标注4 kn,则该处小潮日涨潮流第一小时内的平均流速为________。

A. 2/3 kn　　B. 4/3 kn

C. 8/3 kn

113. 对于半日潮的水域,往复流的最大流速一般出现在________。

A. 转流时间　　B. 转流后3 h

C. 转流前1 h

114. 回转流图中,顶端有数字“2”的箭矢表示________。

A. 主港高潮前2 h时的流向　　B. 主港高潮后2 h时的流向

C. 主港转流流速为 2 kn

115. 在中版海图上回转流的图中，矢端注有数字“Ⅱ”的箭矢表示________。
A. 主港高潮前 2 h 的流向　　B. 主港高潮后 2 h 的流向
C. 该处高潮前 2 h 的流向

116. 回转流图式中心的地名是________。
A. 该处的地名　　B. 附港
C. 主港

117. 在 A 海区海图上印有如图所示的图式，查潮汐表得 7 月 2 日青岛高潮时为 0800、1430，则 7 月 2 日 0600 时 A 地的潮流流向约为________。

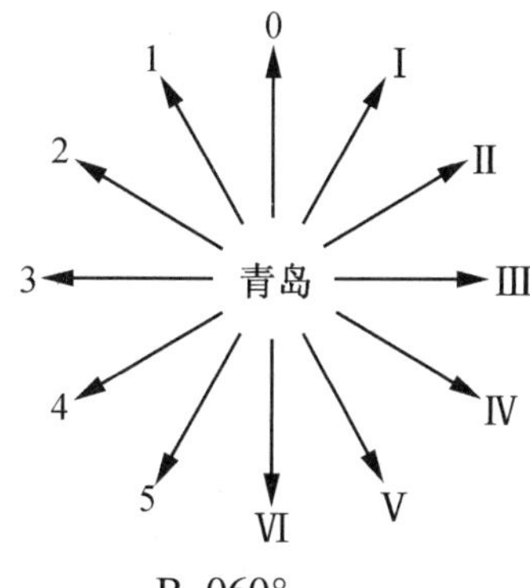


A. 000°　　B. 060°
C. 300°

118. 回转流图中，矢端注有数字“0”的箭矢表示________。
A. 主港低潮时的流向　　B. 主港高潮时的流向
C. 主港转流流速为 0

参考答案

## 第一节　航次计划

1. A　2. A　3. B　4. C　5. C

## 第二节　各种条件下的航行方法和监控

| | | | | | | | | | |
|---|---|---|---|---|---|---|---|---|---|
| 1. C | 2. C | 3. C | 4. C | 5. C | 6. C | 7. C | 8. B | 9. A | 10. C |
| 11. A | 12. C | 13. A | 14. A | 15. B | 16. B | 17. C | 18. B | 19. A | 20. C |
| 21. C | 22. A | 23. C | 24. A | 25. C | 26. B | 27. C | 28. B | 29. B | 30. C |
| 31. C | 32. B | 33. A | 34. C | 35. B | 36. C | 37. B | 38. C | 39. A | 40. B |
| 41. A | 42. C | 43. C | 44. C | 45. B | 46. A | 47. A | 48. B | 49. B | 50. A |
| 51. C | 52. C | 53. A | 54. C | 55. C | 56. C | 57. A | 58. C | 59. C | 60. B |

61. A　62. B　63. A　64. A　65. A　66. A　67. C　68. B　69. C　70. C
71. A　72. A　73. C　74. C　75. C　76. C　77. C　78. C　79. A　80. B
81. C　82. A　83. B　84. B　85. C　86. C　87. C　88. A　89. C　90. B
91. C　92. B　93. C　94. B　95. A　96. B　97. A　98. A　99. C　100. C
101. C　102. A　103. A　104. C　105. A　106. A　107. C　108. B　109. A　110. C
111. B　112. A　113. B　114. A　115. B　116. C　117. C　118. B

# 第六章 电子海图的使用

## 第一节　电子海图系统

1. 关于矢量化海图和光栅扫描海图,下列说法错误的是________。
   A. 光栅扫描海图可看作是纸质海图的复制品
   B. 光栅扫描海图可以进行选择性查询、显示和使用数据
   C. 矢量化海图是将数字化的海图信息分类存储的数据库
2. 关于光栅海图与矢量海图相比,正确的说法是________。
   A. 对于相同水域范围而言,光栅海图数据占有储存量小,矢量海图数据占有储存量大
   B. 光栅海图可以做询问式操作,矢量海图不可以做询问式操作
   C. 光栅海图既不能做询问式操作,也不能任意缩放其比例尺
3. 按照制作方式与显示特点,目前使用的电子海图可分为________两大类。
   A. 扫描图和印刷图　　B. 数码图和打印图
   C. 光栅图和矢量图
4. 矢量电子海图的主要特点不包括________。
   A. 数据可查询性　　B. 物标可分类显示
   C. 显示样式与纸质海图完全相同
5. 使用光栅电子海图与矢量电子海图时,两者在信息处理方面都能实现的性能是________。
   A. 对信息进行选择显示　　B. 与设备数据进行数值比较
   C. 显示与纸质海图相同的信息
6. ECDIS(电子海图显示与信息系统)主要用来显示矢量海图,若要替代纸质海图,它必须使用________。
   A. TX97 数据
   B. RNC(光栅航海图)
   C. ENC(电子航海图)数据
7. 关于 ECDIS 与 ECS 的区别正确的说法是________。
   A. ECDIS 是用来显示非官方矢量电子海图或光栅电子海图数据库的海图显示系统
   B. ECS 是用来显示非官方矢量电子海图或光栅电子海图数据库的海图显示系统
   C. ECS 的基本功能与 ECDIS 类似,但 ECDIS 主要用于小型船舶导航

## 第二节 矢量海图与光栅海图

1. 下列关于光栅海图和矢量海图正确的说法是________。
   A. 光栅海图可以通过与定位传感器(如 GPS)等接口来加以改正,使用者可以对光栅海图做询问式操作
   B. 矢量海图所用的海图矢量数据不可能通过纸质海图或其他纸质航海出版物获得,只能直接从官方水道测量部门的电子海图数据库(ECDB)中获得
   C. 矢量海图因为图标数据的各种信息分层次存放,这意味着航海者可以手动查询不同图标的性质,也可指令系统自动完成这种查询
2. 关于光栅扫描海图的特点,下列说法错误的是________。
   A. 光栅扫描海图能够反映出纸质海图上的所有信息
   B. 光栅扫描海图具有纸质海图同样的精度
   C. 光栅扫描海图的显示方向可以任意旋转
3. 下列关于光栅海图描述错误的是________。
   A. 光栅海图可以看作是纸质海图的复制品,具有纸质海图的同等精度
   B. 光栅海图能任意缩放其比例尺,但不能做询问式操作(如查询某一海图要素特征,或隐去某类海图要素)
   C. 光栅海图可以被改正,且其显示的几何图形(如岸线、水深等)与纸质海图一一对应,不能描述其详细资料

## 第三节 ECDIS 定义与术语

1. 电子海图数据是指描写海域地理信息和航海信息的数字化产品,是数字海图的一种。从电子海图数据属性而言,下列说法正确的是________。
   A. 光栅海图是以空间数据和属性数据所组成的矢量数据描述海图及相关信息,光栅海图不可以被改正
   B. 矢量海图以空间数据和属性数据所组成的矢量数据描述海图及相关信息。矢量数据可有多种文件格式按一定的方式保存信息
   C. 光栅海图是指以栅格形式(图像方式如 TIF、JPG 等格式文件)表示的数字海图,属非标准电子海图
2. ENC 数据必须为________坐标系。
   A. BJ54　　B. WGS-84
   C. Pulkovo 1942

## 第四节 ECDIS 数据主要特性

1. 根据 ECDIS 最新性能标准,关于对 ECDIS 数据显示层次表述正确的是________。
   A. 信息显示可以分为基本显示和根据需要显示共两个层次

B. 信息显示可以分为基本显示、标准显示和根据需要显示共三个层次
C. 信息显示可以分为标准显示和根据需要显示共两个层次

2. 下列关于 ECDIS 数据的描述不正确的是________。
A. ENC 数据的内容必须无法被更改
B. ENC 数据必须与其更新数据分别存储
C. ECDIS 不允许人工输入系统数据更新信息

3. ENC 数据与其更新数据应________。
A. 分别存储　　B. 混合存储
C. 由主管机关决定存储方式

4. 关于 ECDIS 海图显示，下列说法错误的是________。
A. 基础显示是 ECDIS 第一次开机时的显示状态
B. 基础显示是一直都要显示的内容
C. 基础显示是永久都要保留在显示器上的显示内容

5. ECDIS 的显示背景主要有________的调整变化，以适合驾驶台光线。
A. 白天、夜晚　　B. 上午、下午
C. 白天、晨昏、夜晚

6. 下列不属于 ECDIS 标准显示的信息是________。
A. 海岸线　　B. 水深点
C. 禁航区和限航区

7. 自动删除 ECDIS 中 ENC 手动更新信息的正确方法是________。
A. 自动接收与手动更新信息相同的更新文件
B. 利用含有与手动更新信息相同的更新文件的存储介质
C. 安装新版 ENC 数据

8. 关于 ECDIS 数据更新，下列说法错误的是________。
A. 通过光盘等介质读取更新数据
B. 通过网络自动获取更新数据
C. 通过手工修改或替换海图数据文件进行更新

## 第五节　ECDIS 提供的安全参数

1. ECDIS 信息显示中，以下说法正确的是________。
A. 本船符号显示为椭圆形
B. APRA 目标显示为菱形
C. 本船符号是双色黑圆圈或比例船型

2. ECDIS 信息显示中，本船符号永远显示为一个固定大小的符号并带有航向航速矢量线，这种说法正确吗？
A. 正确，本船符号为双色黑圆圈，易于区别确认
B. 不正确，本船符号在海图比例尺改变时会放大或缩小符号的尺寸
C. 不正确，ECDIS 中规定，驾驶员可以选择始终显示固定符号或在比例尺达到一定值时将

本船显示为比例船型

3. ECDIS 默认安全水深等深线为________,实际应用中为判别本船船位是否处于搁浅风险区域,应根据实际要求预先设置。

A. 30 m　　B. 10 m

C. 5 m

4. 关于本船位置和电子海图上位置所用的坐标系,以下说法正确的是________。

A. 本船位置使用的坐标系与电子海图坐标系是两个相互独立的坐标系,两者可能不同,此时要注意船位修正

B. 显示的船位与电子海图的位置所用的坐标系肯定是一样的,不用修正

C. ECDIS 自动根据位置传感器信号并校正后显示在电子海图上,可以不考虑坐标系不同的影响

5. 在电子海图显示与信息系统(ECDIS)中,关于海图显示,下列说法错误的是________。

A. 可以在给定的投影方式下 zoom in/zoom out

B. 不能隐去本船在特定航行条件下不需要的信息

C. 可以按比例尺显示

6. ECDIS 的海图显示可以根据本船设置的________参数进行强调显示。

A. 安全水深和浅水等深线　　B. 安全水深和安全等深线

C. 船舶净高

7. 在 ECDIS 系统中,安全水深是可以通过不同颜色来显示的。从显示图片上可得到,当前本船设置的安全水深为________。

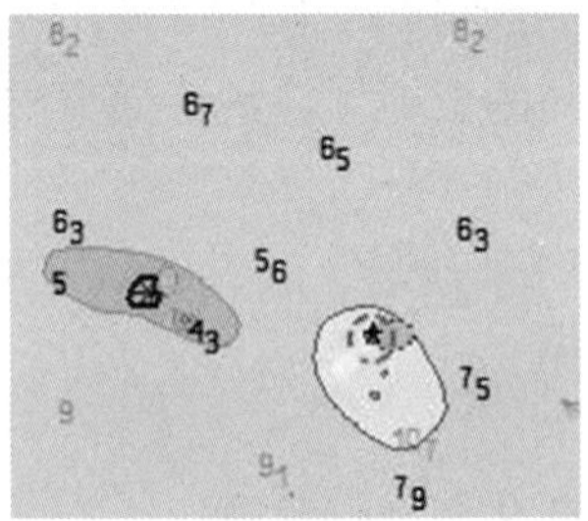

A. 5 m　　B. 8 m

C. 10 m

8. ECDIS 可以根据本船设置的________参数进行 4 阴影显示海图的水深区域。

A. 安全等深线、深水等深线和浅水等深线

B. 安全水深和浅水等深线

C. 安全水深和安全等深线

9. ECDIS 中 SENC 信息显示类别中,应能通过单次操作而显示的是________。

A. 基础显示　　B. 标准显示

C. 黄昏背景显示

10. ECDIS 显示的信息中,优先显示的是________。

A. ENC 警告　　B. 雷达信息

C. ECDIS 视觉警告/警示

11. 在 ECDIS 中,下图代表的区域为________。

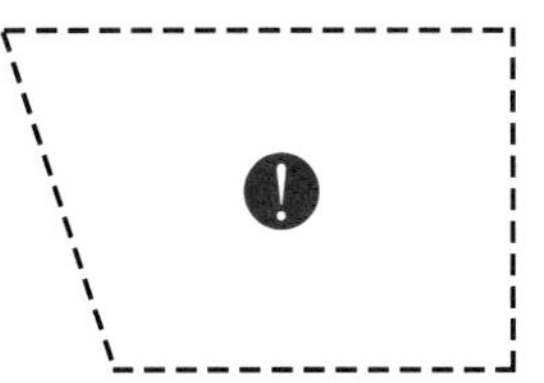

A. 检疫锚地　　B. 禁航区
C. 该区域无法被准确描述

12. 在设置 ECDIS 安全水深时,需要考虑的因素包括________。
①船舶吃水;②船体下沉量;③富余水深;④潮高
A. ①②④　　B. ②③④
C. ①②③

13. 不能单独使用 ECDIS 避碰的原因有________。
①ECDIS 中的目标数据存在较大延时,不能及时反映避碰态势;②就避碰而言,ECDIS 的资料比雷达观测资料还要充分;③有部分目标如渔船、军舰等,不配或者不开启 AIS,会导致该目标不显示在 ECDIS 上
A. ①③　　B. ①②
C. ②③

14. ECDIS 可根据本船船位与移动目标的位置关系,设置________进行防碰撞报警。
A. 偏航报警距离值　　B. 报警方位值
C. CPA 和 TCPA 值

15. ECDIS 能够预先设置________,实现防搁浅报警。
A. 偏航报警距离值
B. 穿越安全等深线的时间提前量值
C. 距离下一转向点时间间隔

16. 在电子海图显示与信息系统中,若驾驶员指定的安全等深线不存在于 SENC 中,则应________。
A. 以 30 m 为安全等深线
B. 以系统中设置的深等深线为安全等深线
C. 以比指定的安全等深线深的下一等深线为安全等深线

17. 在水深点信息显示的情况下,对于水深值小于或等于安全水深的水深点,应________。
A. 不显示　　B. 突出显示
C. 显示为红色

18. 目前 ECDIS 提供的导航功能,以下说法正确的是________。
A. 船位偏离计划航线时,系统会报警并自动调整航向使船位恢复到计划航线上
B. 系统提供了转向提醒,系统能自动根据设置的转向半径转向
C. 系统能根据计划航向和计划航线,提供偏航和偏向报警

19. 下列设备中,必须与 ECDIS 相连接的是________。

A. 雷达　　　　B. AIS
C. 计程仪

20. 下列设备中,必须与ECDIS相连接的是________。
A. 测深仪　　　　B. 罗经
C. VDR

21. 以下哪项因素不会引起电子海图数据误差?
A. 大地坐标系误差　　　　B. 数字化过程中制图错误
C. 比例尺使用不当

22. ECDIS在航线设计中,能够针对设计的航线根据海图数据和设置的报警参数进行安全检查,下面能够产生报警的是________。
A. 计划航线航程太长了
B. 计划航线穿越了危险或特殊条件的区域
C. 计划航线的转向点离岸边太远

23. 下列关于本船计划航线在ECDIS中显示的描述正确的是________。
A. ECDIS中一次只能显示一条计划航线
B. ECDIS中计划航线应以蓝色和点划线的形式显示
C. ECDIS中计划航线的显示应不能覆盖叠加在ECDIS上的雷达信息

24. ECDIS航线监控中,________在航线未被加载至监控状态,也能给出报警。
A. 航迹偏差报警　　　　B. 进入非安全水深区
C. 转向点到达报警

25. ECDIS航线监控中,对传感器选择当前主船位源为DGPS,一般在________情况下可能出现船位冻结(死船位)或船位跳变的异常情况。
A. 过宽面大桥　　　　B. 近浅水区航行
C. 分道通航区

26. ECDIS航线监控中,当前调出并应用于实质性监控的航线________。
A. 可以是本次航行计划的关键分段
B. 应该是覆盖全程的几个分段,分批次调用
C. 应该是覆盖全程的港到港完整航线

27. 被监视的航线通常应突出显示,以明显区别于海图上的其他物标,航线一般以何种颜色为基调?
A. 红色　　　　B. 黄色
C. 绿色

28. 当处于自动航迹跟踪模式显示状态下,本船是否偏离了计划航线是无法根据ECDIS的显示界面分辨的,这是因为________。
A. 自动航迹跟踪模式是一种始终将本船显示到计划航线上的显示方式,但本船实际位置可能不在航线上
B. 自动航迹跟踪模式能够自动将本船船位调整到计划航线上,本船实际船位也被控制在航线上航行
C. 自动航迹跟踪模式就像自动舵一样能够控制船舶航迹

29. ECDIS 航行监视过程中，当主设备发生故障时，正确的操作是________。
    A. 立即切换（连接）到备份配置上，并启动运行
    B. 查看故障维修手册进行检修
    C. 报告船长请求操作指令
30. 由于 ECDIS 上能清晰地显示船舶周围的各种航标、航道等重要信息，且图像不受外界干扰，因此通过采用航迹自动监控功能从而达到________目的。
    ①测定风流压差；②控制船位偏离航线；③避险；④导航
    A. ①②③④　　B. ①②③
    C. ②③④
31. 关于 ECDIS 显示航线监控功能，不正确的是________。
    A. 只要显示覆盖所在区域，ECDIS 就应显示所选航线和本船位置
    B. 在进行航线监控时，应能显示无船舶显示的海区
    C. 自动航线监控功能（例如更新船舶位置、提供报警和指示）应是非连续的
32. 关于 ECDIS 航行监控功能说法正确的是________。
    ①可显示本船所在海域信息；②可显示任意其他海域信息；③能够显示足够数量的航行安全标记；④能够自动记录海图作业的操作过程
    A. ①②③④　　B. ①②③
    C. ②③④
33. 进行航行监控前应根据本船的参数设置安全值，以下哪个属于安全值的设定？
    A. 离安全水域距离报警值
    B. 超过安全航速报警值
    C. 到达转向点距离报警值
34. 进行航行监控前要根据本船的参数设置安全值，以下哪个属于安全值的设定？
    A. 距离安全水域距离报警值　　B. 离危险物距离报警值
    C. 超过安全航速报警值
35. 船舶航行过程中，ECDIS 可以监控船舶按照计划航线航行的状况进行必要的报警，但以下________不是该功能的预置参数。
    A. CPA 和 TCPA 值　　B. 偏离计划航线距离值
    C. 距离下一转向点时间间隔
36. 船舶航行过程中，ECDIS 依据本船当前保持的航向航速状态，能够针对预先设置的________进行防搁浅报警。
    A. 偏航报警距离值
    B. 穿越安全等深线的时间提前量值
    C. 距离下一个转向点时间间隔
37. 以下哪一项不属于 ECDIS 产生的海图显示警示？
    A. 海图显示背景未设置正确，当前光线条件下看不清楚
    B. 当前位置处还有大比例尺海图可以使用
    C. 显示的比例尺比当前图的原始比例尺超大或超小
38. ECDIS 在下面________情况下，不需要给出报警或警示。

A. 如果驾驶员设计的计划航线穿过本船的安全等深线时

B. 如果驾驶员设计的计划航线的最后端点没有达到航次目的港附近

C. 当船位、航向或航速等传感器输入无效时

39. 以下哪种情况下,ECDIS 不会给出航行报警?

A. 当本船船位偏离计划航线的距离超过了预先设定的限度值时

B. 当本船能够在设定的时间间隔内抵达相应的转向点时

C. 当本船与其他移动目标的 CPA/TCPA 小于预先设定的限度值时

40. 下面的描述中,哪项不符合 ECDIS 航行记录功能要求?

A. 应能够至少保存一个航次的航迹信息并进行船位标绘(时间标签)

B. 航迹信息的保存时间间隔可以设置

C. 驾驶员可以修改记录内容

41. ECDIS 应对全航程有完整的航迹记录,并有________的记录。

①不超过 4 h 间隔的时间标记;②不超过 2 h 间隔的时间标记;③应不可能篡改或改变已记录的信息;④应有能力保存前 12 h 的记录以及航程航迹的记录

A. ①②③　　B. ①②③④

C. ①③④

42. 航行记录保存了 ECDIS 在存储时刻的运行信息,这些信息在需要时能够重现当时的航行状态,记录的具体内容主要包括以下除________外的所有信息。

A. AIS、雷达开机状态

B. 海图数据来源、版本、海图单元、改正情况

C. 本船航向、航速

43. ECDIS 航行记录应能够保存________的可以再现航行过程的数据。

A. 4 h　　B. 8 h

C. 12 h

44. ECDIS 连接的定位设备源有主、辅之分,两者给出的位置的偏差明显超过正常情况,此时表明 ECDIS 可能存在________。

A. 主定位源出现位置错误

B. 辅定位源出现位置错误

C. 主、辅定位源有一个出现位置错误或两者都出现位置错误

45. ECDIS 出现电源无法接通时,应做哪些检查?

①检查电源到电子海图各端口连接是否正常;②检查船舶电源是否正常供电;③更换电子海图设备上的电源保险丝

A. ①②③　　B. ①②

C. ②③

46. ECDIS 找不到船位,应做何检查?

①检查位置源设置是否正确;②检查位置源到 ECDIS 的信号连接线的连接是否正常;③检查位置源天线;④检查位置源电源

A. ①②③④　　B. ①②③

C. ②③④

47. 从 ECDIS 的可靠性而言，航行值班不能只依靠单一的 ECDIS，应采取________等手段保障航行的安全性。

①保持正规的瞭望；②随时比对 ECDIS 与雷达的信息；③每隔一段时间更换 ECDIS 软件；④随时确认所有信息采用共同的坐标系统；⑤确认其他传感器是否正常工作

A. ①②③④⑤　　B. ②③④⑤

C. ①②④⑤

48. 从 ECDIS 的可靠性而言，航行值班不能只依靠单一的 ECDIS，应采取________等手段保障航行的安全性。

①保持正规的瞭望；②随时比对 ECDIS 与雷达的信息；③每隔一段时间采用其他手段核对船位；④随时确认所有信息采用共同的坐标系统；⑤选择合适的显示比例尺

A. ②③④⑤　　B. ①②③④⑤

C. ①②③④

49. 若 ECDIS 的海图界面上，采用雷达图像叠加时，仅有一浮筒图标与雷达回波不重合，则说明________。

A. 这是虚拟 AIS 航标　　B. 浮筒移位

C. 雷达故障

50. ECDIS 航行监控过程中本船已明显偏航但系统没有报警，可能是由于以下哪些错误操作或理解引起的？

①没有开启偏航报警；②当前没有加载航线进行监控；③海图上显示的航线可能是正在编辑的航线；④偏航报警值设置过大；⑤这种报警应该理解成误报警

A. ①②⑤　　B. ①④⑤

C. ①②③④

51. 关于 ECDIS 监控范围和监控物标的设置，以下说法正确的是________。

A. 设置的监控范围应该前后、左右距离一样

B. 左右监控距离在各水域设置一样，不易造成错觉

C. 应该根据本船的速度、航行水域等因素设置不同的监控范围及监控物标

52. 在 ECDIS 实际应用中，备份配置最关键的作用是________，保障航行安全。

A. 保障设备运行安全

B. 能够减轻驾驶员的维修工作量

C. 在主设备出现故障时可以接替其继续工作

53. 为保证船舶航行安全，ECDIS 备份配置应该在开航前________。

A. 进行自检

B. 与主设备的本航次监控配置进行同步，如计划航线、报警设置等

C. 将上一航次的航行记录传递到主设备中

54. 关于 ECDIS 的备用装置，说法正确的是________。

A. 独立电源、独立海图数据、独立的基础传感器

B. 共用电源、独立海图数据、独立的基础传感器

C. 独立电源、共用海图数据、独立的基础传感器

55. 关于对 ECDIS 的备用装置的使用操作，说法正确的是________。

A. 必须对海图数据同步更新改正,必须同步设计航线
B. 必须对海图数据同步更新改正,不必同步设计航线
C. 不必对海图数据同步更新改正,不必同步设计航线

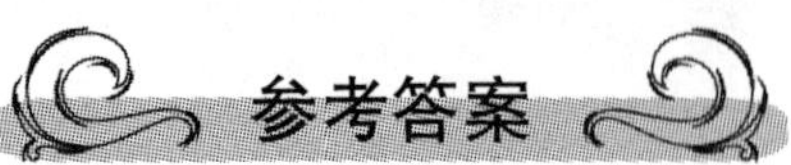


## 第一节　电子海图系统

1. B　2. C　3. C　4. C　5. C　6. C　7. B

## 第二节　矢量海图与光栅海图

1. C　2. C　3. B

## 第三节　ECDIS 定义与术语

1. B　2. B

## 第四节　ECDIS 数据主要特性

1. B　2. C　3. C　4. A　5. C　6. B　7. C　8. C

## 第五节　ECDIS 提供的安全参数

1. C　2. C　3. A　4. A　5. B　6. B　7. B　8. A　9. B　10. C
11. C　12. C　13. A　14. C　15. B　16. C　17. B　18. C　19. C　20. B
21. C　22. B　23. C　24. B　25. A　26. C　27. A　28. A　29. A　30. A
31. C　32. A　33. C　34. B　35. A　36. B　37. A　38. B　39. B　40. C
41. C　42. A　43. C　44. C　45. A　46. A　47. C　48. B　49. B　50. C
51. C　52. C　53. B　54. A　55. A

# 第七章
# 航海仪器的正确使用

## 第一节　测深仪

1. 利用回声测深仪测量水深时，若超声波实际传播的速度大于设计声速，则测深仪显示的水深与实际水深相比________。
   A. 变小　　B. 变大
   C. 相等
2. 有关回声测深仪的说法，下列错误的是________。
   A. 回声测深仪的设计声速是取标准声速 1 500 m/s
   B. 回声测深仪的声速误差是可以避免的
   C. 实际声速随着海水温度、含盐量和静压力的变化而变化
3. 在船舶倒车时，不宜使用回声测深仪的原因是________。
   A. 船舶摇摆角太大　　B. 换能器表面附有杂物
   C. 水中产生气泡影响
4. 下列哪种情况不宜使用回声测深仪测深？
   A. 船舶进车时　　B. 船舶倒车时
   C. 船舶锚泊中
5. 回声测深仪换能器的安装位置，一般应选择在________。
   A. 靠近机舱处　　B. 船中向后(1/2~1/3)船长处
   C. 距船首(1/2~1/3)船长处
6. 回声测深仪换能器的工作面不能涂油漆，是因为油漆________，会影响测深仪正常工作。
   A. 腐蚀换能器的测深工作面　　B. 对换能器工作面起隔离作用
   C. 对声能的吸收很大
7. 不同的海底底质对声波的反射能力差异较大，________。
   A. 淤泥最强，砂底次之，岩石最差
   B. 淤泥最强，岩石次之，砂底最差
   C. 岩石最强，砂底次之，淤泥最差
8. 下列哪项因素与声波在海水中的传播速度无关？
   A. 声源的振动频率　　B. 海水的温度
   C. 海水含盐量

9. 船用回声测深仪采用超声波进行测深,其主要优点是________。
A. 传播速度高 B. 能量损耗小
C. 抗可闻声干扰性好

10. 下列哪种海底底质对超声波反射能力最差?
A. 淤泥 B. 岩石
C. 碎石

11. 下列哪种海底底质对超声波反射能力最好?
A. 淤泥 B. 岩石
C. 碎石

12. 回声测深仪实际上是测定超声波往返海底的________。
A. 速度 B. 深度
C. 时间

13. 回声测深仪所测得的水深是自________至海底的水深。
A. 测深仪推动器 B. 换能器发射面
C. 船舶吃水线

14. 船用回声测深仪采用超声波进行测深,但超声波在海水中的传播速度受下列因素影响而引起测深误差,这些因素包括________。
①温度;②含盐量;③静水压力;④水体噪声;⑤声源的振动频率
A. ①②③ B. ②④
C. ②③⑤

15. 回声测深仪发射的是________。
A. 音频声波脉冲 B. 超声波脉冲
C. 连续超声波

16. 船用回声测深仪的最大测量深度,取决于________。
A. 发射脉冲重复周期 B. 发射脉冲宽度
C. 换能器安装位置

17. 船用回声测深仪是利用测量________自发射至被反射接收的时间间隔来确定水深的。
A. 超声波 B. 微波
C. 短波

18. 船用回声测深仪的工作换能器安装位置一般在船底距离船首 1/2~1/3 船长处的主要原因是________。
A. 降低对船体强度的影响
B. 安装和维护方便
C. 该安装位置周围杂声干扰最小

## 第二节　计程仪

1. 电磁计程仪所测定的航速和航程是船舶相对于________的速度和航速。
A. 风和流 B. 水

C. 海底

2. 只能反映出风对船舶速度的影响而无法反映水流对船速的影响的计程仪为________。

A. 电磁计程仪　　B. 绝对计程仪

C. 声相关计程仪

3. 目前多普勒计程仪采用双波束系统的目的是________的影响。

A. 消除海底的性质不同给反射带来

B. 消除风浪所引起的船舶垂直运动和船舶摇摆

C. 克服声能被吸收的现象

4. 声相关计程仪发射超声波的传播方向是________。

A. 水平向前和向后　　B. 向前下方和后下方

C. 垂直向下

5. 电磁计程仪是利用电磁感应原理来测量船舶航速和累计航程的一种相对计程仪,________。

A. 只能测量船舶前进速度

B. 可以测量船舶前进和后退速度

C. 可以测量船舶前进和横移速度

6. 声相关计程仪是应用相关技术处理水声信息测量船舶航速并累计航程的计程仪,________。

A. 是一种相对计程仪　　B. 是一种绝对计程仪

C. 即可测对地的速度,又可测对水的速度

7. 电磁计程仪所测定的航速和航程是船舶相对于________的速度和航速。

①风和流;②水;③海底

A. ①　　B. ②

C. ③

8. 多普勒计程仪在船底安装有________。

A. 电磁传感器　　B. 声电换能器

C. 电磁波辐射器

9. 目前多普勒计程仪采用双波束系统的目的是________的影响。

A. 消除风浪所引起的船舶垂直运动和船舶摇摆

B. 抑制海洋噪声

C. 克服声能被吸收的现象

10. ________计程仪可测量船舶相对于水的速度。

A. 相对　　B. 绝对

C. 多普勒

## 第三节 AIS

1. 能够为船载 AIS 提供精确船位信息的设备是________。

A. ARPA　　B. GPS 导航仪

C. 罗经

2. AIS 播发和接收信息的方式是________。

A. 人工连续　　B. 自主连续

C. 人工随机

3. 能够为船载 AIS 提供时间信息的设备是________。

A. ARPA　　B. GPS 导航仪

C. 罗经

4. 船载 AIS 自动播发的船舶信息中包括船舶的________信息。

①静态；②动态；③与航行安全有关

A. ①②　　B. ①③

C. ①②③

5. AIS 船载系统提供的自动识别信息中不包括________。

A. 航线信息　　B. 静态信息

C. 动态信息

6. 使用 AIS 的主要目的是________。

A. 取代雷达设备　　B. 进行信息交换

C. 作为船舶采取避碰措施的主要依据

7. AIS 船台设备经过计算，如果目标的 CPA 和 TCPA 不能满足预先设置的最小 CPA 和最小 TCPA 时，将目标显示为________，并发出目标________报警。

A. 睡眠目标；睡眠　　B. 危险目标；危险

C. 丢失目标；丢失

8. AIS 可以用于船与船之间的________。

①识别；②监视；③避碰；④定位；⑤通信

A. ①②③　　B. ①③④

C. ①②③④⑤

9. AIS 矢量的起点与长度分别代表________。

A. 船尾和船长度　　B. 船位和船长度

C. 船位和船速

10. 下列 AIS 船台设备显示的目标都具有报警功能的是________。

A. 睡眠目标和丢失目标　　B. 危险目标和丢失目标

C. 危险目标和活动目标

11. 能够为船载 AIS 提供相对速度信息的传感器是________。

A. ARPA　　B. GPS

C. 计程仪

12. 下列哪种信息属于 AIS 动态信息？

A. 船舶吃水　　B. 航行计划

C. 船舶速度

13. AIS 用于船舶避碰，可以克服雷达/ARPA ________方面的缺陷。

A. 盲区　　B. 量程

C. 显示方式

14. AIS 用于船舶避碰，可以克服雷达/ARPA ________方面的缺陷。

A. 量程　　B. 显示方式

C. 天气与海况影响

15. AIS 用于船舶避碰,可以克服雷达/ARPA ________方面的缺陷。

A. 错误跟踪　　B. 量程

C. 显示方式

16. AIS 系统中的信息,需要根据要求人工输入的信息是________。

A. 船位　　B. 吃水

C. 航速

17. 新航次开始前,必须人工改变的信息是________。

A. 静态信息　　B. 动态信息

C. 航次信息

18. AIS 出现的最大意义就是________。

A. 监视危险/污染货物,保护海洋生态环境

B. 为进一步提高船舶安全航行提供了一种有效的信息手段

C. 改善岸台和岸基 VTS 交通控制

19. AIS 用于船舶避碰,可以克服 ARPA 避碰的________缺陷。

A. 捕捉目标慢　　B. 数据精度低

C. 假回波

20. 船载 AIS 设备中,________可提供船位信息,________可提供航向信息。

A. 雷达;GPS　　B. 计程仪;罗经

C. GPS;罗经

21. 船舶 AIS 信息可分为静态信息、动态信息、________和安全相关短消息等四类。

A. 航行信息　　B. 航次相关信息

C. 主机遥控信息

22. 船舶 AIS 的静态信息不包括________。

A. MMSI　　B. IMO 编号

C. 船员数量

23. AIS 用于船舶避碰,可以克服雷达/ARPA ________方面的缺陷。

A. 量程　　B. 物标遮挡

C. 显示方式

24. 与雷达/ARPA 相比,船载 AIS 的优点是________。

A. 可以设置自动报警区域

B. 可以接收 SART 信号

C. 没有近距离盲区

25. 利用 AIS 与________相配合进行船舶避碰时,可起到互补作用。

A. 计程仪　　B. 罗经

C. 雷达

# 第四节 北斗、GPS

1. GPS 卫星导航仪可为________。
   A. 水下定位　　B. 水面定位
   C. 水面、空中定位
2. GPS 卫星导航仪可为________定位。
   A. 水上、水下　　B. 水下、空中
   C. 水面、空中
3. GPS 卫星导航仪在________时,需要初始化输入。
   A. 日常启动　　B. 紧急启动
   C. 冷启动
4. GPS 卫星导航仪定位误差的大小与下列哪些因素有关?
   ①卫星几何图形;②测距误差的大小;③操作者的熟练程度
   A. ①②　　B. ①③
   C. ②③
5. GPS 卫星导航系统是一种________卫星导航系统。
   A. 多普勒　　B. 测距
   C. 有源
6. GPS 卫星导航系统可为船舶在________。
   ①江河、湖泊提供定位与导航;②港口及狭窄水道提供定位与导航;③近海及远洋提供定位与导航
   A. ②③　　B. ①②
   C. ①②③
7. GPS 卫星导航可提供全球、全天候、高精度、________。
   A. 连续、不实时定位与导航　　B. 连续、近于实时定位与导航
   C. 间断、不实时定位与导航
8. GPS 卫星导航系统可提供全球、全天候、高精度________导航。
   A. 不实时　　B. 连续近于实时
   C. 间断不实时
9. 关于北斗卫星导航系统,下列说法错误的是________。
   A. 北斗二号不具备短报文通信功能　　B. 北斗二号系统是区域定位系统
   C. 北斗一号是双星定位系统
10. 北斗二号系统保留了北斗一号系统的短报文通信功能,最大可一次传送________个汉字信息。
   A. 80　　B. 100
   C. 120
11. 北斗二号卫星系统已经对东南亚实现全覆盖,可以提供区域定位、导航和授时服务,定位精度为________。

A. 5 m　　B. 10 m
C. 15 m

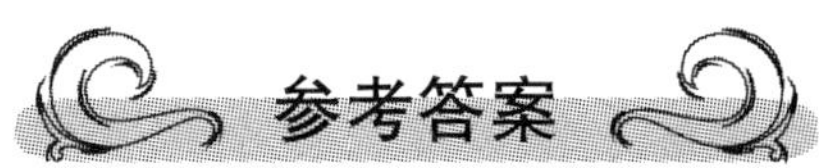
## 参考答案

## 第一节　测深仪

1. A　2. B　3. C　4. B　5. C　6. C　7. C　8. A　9. C　10. A
11. B　12. C　13. B　14. A　15. B　16. A　17. A　18. C

## 第二节　计程仪

1. B　2. A　3. B　4. C　5. B　6. C　7. B　8. B　9. A　10. A

## 第三节　AIS

1. B　2. B　3. B　4. C　5. A　6. B　7. B　8. C　9. C　10. B
11. C　12. C　13. A　14. C　15. A　16. B　17. C　18. B　19. C　20. C
21. B　22. C　23. B　24. C　25. C

## 第四节　北斗、GPS

1. C　2. C　3. C　4. A　5. B　6. C　7. B　8. B　9. A　10. C
11. B

# 第八章 雷达的使用

## 第一节 雷达工作原理

1. 为了提高船用导航雷达的距离分辨力,可以________。
   A. 使用回波增强功能　　B. 适当使用 GAIN
   C. 使用更小的量程
2. 两部雷达重复频率相同时,同频干扰的图像是________。
   A. 散乱光点　　B. 螺旋线状光点
   C. 辐射状光点
3. 下列浮标中,反射雷达波较好的浮标是________。
   A. 球形　　B. 锥形
   C. 柱形
4. 从雷达荧光屏上出现的海浪干扰回波中识别物标回波的主要依据是________。
   A. 物标回波稳定,少变化　　B. 海浪回波弱,物标回波弱
   C. 海浪回波小,物标回波大
5. 在雷达荧光屏中心附近出现的鱼鳞状亮斑回波,是________。
   A. 海浪干扰　　B. 雨雪干扰
   C. 某种假回波
6. 雷达的"海浪抑制"钮的作用是通过________达到抑制海浪干扰回波影响之目的。
   A. 降低近程增益　　B. 降低发射功率的大小
   C. 降低本机振荡功率的大小
7. 雷达荧光屏上的雨雪干扰图像特征是________。
   A. 辐射状点线　　B. 满屏幕的散乱光点
   C. 密集点状回波群,如棉絮团一样
8. 用雷达探测雨雪区域中的物标,FTC(雨雪抑制钮)及增益钮的正确用法是________。
   A. 使用 FTC,适当减小增益　　B. 使用 FTC,适当增大增益
   C. 关掉 FTC,适当减小增益
9. 在标准大气传播条件下,雷达能够探测到某目标的极限距离取决于________。
   A. 雷达发射功率　　B. 接收机灵敏度
   C. 雷达天线高度和目标高度

10. 改变量程段时，雷达荧光屏上二次扫描回波________。
①方位不变；②距离改变；③消失
A. ①②③　　B. ①③
C. ①②
11. 雷达荧光屏上可能出现多次反射回波的条件是________。
①物标距离较近；②物标反射强度较强
A. ①　　B. ①②
C. ②
12. 雷达应提供偏心显示功能，偏心距离至少________半径，但不超过________半径。
A. 1/3；2/3　　B. 1/2；2/3
C. 1/2；3/4
13. 在雷达操作面板上，一般海浪干扰抑制旋钮的标识是________。
A. GAIN　　B. TUNE
C. A/C SEA
14. 采用对水真运动显示方式时，________。
A. 小岛等固定目标在屏幕上稳定不动
B. 适用于狭水道导航、定位
C. 水面上漂浮的目标在屏幕上稳定不动
15. 采用对地真运动显示方式时，________。
A. 小岛等固定目标在屏幕上稳定不动
B. 适用于船舶避碰
C. 水面上漂浮的目标在屏幕上稳定不动
16. 3 cm 雷达测方位精度与 10 cm 雷达测方位精度相比________。
A. 前者高　　B. 后者高
C. 两者相同
17. 在搜救行动中，遇到恶劣海况气象条件下，为了在干扰杂波和复杂的回波中确认 SART 信号，驾驶员操作雷达的最佳方法是________。
A. 使用 STC 抑制海浪　　B. 使用 FTC 抑制杂波
C. 将雷达调谐控制偏离调谐位置
18. 关于船舶在狭水道航行中采用平行方位线导航法，"平行"指的是________。
A. 我船和他船的运动方向平行
B. 导航物标回波沿着平行于计划航线的电子方位线移动
C. 几个导航物标的运动方向相互平行
19. 习惯上，常将 DCPA 简称为 CPA，表示预测的目标船最接近本船时的________。
A. 时间　　B. 距离
C. 方位
20. 利用雷达连续观测目标船，进行人工标绘的条件是：在标绘期间________。
A. 目标船保向保速，本船保速　　B. 目标船保向保速，本船保向
C. 目标船和本船都需保向保速

21. 本船雾中航行，连续观测目标船距离、方位进行人工标绘，如图所示，其中 *TC* 为本船真航向，本船向右转向 $\alpha$°，在转向的过程中，目标船 DCPA 的变化为________。

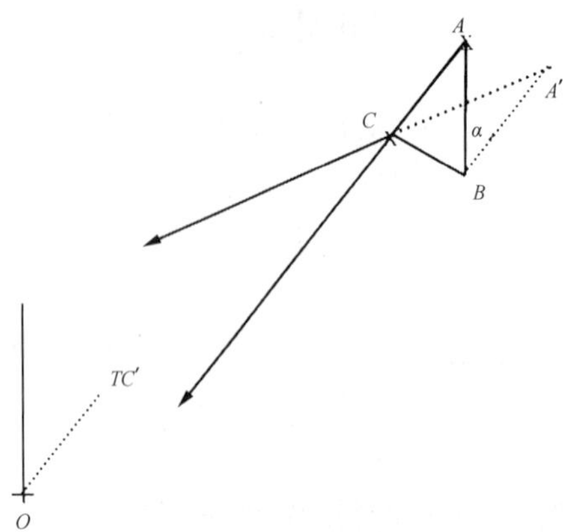


A. 先增大后减少　　　　B. 先减小后增加

C. 始终增大

22. 本船雾中航行，对于右前方来船，其最近会遇点在本船左侧，则该目标船与本船的会遇态势为________。

A. 过本船船首　　　　B. 过本船船尾

C. 无法确定过本船船首还是船尾

23. 本船和目标船在狭水道机动频繁，则________。

A. 雷达目标跟踪功能不可用

B. 目标跟踪准则被破坏，雷达报警频繁

C. 目标跟踪数据精度降低

24. 在雷达相对运动显示方式中，小岛在显示器上的移动规律是________。

A. 以与本船反向等速移动　　　　B. 随本船前移

C. 固定不动

25. 航海雷达探测目标的距离是测量________。

A. 微波脉冲的多普勒频移　　　　B. 微波脉冲的频率

C. 微波脉冲来回传播的时间

26. 航海雷达探测目标的方位是测量________。

A. 微波脉冲发射时的船首线方位

B. 微波脉冲发射时的天线方位

C. 微波脉冲来回传播的时间

27. 雷达探测到的回波图像与真实目标相比，可能会有很大的变形，表现为________。

A. 雷达不能探测到非金属物体

B. 雷达只能探测目标的前沿，后沿被遮挡的部分无法探测和显示

C. 雷达能探测到浅水中的礁石

28. 关于雷达探测目标的说法，错误的是________。

A. 雷达回波发生后沿“拖尾”现象

B. 无法探测目标的低矮部分（如沙滩）

C. 先探测到远距离高大目标的底部

29. 船舶导航雷达可以测量目标的________。

A. 方位、距离　　B. 高度、厚度

C. 距离、高度

30. 航海雷达通过测量目标的________确定目标相对于本船的位置。

A. 方位和距离　　B. 经纬度

C. CPA 和 TCPA

31. 雷达区分同一方位上相邻两目标的能力称为________。

A. 抗干扰能力　　B. 方位分辨力

C. 距离分辨力

32. 雷达区分等距离上相邻两目标的能力称为________。

A. 距离分辨力　　B. 方位分辨力

C. 测距精度

33. 与 X 波段雷达相比，S 波段雷达的作用距离________，方位分辨力________。

A. 较远；较高　　B. 较远；较差

C. 较近；较差

34. 为减小雷达测距误差，应选合适量程，使被测回波处于________。

A. 荧光屏中心附近　　B. 荧光屏边缘附近

C. 荧光屏离中心 2/3 半径附近

35. 雷达固定距标与活动距标不一致时，应以________为准，调整________。

A. 活动距标；固定距标　　B. 固定距标；活动距标

C. 最大量程；活动距标

36. 当本船对准远处小物标航行，而在雷达荧光屏上该物标回波不落在船首线上说明________。

A. 船首线未对准固定方位 0°　　B. 雷达有方位误差

C. 雷达有测距误差

37. 雷达扫描中心偏离方位刻度盘中心时，可能影响________。

A. 测方位精度　　B. 方位分辨力

C. 测距精度

38. 在测量物标的雷达舷角时，该舷角的基准是________。

A. 固定方位盘的 0°　　B. 船首线

C. 真北线

39. 雷达测量定点状物标方位时，应该将方位标尺线压住回波________位置。

A. 左边沿　　B. 右边沿

C. 中心

40. 为了提高雷达测方位精度，选择量程应使回波显示在________。

A. 靠近荧光屏边缘　　B. 大约 1/2~2/3 扫描线长度区域

C. 靠近扫描中心

41. 从雷达荧光屏上出现的海浪干扰回波中识别物标回波的主要依据是________。

A. 海浪回波强,物标回波弱　　B. 海浪回波弱,物标回波弱
C. 物标回波稳定,少变化

42. 在雷达荧光屏中心附近出现的圆盘状亮斑回波,越往外越弱,它是________。
A. 强海浪干扰　　B. 雨雪干扰
C. 某种假回波

43. 雷达荧光屏上海浪干扰强弱与风向的关系为________。
A. 上风舷弱　　B. 上风舷强
C. 下风舷强

44. 本船航向正北,东风八级,雷达荧光屏上海浪干扰最强,伸展得较远的位置在________。
A. 船首方向　　B. 右舷
C. 左舷

45. 在雷达荧光屏局部区域上出现的像疏松的棉絮状的干扰波是________。
A. 雨雪干扰　　B. 海浪干扰
C. 同频干扰

46. 雷达荧光屏上的雨雪干扰的强弱取决于________。
A. 雨雪区的分布面积　　B. 雨雪区的体积
C. 雨雪区迎向面面积

47. 使用现代雷达进行船舶导航时,为准确无误地识别雷达图像,首要的工作是________。
A. 改变量程　　B. 将自动功能改为手动
C. 掌握相应海区物标的特征和性质

48. 下列形状对雷达波反射性能最强的是________。
A. 平板状物体　　B. 角反射器
C. 球状物体

49. 下列哪些物标不容易被雷达发现?
①大型拖船;②小渔船;③玻璃钢游艇
A. ①②　　B. ①③
C. ②③

50. 下列形状的物体反射雷达波的能力最差的是________。
A. 三个相互垂直的平面构成的“角反射器”
B. 锥形物体
C. 圆柱形物体

51. 采用下列不同材料的物体,其反射雷达波能力最强的是________。
A. 海水　　B. 石头
C. 金属

52. 采用下列不同材料的物体,其反射雷达波能力最差的是________。
A. 木质　　B. 石头
C. 金属

53. 船用导航雷达显示的物标回波的大小与物标的________有关。
A. 总面积　　B. 迎向面垂直投影

C. 背面水平伸展的面积

54. 过江电缆的雷达回波常常是________。
A. 一个点状回波　　B. 一条直线回波
C. 一条虚线回波

55. 快速物标的雷达回波常常是________。
A. 连续的一条亮线　　B. 跳跃式的回波
C. 与通常速度的船舶一样

56. 下列物标中________是用作雷达定位较好的物标。
A. 浮标　　B. 建筑群中的较高的灯塔
C. 陡峭岸角

57. 雷达出现间接反射回波的必要条件是________。
A. 附近存在强反射体　　B. 天线有足够大的增益
C. 发射功率要足够大

58. 雷达荧光屏上的间接反射回波通常出现在________。
A. 阴影扇形内　　B. 船首标志线上
C. 船尾线方向上

59. 雷达荧光屏上的多次反射回波常常出现在________。
A. 明暗扇形区　　B. 扇形阴影区
C. 船舶正横方向

60. 多次反射回波的消除和抑制方法是________。
A. 降低增益　　B. 降低 STC
C. 临时改向

## 第二节　雷达系统功能

1. 在不具备目标跟踪功能的雷达图像上不可能显示出来的目标要素包括________。
A. 目标距离　　B. 目标方位
C. 目标的航向和航速

2. 当为雷达提供航向信号的罗经故障时,雷达________。
A. 显示方式只能采用船首向上相对运动显示方式
B. 无法工作
C. 可以通过手动输入航向,继续工作

3. 雷达 C-up(航向向上)显示方式中的“航向”意指________。
A. 本船罗经指示的航向
B. 本船 GPS 计算的航向
C. 驾驶员在雷达上设定的本船航向

4. 雷达采用相对运动显示方式时,显示器上回波图像不动的目标是________。
A. 与本船同向同速船　　B. 如小岛等固定目标
C. 随水漂流目标

5. 雷达采用北向上相对运动显示方式时，必须输入________。
A. 计程仪速度　B. 罗经航向
C. 目标船航速
6. 雷达采用船首向上相对运动显示方式时，本船向右转向，则________。
A. 船首线向右转动，目标不转动　B. 船首线向左转动，目标不转动
C. 船首线不动，目标向左转动
7. 雷达采用北向上相对运动显示方式，本船向右转向时，则________。
A. 船首线不动，目标向右转动　B. 船首线不动，目标向左转动
C. 船首线向右转动，目标不转动
8. 雷达采用航向向上相对运动显示方式时，________。
A. 要输入本船罗经航向　B. 要输入本船速度
C. 要输入他船速度
9. 对水真运动显示方式，雷达显示器上不动的回波是________。
A. 同向同速船回波　B. 反向同速船回波
C. 随水漂流船回波
10. 狭水道航行时，船舶频繁转向，便于判断目标船碰撞危险的雷达显示方式为________。
A. 航向向上　B. 首向上
C. 北向上

## 第三节　使用雷达确保航行安全

1. 驾驶员应能够根据海图选择适合雷达定位的目标，选择目标的基本原则是________。
A. 清晰稳定且连续的岸线
B. 远距离高大山峰的顶峰
C. 近距离孤立的小岛等容易确认的目标
2. 关于多目标定位，下列说法正确的是________。
A. 雷达三方位定位精度优于雷达两距离定位
B. 两距离定位时，先测正横目标，后测首尾目标
C. 两方位定位时，先测正横目标，后测首尾目标
3. 雷达可以测量雷达应答器的________数据。
A. 方位　B. 距离
C. 方位、距离
4. 雷达应答器的回波图像是________。
A. 在应答器所在方位上呈1°~3°的扇形点线
B. 在应答器方位上的一条虚线
C. 在应答器台架回波后的编码回波

# 第四节 雷达手动标绘

1. 雷达屏幕上呈现了如下符号,请问该符号代表了以下何种目标?

A. 普通雷达跟踪目标　　B. 被选 AIS 报告目标
C. 休眠 AIS 报告目标

2. 雷达屏幕上呈现了如下符号,请问该符号代表了以下何种目标?

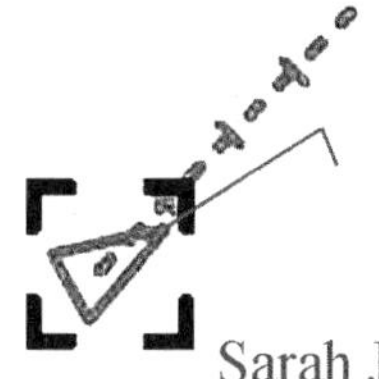


A. 休眠 AIS 报告目标　　B. 激活 AIS 报告目标
C. 被选 AIS 报告目标

3. 雷达屏幕上呈现了如下符号,请问该符号中小三角前方的实线段指示了目标船的哪个参数?

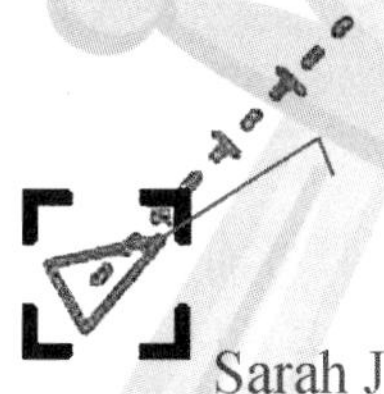


A. HDG　　B. COG
C. SOG

4. 对于同一个目标船,雷达跟踪数据与 AIS 报告数据偏差较大时,驾驶员应________。
A. 以 AIS 报告数据为准
B. 以雷达跟踪数据为准
C. 仔细分析原因,确认哪个传感器的信息更可靠

5. ________雷达可以探测到雷达 SART 信号。
A. X 波段或 S 波段　　B. X 波段
C. S 波段

6. 雷达目标稳定跟踪的处理延时通常需要________。
A. 1 min　　B. 2 min
C. 3 min

7. 关于雷达发生跟踪目标交换和丢失,说法错误的是________。
   A. 雷达发生目标交换时,会发出报警
   B. 目标回波变弱有可能导致雷达跟踪目标丢失
   C. 两目标逐渐靠近有可能导致雷达跟踪目标交换
8. 雷达选用 TM/TV 显示模式,当本船改向时,在显示器上可看到________。
   A. 所有矢量均改变　　B. 所有矢量均不变
   C. 目标船矢量不变,本船矢量方向改变
9. 本船航向 000°,速度 10 kn,采用真运动对水稳定的显示方式,水流方向 270°,速度 2 kn,以下哪个物标在雷达屏幕上固定不动?
   A. 浮标　　B. 在水上漂航的船舶
   C. 本船

## 第五节　雷达目标跟踪与 AIS 目标

1. 在雷达稳定跟踪目标的过程中,驾驶员改变了雷达杂波抑制状态,被跟踪目标________。
   A. 可能发生目标交换　　B. 可能发生目标丢失
   C. 发生“角向肥大”现象
2. 当跟踪达到稳定收敛后,一旦目标机动变速或变向后,则________。
   A. 显示的数据与实际情况误差很小
   B. 又需等待 2~3 min 后待稳定跟踪后,才能显示较准确的数据
   C. ARPA 的数据不存在“处理延时”
3. 将雷达增益降低后,被跟踪目标________。
   A. 可能发生目标丢失　　B. 可能发生目标交换
   C. 不受影响
4. 近距离被雷达跟踪目标方位变化急剧,可能发生________。
   A. 目标交换　　B. 目标丢失
   C. 跟踪器精度下降
5. 雷达跟踪器在________时,可能发生目标交换。
   A. 两个目标为固定目标
   B. 两个目标速度与航向相同
   C. 两个目标同时处在一个跟踪窗内
6. 雷达自动捕获目标主要适用于哪种航行环境?
   A. 渔区航行　　B. 狭水道航行
   C. 船舶较少的开阔水域
7. 关于雷达目标捕获,下列哪个说法是正确的?
   A. 目标捕获可采用自动捕获,也可采用手动捕获
   B. 具有自动捕获功能的雷达,可不具备手动捕获功能
   C. 一旦捕获操作完毕,该目标立刻即被稳定跟踪
8. 雷达设定限制区的主要目的是________。

A. 提高自动捕获的目的性　　B. 提高自动捕获的速度
C. 提高手动捕获的目的性

9. 能被雷达自动捕获的目标是________的目标。
A. 对本船有危险　　B. 闯入或已经在捕获区内
C. 位于捕获区边界上和已经在捕获区内

10. 为提高雷达自动捕获的目的性,驾驶员可________。
A. 设置限制区(线)或警戒区(范围)
B. 设置较小的 CPA 和 TCPA
C. 设置导航线

11. 由于某种原因,已经关联的 AIS 目标和雷达目标数据发生了明显偏差,则系统上________。
A. 以 AIS 目标数据为准,发出雷达跟踪目标数据报警
B. 显示为一个 AIS 激活目标和一个雷达跟踪目标,不发出报警
C. 显示为一个 AIS 激活目标和一个雷达跟踪目标,并发出报警

12. 对于同一个目标船,雷达跟踪数据与 AIS 报告数据偏差较大时,驾驶员应________。
A. 以 AIS 报告数据为准　　B. 以雷达跟踪数据为准
C. 使用 VHF 加以证实

13. 在雷达显示器上,如果休眠 AIS 目标的 CPA 和 TCPA 小于设置的 CPA/TCPA 安全界限,则该目标________。
A. 休眠,显示为危险目标,发出报警
B. 激活,显示为危险目标,发出报警
C. 休眠,显示为危险目标,不发出报警

14. 在雷达显示器上,AIS 目标自动激活区________。
A. 大于雷达目标自动捕获区　　B. 小于雷达目标自动捕获区
C. 与雷达目标自动捕获区一致

15. 在雷达显示器上,发现有 AIS 目标船,却没有对应该船的雷达回波,不可能的原因是________。
A. AIS 假目标　　B. 目标船 GPS 误差较大
C. 目标船被障碍物遮挡

16. 在大多数雷达的字母数字显示窗口上,被选 AIS 目标显示的信息通常只包括________。
A. 静态信息　　B. 静态信息、动态信息
C. 静态信息、动态信息、航次相关信息

17. 在雷达显示器上,AIS 报告目标可显示 CPA 和 TCPA 信息的是________。
A. 休眠目标　　B. 激活目标
C. 被选目标

18. 我船临时关闭 AIS 设备,在其他船舶的雷达显示器上可能引起________。
A. 雷达跟踪目标报警　　B. AIS 报告目标丢失
C. 雷达跟踪目标显示混乱

19. 相对矢量显示方式适用于哪种场合?

A. 迅速做出正确的避让决策时
B. 快速判断本船与所有目标船有否碰撞危险时
C. 需在显示器上看清目标船真航向、真速度时

20. 雷达显示目标历史位置的功能可用于________。
A. 查验目标是否有过机动航行　　B. 识别目标
C. 判断假回波

参考答案

## 第一节　雷达工作原理

1. C　2. C　3. C　4. A　5. A　6. A　7. C　8. A　9. C　10. A
11. B　12. C　13. C　14. C　15. A　16. A　17. C　18. B　19. B　20. C
21. B　22. A　23. C　24. A　25. C　26. B　27. B　28. C　29. A　30. A
31. C　32. B　33. B　34. C　35. B　36. B　37. A　38. B　39. C　40. B
41. C　42. A　43. B　44. B　45. A　46. C　47. C　48. B　49. C　50. B
51. C　52. A　53. B　54. A　55. B　56. C　57. A　58. A　59. C　60. A

## 第二节　雷达系统功能

1. C　2. A　3. C　4. A　5. B　6. C　7. C　8. A　9. C　10. A

## 第三节　使用雷达确保航行安全

1. C　2. B　3. C　4. C

## 第四节　雷达手动标绘

1. B　2. C　3. A　4. C　5. B　6. C　7. A　8. C　9. B

## 第五节　雷达目标跟踪与 AIS 目标

1. B　2. B　3. A　4. B　5. C　6. C　7. A　8. A　9. B　10. A
11. B　12. C　13. B　14. C　15. A　16. B　17. C　18. B　19. B　20. A

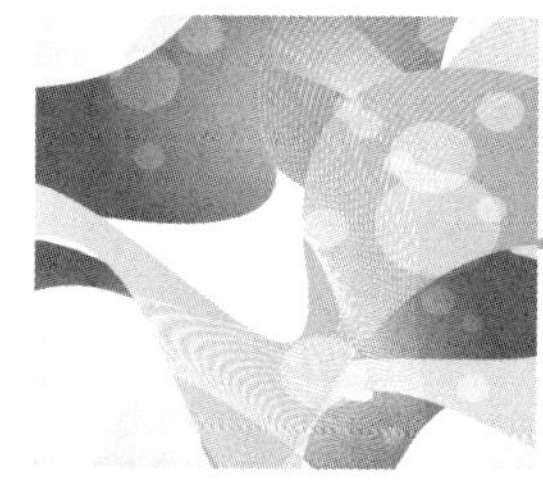

# 第九章

## 罗经

### 第一节 磁和地磁场的基本知识

1. 安装在罗经柜内的自差校正器是________。
   A. 佛氏铁　　B. 象限自差校正器
   C. 半圆自差校正器和倾斜自差校正器
2. 应定期检查磁罗经首尾基线与船舶首尾基线的精度,一般不能大于________。
   A. 0.5°　　B. 1.0°
   C. 3.0°
3. 罗经应安装在船首尾基线上,基线误差不应________。
   A. 大于 0.5°　　B. 小于 0.5°
   C. 大于 1°
4. 为了减少磁性干扰,磁罗经的罗经柜、罗盆均由________材料制成。
   A. 硬铁　　B. 软铁
   C. 非磁性
5. 地理子午面与________之间的夹角,称为磁差。
   A. 磁子午面　　B. 磁北极
   C. 磁赤道
6. 一个自由陀螺仪要成为实用的陀螺罗经,必须对其施加________。
   A. 进动力矩和稳定力矩　　B. 控制力矩和阻尼力矩
   C. 进动力矩和阻尼力矩
7. 在地球上,自由陀螺仪不能稳定指向的原因是________。
   A. 陀螺仪的进动性　　B. 地球自转的影响
   C. 地球公转的影响
8. 自由陀螺仪施加控制力矩后,________。
   A. 具有自动找北功能　　B. 具有稳定指北功能
   C. 具有自动指向功能
9. 下列图片中,哪一个是主罗经?

A. 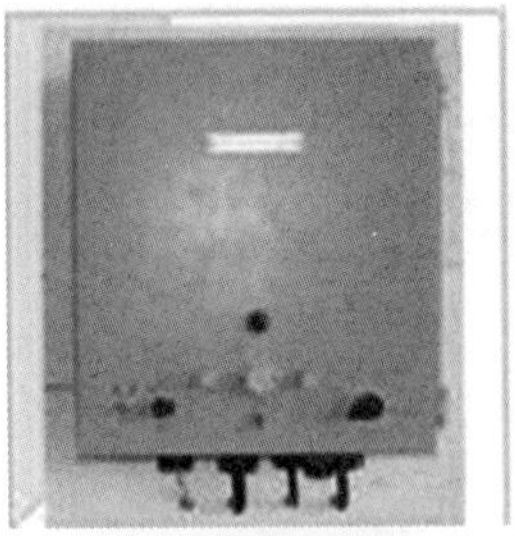　　　　　　　　B.

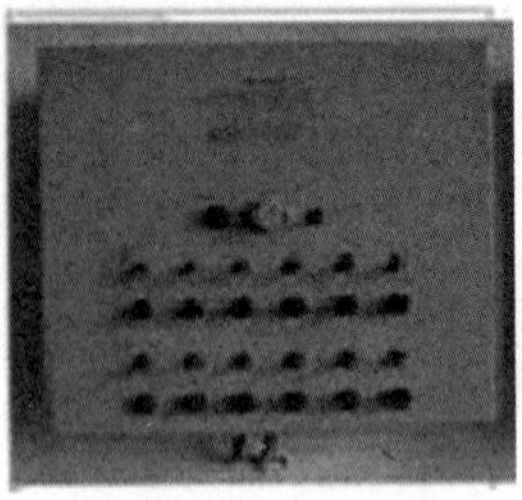

C.

10. 罗北偏离真北的角度是________。

A. 罗经差　　　　B. 陀罗差

C. 磁差

11. 海图上两叠标线上标注的方位为168°,当船舶发现两叠标前后重合时,用陀螺罗经观测前标的方位是167°,那么陀罗差为________。

A. +1°　　　　B. −1°

C. +2°

12. 海图上两叠标线上标注的方位为168°,当船舶发现两叠标前后重合时,用陀螺罗经观测前标的方位是169°,那么陀罗差为________。

A. +1°　　　　B. −1°

C. +2°

13. 海图上两叠标线上标注的方位为168°,当船舶发现两叠标前后重合时,用标准罗经观测前标的方位是166°,那么罗经差为________。

A. +1°　　　　B. −1°

C. +2°

14. 已知电罗经航向100°,陀罗差−1°,此时磁罗经航向103°,通过航向比对,可得磁罗经差为________。

A. +4°　　　　B. −4°

C. +2°

15. 用磁罗经测得远处某灯塔的罗方位095°,在海图上根据船位量得该灯塔的真方位为098°,当地磁差5°E,该航向自差为________。

A. 2°W　　　　B. 2°E

C. 8°W

16. 利用叠标测定罗经自差时,为提高观测方位的准确性,一般船与前标的距离控制在前后标间距的________倍。

A. 3~5　　　　B. 1~2

C. 10~15

17. 当叠标串视时,用陀螺罗经观测前标的方位为 067°,海图叠标线上标注的方位为 068°,则陀罗差为________。

A. +1° B. −1°

C. +2°

18. 当叠标串视时,用陀螺罗经观测前标的方位为 067°,海图叠标线上标注的方位为 066°,则陀罗差为________。

A. +1° B. −1°

C. +2°

## 第二节 自差曲线图表和自差系数

1. 船上保存备用的磁铁棒应以________存放。

A. 同名极相靠 B. 异名极相靠

C. 单个磁棒

2. 安装在钢铁船上的磁罗经受到软铁磁力和硬铁磁力的作用而产生________。

A. 磁差 B. 误差

C. 自差

3. 安装在木船上的磁罗经________。

A. 有自差无磁差 B. 有磁差无自差

C. 罗经差为零

4. 当磁罗经在船上安装好后,各软铁系数的大小和符号是________。

A. 固定不变的 B. 符号不变,大小随船位而变

C. 大小不变,符号随船位而变

5. 磁罗经的罗经首尾基线应与船的首尾面相________,否则罗经剩余自差增大。

A. 平行 B. 重合

C. 交叉

## 第三节 罗经差测定原理

1. 已知标准罗经航向 100°,自差−1°,此时操舵罗经航向 105°,通过与标准罗经航向比对,得操舵罗经自差为________。

A. +4° B. +5°

C. −6°

2. 已知过叠标时用磁罗经测得该叠标的罗方位为 287°,从海图上量得该叠标的真方位为 293°,$Var$=−1°,则该罗经的自差为________。

A. +5° B. +6°

C. +7°

3. 已知某灯塔的真方位为 100°,当地磁差为 7°E,用磁罗经测得该灯塔的罗方位为 95°,该航向

自差等于________。

A. 12°E　　B. 12°W

C. 2°W

4. 磁罗经自差发生变化的原因是________。

A. 船磁场发生变化和地磁场变化　　B. 罗经方位圈有固定误差

C. 使用了备用罗经

5. 磁罗经自差随航向变化的原因是________。

A. 观测不准确

B. 磁罗经结构有缺陷

C. 各种自差力与罗经航向有不同的函数关系

6. 船舶在风浪中航行而左右摇摆,磁罗经罗盘也随之左右摆动,这是由于没有准确消除________引起的。

A. 硬铁半圆自差　　B. 象限自差

C. 倾斜自差

7. 从磁罗经自差曲线或自差表查取罗经自差时,可用________近似代替罗航向查取。

A. 罗方位　　B. 罗向位

C. 磁航向

8. 在不计恒定(固定)自差外,一般标准罗经自差大于________,操舵罗经自差大于________,需要进行自差校正。

A. ±1°;±3°　　B. ±5°;±3°

C. ±3°;±5°

9. 校正完磁罗经自差后,要绘制自差曲线,要求自差数值较小且曲线________。

A. 光滑且无角点　　B. 为一条直线

C. 为一正弦曲线

10. 罗北偏离真北的角度是________。

A. 罗经差　　B. 磁差

C. 自差

11. 测定罗经差精度较高的方法是________。

A. 利用叠标测定　　B. 利用天体测定

C. 利用比对航向测定

12. 测定磁罗经自差的方法有________。

①利用比对航向测定;②利用叠标测定;③利用天体测定;④利用远距离单物标测定

A. ①②③④　　B. ①②③

C. ①②④

13. 能够用于测定罗经差的陆标有________。

①浮标;②叠标;③远距离单物标

A. ①②　　B. ①③

C. ②③

14. 利用比对航向求磁罗经自差时,为提高精度,原则上________。

A. 同时读取陀螺罗经和磁罗经的航向
B. 先读陀螺罗经航向,后读磁罗经航向
C. 先读磁罗经航向,后读陀螺罗经航向

参考答案

## 第一节 磁和地磁场的基本知识

1. C 2. A 3. A 4. C 5. A 6. B 7. B 8. A 9. C 10. A
11. A 12. B 13. C 14. B 15. A 16. A 17. A 18. B

## 第二节 自差曲线图表和自差系数

1. B 2. C 3. B 4. A 5. B

## 第三节 罗经差测定原理

1. C 2. C 3. C 4. A 5. C 6. C 7. C 8. C 9. A 10. A
11. A 12. A 13. C 14. A

# 第十章 航海气象分析

## 第一节　大气概况

1. 影响天气及气候变化的主要大气成分包括________。

A. 二氧化碳、臭氧和惰性气体　　B. 氮气、二氧化碳和惰性气体

C. 二氧化碳、臭氧和水汽

2. 在大气成分中，主要吸收太阳紫外线的气体成分为________。

A. 臭氧　　B. 二氧化碳

C. 氧气

3. 在自然界的温度和压力条件下，哪种大气成分能在气态、液态和固态三者之间互相转化（即发生相变的唯一大气成分）？

A. 氮气　　B. 氧气

C. 水汽

4. 通常大气中的水汽含量从高空向下到地面随高度的减小而________。

A. 减少　　B. 增加

C. 少变

5. 能够强烈吸收和放射长波辐射，对地面和大气的温度有较大影响的大气成分是________。

A. 氧气　　B. 臭氧

C. 水汽

6. 天气是指某一特定区域，________。

A. 在较短时间内各种气象要素的综合表现

B. 在较长时间内各种气象要素的综合表现

C. 气象要素的多年平均特征（其中包括极值）

7. 气候是指某一特定区域，________。

A. 在较短时间内各种气象要素的综合表现

B. 气象要素的多年平均特征（其中包括极值）

C. 气象要素的一年平均特征（其中包括极值）

8. 与大连相比，北京冬季的最低气温更低、夏季的最高温度也更高，其原因是________。

A. 北京的纬度比大连高　　B. 北京的纬度比大连低

C. 大连受海洋影响气温年较差小

9. 相对湿度的大小说明________。
A. 空气中水汽含量的多少
B. 空气距离饱和状态的程度
C. 气温的高低

10. 大气中的水汽主要来自________。
A. 水相变化
B. 降水过程
C. 下垫面的蒸发

11. 在天气图上,等压线密集的地方说明________。
A. 水平气压梯度小
B. 垂直气压梯度大
C. 水平气压梯度大

12. 水平气压梯度的方向是________。
A. 垂直于等压线,指向气压高的方向
B. 垂直于等压线,指向气压低的方向
C. 平行于等压线,指向气压高的方向

13. 台湾海峡夏季盛行________。
A. SW 风
B. SE 风
C. S 风

14. 在山的迎风坡,上升运动常形成云和降水,这类上升运动的起因为________。
A. 锋面抬升
B. 地形抬升
C. 热力对流

15. 地面低压区气流上升,高压区气流下沉,这类垂直运动的起因为________。
A. 锋面抬升
B. 地形抬升
C. 水平辐合辐散

16. 对流层具有的特点之一是________。
A. 空气不易产生对流运动
B. 气象要素水平分布均匀
C. 气象要素水平分布不均匀

17. 在对流层中通常气温随着高度的升高而________。
A. 降低
B. 升高
C. 先升后降

18. 云、雾、雪等大气中主要的天气现象都发生在________。
A. 对流层
B. 平流层
C. 暖层

19. 对流层的主要特征是________。
A. 存在着强烈的对流和乱流运动
B. 气温随高度的增加而上升
C. 气流相对稳定,无对流和乱流运动

## 第二节 气温

1. 暖空气北上、冷空气南下的热量交换方式称为________。
A. 湍流
B. 平流

C. 辐射

2. 暖空气上升、冷空气下沉的热量交换方式称为________。

A. 湍流　　B. 平流

C. 对流

3. “南风送暖,北风送寒”的热量交换方式称为________。

A. 湍流　　B. 平流

C. 辐射

4. 蒸发、凝结等过程的热量交换方式属于________。

A. 湍流　　B. 水相变化

C. 辐射

5. 形成海雾的主要冷却过程是________。

A. 绝热上升　　B. 辐射冷却

C. 平流冷却

6. 形成较厚云层的主要冷却过程是________。

A. 平流冷却　　B. 辐射冷却

C. 绝热上升

7. 气温的日变化与天气状况有密切关系,在不同天气状况下,日较差________。

A. 晴天大于阴天　　B. 阴天大于晴天

C. 阴天等于晴天

8. 阴天时,通常夜间的最低气温与晴夜时比较要________。

A. 低些　　B. 高些

C. 相同

9. 气温的年变化幅度称为年较差。它是指一年中________的最高值与最低值之差。

A. 日平均气温　　B. 月平均气温

C. 季平均气温

10. 在我国沿海气温年较差最小的地区是________。

A. 渤海　　B. 黄海

C. 南海

11. 在我国沿海气温年较差最大的地区是________。

A. 渤海　　B. 黄海

C. 东海

12. 北半球气温最低的月份在大陆和海洋上分别为________。

A. 7月、8月　　B. 1月、2月

C. 7月、1月

13. 与大连相比,北京冬季的最低气温更低、夏季的最高温度也更高,其原因是________。

A. 北京的纬度比大连高

B. 大连受海洋影响气温年较差小

C. 大连受海洋影响气温年较差大

14. 在陆地上日最低气温出现的时间通常为________。

A. 中午 1230　　B. 午后 14 时左右

C. 清晨日出前

15. 在陆地上日最高气温出现的时间通常为________。

A. 中午 1230　　B. 午后 14 时左右

C. 清晨日出前

16. 在洋面上日最低气温出现的时间通常为________。

A. 中午 1230　　B. 午后 14 时左右

C. 清晨日出前

17. 当纬度相同时,气温日较差最小的地方为________。

A. 大洋　　B. 沿岸

C. 内陆

## 第三节　湿度

1. 当空气中水汽含量不变且气压一定时,降低温度使其空气达到饱和时的温度称为露点,它表明________。

A. 露点越低,水汽含量越少

B. 露点高低不能反映水汽含量的多少

C. 露点越低,水汽含量越多

2. 饱和水汽压表示空气容纳水汽的能力,其能力的大小取决于________。

A. 气压高低　　B. 温度高低

C. 风速大小

3. 下列哪个湿度的物理量表示空气距离饱和的程度?

A. 绝对湿度　　B. 水汽压

C. 相对湿度

4. 若 A、B 两处海面的相对湿度分别为 70% 和 20%,则说明________。

A. A 处比 B 处更接近饱和　　B. B 处比 A 处更接近饱和

C. A 处比 B 处的水温高

5. 若 A、B 两处海面的露点温度分别为 20 ℃和 10 ℃,则说明________。

A. A 处比 B 处的水汽含量高　　B. B 处比 A 处的水汽含量高

C. A 处比 B 处的温度高

6. 若 A、B 两处海面的空气温度分别为 35 ℃和 20 ℃,则说明________。

A. A 处比 B 处的饱和水汽压高　　B. B 处比 A 处的饱和水汽压高

C. A 处比 B 处的水汽压高

7. 空气中的水汽主要来源于________。

A. 雨滴、雪花的蒸发　　B. 云、雾的蒸发

C. 下垫面的蒸发

8. 在实际工作中常以水汽压 $e$ 的数值代替绝对湿度 $a$,这时 $e$ 单位必须采用________。

A. 毫米汞柱　　B. 百帕

C. 帕

9. 当露点低于气温时表明空气________。

A. 未饱和　　B. 饱和

C. 过饱和

10. 当露点等于气温时表明空气________。

A. 未饱和　　B. 饱和

C. 过饱和

11. 当露点高于气温时表明空气________。

A. 未饱和　　B. 饱和

C. 过饱和

12. 下列正确的说法是________。

A. 露点越低,表明空气越不容易凝结

B. 露点越低,表明空气越容易凝结

C. 露点本身的高低不能表明空气是否容易凝结

13. 观测干、湿球温度表时,________。

①温度读数按所附检定证进行器差订正;②当湿球纱布冻结时,继续湿球温度的观测

A. ①　　B. ②

C. ①②都对

14. 在晴朗微风的夜间,若空气中的水汽含量不变,则________。

A. 露点温度升高　　B. 露点温度降低

C. 露点温度不变

15. 海面蒸发量的大小主要取决于________。

①海面上空气的饱和差;②海面上风速的大小

A. ①　　B. ②

C. ①②都对

16. 使未饱和空气达到饱和或过饱和的途径是________。

①增加水汽;②降低温度

A. ①　　B. ②

C. ①②

17. 通常情况下,绝对湿度数值最大的季节出现在________。

A. 春季　　B. 夏季

C. 秋季

18. 通常情况下,绝对湿度数值最小的季节出现在________。

A. 春季　　B. 夏季

C. 冬季

19. 在沿海航行时,一天中绝对湿度的最高值一般出现在________。

A. 凌晨　　B. 午夜

C. 午后

20. 在沿海航行时,一天中绝对湿度的最低值一般出现在________。

A. 日出前　　B. 午夜
C. 中午

## 第四节　气压

1. 气压是大气压强的简称,它与天气的关系是________。
A. 高气压一般对应阴雨天气　　B. 低气压一般对应阴雨天气
C. 高气压中心对应大风天气
2. 在纬度 45°的海平面上,温度为 0 ℃时的大气压称为标准大气压,其数值为________。
A. 1 000 hPa、750 mmHg
B. 1 013. 25 hPa、760 mmHg
C. 1 000 hPa、760 mmHg
3. 气压的单位 hPa 与 mmHg 两者的关系为________。
A. 1 hPa = 1 mmHg　　B. 1 hPa≈1 mmHg
C. 1 hPa = 3/4 mmHg
4. 如没有其他天气系统的影响,每天上午气压的变化趋势是________。
A. 上升　　B. 下降
C. 先升后降
5. 如没有其他天气系统的影响,每天下午气压的变化趋势是________。
A. 上升　　B. 下降
C. 先降后升
6. 下列正确的概念是________。
①冬季海洋上低压发展,大陆上高压发展;②夏季海洋上高压发展,大陆上低压发展
A. ①　　B. ②
C. ①②
7. 通常将两个低压之间狭长的区域称为________。
A. 低压带　　B. 低压槽
C. 高压带
8. 通常将两个高压之间狭长的区域称为________。
A. 低压带　　B. 低压槽
C. 高压带
9. 通常将由低压向外延伸的狭长区域称为________。
A. 低压带　　B. 高压带
C. 低压槽
10. 通常将由高压向外延伸的狭长区域称为________。
A. 低压带　　B. 高压带
C. 高压脊
11. 通常将相对并相邻的两个高压和两个低压组成的中间区域称为________。
A. 低压带　　B. 高压带

C. 鞍形区

12. 下图中给出了地面气压场分布，高压出现在________。

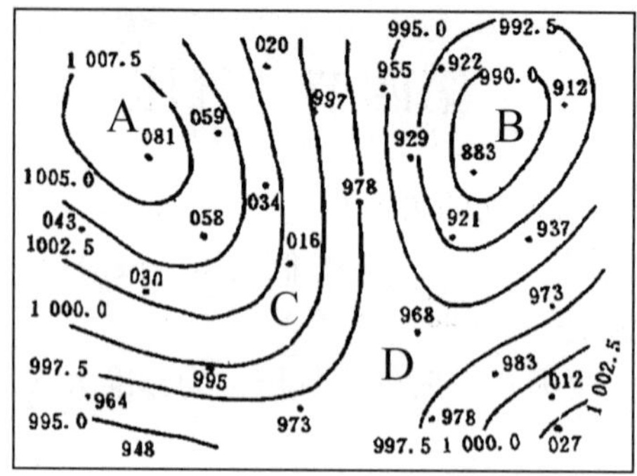


A. A　　　　B. B

C. C

13. 下图中给出了地面气压场分布，低压出现在________。

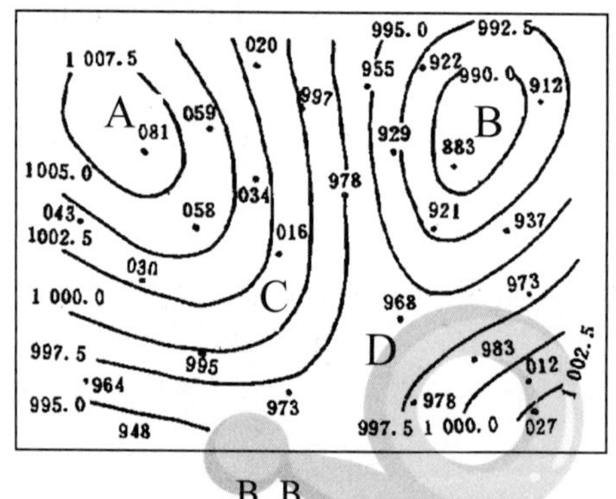


A. A　　　　B. B

C. C

14. 下图中给出了地面气压场分布，高压脊区出现在________。

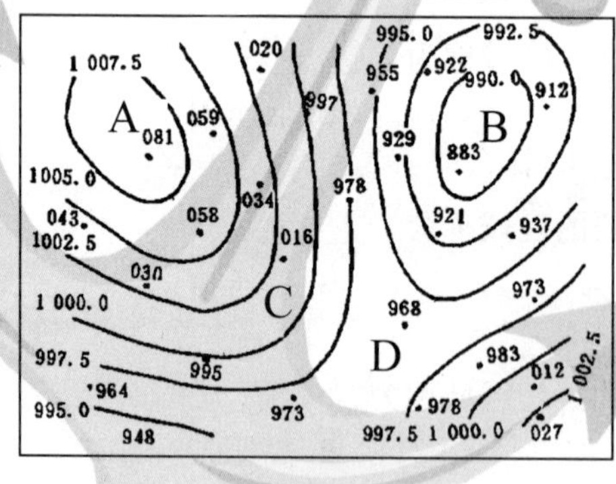


A. A　　　　B. B

C. C

15. 低气压是指________。

A. 中心气压比四周低，由闭合等压线包围的区域

B. 中心气压比四周高，由闭合等压线包围的区域

C. 低压向外面伸出的区域

16. 高压是指________。
    A. 中心气压比四周低,由闭合等压线包围的区域
    B. 中心气压比四周高,由闭合等压线包围的区域
    C. 高压向外某个方向伸出的狭长区域
17. 在地面图上,水平气压梯度与等压线疏密程度的关系是________。
    A. 等压线稀疏,水平气压梯度小　　B. 等压线稀疏,水平气压梯度大
    C. 等压线密集,水平气压梯度小
18. 在地面图上,水平气压梯度越大的地方,等压线________。
    A. 越密集　　B. 越稀疏
    C. 有的地方密集,有的地方稀疏

## 第五节　空气水平运动——风

1. 测得真风向为 203°,用 16 个方位法表示的风向为________。
   A. WSW　　B. SW
   C. SSW
2. 测得真风向为 23°,用 16 个方位法表示的风向为________。
   A. ENE　　B. NNE
   C. NE
3. 两种常用风速单位之间的关系是________。
   A. 1 kn≈2 m/s　　B. 1 m/s≈2 kn
   C. 1 kn≈1. 852 m/s
4. 空气相对于下垫面的________运动称为风。
   A. 水平　　B. 垂直
   C. 水平或垂直
5. 表示风大小的常用单位包括________。
   ①米/秒;②节、风力等级
   A. ①　　B. ②
   C. ①②都是
6. 风产生的直接原动力是________。
   A. 气压在水平方向上分布不均匀　　B. 气压在垂直方向上分布不均匀
   C. 惯性离心力
7. 下列哪个力是空气产生运动的原动力?
   A. 地转偏向力　　B. 惯性离心力
   C. 水平气压梯度力
8. 在地面天气图中,等压线稀疏的地方,则说明________。
   A. 地转偏向力小　　B. 惯性离心力小
   C. 水平气压梯度力小
9. 水平地转偏向力对运动空气的作用是________。

A. 只改变风向，不改变风速　　　　B. 只改变风速，不改变风向
C. 既改变风向亦改变风速

10. 在东高西低的水平气压场中，地转风向为________。
A. 在北半球，E 风；在南半球，W 风
B. 在北半球，S 风；在南半球，N 风
C. 在北半球，W 风；在南半球，E 风

11. 关于地转偏向力的正确说法是________。
①在赤道上，水平地转偏向力等于零；②当风速为零时，水平地转偏向力等于零
A. ①　　　　B. ②
C. ①②都对

12. 关于地转偏向力的正确说法是________。
①风速越大，纬度越高，水平地转偏向力就越大；②风速越小，纬度越低，水平地转偏向力就越小
A. ①　　　　B. ②
C. ①②都对

13. 地转风的大小除与水平气压梯度有关外，还与________有关。
A. 气压、空气密度　　　　B. 气温、空气温度
C. 纬度、空气密度

14. 根据高、低压中梯度风的关系，最大的水平气压梯度和风速应出现在________。
A. 高、低压中心附近
B. 高压中心附近，低压四周边缘
C. 低压中心附近，高压四周边缘

15. 在高气压中等压线分布较稀疏的部位是________。
A. 中心　　　　B. 外围
C. 东部

16. 当船上所有的测风仪器均失灵时，必须根据海面状况进行目力测风，________。
①在离岸较远的海面上，风向与风浪来向一致，可用罗经测定风浪来向作为风向；②风速利用风力等级表根据海面状况估计风力，以对应的风速中数值记录
A. ①　　　　B. ②
C. ①②都对

17. 在台湾海峡，冬季东北风和夏季西南风均比邻近海域强，其主要原因是________。
A. 岬角效应　　　　B. 海岸效应
C. 狭管效应

18. 我国山东半岛的成山角附近海域，偏北风通常比周围海域大 1 ~ 2 级，其主要原因是________。
A. 岬角效应　　　　B. 狭管效应
C. 海陆热力差异作用

19. 在渤海海峡，冬季西北风和夏季东南风均比邻近海域强，其主要原因是________。
A. 岬角效应　　　　B. 海岸效应

C. 狭管效应

20. 当风从开阔的海面吹入海峡口时,可导致________。
A. 风速减小
B. 风速增大
C. 风速不变

21. 当气流从开阔地区进入喇叭口式地形时,因气流辐合,风速加大,称为________。
A. 绕流和阻挡作用
B. 狭管效应
C. 岬角效应

## 第六节 云和降水

1. 有局部强烈上升运动的地方时常会出现________。
A. 微风、少云天气
B. 浓雾天气
C. 雷雨、阵性大风等恶劣天气

2. 发展旺盛的积雨云顶部呈砧状,这是由________造成的。
A. 高空风切变
B. 高空气温过低
C. 对流层顶存在逆温层

## 第七节 雾和海面能见度

1. 云形成的主要条件是________。
A. 水平运动
B. 下沉运动
C. 上升运动+水汽

2. 云消散的主要条件是________。
A. 上升运动
B. 下沉运动
C. 水平运动+水汽

3. 在大气层结不稳定条件下,形成的云为________。
A. 层状云
B. 波状云
C. 积状云

4. 水平范围广、云顶较为平坦、形如海面起伏、均匀成层的云为________。
A. 卷状云
B. 波状云
C. 层状云

5. 水平范围广、云顶常有逆温、云体呈波浪起伏状的碎云块和云片或云层、且排列整齐的云为________。
A. 乳状云
B. 波状云
C. 积状云

6. 能产生连续性降水的云是________。
A. 雨层云
B. 层云
C. 淡积云

7. 能产生雷电或冰雹的云是________。

A. 积雨云　　B. 雨层云

C. 层云

8. 能产生强烈阵性大风或龙卷风的云是________。

A. 积雨云　　B. 雨层云

C. 层云

9. 能产生间歇性降水的云是________。

A. 积雨云　　B. 雨层云

C. 高层云

10. 典型的暖锋降水属于什么类型的降水？

A. 间歇性降水　　B. 阵性降水

C. 连续性降水

11. 降水强度变化很快，具有骤降骤止，天空时暗时亮，持续时间短（通常为几分钟到几小时）并伴有强阵风等特点的降水现象属于什么类型的降水？

A. 间歇性降水　　B. 阵性降水

C. 连续性降水

12. 降水未经蒸发、渗透、流失，单位时间内在水平面上所积聚的水层深度，称为________。

A. 降水量　　B. 降水等级

C. 降水强度

## 第八节　大气环流和局地环流

1. 哪种大气层结最有利于形成雾？

A. 中性　　B. 稳定

C. 绝对不稳定

2. 一般对船舶航行影响较大且较常见的雾是________。

A. 辐射雾　　B. 锋面雾

C. 平流雾

3. 据统计，引起船舶海上碰撞事故最多的海洋气象环境因素是________。

A. 风　　B. 浪

C. 雾

4. 在暖湿空气流经较冷的下垫面时，气温下降，达到饱和凝结形成的雾是________。

A. 锋面雾　　B. 蒸汽雾

C. 平流雾

5. 平流雾常产生在冷暖海流交汇海域的________。

A. 暖水面一侧　　B. 冷水面一侧

C. 冷暖水面的混合区

6. 平流雾产生的时间一般是在________。

A. 气温最低的早晨　　B. 阴天有云时

C. 一天中任何时候

7. 黄海南部在怎样的风情下最易形成平流雾？
   A. 东南风(SE)6~7 级　　B. 东北风(NE)2~3 级
   C. 东南风(SE)2~4 级
8. 在各种雾中，水平范围最广、持续时间最长的雾是________。
   A. 辐射雾　　B. 蒸发雾
   C. 平流雾
9. 在各种雾中，哪种雾对航海威胁最大，并常被称为海雾？
   A. 平流雾　　B. 蒸发雾
   C. 辐射雾
10. 平流雾的出现有明显的季节变化，其特点是________。
    A. 春秋多，冬夏少　　B. 春冬多，秋夏少
    C. 春夏多，秋冬少
11. 春季，江淮气旋出海前，黄海处于气旋东部，容易生成________。
    A. 锋面雾　　B. 辐射雾
    C. 平流雾
12. 我国东部沿海的雾消散的条件是________。
    A. 湿度增大　　B. 风向转为西北风
    C. 风向转为东南风
13. 平流雾的主要特点有________。
    ①通常白天出现，夜间消失，有明显的日变化；②常伴有积云；③一日中任何时间都可以产生
    A. ①②　　B. ②③
    C. ①②③
14. 陆地表面夜间降温，低层空气受其影响冷却而形成的雾，属于________。
    A. 平流雾　　B. 蒸发雾
    C. 辐射雾
15. 辐射雾形成的主要条件是________。
    A. 晴夜、微风和近地面层水汽充沛　　B. 晴夜、微风和近地面层水汽稀少
    C. 晴夜、大风和近地面层水汽稀少
16. 辐射雾发生最频繁的季节在________。
    A. 春夏　　B. 夏秋
    C. 秋冬
17. 在变性冷高压中部控制的港湾内，夜间和清晨有时会出现________。
    A. 平流雾　　B. 锋面雾
    C. 辐射雾
18. 辐射雾在一天中最浓的时间在________。
    A. 日出前　　B. 中午
    C. 日落前后
19. 在内陆和沿海有明显日变化的雾的是________。

A. 辐射雾　　B. 平流雾
C. 锋面雾

20. 通常锋面雾最多出现在________。
A. 冷锋前　　B. 冷锋后
C. 锢囚锋两侧

21. 下列锋面天气中,哪个部位较易形成锋面雾?
A. Ⅱ型冷锋前　　B. Ⅰ型冷锋前
C. 暖锋前

22. 锋面雾产生的典型部位是________。
A. 暖锋前、锢囚锋两侧　　B. 第一型冷锋前、后
C. 第二型冷锋前、后

23. 下面各条中属于锋面雾特点的是________。
A. 受气温日变化的影响　　B. 夜间形成,浓度最大,白天消散
C. 不受气温日变化的影响

24. 寒冷空气覆盖在较暖水面上形成的雾称为________。
A. 平流雾　　B. 辐射雾
C. 蒸汽雾

25. 在水面温度远高于气温的情况下,易形成________。
A. 锋面雾　　B. 蒸汽雾
C. 平流雾

26. 中国近海雾最多的海域是________。
A. 长江口附近海域　　B. 珠江口附近海域
C. 成山角附近海域

27. 广东沿海雾的最盛期在________。
A. 2月—3月　　B. 4月—5月
C. 6月—7月

28. 长江口附近海面雾的最盛期在________。
A. 2月—3月　　B. 4月—6月
C. 6月—7月

29. 我国近海雾区从春到夏如何变化?
A. 雾区由北向南推移　　B. 雾区由南向北推移
C. 雾区由东向西推移

30. 我国成山角附近海域的雾最多的月份约在________。
A. 2月—3月　　B. 4月—5月
C. 6月—7月

31. 影响海面能见度的最主要的天气现象是________。
A. 低云　　B. 雨
C. 雾

32. 海面能见度共分成________等级。

A. 5　　B. 6

C. 10

33. 有浓雾时海面能见度为小于________。

A. 0. 5 n mile　　B. 1 n mile

C. 1. 5 n mile

34. 产生大气环流最基本的因素是________。

A. 海陆分布　　B. 太阳辐射随纬度分布不均匀

C. 地球自转

35. 下图是全球气压带和行星风带的分布示意图,图中的 B 带为________。



A. 赤道低压带　　B. 南半球副热带高压带

C. 北半球副热带高压带

36. 副热带高压带与赤道低压带之间的风带属于________。

A. 盛行西风带　　B. 信风带

C. 极地东风带

37. 副热带无风带的天气特征是________。

A. 气流下沉增温、闷热少雨　　B. 对流旺盛、云量多、有雷雨

C. 气流上升增温、闷热少雨

38. 信风带的天气为________。

A. 干燥晴朗,能见度良好　　B. 干燥阴天,能见度较差

C. 潮湿晴朗,能见度良好

39. 在渤海海面上背真风而立,低压在________。

A. 右后　　B. 左后

C. 左前

40. 在渤海海面上背真风而立,高压在________。

A. 右后　　B. 左后

C. 左前

41. 在黄海海面上背真风而立,高压在________。

A. 右后　　B. 左前

C. 左后

42. 在东海海面上背真风而立,低压在________。

A. 右后　　B. 左前

C. 左后

43. 在北半球低压区海面上,风绕中心________。

A. 顺时针方向向外辐散　　B. 顺时针方向向内辐合

C. 逆时针方向向内辐合

44. 在北半球高压区海面上,风绕中心________。

A. 顺时针方向向外辐散　　B. 逆时针方向向外辐散

C. 逆时针方向向内辐合

45. 下列正确的说法是________。

A. 通常,低压越发展,其中心区域风力越大

B. 通常,高压越发展,其中心区域风力越大

C. 通常,高压发展对其中心区域风力影响不大

46. 下列正确的说法是________。

A. 凡是高压控制的区域,处处都是微风晴朗天气

B. 高压外围可能出现大风

C. 越靠近强高压中心,风力越大

47. 通常,将大范围风向随季节而有规律转变的盛行风称为________。

A. 季风　　B. 海陆风

C. 山谷风

48. 季风容易在下列哪种区域形成?

A. 广阔的洋面上　　B. 多岛屿地区

C. 海陆交界地区

49. 东亚夏季风的气候特征是________。

A. 高温、潮湿和多雨　　B. 低温、潮湿和多雨

C. 高温、干燥和少雨

50. 东亚冬季风的气候特征是________。

A. 高温、潮湿和多雨　　B. 低温、潮湿和多雨

C. 低温、干燥和少雨

51. 我国黄海、渤海冬季盛行什么风?

A. 东北　　B. 西北

C. 西南

52. 我国东部沿海夏季盛行什么风?

A. 东北信风　　B. 东南季风

C. 西北季风

53. 长江口冬季季风的主要风向为________。

A. 西北风　　B. 东北风

C. 东南风

54. 下列正确的说法是________。

①在海岸附近,白天近地面层由海洋吹向陆地的风称为海风;②在海岸附近,夜间近地面层由陆地吹向海洋的风称为陆风

A. ①　　B. ②
C. ①②都对

55. 下列正确的说法是________。
①海风和陆风交替期间可暂时出现静风；②在低纬地区，特别是傍晚时，使人有异常闷热的感觉
A. ①　　B. ②
C. ①②都对

56. 海陆风________。
①在低纬度地区，一年四季均可出现；②在中纬度地区主要出现在夏季，冬季很弱
A. ①　　B. ②
C. ①②

57. 受海陆风和山谷风共同影响的港口，白天的向岸风为________。
A. 陆风+山风　　B. 海风+谷风
C. 陆风+谷风

58. 受海陆风和山谷风共同影响的港口，夜间的离岸风为________。
A. 陆风+山风　　B. 海风+谷风
C. 陆风+谷风

59. 受海陆风和山谷风共同影响的港口________。
A. 夜间的离岸风为海风+谷风　　B. 白天的向岸风为陆风+谷风
C. 夜间的离岸风为陆风+谷风

60. 受海陆风和山谷风共同影响的港口________。
A. 夜间为海风+谷风　　B. 白天为陆风+山风
C. 白天为海风+谷风

61. "海浪"通常是指________。
A. 风浪、涌浪、近岸浪　　B. 风浪、涌浪、海啸
C. 涌浪、海啸、潮波

62. 风区内的风直接吹刮海面引起的海面波动，称为________。
A. 近岸浪　　B. 涌浪
C. 风浪

63. 风浪离开风区传至远处的波浪或风区里风停息后遗留下来的波浪，称为________。
A. 涌浪　　B. 风浪
C. 内波

64. "无风不起浪"是指________。
A. 风浪　　B. 涌浪
C. 近岸浪

65. 风浪在成长过程中，风浪充分成长的要素取决于________。
①风速；②风时；③风区
A. ①②　　B. ②③
C. ①②③

66. “无风三尺浪”是指________。
    A. 海啸　　B. 风浪
    C. 涌浪
67. 波长较长,波面较平坦和光滑的海浪是________。
    A. 风浪　　B. 涌浪
    C. 近岸浪
68. 对于风浪与涌浪,下列叙述中,有关两者的波向与风向关系正确的是________。
    A. 风浪波向与风向一致,涌浪波向与风向常不一致
    B. 风浪波向与风向常不一致,涌浪波向与风向一致
    C. 风浪波向与风向一致,涌浪波向与风向一致
69. 当波浪由深水区传至浅水区或近岸区域,其变化为________。
    A. 波向不变　　B. 波高减小
    C. 波面变陡、卷倒和破碎
70. 当波浪由深水区传至浅水或近岸区时,其变化为________。
    A. 波长变长　　B. 周期变长
    C. 波高增大
71. 海啸主要是由________。
    A. 海底浅源地震引起的　　B. 台风或飓风引起的
    C. 寒潮引起的
72. 由于气象原因,如台风、风暴等引起的海面异常上升现象,称为________。
    A. 潮波　　B. 内波
    C. 风暴潮
73. 不能引起风暴潮的天气系统有________。
    A. 热带气旋　　B. 寒潮冷高压
    C. 副高
74. 渤海风暴潮多出现在________。
    A. 渤海湾和渤海海峡　　B. 莱州湾和辽东湾
    C. 渤海湾和莱州湾
75. 下列哪些因素会形成风暴潮?
    ①热带气旋;②温带气旋;③寒潮
    A. ①②③　　B. ②③
    C. ①②
76. 有效波高的实际意义是________。
    A. 就是实际波高值
    B. 相当于平均波高值
    C. 相当于一个有经验的观测者目测得到的显著波高
77. 冬季我国海域常盛行偏北大风,其中________。
    A. 渤海、黄海多东北风　　B. 渤海、黄海多北风
    C. 东海主要为北风和东北风

78. 中国近海风浪分布特征为________。
    A. 夏季风浪大,秋季风浪小
    B. 冬季风浪大,秋季风浪小
    C. 冬季风浪大,夏季风浪小
79. 渤海的浪分布特点为________。
    A. 冬季多南浪,夏季多东北浪
    B. 冬季多西北浪,夏季多东南浪
    C. 夏季多西北浪,冬季多东南浪
80. 南海的浪分布特点为________。
    A. 冬季多南向浪,夏季多西北浪
    B. 冬季多西北浪,夏季多东向浪
    C. 夏季多南向浪,冬季多东北浪
81. 冬季中国近海大浪区多出现在________。
    A. 台湾海峡、长江口附近和台湾地区以东海域
    B. 台湾海峡、北部湾和成山角附近海域
    C. 台湾海峡、成山角附近和台湾地区以东海域
82. 为使百叶箱中湿球温度计的纱布始终保持湿润状态,必须经常给水匣添加________。
    A. 饮用水
    B. 溶冰水
    C. 蒸馏水
83. 在百叶箱中,当观测到湿球温度接近干球温度时,则表明空气________。
    A. 接近饱和
    B. 未饱和
    C. 过饱和
84. 观测干湿球温度表时,视线应与温度表水银柱顶端保持________。
    A. 水平
    B. 垂直
    C. 仰视 30°
85. 观测干湿球温度表时,________。
    A. 对着阳光,先读小数后读整数
    B. 对着阳光,先读整数后读小数
    C. 遮住阳光,先读小数后读整数
86. 观测干湿球温度表时,读数读到________。
    A. 整数
    B. 小数一位
    C. 小数两位
87. 观测干湿球温度表时,当湿球纱布冻结,则________。
    A. 湿球读数取干球读数
    B. 停止湿球温度的观测
    C. 读数为干球读数的一半
88. 干湿球温度差值可以表征天气状态的哪个物理量?
    A. 气压
    B. 空气湿度
    C. 空气密度
89. 在实际工作中,反映空气是否饱和的气象要素是________。
    A. 干湿球温差和水汽压
    B. 干湿球温差和相对湿度
    C. 干湿球温差和绝对温度
90. 干湿球温度表应安装在百叶箱内,要求球部距甲板________。
    A. 0.5 m
    B. 1 m

C. 1.5 m

91. 通常观测气压使用的标准仪器是________。

A. 船上和气象站均使用水银气压表

B. 船上使用空盒气压表,气象站使用水银气压表

C. 船上使用水银气压表,气象站使用空盒气压表

92. 某船航向正南,航速 28 kn,测得视风从右舷 45°吹来,视风速 10 m/s,则真风为________。

A. 135°,14 m/s　　B. 135°,10 m/s

C. 315°,10 m/s

93. 当船上所有的测风仪器均失灵时,必须根据海面状况进行目力测风________。

A. 在离岸较远的海面上,风向与风浪来向一致,可用罗经测定风浪来向作为风向

B. 在离岸较远的海面上,风向与主波向一致,可用罗经测定主波向作为风向

C. 在离岸较远的海面上,风向与涌浪来向一致,可用罗经测定涌浪浪来向作为风向

94. 大量极细微的尘粒、烟粒、盐粒等均匀地飘浮在空中,使水平能见度小于 5 n mile 的空气混浊(呈微黄色)现象,称为________。

A. 雾　　B. 轻雾

C. 霾

95. 船舶沿岸航行时发现能见度不良,且岸上原白色目标变成了浊黄色,说明此时出现了________。

A. 雾　　B. 冰雾

C. 霾

96. 风、浪、流的方向规定如下________。

A. 风、浪向指来向,流向指去向　　B. 风、浪、流的方向都指来向

C. 风、浪、流的方向都指去向

97. 风和海流的方向________。

A. 都是指来向　　B. 风是指来向,流是指去向

C. 都是指去向

98. 海浪和海流的方向________。

A. 都是指来向　　B. 浪是指来向,流是指去向

C. 都是指去向

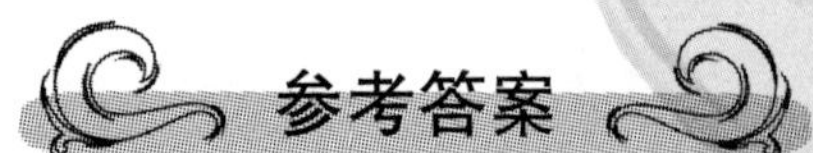

## 参考答案

### 第一节　大气概况

1. C　2. A　3. C　4. B　5. C　6. A　7. B　8. C　9. B　10. C
11. C　12. B　13. A　14. B　15. C　16. C　17. A　18. A　19. A

## 第二节　气温

1. B　2. C　3. B　4. B　5. C　6. C　7. A　8. B　9. B　10. C
11. A　12. B　13. B　14. C　15. B　16. C　17. A

## 第三节　湿度

1. A　2. B　3. C　4. A　5. A　6. A　7. C　8. A　9. A　10. B
11. C　12. C　13. A　14. C　15. C　16. C　17. B　18. C　19. C　20. A

## 第四节　气压

1. B　2. B　3. C　4. C　5. C　6. C　7. C　8. A　9. C　10. C
11. C　12. A　13. B　14. C　15. A　16. B　17. A　18. A

## 第五节　空气水平运动——风

1. C　2. B　3. B　4. A　5. C　6. A　7. C　8. C　9. A　10. B
11. C　12. C　13. C　14. C　15. A　16. C　17. C　18. A　19. C　20. B
21. B

## 第六节　云和降水

1. C　2. C

## 第七节　雾和海面能见度

1. C　2. B　3. C　4. C　5. B　6. A　7. A　8. A　9. C　10. C
11. B　12. A

## 第八节　大气环流和局地环流

1. B　2. C　3. C　4. C　5. B　6. C　7. C　8. C　9. A　10. C
11. C　12. B　13. C　14. C　15. A　16. C　17. C　18. A　19. A　20. C
21. C　22. A　23. C　24. C　25. B　26. C　27. A　28. B　29. B　30. C
31. C　32. C　33. A　34. B　35. C　36. B　37. A　38. A　39. C　40. A
41. A　42. B　43. C　44. A　45. A　46. B　47. A　48. C　49. A　50. C
51. B　52. B　53. A　54. C　55. C　56. C　57. B　58. A　59. C　60. C

| | | | | | | | | | |
|---|---|---|---|---|---|---|---|---|---|
| 61. A | 62. C | 63. A | 64. A | 65. C | 66. C | 67. B | 68. A | 69. C | 70. C |
| 71. A | 72. C | 73. C | 74. C | 75. A | 76. C | 77. C | 78. C | 79. B | 80. C |
| 81. C | 82. C | 83. A | 84. A | 85. C | 86. B | 87. B | 88. B | 89. B | 90. C |
| 91. B | 92. C | 93. A | 94. C | 95. C | 96. A | 97. B | 98. B | | |

# 第十一章
## 各种天气系统的特性

### 第一节 气团和锋

1. 一般气团的尺度________。
   A. 水平范围为几百至几千千米　　B. 垂直范围为几十千米至几百千米
   C. 水平范围为几千米至十几千米
2. 同一气团中的气象要素分布应具备下列哪个特征？
   A. 温度、湿度、气压、风、云等气象要素都均匀分布
   B. 主要是温度、湿度等的水平分布较均匀
   C. 主要指气压水平分布较均匀
3. 在水平方向上，________等物理属性比较均匀的大块空气称为气团。
   A. 温度、湿度、稳定度　　B. 温度、湿度、风
   C. 温度、湿度、气压
4. 有局部强烈上升运动的地方时常会出现________。
   A. 微风、少云天气　　B. 雷雨、阵性大风等恶劣天气
   C. 晴好天气
5. 当大气处于稳定状态时，容易出现的天气是________。
   A. 阵雨、雷阵雨　　B. 层云、雾、毛毛雨
   C. 冰雹、龙卷
6. 大气处于不稳定状态时，容易出现的天气是________。
   A. 层云、雾　　B. 毛毛雨、霾
   C. 冰雹、龙卷、阵雨、阵性大风
7. 平流雾的形成原因是________。
   A. 暖湿空气流经较冷的水面　　B. 海面辐射冷却
   C. 冷空气流经较暖的水面
8. 锋面移动伴随的雾通常是________。
   A. 辐射雾　　B. 锋面雾
   C. 平流雾
9. 我国海域的雾北起渤海南至北部湾，大致呈带状分布。雾区分布特点是________。
   A. 南窄北宽、南多北少　　B. 南窄北宽、南少北多

C. 南宽北窄、南多北少

10. 我国近海出现雾的时间、分布特点是________。

A. 南晚北早、南多北少　　B. 南晚北早、南少北多

C. 南早北晚、南少北多

11. 中国近海雾频最高的海域是________。

A. 长江口附近海域　　B. 珠江口附近海域

C. 成山角附近海域

12. 一般来说,我国沿海哪些海区属于多雾区?

①南海中部;②南海南部;③台湾海峡西部;④北部湾;⑤成山角至石岛;⑥闽浙沿岸至长江口

A. ②③④⑤⑥　　B. ①④⑤⑥

C. ③④⑤⑥

13. 我国黄渤海季风风向________。

A. 冬季西北风,夏季西南风　　B. 冬季西北风,夏季东南风

C. 冬季东北风,夏季东南风

14. 成山角冬季季风的主要风向为________。

A. 西北风　　B. 东北风

C. 东南风

15. 台湾海峡冬季季风风向为________。

A. 东南　　B. 西北

C. 东北

16. 具有海陆风和山谷风的地区,白天地面上吹________。

A. 陆风和谷风　　B. 海风和谷风

C. 海风和山风

17. 在受海陆风和山谷风共同影响的港口,离岸风发生的时间和构成是________。

A. 白天,海风+谷风　　B. 夜间,陆风+山风

C. 夜间,海风+谷风

18. 我国沿海哪个港口受海陆风和山谷风的影响较明显?

A. 上海港　　B. 黄埔港

C. 连云港

19. 造成中国近海大风的主要天气系统不包括下列那一项?

A. 温带气旋　　B. 热带气旋

C. 静止锋

20. 中国近海由于狭管效应造成的大风区包括________。

A. 渤海海峡、台湾海峡　　B. 黄海、台湾海峡

C. 东海、台湾海峡

21. 海啸在外海引起的波浪特征是________。

①波速大;②波高很高;③波长很长;④波速小;⑤波高不明显;⑥波长短

A. ①②③　　B. ①③⑤

C. ④⑤⑥

22. 海啸主要是由________。
A. 海底浅源地震引起的
B. 强风暴引起的
C. 寒潮引起的

23. 我国风暴潮的严重多发区有________。
A. 汕头至珠江口、北部湾
B. 汕头至珠江口、莱州湾
C. 长江口至舟山群岛

24. 按气团的热力分类，将气团分为________。
A. 干冷气团和暖湿气团
B. 稳定气团和不稳定气团
C. 冷气团和暖气团

25. 暖气团在移动过程中的层结特征和能见度是________。
A. 层结稳定、能见度好
B. 层结稳定、能见度差
C. 层结不稳定、能见度好

26. 冷气团在移动过程中的层结特征和能见度是________。
A. 层结不稳定、能见度好
B. 层结稳定、能见度好
C. 层结不稳定、能见度差

27. 冷、暖气团出现的天气特征为________。
A. 冷、暖气团均多平流雾或层云
B. 冷气团多平流雾或层云，暖气团多阵性大风和阵性降水
C. 暖气团多平流雾或层云，冷气团多阵性大风和阵性降水

28. 冬季影响我国东部海域的主要气团是________。
A. 变性极地海洋气团
B. 变性极地大陆气团
C. 变性热带大陆气团

29. 夏季影响我国的主要气团是________。
A. 变性极地海洋气团和热带海洋气团
B. 变性极地大陆气团和热带大陆气团
C. 变性热带海洋气团和热带大陆气团

30. 冬季我国东部沿海地区常出现雾或多层云天气，此时受哪种气团控制？吹什么风？
A. 冷气团、偏南风
B. 冷气团、偏北风
C. 暖气团、偏南风

31. 锋形成于________。
A. 冷气团内部
B. 暖气团内部
C. 冷暖气团交汇处

32. 暖气团势力强，推动冷气团后退，并使锋面向冷气团一侧移动的锋，称为________。
A. 冷锋
B. 暖锋
C. 静止锋

33. 冷气团势力强，推动暖气团后退，并使锋面向暖气团一侧移动的锋，称为________。
A. 冷锋
B. 暖锋
C. 静止锋

34. 冷、暖气团势均力敌,锋基本不动或只在某个位置附近做小摆动时称为________。
   A. 冷锋　　B. 暖锋
   C. 静止锋
35. 冷锋移速比暖锋快,当冷锋追上暖锋时形成________。
   A. 副冷锋　　B. 极锋
   C. 锢囚锋
36. 船舶受强冷锋过境影响时,可观测到气压变化为________。
   A. 缓升　　B. 缓降
   C. 急升
37. 通常冷锋过境的天气特征为________。
   ①气温逐渐降低;②气压逐渐升高;③冬季一般锋后风速大于锋前
   A. ①②　　B. ①②③
   C. ②③
38. 典型暖锋天气有________。
   A. 大片连续性降水　　B. 阵性降水
   C. 阵性大风
39. 通常造成我国江南连续阴雨天气的锋是________。
   A. 静止锋　　B. 暖锋
   C. 冷锋

## 第二节　锋面气旋

1. 从流场角度而言,北半球地面气旋是________。
   A. 逆时针向内辐合
   B. 顺时针向内辐合
   C. 逆时针向外辐散
2. 下图为地面气旋、反气旋流场示意图,北半球气旋为________。

A　B　C　D

   A. A 图　　B. B 图
   C. C 图
3. 通常气旋的强度用________。
   A. 中心最高气压表示
   B. 气旋最里面闭合等压线数值表示
   C. 中心最低气压表示
4. 海洋上温带气旋强度最大、范围最广的季节为________。
   A. 春季　　B. 夏季

C. 冬季

5. 海洋上温带气旋强度最弱的季节为________。

A. 春季　　B. 夏季

C. 秋季

6. 根据气旋形成与活动的地理区域，将气旋分为________。

A. 温带气旋和热带气旋　　B. 锋面气旋和无锋面气旋

C. 温带气旋和锋面气旋

7. 气旋对应的一般天气特征为________。

A. 晴朗、微风、少云天气　　B. 多云、微风天气

C. 多云、阴雨天气

8. 在典型锋面气旋中，通常平流雾或毛毛雨天气最有可能出现在________。

A. 冷锋后　　B. 暖锋前

C. 暖区

9. 通常锋面气旋进入锢囚阶段的一个显著天气特点是________。

A. 降水区只限于锋前，范围扩大　　B. 降水区仅限于锋后，范围扩大

C. 锋线两侧均有降水，范围扩大

10. 强大的锋面气旋地面最大风力可达________。

A. 10 级　　B. 11 级

C. 12 级

11. 某地气温由高变低，气压明显上升，由西南风转为西北风，天空阴但无雨，这表明________。

A. 冷锋已接近　　B. 冷锋正在过境

C. 冷锋地面锋线已过境

## 第三节　冷高压和副热带高压

1. 冷高压产生于________。

A. 高纬大陆　　B. 高纬海洋

C. 低纬大陆

2. 通常反气旋的强度用________表示。

A. 中心最高气压　　B. 最里面闭合等压线数值

C. 最外面闭合等压线数值

3. 北半球移动性冷高压的坏天气一般在________。

A. 四周边缘　　B. 前部边缘

C. 后部边缘

4. 下列正确说法的是________。

A. 高压处处是晴好天气　　B. 高压边缘是晴好天气

C. 高压中心是晴好天气

5. 在哪个季节冷高压活动最频繁、势力最强、影响范围最广？

A. 春季　　B. 夏季

C. 冬季

6. 海洋上副热带反气旋强度最大、范围最广的季节为________。

A. 春季　　B. 夏季

C. 秋季

7. 在冷高压中部控制的港湾和沿海地区,后半夜至清晨易出现________。

A. 平流雾　　B. 辐射雾

C. 蒸汽雾

8. 一次东亚强冷空气活动常能引起我国各海域普遍出现偏北大风,通常________。

A. 黄海、东海和南海均为东北风

B. 黄海、东海东北风,南海西北风

C. 黄海西北风,东海北风,南海东北风

9. 北半球移动性冷高压控制下,其前部的一般天气特征是________。

A. 明显降温、偏东大风　　B. 明显降温、偏北大风

C. 晴冷、少云、微风

10. 北半球春季入海变性冷高压后部的主要天气特征是________。

A. 明显升温、偏东微风　　B. 明显升温、偏北微风

C. 偏南风伴有平流雾、毛毛雨或层云

11. 高压中心区域的天气特点是________。

A. 晴朗少云,微风或无风　　B. 有时有降水或大风

C. 晴朗少云,大风

12. 在冷高压控制的地区,其典型天气模式为________。

①中心晴朗少云;②前部降温;③中心微风;④前部边缘大风;⑤前部增温

A. ①②③④　　B. ①②③④⑤

C. ①③④⑤

13. 冬季造成寒潮的天气系统是________。

A. 锋面气旋　　B. 温带气旋

C. 冷性反气旋

14. 寒潮冷锋过境前,通常我国东部沿海的天气特征是________。

A. 微弱的偏北风,相对较温暖　　B. 多吹偏南风,相对较温暖

C. 强劲的偏北风,相对较寒冷

15. 通常冬季在寒潮或强冷空气入侵前________。

A. 气温回升,偏南风不大　　B. 出现异常高温,偏南风较大

C. 阴有雨,偏东风不大

## 第四节　热带气旋和强对流性天气系统

1. 影响东亚地区的主要反气旋天气系统是________。

A. 夏季冷高压,冬季副热带高压　　B. 冬、夏季均为冷高压

C. 冬季冷高压,夏季副热带高压

2. 热带气旋是发生在热带洋面上的强大的________。

A. 冷性低气压　　B. 暖性高气压

C. 暖性低气压

3. 我国将中心附近最大风力达到 8~9 级的热带气旋称为________。

A. 热带风暴　　B. 强热带风暴

C. 台风

4. 采用国际标准后,我国将近中心附近最大风力达 10~11 级的热带气旋称为________。

A. 强热带风暴　　B. 强台风

C. 热带风暴

5. 在我国新颁布的热带气旋等级标准中,强台风的底层近中心最大风力为________。

A. 12~13 级　　B. 14~15 级

C. 16~17 级

6. 在西北太平洋中心附近最大风力小于 8 级的热带气旋称为________。

A. 热带低压　　B. 热带风暴

C. 强热带风暴

7. 在西北太平洋中心附近最大风力为 8~9 级的热带气旋称为________。

A. 热带风暴　　B. 强热带风暴

C. 台风

8. 在西北太平洋中心附近最大风力达到 12 级及以上的热带气旋称为________。

A. 热带低压　　B. 强热带风暴

C. 台风

9. 当热带气旋中心附近最大风力达到≥12 级时,我国发布的警报为________。

A. 热带风暴警报　　B. 强热带风暴警报

C. 台风警报

10. 一个强烈发展的热带气旋,通常根据其天气结构分成哪几个区域?

①暖锋前部;②暖区;③冷锋后部;④外围区;⑤涡旋区;⑥眼区

A. ①②③　　B. ②④⑤⑥

C. ④⑤⑥

11. 热带气旋的主要天气海况特征包括________。

A. 浓雾或毛毛雨　　B. 降温、大风和风暴潮

C. 狂风、巨浪、暴雨和风暴潮

12. 当船舶逐渐接近台风时,气压和风力变化为________。

A. 气压下降,风力减小　　B. 气压上升,风力减小

C. 气压下降,风力增大

13. 台风眼区的天气及海况特点是________。

A. 大风、大浪　　B. 暴雨、金字塔浪

C. 微风、少云、金字塔浪

14. 热带气旋的坏天气一般________。

A. 对称分布在涡旋区　　B. 对称分布在眼区

C. 不对称分布在涡旋区

15. 台风的哪一个区域天气最恶劣？
A. 外围区　　B. 涡旋区
C. 眼区

16. 热带气旋眼区的天气与海况特点是________。
A. 微风、少云、轻浪　　B. 狂风暴雨、金字塔型浪
C. 微风、少云、金字塔型浪

17. 在卫星云图上，台风的云系表现为________。
A. 白色的漩涡状云系　　B. 黑色的漩涡状云系
C. 灰色的漩涡状云系

18. 当船舶逐渐脱离台风时，气压和风力变化为________。
A. 气压下降，风力减小　　B. 气压上升，风力减小
C. 气压下降，风力增大

19. 强对流性天气系统的尺度多为________。
A. 天气尺度　　B. 中间尺度
C. 中、小尺度

20. 强对流性天气系统主要发生在________。
A. 高纬的冬季　　B. 低纬和中纬的夏季
C. 低纬和中纬的冬季

21. 强对流天气的基本特征有________。
A. 水平尺度大，生命期短　　B. 水平尺度小，生命期长
C. 水平尺度小，生命期短

22. 强对流天气的基本特征有________。
A. 大范围稳定性天气　　B. 阵风、阵雨、雷暴等天气
C. 长时间连续性降水

23. 下列不属于强对流天气的有________。
A. 锋　　B. 雷暴
C. 飑线

24. 雷暴、飑线和龙卷等中小天气系统的共同特点是________。
A. 短时间稳定的强对流天气
B. 短时间不稳定的强对流天气
C. 长时间稳定的强对流天气

25. 雷暴、飑线和龙卷等中小天气系统的共同天气特征有________。
A. 浓雾、阵性大风、阵雨　　B. 浓雾、阵雨、冰雹
C. 阵性大风、阵雨、冰雹

26. 雷暴发生最多的季节是________。
A. 夏季　　B. 秋季
C. 冬季

27. 下列哪个不是强雷暴可能伴随的天气？

A. 阵性大风　　B. 毛毛雨

C. 冰雹

28. 排列成带状的雷暴群或积雨云带构成风向、风速发生突变的狭窄的强对流天气带称为________。

A. 飑线　　B. 龙卷

C. 雷暴

29. 飑线的雷达回波云带一般呈________。

A. 团状　　B. 带状

C. 螺旋状

30. 龙卷出现在________底部。

A. 淡积云和碎雨云　　B. 雨层云和高层云

C. 积雨云和浓积云

31. 龙卷是________系统。

A. 高压　　B. 低压

C. 鞍形区

32. 产生龙卷的一个必要条件是________。

A. 大气层结不稳定或极不稳定　　B. 大气层结很稳定

C. 大气层结中性

33. 热雷暴产生的地区和时间是________。

A. 陆地和海洋上均在半夜至凌晨

B. 陆地上在午后，海洋上在半夜至凌晨

C. 陆地上在半夜至凌晨，海洋上在午后

34. 常见的强风暴系统有________。

①飑线；②多单体风暴；③超级单体风暴；④冷锋

A. ①②③　　B. ①②④

C. ②③④

35. 飑线天气系统的基本特征是________。

A. 水平尺度小、持续时间短、对流不稳定

B. 水平尺度小、持续时间短、对流稳定

C. 水平尺度小、持续时间长、对流不稳定

36. 雷暴和飑线过境时，伴随的剧烈天气是________。

A. 风向不变、风力猛增、气温骤升、气压陡降

B. 风向不变、风力减小、气温骤升、气压陡降

C. 风向突变、风力猛增、气温陡降、气压骤升

# 参考答案

## 第一节　气团和锋

1. A　2. B　3. A　4. B　5. B　6. C　7. A　8. B　9. B　10. C
11. C　12. C　13. B　14. A　15. C　16. B　17. B　18. C　19. C　20. A
21. B　22. A　23. B　24. C　25. B　26. A　27. C　28. B　29. C　30. C
31. C　32. B　33. A　34. C　35. C　36. C　37. B　38. A　39. A

## 第二节　锋面气旋

1. A　2. C　3. C　4. C　5. B　6. A　7. C　8. C　9. C　10. C
11. C

## 第三节　冷高压和副热带高压

1. A　2. A　3. B　4. C　5. C　6. B　7. B　8. C　9. B　10. C
11. A　12. A　13. C　14. B　15. A

## 第四节　热带气旋和强对流性天气系统

1. C　2. C　3. A　4. A　5. B　6. A　7. A　8. C　9. C　10. C
11. C　12. C　13. C　14. A　15. B　16. C　17. A　18. B　19. C　20. B
21. C　22. B　23. A　24. B　25. C　26. A　27. B　28. A　29. B　30. C
31. B　32. A　33. B　34. A　35. A　36. C

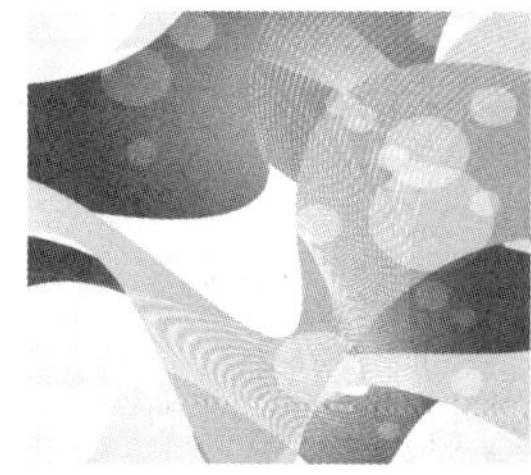

# 第十二章 气象信息的获取和应用

## 第一节 天气图的基础知识

1. 经纬线均为平行直线的天气底图是哪种投影方式的图？

   A. 墨卡托投影图　　B. 兰勃特投影图

   C. 极地平面投影图

2. 在天气底图上，纬线是以极点为中心的同心圆、经线是以极点向外辐射的直线。这种天气图是采用哪种投影方式？

   A. 墨卡托投影　　B. 兰勃特投影

   C. 极地平面投影

3. 通常适合低纬度的天气图底图的投影方式为________。

   A. 墨卡托投影　　B. 兰勃特投影

   C. 极地平面投影

4. 地面天气图的图时为________。

   A. 基本天气观测 04Z，10Z，16Z，22Z　　B. 基本天气观测 02Z，08Z，14Z，20Z

   C. 基本天气观测 00Z，06Z，12Z，18Z

5. 这张天气图的种类是________。

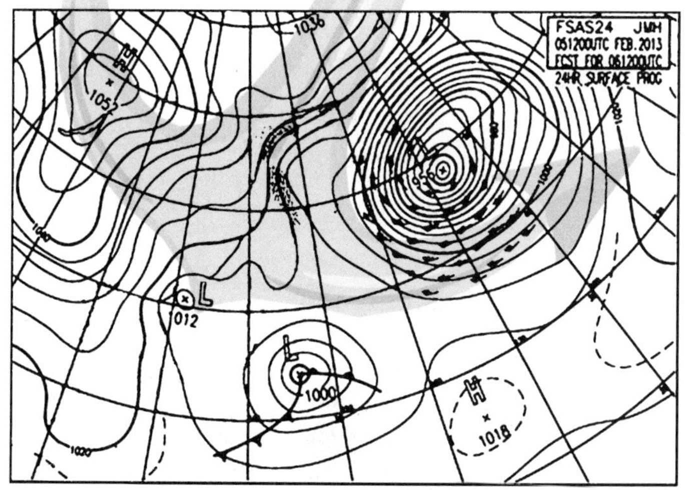


   A. 地面实况图　　B. 48 h 地面预报图

C. 24 h 地面预报图

6. 这张天气图的种类是________。

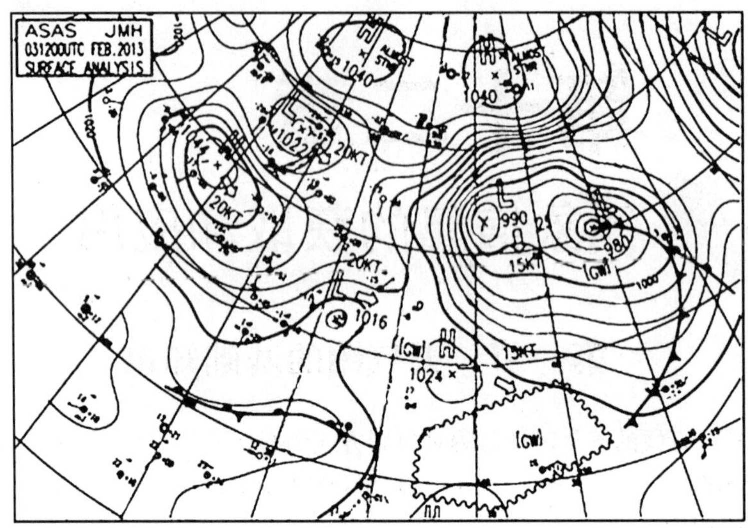


A. 地面预报图　　B. 地面实况图

C. 高空预报图

7. 在地面图的某测站上，填写的气压变量一项系指________。

A. 6 h 前所观测气压与观测时气压之差

B. 观测时气压与 6 h 前所观测气压之差

C. 观测时气压与 3 h 前所观测气压之差

8. 在地面图的某测站上，填写的气压趋势一项系指________。

A. 观测时间前 6 h 内之气压变化

B. 观测时间前 6 h 外之气压变化

C. 观测时间前 3 h 内之气压变化

9. 图中给出了我国某测站气象要素的填图资料，表明总云量、低云量分别为________。

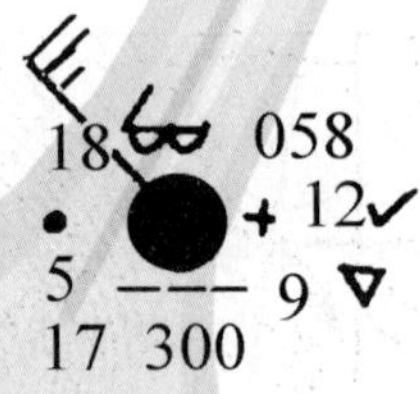


A. 10 和 6　　B. 9 和 10

C. 10 和 9

10. 图中给出了我国某测站气象要素的填图资料，表明温度露点差为________。

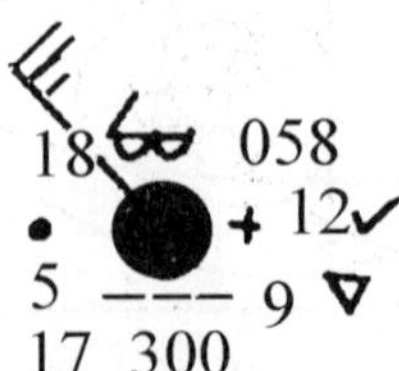

A. 1　　B. 0

C. -1

11. 图中给出了我国某测站气象要素的填图格式，表明气压和三小时变压分别为________。

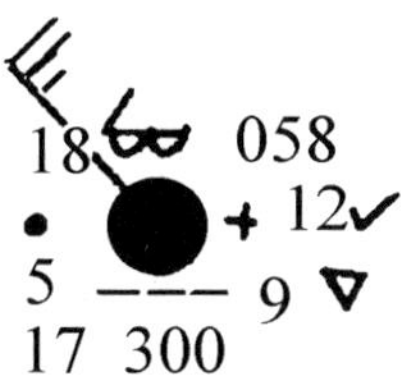


A. 1 005. 8 hPa 和 12 hPa　　B. 1 005. 8 hPa 和 1. 2 hPa

C. 995. 8 hPa 和 12 hPa

12. 天气图中风的符号　表示________。

A. NW 风 25 kn　　B. NW 风 7 级

C. SE 风 25 kn

13. 天气图中风的符号　表示________。

A. S 风 15 kn　　B. N 风 15 kn

C. N 风 30 kn

14. 日本天气图中风的符号　表示________。

A. N 风 15 kn　　B. N 风 30 kn

C. S 风 30 kn

15. 日本天气图中风的符号　表示________。

A. E 风 20 kn　　B. W 风 20 kn

C. E 风 40 kn

16. 日本天气图中风的符号　表示________。

A. W 风 45 kn　　B. W 风 75 kn

C. E 风 35 kn

17. 日本天气图中风的符号　表示________。

A. SW 风 14 kn　　B. NE 风 14 kn

C. SW 风 35 kn

18. 日本天气图中风的符号　表示________。

A. SW 风 30 kn　　B. SW 风 60 kn

C. NE 风 30 kn

19. 日本天气图中风的符号 　　表示________。

A. SE 风 15 kn　　B. SE 风 30 kn

C. NW 风 15 kn

20. 填图符号 　　表示________。

A. 淡积云　　B. 高积云

C. 雨层云

21. 填图符号 　　表示________。

A. 淡积云　　B. 高积云

C. 碎雨云

22. 填图符号 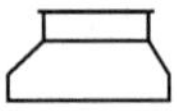　　表示________。

A. 淡积云　　B. 高积云

C. 积雨云

23. 地面图上冷锋的符号为________。

A. 　　B.

C.

24. 地面图上暖锋的符号为________。

A. 　　B.

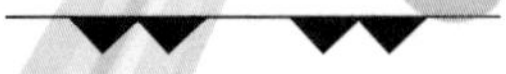

C.

25. 地面图上静止锋的符号为________。

A. 　　B.

C.

26. 地面图上锢囚锋的符号为________。

A. 　　B.

C.

27. 地面图上雷暴的填图符号为________。

A. ·　　B. ▽

C.

28. 地面图上阵雨的填图符号为________。

A. ·　　B. 

C. 

29. 地面图上某测站数据如下所示，其风速、风向为________。

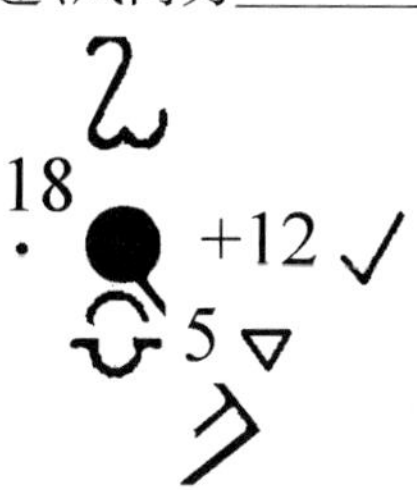


A. 15 m/s；SE　　B. 15 m/s；NW

C. 15KT；SE

30. 地面图中某测站数据如下所示，过去天气现象是________。

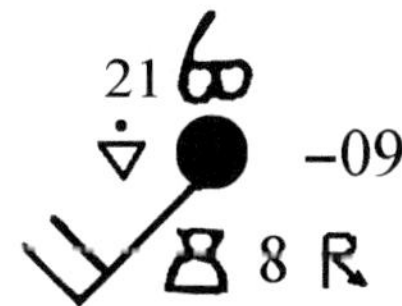


A. 雷暴　　B. 阵雨

C. 冰雹

31. 图中测站的风向和风速为________。

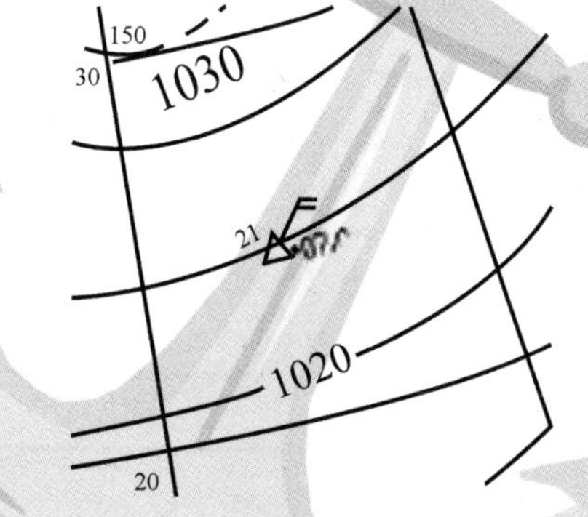


A. N、20 kn　　B. NE、20 kn

C. S、20 kn

32. 通常天气图上表示低压的符号为________。

A. C　　B. A

C. L

33. 通常天气图上表示高压的符号为________。

A. C　　B. H

C. L

34. 在我国地面分析图上，两条相邻等压线的间隔为________。

A. 2.5 hPa 或 5 hPa　　　B. 4 hPa

C. 6 hPa

35. 下图中中国黄海的风向主要为________。

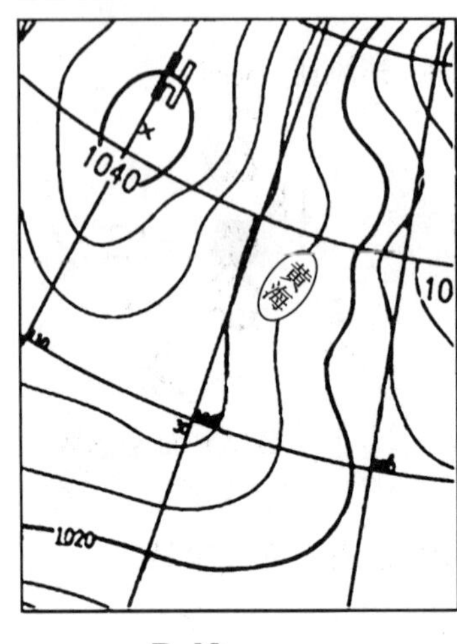


A. NE　　　B. N

C. NW

36. 下图中台湾海峡的风向为________。

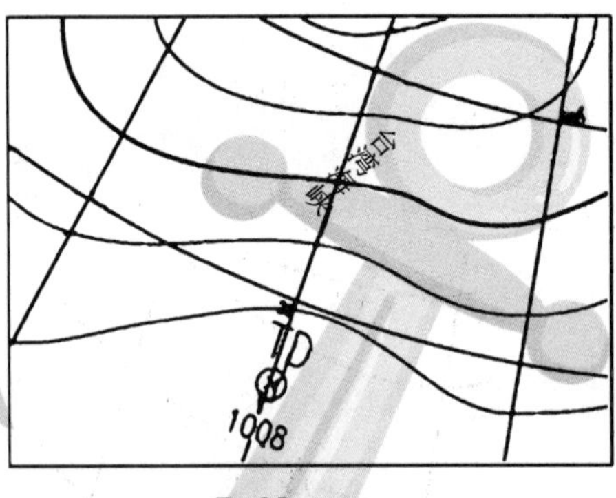


A. NE　　　B. N

C. NW

37. 下图中的天气系统是________。

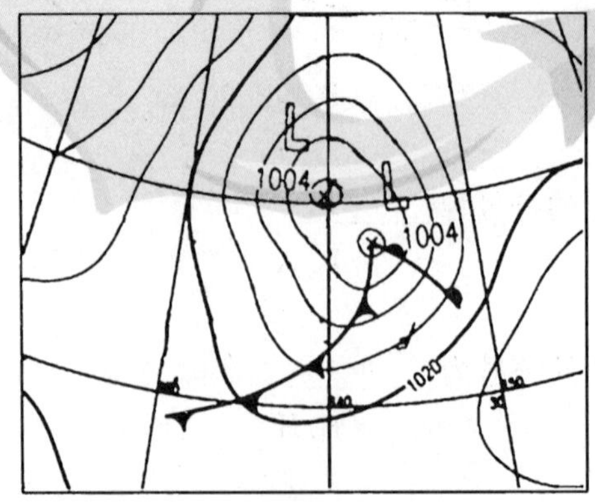

A. 热带气旋　　B. 温带气旋

C. 热带反气旋

## 第二节　天气报告和警报的释读和应用

1. 下图中的锋面属于哪种类型？

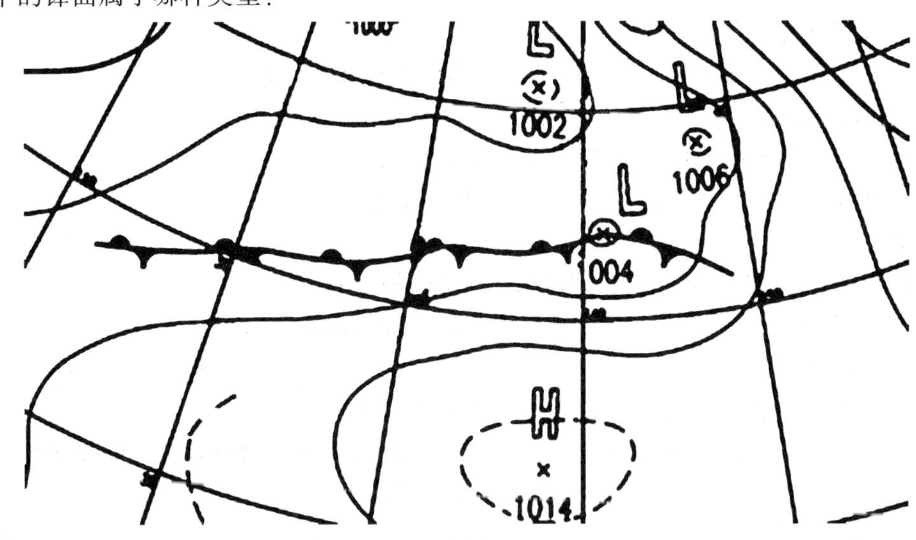


A. 冷锋　　B. 暖锋

C. 准静止锋

2. 气旋对应的一般天气特征为________。

A. 阴雨并伴有大风天气　　B. 多云、微风天气

C. 晴朗、少云、大风天气

3. 当气旋发展强盛时，出现的主要天气特征为________。

A. 强风、强降水　　B. 炎热、干燥

C. 短时雷雨大风

4. 锋面气旋的阴雨天气一般________。

A. 对称分布在锋面附近　　B. 对称分布在气旋中心区

C. 不对称分布在中心和锋面附近

5. 下图为北半球典型锋面气旋示意图，图中 A 点的风向为________。

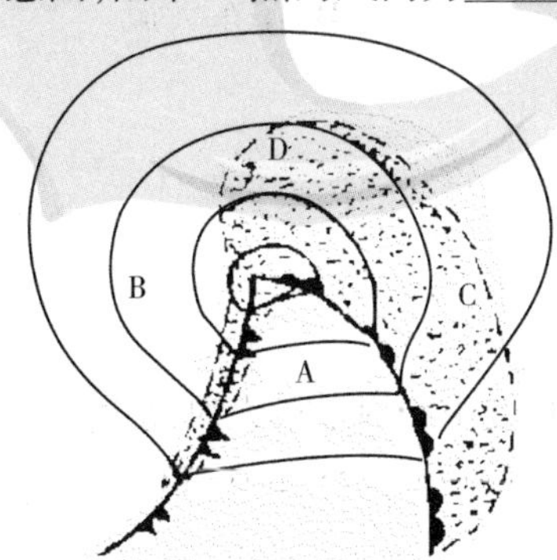

A. 西北风　　B. 东南风
C. 西南风

6. 某船自东向西穿越江淮气旋,观察到天气由毛毛雨、西南风3~4级的状况转变为西北风6~7级,表明船舶________。
A. 穿越暖锋　　B. 处于暖区
C. 穿越冷锋

7. 一般而言,下列正确的说法是________。
A. 高压处处是晴好天气　　B. 高压中心多晴好天气
C. 高压中心多阴雨天气

8. 冬季强冷空气南下影响我国过程中,其强度如何变化?
A. 逐渐加强　　B. 保持不变
C. 逐渐减弱

9. 冬季寒潮入侵,常在地面图上表现为哪种气压系统南下?
A. 强大的暖性高压　　B. 强大的冷性高压
C. 强大的暖性低压

10. 冬季,寒潮冷锋过境时,我国东部沿海会出现何种天气?
①剧烈降温;②偏北大风;③海上大浪;④天气寒冷;⑤气压急升;⑥有时伴有降水
A. ①②③⑤⑥　　B. ①②③⑤
C. ①②③④⑤⑥

11. 中国东部地区的主要降水带常位于________。
A. 副高的西北侧　　B. 副高的西南侧
C. 副高的东侧

12. 我国雨带的季节性位移主要受下列哪个天气系统支配?
A. 台风　　B. 西风槽
C. 西北太平洋副热带高压

13. 春季和夏初,西北太平洋副高脊西伸,我国东部沿海吹SE风,常会形成________。
A. 台风　　B. 辐射雾
C. 平流雾

14. 当西北太平洋副高加强西伸,而大陆又有低压或低压槽东移发展,构成“东高西低”形势时,副高西部我国沿海一带常出现________。
A. 东北大风　　B. 偏东大风
C. 东南大风

15. 热带气旋是发生在________。
A. 陆地上冷性气旋性涡旋
B. 海洋上暖性气旋性涡旋
C. 陆地上暖性气旋性涡旋

16. 达到台风等级的热带气旋,其近中心附近最大风速为________。
A. ≥60 kn　　B. ≥63 kn
C. ≥64 kn

17. 当热带气旋中心附近最大风力达到≥12 级时，日本传真图发布的警报为________。

A. 热带风暴警报　　B. 强热带风暴警报

C. 台风警报

18. 我国中央气象台发布台风预警信号强度最强的为________。

A. 红色　　B. 黄色

C. 橙色

19. 按照国家气象局最新发布的《气象灾害预警信号发布与传播办法》，将台风预警信号从弱到强依次为________。

A. 红、橙、黄、蓝　　B. 蓝、黄、橙、红

C. 黄、橙、蓝、红

20. 热带气旋与温带气旋相比较，通常从外向内的风力变化特点为________。

A. 两者均迅速增大　　B. 前者迅速增大，后者缓慢增大

C. 前者缓慢增大，后者迅速增大

21. 海上热雷暴多发生在________。

A. 清晨　　B. 上午

C. 后半夜至凌晨

22. 通常在彩色天气图上，________。

A. 冷锋为红色　　D. 静止锋为红蓝双色

C. 暖锋为蓝色

23. 通常在彩色天气图上，________。

A. 锢囚锋为紫色　　B. 静止锋为紫色

C. 暖锋为蓝色

24. 图中所标出的风向为________。

A. N　　B. NE

C. NW

25. 当船舶因事故需要弃船时，船长或指定人员对船载航行数据记录仪正确的操作是________。

A. 将数据备份至移动存储介质，并关闭设备电源

B. 将数据备份至移动存储介质，并复制至计算机，检查数据的有效性

C. 若情况允许，将数据备份至移动存储介质并带走

26. 在发生海事事故时，船长则应负责及时保护 VDR 记录的数据，并上交________。

A. 船舶所有人　　　　B. 船旗国海事部门

C. 主管机关

27. 船载航行数据记录仪记录数据________。

A. 当班驾驶员可以修改

B. 不能干扰数据记录、进行数据修改

C. 不可再现

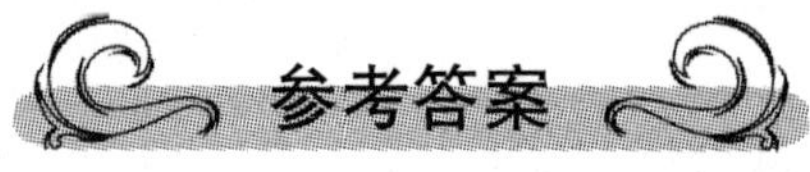

参考答案

## 第一节　天气图的基础知识

| | | | | | | | | | |
|---|---|---|---|---|---|---|---|---|---|
| 1. A | 2. C | 3. A | 4. C | 5. C | 6. B | 7. C | 8. C | 9. C | 10. A |
| 11. B | 12. B | 13. C | 14. C | 15. B | 16. C | 17. C | 18. B | 19. B | 20. C |
| 21. C | 22. C | 23. A | 24. B | 25. C | 26. C | 27. C | 28. B | 29. C | 30. A |
| 31. B | 32. C | 33. B | 34. A | 35. C | 36. A | 37. B | | | |

## 第二节　天气报告和警报的释读和应用

| | | | | | | | | | |
|---|---|---|---|---|---|---|---|---|---|
| 1. C | 2. A | 3. A | 4. C | 5. C | 6. C | 7. B | 8. C | 9. B | 10. C |
| 11. A | 12. C | 13. C | 14. C | 15. B | 16. C | 17. C | 18. A | 19. B | 20. B |
| 21. C | 22. B | 23. A | 24. C | 25. C | 26. C | 27. B | | | |

# 第二篇
# 船舶操纵与避碰

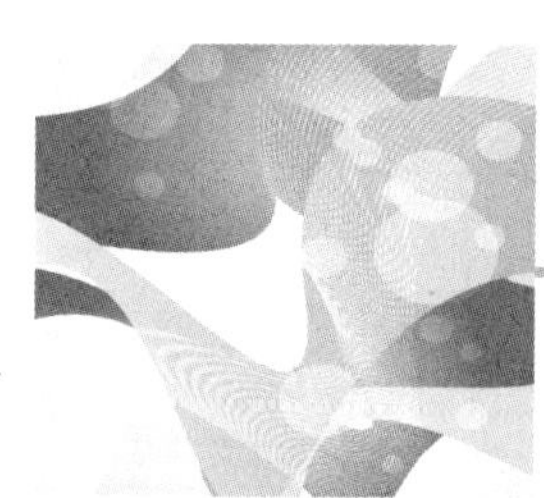

## 第十三章 船舶操纵

### 第一节 船舶操纵性能

1. 为保护主机,船舶启动过程中应先开低转速,________。
   A. 在船速达到与转速相应的船速时再逐级加大转速
   B. 在螺旋桨转动起来后就开高转速
   C. 在转速达到相应的转速时再逐级增大转速
2. 在实际应用中,我们常说的停车冲程,一般以________船舶的惯性距离作为停车冲程。
   A. 船舶对地速度降到能保持舵效的最小速度时
   B. 船舶对水速度降到能保持舵效的最小速度时
   C. 船舶对水速度降到零时
3. 最短停船距离是指船舶主机从全速前进中开全速后退,从________停止移动时船舶前冲的距离。
   A. 从发令开始至船对地　　B. 从发令开始至船对水
   C. 螺旋桨开始倒转至船对地
4. 常用的制动方法包括________。
   ①倒车制动法;②Z 形操纵制动法;③满舵旋回制动法;④拖锚制动法;⑤拖船协助制动法
   A. ①②③④　　B. ②③④⑤
   C. ①②③④⑤
5. 对船舶停车冲程和倒车冲程都有影响的因素有________。

①水深；②风、流条件；③污底程度；④推进器类型

A. ①②　　B. ①②③

C. ①②③④

6. 船舶做大舵角快速转向过程中，会产生横倾，倾斜的方向为________。

A. 内倾　　B. 外倾

C. 先内倾后外倾

7. 船舶旋回圈中的横距一般是指________。

A. 自操舵起，至航向改变90°时，其重心在原航向上的横向移动距离

B. 自操舵起，至航向改变90°时，其重心在原航向上的纵向移动距离

C. 自操舵起，至航向改变180°时，其重心在原航向上的横向移动距离

8. 船舶旋回过程中的反移量是指________。

A. 自操舵起，其重心向转舵相反一侧在原航向上的横向移动距离

B. 自操舵起，其船尾向转舵相反一侧在原航向上的横向移动距离

C. 自操舵起，其重心向转舵一侧在原航向上的横向移动距离

9. 船舶旋回时间是指________。

A. 自转舵起至航向角变化90°所用的时间

B. 自转舵起至航向角变化180°所用的时间

C. 自转舵起至航向角变化360°所用的时间

10. 旋回圈是指直航中的船舶操左（或右）满舵后________。

A. 船尾端描绘的轨迹　　B. 船舶重心描绘的轨迹

C. 船舶转心描绘的轨迹

11. 驾驶台展示的船舶操纵性资料中，其旋回圈________。

A. 是船舶半速直航操满舵后重心描绘的轨迹

B. 是船舶全速直航操满舵后重心描绘的轨迹

C. 是船舶半速直航操20°舵角后重心描绘的轨迹

12. 船舶在旋回时，操舵速度越快，________。

A. 旋回直径越小　　B. 旋回初径越小

C. 进距越小

13. 两船在海上对遇采取转向避让，转舵时机最迟应在________。

A. 相距两船长度之和的4倍以外　　B. 相距两船横距之和以外

C. 相距两船进距之和以外

14. 船舶航行中，突然发现有人落水，为了防止船舶和螺旋桨对落水者造成伤害，应立即怎样操纵船舶？

A. 向落水者相反一舷操满舵，并停车

B. 向落水者相反一舷操满舵，并加速

C. 向落水者一舷操满舵，并停车

15. 船舶航行中，突然在船首右前方近距离发现障碍物，应如何操纵船舶避离之？

A. 立即操右满舵，待船首避离后，保持右满舵，使船尾避离

B. 立即操左满舵，待船首避离后，保持左满舵，使船尾避离

C. 立即操左满舵,待船首避离后,再操右满舵,使船尾避离

16. 采取转向避让时转舵初期阶段应特别注意________。

A. 冲程的影响　　B. 舵角的大小

C. 反移量及尾偏外的影响

17. 船舶在受到外力的瞬时干扰作用后,船首发生偏转,当干扰消失后在船舶保持正舵的条件下,船舶转头运动将稳定在新的航向上做直线运动的性质称为________。

A. 航向稳定性　　B. 追随性

C. 偏转抑制性

18. 船舶在外力干扰下产生首摇,通过操舵抑制或纠正首摇使船舶驶于预定航向的能力称为________。

A. 船舶保向性　　B. 航向稳定性

C. 船舶旋回性

19. 航向稳定性好的船舶在________。

A. 直航中多用舵才能保向,改向时应舵较快

B. 直航中少用舵即能保向,改向时应舵较快

C. 直航中多用舵才能保向,改向时应舵较慢

20. 航向稳定性好的船舶在________。

A. 改向时应舵较快,旋回中操正舵能较快地恢复直线运动

B. 改向时应舵较快,旋回中操正舵能较慢地恢复直线运动

C. 改向时应舵较慢,旋回中操正舵能较快地恢复直线运动

21. 船舶尾倾与首倾相比,尾倾时其________。

A. 航向稳定性差,旋回圈大　　B. 航向稳定性好,旋回圈小

C. 航向稳定性好,旋回圈大

22. 关于船舶保向性,下述哪项正确?

A. 保向性与航向稳定性有关,与操舵人员的技能无关

B. 保向性与航向稳定性有关,与操舵人员的技能有关

C. 保向性与航向稳定性无关,与操舵人员的技能无关

23. 保向性与航向稳定性有关,表现为________。

A. 航向稳定性越好,保向性越好　　B. 保向性越好,航向稳定性越好

C. 航向稳定性越好,保向性越差

## 第二节　船舶操纵性试验

1. 船舶旋回试验的目的在于________。

A. 评价船舶旋回迅速程度和所需水域的大小

B. 评价船舶的航向稳定性的优劣

C. 测定船舶旋回性及追随性

2. 通过________实船试验方法可测定船舶的旋回圈。

A. 旋回试验　　B. Z 形试验

C. 螺旋试验

3. 通过哪种实船试验方法来判断船舶的停船性能?

A. Z 形试验　B. 螺旋试验

C. 冲程试验

4. IMO 船舶操纵性衡准指标包括下列哪些内容?

A. 旋回性、航向稳定性、抑制偏转性、追随性和停船性能

B. 旋回性、初始回转性、抑制偏转性、保向性和停船性能

C. 旋回性、初始回转性、航向稳定性、保向性和停船性能

5. IMO 船舶操纵性衡准推荐的试验条件为________。

A. 平静浅水中,满载尾倾 1%船长,以试验速度稳定直航

B. 平静深水中,满载平吃水,以试验速度稳定直航

C. 平静深水中,满载尾倾 1%船长,以试验速度稳定直航

6. IMO 船舶操纵性衡准中的旋回性指标包括________。

A. 进距、横距和旋回初径　B. 进距、横距和旋回直径

C. 旋回初径、横距和旋回直径

## 第三节　风流对操船的影响

1. 前进中的船舶正横前来风,风对船舶运动产生的作用包括________。

A. 船速降低,不产生横移　B. 船速提高,产生横移速度

C. 船速降低,产生横移速度

2. 船舶在后退中受风,不论风从正横前还是正横后吹来,会有下列哪种现象出现?

A. 船朝风转　B. 尾随风转

C. 尾找风现象

3. 船舶前进中首正横以前来风影响,出现顺风偏的条件主要是________。

A. 船舶水线上的受风面积大　B. 满载状态

C. 船舶的前进速度较低

4. 静止中的船舶,正横前来风,该船偏转的情况是________。

A. 船首向下风偏转,直至船舶处于横风状态

B. 船首向上风偏转,直至船舶处于顶风状态

C. 船首向下风偏转,直至船舶处于顺风状态

5. 停船后的船舶受风时,最终将转向________。

A. 船首顶风　B. 船尾迎风

C. 正横附近受风

6. 船舶在静止中受风,风舷角不断增大,直到________时为止。

A. 180°左右　B. 90°左右

C. 120°左右

7. 船舶在有水流的水域航行,在相对水的运动速度不变时,舵角相同的条件下________。

A. 顶流舵力大,顺流舵力小　B. 顺流舵效好,顶流舵效差

C. 顺流舵效差,顶流舵效好

8. 船舶在有流水域停车避让前方在航船,顺流时应比顶流时在距离上________。

A. 应更远　　B. 应更近

C. 影响不大

9. 同一艘船舶在其他条件相同时顶流和顺流各测定一次倒车冲程,两次冲程大小的关系是________。

A. 顺流大于顶流　　B. 顺流小于顶流

C. 顺流等于顶流

10. 相同流速的水流和相同舵角对舵力、舵力转船力矩的影响是________。

A. 顶流舵力大、舵力转船力矩也大

B. 顺流舵力大、舵力转船力矩也大

C. 顶流和顺流舵力、舵力转船力矩一样大

## 第四节　浅水效应

1. 船舶在浅水区航行时,通常会出现________。

A. 船速上升、船体下沉和纵倾变化、舵效变差等现象

B. 船速下降、船体下沉和纵倾变化、舵效变差等现象

C. 船速下降、船体下沉和纵倾变化、舵效变好等现象

2. 船舶由深水进入浅水区,发生的现象为________。

A. 船速下降、冲程增大　　B. 船速下降、冲程减小

C. 船速提高、冲程增大

3. 通常确定船舶富余水深时应考虑以下________因素。

①船体下沉量;②水位其他变化;③海底障碍物;④海底水深测量误差

A. ①②③④　　B. ①②③

C. ③④

## 第五节　锚泊、系泊和系浮筒操作

1. 在锚设备的组成中,设置在锚链管与锚链筒之间的设备是________。

A. 弃链器和制链器　　B. 弃链器和锚机

C. 锚机和制链器

2. 锚链舱内设置污水井和排水管系的目的是________。

①排出积水;②防止锚链锈蚀;③冲洗锚链

A. ①②　　B. ①③

C. ②③

3. 锚链筒上口处设置盖板的目的是________。

①防止或减少海水从锚链筒涌上甲板;②保证人员安全;③增加锚链筒口的强度

A. ①②　　B. ②③

C. ①③

4. 锚链筒内冲水装置的作用是________。

A. 抛锚时用于冲洗锚链
B. 起锚时用于冲洗锚
C. 起锚时用于冲洗锚链和锚

5. 锚链的作用是________。

①连接锚和船体;② 传递锚的抓力;③卧底链可增加抓力

A. ②③
B. ①③
C. ①②③

6. 锚链的作用是________。

①连接锚和船体;②传递锚的抓力;③可控制船在一定范围的水域内

A. ①②③
B. ①③
C. ②③

7. 图中的设备是________。

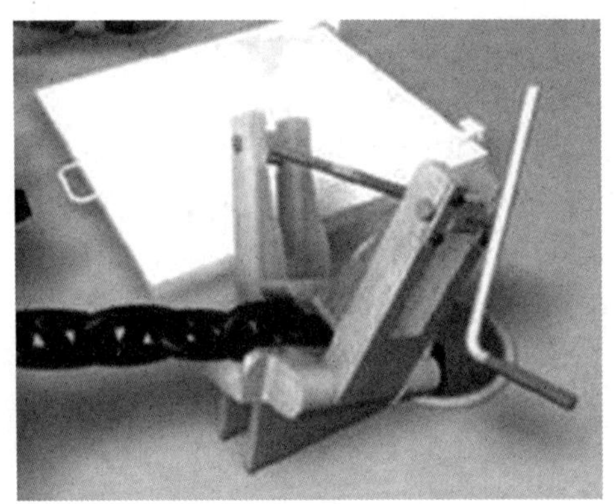

A. 制链器
B. 锚
C. 松紧螺旋扣

8. 制链器的主要作用是________。

A. 使锚链平卧在链轮上
B. 紧急情况下使锚链末端迅速与船体脱开
C. 固定锚链并将锚和卧底链产生的拉力直接传递至船体

9. 制链器的主要作用是________。

A. 避免锚链跳动
B. 减轻锚机负荷,保护锚机
C. 减轻锚链下垂曲度

10. 锚设备中弃链器的作用是________。

A. 固定末端锚链
B. 使末端锚链不乱
C. 保证在紧急情况下能迅速可靠地脱开锚链

11. 锚与锚链之间设置转环的作用是________。

A. 连接各节锚链
B. 避免通过持链轮时产生跳动
C. 防止锚链过分扭绞

12. 将锚链连接链环涂红漆的目的是________。

A. 防锈　　　　B. 表明易损处

C. 指示锚链长度

13. 最后 1~2 节锚链大都涂上红色或黄色等醒目油漆标记的目的是________。

A. 防锈　　　　B. 美观

C. 警惕有丢锚危险

14. 在连接链环前后第三个有挡链环的撑挡上各绕以金属丝，并涂白漆，连接链环涂红漆，这种标记应在________之间。

A. 3~4 节　　　　B. 4~5 节

C. 2~3 节

15. 下图所示的锚链的标记是________锚链的标记。



A. 第 2 节　　　　B. 第 3 节

C. 第 4 节

16. 选择锚地时，底质与锚抓力关系密切，底质的好坏影响锚抓力系数的大小，以下底质最佳的是________。

A. 泥沙混合底　　　　B. 硬质泥底

C. 软质泥底

17. 下列有关起锚前的准备工作的描述，正确的是________。

①检查锚机；②准备锚链水；③查看锚链状态

A. ①②　　　　B. ①②③

C. ①③

18. 抛锚作业时，大副应随时向驾驶台报告________。

①出链长度；②锚链的方向；③锚链的受力情况

A. ②③　　　　B. ①③

C. ①②③

19. 八字锚双链交角一般控制在________。

A. 20°~30°　　　　B. 30°~60°

C. 60°~70°

20. 船舶抛锚前控制本船余速十分重要，落锚前重载船船速越低越好，在港外锚地判断余速的方法是________。

A. 根据山形来判别　　　　B. 使用雷达来判别

C. 根据倒车水花来判别

21. 大风浪中抛八字锚时，两锚的张口应________。

A. 迎风向　　　　B. 背风向

C. 迎流向

22. 在后退抛锚法中，操纵应注意________。
①船身与外力方向的交角宜大；②抛锚时余速宜小；③一般最初出链两倍水深时，即应刹住使锚受力；④锚链最后刹住时，锚链一度拉紧而后向水面抬起，后又松弛下来达正常状态，说明锚已抓底
A. ①②③④ B. ②③④
C. ③④
23. 顺流抛锚掉头时，松链长度一般为水深的________。
A. 2.5 倍 B. 3.5 倍
C. 4 倍
24. 当出链长度一定时，水深与锚泊力的关系是________。
A. 水深越小锚泊力越大 B. 水深越小锚泊力越小
C. 水深越大锚泊力越大
25. 抛出一定链长的单锚泊船，当外力增大时，该船的卧底链长度将________。
A. 增大 B. 不变
C. 减小
26. 港内锚地的单锚泊所需水域的半径按________估算。
A. 2 倍船长+60~90 m B. 1 倍船长+60~90 m
C. 2 倍船长+45 m
27. 为了减少偏荡适宜用________锚泊方法。
A. 一字锚 B. 平行锚
C. 八字锚
28. 下述方法中，减少单锚泊偏荡最有效、最常用的方法是________。
A. 松长锚链 B. 抛止荡锚
C. 增加尾倾
29. 单锚泊船，在风流作用下，可能产生偏荡，防止偏荡的有效方法除抛止荡锚、八字锚外，也可以用________方法。
A. 松长锚链 B. 增加尾吃水
C. 增加首吃水
30. 锚泊中，船舶严重偏荡会引起________。
A. 走锚或断链 B. 货物移动
C. 船舶倾斜
31. 在大风中偏荡的锚泊船，辨别走锚的有效方法是________。
A. 船体周期性偏荡幅度增大，风仅作用于抛锚舷
B. 船体周期性偏荡幅度增大，风仅作用于抛锚舷的对面舷侧
C. 船体周期性偏荡现象消失，风仅作用于抛锚舷
32. 单锚泊船的值班人员发现走锚时，情况危急，务必立即采取的首要措施是________。
A. 松长锚链 B. 抛下另一锚并使之受力
C. 通知机舱备车移泊
33. 船舶在强风或强流水域单锚泊时________。

A. 易发生偏荡,易走锚　　B. 易发生偏荡,不易走锚

C. 不易发生偏荡,易走锚

34. 引起走锚的主要原因是________。

①严重偏荡;②松链不够长、抛锚方法不妥;③锚地底质差或风浪突然袭击;④值班人员不负责任,擅自离开岗位

A. ①②④　　B. ①③④

C. ①②③

35. 在开敞锚地中,观测到前方上风处的锚泊船距你船距离越来越近,此时最佳的措施是________。

A. 备车,弃锚

B. 备车,必要时起锚,使用甚高频和汽笛警告对方并报告港口控制中心

C. 立即抛下另一只锚并使之受力

36. 锚泊中的船舶突遇强风袭击发现走锚,最佳的应急措施是________。

A. 立即抛下另一只锚并使之受力

B. 松锚链以增加锚抓力

C. 备车,起锚另择锚地

37. 清解双锚绞缠时引索应从惰链孔引出舷外,并按绞花处惰链对力链绞缠的________方向绕过后,再从________孔引回甲板上。

A. 相同;力链　　B. 相同;惰链

C. 相反;惰链

38. 若双链绞缠,可在________时,请拖船顶________进行清解。

A. 高潮;首　　B. 平流;首

C. 平流;尾

39. 双锚绞缠后可能会引起________。

①起锚困难;②抓力增大;③损坏锚链;④锚链扭转负荷增加

A. ①②③④　　B. ①②③

C. ①③④

40. 双锚绞缠后可能会引起________。

①损坏锚链;②抓力大为减小;③起锚困难;④锚链扭转负荷增加

A. ①②③④　　B. ①③④

C. ①②③

41. 船舶自行清解锚链绞缠,关于挂缆和保险缆的操作,下列哪项说法是正确的?

A. 挂缆和保险缆从力链一舷送出

B. 挂缆和保险缆从惰链一舷送出

C. 挂缆从力链一舷送出,保险缆从惰链一舷送出

42. 船舶自行清解锚链双花绞缠,在解开一花后,关于引缆与送出缆的操作,下列哪些说法是正确的?

①原引缆改由力链筒送出;②原引缆与原送出缆互换;③原送出缆两端交换位置改为引缆;④原引缆两端交换改为送出缆

A. ①②　　B. ②

C. ②③④

43. 绞缆移泊时，如要使船前移，宜绞收________。

①首缆；②尾缆；③首倒缆；④尾倒缆

A. ②③　　B. ①②③

C. ①④

44. 绞缆移泊时，如要使船后移，宜绞收________。

①首缆；②尾缆；③首倒缆；④尾倒缆

A. ②③　　B. ①②③

C. ①④

45. 船舶系浮筒时，平时不受力的缆绳是________。

A. 单头缆　　B. 倒缆

C. 回头缆

46. 能够承受自船首方向的风流力和倒车的拉力，防止船位向后移及外张的缆绳是________。

①头缆；②尾缆；③前倒缆；④尾倒缆；⑤横缆

A. ①②③④⑤　　B. ①④

C. ③④⑤

47. 船在系泊时，横缆的主要作用是________。

A. 防止船舶向前移动　　B. 防止船舶离开码头

C. 防止船舶向后移动

48. 关于带缆桩的说法，正确的有________。

①其作用是在靠泊作业时系带缆绳，以承受拉力；②其作用是在拖带作业时系带缆绳，以承受拉力；③带缆桩的基座必须十分牢固，其附近的甲板也需特别加强

A. ①②③　　B. ①②

C. ①③

49. 导缆装置的作用是________。

①导引缆绳由舷内通向舷外；②限制其导出位置及减少磨损；③避免因缆绳急剧弯折而增大其所受应力；④使船舶固定在码头上

A. ①④　　B. ①②③

C. ①③④

50. 船上常用的导缆装置有________。

①导缆孔；②导缆钳；③导向滚柱；④导向滚轮

A. ①②④　　B. ①②③④

C. ①③④

51. 图示为船舶系泊设备，其中 1 的作用是________。

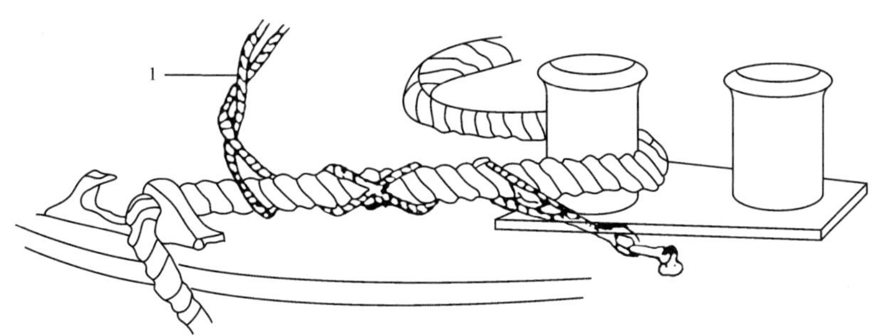
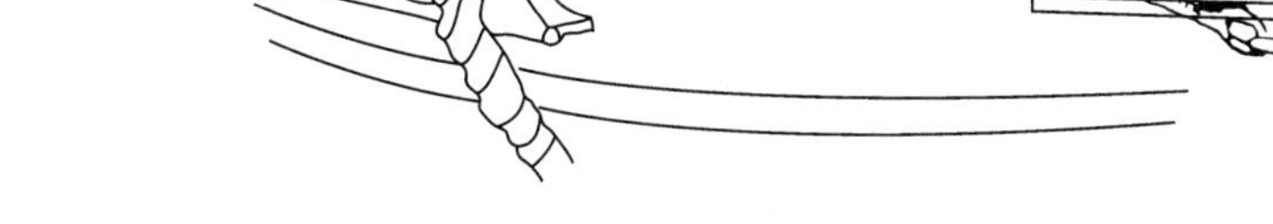


A. 将缆绳引送至码头

B. 便于将缆绳从绞缆机卷筒上脱开后挽桩时使用

C. 保护缆绳

52. 绞缆时,手持缆绳活端的水手应站在卷筒后方________以上距离。

A. 4 m　　B. 3 m

C. 1 m

53. 用缆注意事项中,下列说法不正确的是________。

A. 吹开风大时,首尾缆与码头交角宜大一点,这样有利于抵抗吹开风的影响

B. 吹开风强时,一般先带首横缆,并尽快收紧

C. 顶流较强时,其首尾缆与码头交角宜大一点

54. 小型船舶离泊前进行单绑,顺流情况下,一般留下________缆绳。

A. 船首留一头缆和一倒缆,船尾留一倒缆

B. 船首留一头缆和一倒缆,船尾留一尾缆

C. 船首留一头缆,船尾留一尾缆和一倒缆

55. 小型船舶离泊前进行单绑,顶流情况下,一般留下________缆绳。

A. 船首留一头缆和一倒缆,船尾留一倒缆

B. 船首留一头缆和一倒缆,船尾留一尾缆

C. 船首留一头缆,船尾留一尾缆和一倒缆

56. 中小型船舶采用尾离法离码头时,若利用前倒缆甩尾,前倒缆应选强度大的缆绳,且________。

A. 应带至接近船首的码头缆桩上,并有足够长度

B. 应带至接近船中的缆桩上,并尽量缩短

C. 从船首出缆带至接近船中的码头缆桩上

57. 船舶重载、顶流时靠泊应先带________。

A. 首缆　　B. 首倒缆

C. 尾缆

58. 靠泊时一般在船首应先带首缆,而后带首倒缆,其理由有________。

①稳住船身,以免由于顶流,顶风使船后退;②在拖锚制动靠泊时,以免锚链作用而使船身后缩;③由于船身尚在前进时,若先带首倒缆,当倒缆吃力后,其横向分力将使船首过快压向码头而受损

A. ①②　　B. ①②③

C. ②③

59. 尾部出缆先后顺序，视具体条件而定________。

①船舶重载，顶流较强时，应先带尾缆，然后带横缆及尾倒缆；②若顶流较弱，而风从尾来，则以先带尾缆为妥；③船舶空载，吹开风强时，宜先带尾横缆，并尽快收紧

A. ①② B. ②③

C. ①③

60. 船舶靠泊时，尾部出缆先后顺序，视具体条件而定________。

A. 船舶空载，吹开风强时，宜先带尾横缆，然后带尾倒缆及尾缆

B. 船舶重载，顶流较强时，应先带尾缆，然后带横缆及尾倒缆

C. 船舶空载，吹开风强时，宜先带尾缆，然后带尾倒缆及尾横缆

61. 顺风顺流尾离码头时应挽住________。

A. 首缆 B. 前倒缆

C. 后倒缆

62. 吹拢风较强时，普通船舶自力靠泊时的带缆顺序，下列说法正确的是________。

①由于拢风有利于靠泊，可以等船身靠上码头，再带缆；②船舶首尾部缆绳可以不分先后，带上收紧即可；③应先带首部缆绳，后带尾部缆绳；④船首应先带首横缆

A. ①②③④ B. ①②

C. ③④

63. 关于离泊时溜缆操作，下列说法正确的是________。

①缆溜出速度不宜快而宜慢；②一次溜出不宜长；③甲板上应将溜出的缆绳理顺；④操作人员应位于溜出相同一舷

A. ①②③ B. ②④

C. ①③④

64. 在使用制缆索时，应使用________。

A. 与缆绳同质的制缆索 B. 化纤制缆索

C. 链条制缆索

65. 船舶采用绞缆方式进行向后移泊，为保持船身平行移动，下列说法正确的是________。

A. 不应绞收尾缆 B. 不应绞收首倒缆

C. 应保证有一根首缆随时受力

66. 小型船舶自力离泊单绑时，关于保留的缆绳以及数量，下列说法正确的是________。

A. 船首保留首缆、首倒缆，船尾保留尾缆

B. 一般情况保留首缆、尾缆以及首、尾倒缆

C. 船首保留首缆、首倒缆，船尾缆绳取决于流向

67. 小型船舶采用尾离法自力离泊，为防止断缆事故，下列说法正确的是________。

①首倒缆应采用钢丝缆，且不应挽牢；②首倒缆应挽牢；③应采用短时间快进车；④应采用短时间微速进车

A. ①③ B. ②④

C. ①④

68. 下列关于靠泊准备工作哪些是正确的？

①掌握本船的操纵性能；②掌握外界的客观条件；③做好靠泊部署；④做好应急准备

A. ①②③④　　B. ①②③

C. ①②

69. 船舶靠泊前，应了解外界的客观条件，包括________。

①港口情况；②航道情况；③所靠码头情况；④本船的操纵性能

A. ①②③　　B. ②③④

C. ①②④

70. 船舶靠码头操纵之前，应掌握的港口信息包括________。

①航道信息；②泊位信息；③交通信息；④气象信息

A. ①③④　　B. ②③④

C. ①②③④

71. 关于离泊部署，下列正确的是________。

①做好人员分工；②做好应急准备；③提前测试缆车、锚机；④做好解缆准备

A. ①②③④　　B. ①④

C. ②③④

72. 船舶靠码头操纵之前，应做________准备工作。

①掌握港口信息；②掌握本船情况；③制订操纵计划

A. ①③　　B. ②③

C. ①②③

73. 船舶离泊前进行单绑，顺流情况下，一般留下哪些缆绳？

A. 船首留一头缆和一倒缆，船尾留一倒缆

B. 船首留一头缆和一倒缆，船尾留一尾缆

C. 船首留一头缆，船尾留一尾缆和一倒缆

74. 船舶离泊前进行单绑，顶流情况下，一般留下哪些缆绳？

A. 船首留一头缆和一倒缆，船尾留一倒缆

B. 船首留一头缆和一倒缆，船尾留一尾缆

C. 船首留一头缆，船尾留一尾缆和一倒缆

75. 船舶重载、顶流时靠泊应先带________。

A. 首缆　　B. 首倒缆

C. 尾倒缆

76. 船舶靠泊时，关于尾部出缆先后顺序，下列说法正确的是________。

A. 船舶空载，吹开风强时，宜先带尾横缆，然后带尾倒缆及尾缆

B. 船舶重载，顶流较强时，应先带尾缆，然后带横缆及尾倒缆

C. 船舶空载，吹开风强时，宜先带尾缆，然后带尾倒缆及尾横缆

77. 一般情况下，顺流或顺风靠泊时的带缆顺序是________。

①头缆；②前倒缆；③尾倒缆；④尾缆

A. ①②③④　　B. ②①④③

C. ①②④③

78. 吹开风较强时，船首的带缆顺序是________。

A. 一般应先带头缆,然后带横缆、前倒缆
B. 一般应先带头缆,然后带前倒缆、横缆
C. 一般应先带横缆,然后带头缆、前倒缆

79. 一般船舶的靠泊操纵要领是________。
①摆好船位;②控制抵泊余速;③调整好靠拢角
A. ①②　　B. ②③
C. ①②③

80. 船舶自力靠泊操纵要领为________。
①控制好抵泊余速及入泊速度;②调整好横距;③控制好靠拢角度;④适当利用拖船助操
A. ①②③④　　B. ①②③
C. ①②

81. 靠码头时,泊位空当大小,一般不小于船长的________。
A. 110%　　B. 120%
C. 150%

82. 靠泊操纵中,在通常情况下船首抵达泊位中点时船舶最大余速应控制在________为佳,拖单锚制动是适当的。
A. 3 kn 以下　　B. 2 kn 以下
C. 4 kn 以下

83. 船舶靠码头时,控制余速的关键时刻是________的时刻。
A. 船首抵泊位正中　　B. 船首抵泊位后端
C. 抛外挡锚

84. 在风、流相反时靠泊应注意________。
①判断风压和流压对船舶影响的大小;②重载船舶应顶流顺风靠泊;③压载船舶应顶风顺流靠泊
A. ①②　　B. ②③
C. ①②③

85. 重载船舶顶急流靠泊时靠拢角应________。
A. 尽可能低于20°　　B. 尽可能取大角度
C. 尽可能取小角度

86. 风中锚泊的大船产生偏荡运动,大船偏荡至什么位置,适合于小船接近并靠泊?
A. 一边极限位置　　B. 中间位置
C. 任意位置

87. 并靠的船舶,最不利的是哪一种状态?
A. 向并靠一舷的横倾　　B. 向并靠相反一舷的横倾
C. 吃水大的船舶首倾

88. 船舶并靠操纵,贴靠上他船时应尽量________。
A. 先靠船首　　B. 先靠船尾
C. 平行靠拢

89. 船舶并靠操纵,并靠接触位置最好选在大型船的________。

A. 船首附近　　B. 船尾附近

C. 中部附近

90. 船舶并靠操纵,贴靠上他船时应________。

A. 使两船平直的船舷部分相互接触

B. 船首先靠他船船中平直的船舷部分

C. 船尾先靠他船船中平直的船舷部分

91. 有风浪影响时并靠大型船舶,当风力小于 5 级时为了便于船舶的贴靠应选择________。

A. 在大船上风舷进行　　B. 在大船下风舷进行

C. 顶风驶近大船

92. 有风浪影响时并靠大型船舶,当风力大于 5 级时应选择________。

A. 在大船上风舷进行　　B. 在大船下风舷进行

C. 顶风驶近大船

93. 船舶在有流水域并靠时,两船间流速________、水压力________,当两船接近时会发生船舶偏转现象。

A. 减慢;减小　　B. 加快;增大

C. 加快;减小

94. 并靠系浮的他船时,一般应先带好两船之间的________,后带________。

A. 头缆;尾缆　　B. 回头缆;单头缆

C. 相缆;浮筒缆

95. 出浮船坞操纵,一般选择在________。

A. 涨末顶流时　　B. 落末顶流时

C. 涨末顺流时

96. 进船坞操纵,最关键的是控制好船在________的船位。

A. 坞门内　　B. 坞门外

C. 船厂内

97. 船舶进出船坞,通常________。

A. 船舶自身动力可用,用拖船助操

B. 船舶自身动力可用,不用拖船助操

C. 船舶自身动力不可用,用拖船助操

98. 关于船舶进坞操纵,下列说法正确的是________。

①进坞操纵掌握船在坞门外船位很关键;②在潮流港一般浮船坞与流向平行;③在静水港主要考虑风的影响;④在潮流港一般干船坞与流向平行

A. ①②③④　　B. ①②③

C. ①②

99. 船舶进坞校正船首的偏转主要依靠________。

A. 拖船　　B. 缆绳

C. 大船自身动力

100. 有流港船舶进出干船坞的时机一般选择________。

A. 高潮后的涨末时段　　B. 低潮时段

C. 高潮初涨时段

101. 船舶进干船坞最关键的是________。
   A. 掌握好船在坞门外的船位　　B. 及早带上拖船
   C. 尽快带上首缆

102. 进出船坞时,船舶应调整到合适的浮态,下列说法正确的是________。
   A. 调整到平吃水,无横倾的状态
   B. 调整到要求的吃水差,无横倾状态
   C. 调整到平吃水,要求的横倾状态

103. 右旋单车船进船闸首带缆时,通常应________。
   A. 先带左侧后带右侧缆,以抵御进车时的不利偏转
   B. 先带左侧后带右侧缆,以抵御倒车时的不利偏转
   C. 先带右侧后带左侧缆,以抵御进车时的不利偏转

104. 船舶进闸门口,有侧风影响时应将船首领直,并尽可能靠拢________。
   A. 上风侧　　B. 下风侧
   C. 横风侧

105. 船舶进闸后应调整首尾系缆使船停在闸箱的________。
   A. 左侧　　B. 右侧
   C. 中心线上

106. 关于船舶进入船闸后缆绳的调整时机________说法正确。
   A. 在放水前调整　　B. 在放水前和放水时调整
   C. 在放水后调整

107. 船舶出船闸操纵,下列正确的是________。
   A. 出船闸前先将船舶绞向导标中线的上风侧
   B. 出船闸前先将船舶绞向导标中线的下风侧
   C. 出船闸后先将船舶绞向导标中线的上风侧

108. 船舶出船闸操纵关于尾缆的解缆,下列正确的是________。
   A. 先解上风舷尾缆,后解下风舷尾缆
   B. 先解下风舷尾缆,后解上风舷尾缆
   C. 先解上风舷首缆,后解下风舷首缆

109. 船舶进出船闸,控制船速维持舵效,沿________低速接近闸口,横风较强,受风面积较大的船舶,应保持在________。
   A. 导标线中线;导标线中线　　B. 导标线下风侧;导标线下风侧
   C. 导标线中线;导标线上风侧

110. 船舶进出船闸操纵,横风影响较大时,首尾缆系解应________。
   ①带首缆时则应先带上风侧缆后带下风侧缆;②上风舷侧所带的首、尾缆应予绞紧;③出闸船尾先解下风缆并收进后,后解上风舷缆;④出闸先解首缆后解尾缆
   A. ①②③　　B. ①②
   C. ①③④

111. 长时间系浮或风浪较大,且船舶的回旋水域足够时,多采用哪种系浮方法?

A. 用缆绳系单浮　　B. 用缆绳系双浮

C. 用锚链系单浮

112. 关于系浮筒的准备,下列正确的是________。

①做好人员分工;②做好应急准备;③备妥单头缆;④备妥回头缆

A. ①②③④　　B. ①②④

C. ①②

113. 船舶使用锚链系浮,准备锚链时,应卸下________。

A. 锚连接连环或卸扣　　B. 第一节锚链的连接连环或卸扣

C. 第二节锚链的连接连环或卸扣

114. 船舶系浮筒时,平时不受力的缆绳是________。

A. 单头缆　　B. 首缆

C. 回头缆

115. 右旋单车船顶风系单浮风力较弱时,应与浮筒保持________倍船宽横距置于________舷以维持舵效最低航速驶近,距浮筒约________船长,采用倒车停船。

A. 0.5~1;右;0.5~1　　B. 1~1.5;右;0.5~1

C. 1.5~2;左;0.5~1

116. 船舶系单浮筒时,有风影响情况下,一般________。

A. 采取顺风方向接近浮筒;顶风进港时,应在浮筒下风侧掉头后系浮

B. 采取顺风方向接近浮筒;顶风进港时,应在浮筒上风侧掉头后系浮

C. 采取顶风方向接近浮筒;顺风进港时,应在浮筒下风侧掉头后系浮

117. 船舶系浮筒时的注意事项,下列哪项不正确?

A. 系泊单浮筒系妥后应将系泊时所抛开锚绞紧

B. 回头缆挽桩时应做八字形挽牢

C. 系离浮筒前应掌握潮流的变化

118. 船舶系靠单浮筒时,应________。

A. 先带单头缆,后带回头缆

B. 单浮筒系妥后应将系泊时所抛开锚绞紧

C. 回头缆应绞紧且均匀受力

119. 船舶系靠单浮筒时,应________。

①先带单头缆;②后带回头缆;③单头缆应绞紧且均匀受力;④回头缆应绞紧且均匀受力

A. ①②③④　　B. ①②③

C. ①②

120. 船舶系单浮一般应取________方向驶向浮筒进行系浮操作。

A. 顶风或顶流　　B. 顺风或顺流

C. 横风或横流

121. 锚在港内操纵时的应用不包括________。

A. 控制船速,减小冲程　　B. 控制船身横向移动

C. 作海锚用

122. 在港内操纵时运用锚辅助操纵适用于________。

A. 中小型船　　B. 大型船
C. 超大型船

123. 在港内操纵时运用锚辅助操纵适用于________。
A. 船速较高时的中小型船　　B. 船速较低时的任何船型
C. 船速较低时的中小型船

124. 操纵用锚时,锚的抓力取决于________。
A. 锚型、锚重、抛锚方法、风力、水流、海浪
B. 出链长度、水深、底质、排水量、风力、水流
C. 锚型、锚重、出链长度、水深、底质

## 第六节　引航梯布置要求

1. 船舶接送引航员时,通常引航梯应放在________。
A. 上风舷侧,或风浪较小的一舷　　B. 下风舷侧,或风浪较小的一舷
C. 上风舷侧,或风浪较大的一舷

2. 船舶接送引航员时,关于引航梯的放置,应________。
A. 根据引航员的要求,通常应放在上风舷侧
B. 根据船长的决定,通常应放在上风舷侧
C. 根据引航员的要求,通常应放在下风舷侧

3. 关于干舷为 9 m 以下的船舶所设置的引航梯要求,下列说法正确的是________。
A. 软梯的所有踏板必须保持与船舶吃水差相应的角度并稳固地紧靠船舶舷侧,两块踏板之间间距为 31~35 cm
B. 软梯的所有踏板必须保持水平并稳固地紧靠船舶舷侧,两块踏板之间间距为 31~35 cm
C. 软梯的所有踏板必须保持与船舶吃水差相应的角度并稳固地紧靠船舶舷侧,两块踏板之间间距为 40 cm

4. 对引航员登离船入口处的要求包括________。
①两根扶手立柱,紧紧固定在船舶甲板上;②带有一个自亮灯浮的救生圈和一根撇缆绳;③舷墙梯一台,紧固在船舶甲板上,登船入口处无障碍物;④负责接送引航员的驾驶员携带无线电对讲机在登船入口处照料并保持与驾驶台联系;⑤夜间应使引航梯及引航员登离船的地方均有足够的照明
A. ①②③⑤　　B. ①③④⑤
C. ①②③④⑤

5. 引航员(乘艇)登离船期间,船舶航向航速调整的要求是________。
A. 控制船舶的横摇和纵摇幅度
B. 给引航船做下风舷并降低船速
C. 顶风并保持航速不变

# 第七节　小船动力装置

1. 推进装置包括________。

①主机;②传动设备;③轴系;④推进器

A. ①②③　　B. ①②③④

C. ①④

2. 船舶动力装置由以下哪几部分组成?

①推进装置;②辅助装置;③管路系统;④甲板系统;⑤轮机自动化设备

A. ①②③④⑤　　B. ①②③④

C. ①②③

3. 目前,船舶主机绝大多数采用的机型是________。

A. 蒸汽往复机　　B. 蒸汽轮机

C. 柴油机

4. 用作船舶主机的柴油机是________速柴油机。

A. 高、中　　B. 低、中

C. 低

5. 根据柴油机应用场合不同,对其要求也不同,其类型很多。如按工作循环可分________。

A. 四冲程机和二冲程机　　B. 非增压和增压柴油机

C. 高速、中速、低速柴油机

6. 给定的船舶当船速一定时,螺旋桨推力的大小与螺旋桨转速关系是________。

A. 螺旋桨转速越低推力越小　　B. 螺旋桨转速越高推力越小

C. 螺旋桨转速越低推力越大

7. 对于给定的螺旋桨,转速相同时,哪种情况下推力最大?

A. 船速较高时　　B. 船速较低时

C. 船速为零时

8. 伴流横向力的直接作用部位是________。

A. 螺旋桨　　B. 艉

C. 舵

9. 对于右旋固定螺距单桨船,排出流横向力的致偏方向为________。

A. 进车和倒车都使船首右转

B. 进车和倒车都使船首左转

C. 进车使船首左转,倒车使船首右转

10. 海船柴油机气缸盖、气缸套等高温受热部件用________冷却。

A. 淡水　　B. 海水

C. 柴油

11. 为了留有一定的储备,主机的海上功率通常定为额定功率的________。

A. 86%　　B. 90%

C. 96%

12. 为了留有一定的储备,主机的海上转速通常定为额定转速的________。
    A. 92%~93%　　B. 94%~95%
    C. 96%~97%
13. 船舶的有效功率是指________。
    A. 主机发出的功率
    B. 主机功率传递至主轴尾端,通过船尾轴管提供给螺旋桨的功率
    C. 克服船舶阻力而保持一定船速所需要的功率
14. 海上船速是指________。
    A. 主机以海上常用功率和转速在深水中航行的静水船速
    B. 主机以海上常用功率和转速在深水、风浪中航行的船速
    C. 主机以额定功率和转速在深水中航行的静水船速
15. 额定船速是指________。
    A. 主机以海上常用功率和转速在深水中航行的静水船速
    B. 主机以海上常用功率和转速在深水、风浪中航行的船速
    C. 主机以额定功率和转速在深水中航行的静水船速
16. 港内船速是指________。
    A. 主机以额定功率和转速在平静深水域中航行的静水船速
    B. 主机以额定功率和转速在深水域、风浪中航行的船速
    C. 主机以港内各级转速在平静深水域中航行的船速
17. 在港内航行,"微速前进"的功率与转速是________。
    A. 主机能发出的最低功率,最低转速
    B. 主机能发出的最低功率,最高转速
    C. 主机能发出的最大功率,最低转速
18. 对应主机功率最大的船速应该是________。
    A. 额定船速　　B. 海上船速
    C. 港内船速
19. 一般中小型右旋单车船利用车效应在狭窄水域掉头,一般应________。
    A. 先进车用右舵后倒车向右掉头
    B. 先倒车用右舵后进车向左掉头
    C. 先进车后倒车用右舵向右掉头
20. 右旋单车船螺旋桨前进中倒车,尾向________。
    A. 左偏,应用右舵控制　　B. 右偏,应用左舵控制
    C. 左偏,应在倒车前用左舵预防
21. 开航前的备车工作主要有________。
    ①暖机;②各工作系统的准备;③转车、冲车、试车;④供电准备
    A. ①③④　　B. ①②④
    C. ①②③④
22. 船舶备车的内容主要包括________。
    ①暖机;②各动力系统准备;③冲车;④试车

A. ①②③　　B. ①②③④
C. ①③④

23. 当船舶准备离泊备车时,下列________操作必须在征得驾驶台同意和配合的情况下进行。
①转车;②冲车;③试车
A. ①②③　　B. 仅①②
C. 仅②③

24. 船在浅水区航行时,为保护主机,应该________。
A. 适当增加喷油量　　B. 高低转速交替运行
C. 降低油门运行

25. 船舶正常航行时,主机操作是根据________。
A. 驾驶台命令　　B. 船长命令
C. 轮机长命令

26. 在船舶柴油机运行中,可通过观察烟囱冒烟的颜色及有无火星冒出,判断其工作状况。正常的排烟颜色应是淡灰色。________是因喷油雾化不良、柴油机超负荷、喷油定时过迟而后燃、扫气压力过低、压缩压力太低、燃油质量不符要求等造成。
A. 蓝色　　B. 白色
C. 黑色

27. 船舶抵港,驾驶台通知完车后,________还应继续工作半小时以上。
①主机;②滑油;③冷却水
A. ①②　　B. ①③
C. ②③

28. 船舶抵港后,驾驶台通知完车后,主机停止工作,但滑油和冷却水应连续工作________以上,才可保证机器的温度能较为均匀地逐步下降,其他系统可停止。
A. 10 min　　B. 20 min
C. 30 min

## 第八节　辅机种类与操作

1. 舵机一般安装在________。
A. 尾尖舱内　　B. 驾驶室内
C. 船尾舵机室内

2. 电动操舵装置的特点有________。
①结构简单;②操作方便;③工作可靠
A. ①②③　　B. ②③
C. ①③

3. 电动操舵装置是由________来控制电动机,再带动蜗杆和蜗轮来传动的。
A. 操舵装置控制系统
B. 转舵装置
C. 液压操舵装置

4. 主操舵装置应在________和________都设有控制器。

A. 驾驶室;机舱　　B. 驾驶室;舵机室

C. 机舱;舵机室

5. 舵设备是船舶操纵的主要设备,下列有关其作用的说法最合适的是________。

A. 操纵船舶旋转

B. 保持、改变航向或做旋回运动

C. 控制船舶运动

6. 海船上的舵是垂直安装在船尾作操纵用的装置,其主要作用为________。

①保持航向;②改变航向;③使船舶旋转;④改变航速

A. ①②③　　B. ①③④

C. ②③④

7. 船用泵按用途分________。

①船舶通用泵;②船舶动力装置用泵;③船舶辅机机械用泵;④船舶专用泵

A. ①②　　B. ①②③

C. ①②③④

8. 主操舵装置应能在船舶满载全速前进时,将舵自一舷________转至另一舷________,其时间不超过________。

A. 30°;30°;30 s　　B. 35°;30°;28 s

C. 30°;30°;28 s

9. 主操舵装置应能在船舶最深航海吃水和以最大营运前进航速前进时,在不超过________内将舵自一舷的35°转至另一舷的30°。

A. 28 s　　B. 35 s

C. 25 s

10. 主操舵装置和舵杆应有足够的强度,并能在最大营运航速前进时操舵,使舵自任一舷的________转至另一舷的________。

A. 30°;30°　　B. 35°;35°

C. 40°;40°

## 参考答案

### 第一节　船舶操纵性能

1. A　2. B　3. B　4. C　5. B　6. C　7. A　8. A　9. C　10. B

11. B　12. C　13. C　14. C　15. C　16. C　17. A　18. A　19. B　20. A

21. C　22. B　23. A

## 第二节　船舶操纵性试验

1. A　2. A　3. C　4. B　5. B　6. A

## 第三节　风流对操船的影响

1. C　2. C　3. C　4. A　5. C　6. B　7. C　8. C　9. C　10. C

## 第四节　浅水效应

1. B　2. B　3. A

## 第五节　锚泊、系泊和系浮筒操作

1. C　2. A　3. A　4. C　5. C　6. A　7. A　8. C　9. B　10. C
11. C　12. C　13. C　14. A　15. C　16. A　17. B　18. C　19. B　20. C
21. A　22. B　23. A　24. A　25. C　26. B　27. C　28. B　29. C　30. A
31. C　32. B　33. A　34. C　35. B　36. A　37. C　38. C　39. C　40. A
41. B　42. B　43. C　44. A　45. C　46. B　47. B　48. A　49. B　50. B
51. B　52. C　53. C　54. B　55. A　56. C　57. A　58. B　59. B　60. A
61. B　62. C　63. A　64. A　65. C　66. C　67. B　68. A　69. A　70. C
71. A　72. C　73. B　74. A　75. A　76. A　77. B　78. C　79. C　80. B
81. B　82. B　83. B　84. C　85. C　86. A　87. A　88. C　89. C　90. A
91. A　92. B　93. C　94. C　95. A　96. B　97. C　98. B　99. B　100. A
101. A　102. B　103. B　104. A　105. C　106. B　107. A　108. B　109. C　110. A
111. C　112. A　113. B　114. C　115. B　116. C　117. A　118. A　119. B　120. A
121. C　122. A　123. C　124. C

## 第六节　引航梯布置要求

1. B　2. C　3. B　4. C　5. B

## 第七节　小船动力装置

1. B　2. A　3. C　4. B　5. A　6. A　7. C　8. A　9. A　10. A
11. B　12. C　13. C　14. A　15. C　16. C　17. A　18. A　19. A　20. C
21. C　22. B　23. A　24. C　25. A　26. A　27. C　28. C

## 第八节 辅机种类与操作

1. C 2. A 3. A 4. B 5. B 6. A 7. C 8. B 9. A 10. B

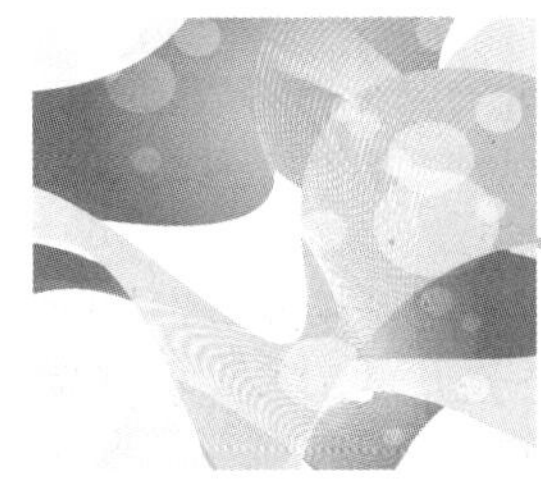

# 第十四章 海上避碰规则

## 第一节　一般定义

1.《国际海上避碰规则》第三条“一般定义”中提及的“机动船”一词应是指________。

A. 用机器推进的任何船舶　　B. 任何装有推进器的船舶

C. 任何正在用机器推进的船舶

2. 帆船是指________。

A. 所有驶帆的船舶

B. 任何驶帆的船舶，包括正在用机器推进的船舶

C. 任何驶帆的船舶，如果装有推进器但不在使用者

3. 避碰规则中一般定义中“船舶”一词是指________

A. 具有适航能力的、能够用作水上运输工具的各类水上船筏

B. 用作或能够用作水上运输工具的各类水上船筏

C. 用作或能够用作水上运输工具的各类排水船筏

4. 某船用帆行驶，同时用机器推进，并使用曳绳钓捕鱼，该船是规则中的________。

A. 在航机帆船　　B. 从事捕鱼船

C. 在航机动船

5. 失去控制的船舶是指由于________而不能按本规则要求进行操纵，因而不能给他船让路的船舶。

A. 工作性质　　B. 操纵性能受限

C. 某种异常情况

6. 限于吃水的船舶是指由于吃水和可航水域的水深及宽度的关系，致使其驶离航向的能力严重地受到限制的________。

A. 船舶　　B. 机动船

C. 深吃水船

7. 从事捕鱼船包括________。

①锚泊从事张网作业的渔船；②拖网渔船网挂住障碍物；③正使用流网捕鱼的船舶；④驶帆的船舶在捕鱼

A. ①②　　B. ①②③

C. ①②③④

8. 失去控制船包括________。

①某种异常情况,不能按规则进行操纵,因而不能给他船让路船舶;②搁浅在礁石上的船舶;③遇恶劣天气,主机顶风滞航船舶;④导航设备均无法正常使用的船舶

A. ①　　B. ②③④

C. ①②③④

9. 操纵能力受到限制船包括________。

①从事捕鱼船;②锚泊中并靠在一起进行货物过驳作业的船;③按规则条款的要求进行操纵的能力受到限制,因而不能给他船让路的船;④在航中从事补给或转运人员、食品或货物的船

A. ①②　　B. ③④

C. ①②③④

10. "在航"一词,指船舶________。

A. 不在系泊中或锚泊中　　B. 正常航行中

C. 不在锚泊、系岸或搁浅中

11.《国际海上避碰规则》定义的船舶"长度"是指________。

A. 船舶水线处的长度　　B. 载重线证书中登记的长度

C. 总长度

12. 下列情况中的船舶,属于在航的是________。

A. 用锚掉头中的船舶　　B. 与另一锚泊船并靠中的船舶

C. 船底部分坐浅海底的船舶

13. 走锚中的船属于________。

A. 锚泊　　B. 在航

C. 操纵能力受到限制的船舶

14. 下列情况中的船舶,不属于在航的是________。

A. 停车并已不对水移动　　B. 与另一锚泊船并靠中的船舶

C. 走锚中的船舶

15. 互见的定义是________。

A. 两船以视觉相互看到时,应认为两船在互见中

B. 两船能以视觉相互看到时,应认为两船在互见中

C. 两船中一船能自他船以视觉看到时,应认为两船在互见中

16. 互见存在于________。

A. 能见度良好的情况　　B. 能见度不良的情况

C. 任何能见度情况

17. 下列说法哪项不正确?

A. 当一船能被他船以视觉看到时,通常应认为两船是在互见中

B. 当小船能发现大船的灯光,而大船不能看到小船灯光时不能认为是互见

C. "互见"也包括用雷达瞭望到他船

# 第二节　号灯与号型

1. 在显示号灯时间内，不应显示的灯光，是指________。

①会被误认为是本规则订明的灯光；②会削弱号灯能见距离或显著特性的灯光；③会妨碍正规瞭望的灯光

A. ①②③　　B. ①②

C. ②③

2. 某船显示出的舷灯和尾灯表明了船舶的________。

A. 动态　　B. 种类

C. 工作性质

3. 白天能见度不良时，船舶应________。

A. 只显示规定的号型

B. 显示规定的号灯和号型

C. 显示规定的号型，也可显示规定的号灯

4. 能见度良好的情况下，应显示号灯的时间是________。

A. 从日没到日出　　B. 从日出到日没

C. 夜间

5. 在能见度良好的白天，船舶________。

A. 不应显示任何号灯　　B. 可显示规定的号灯或号型

C. 应显示规定的号型，如认为必要，也可显示规定的号灯

6. 拖带灯是指具有________。

A. 与环照灯相同特性的黄灯　　B. 与尾灯相同特性的白灯

C. 与尾灯相同特性的黄灯

7. 尾灯的水平光弧显示范围为________。

A. 正横后　　B. 正后方到每一舷正横前 22.5°

C. 正后方到每一舷正横后 22.5°

8. 环照灯的水平光弧显示范围为________。

A. 360°　　B. 225°

C. 180°

9. 根据《国际海上避碰规则》规定，船舶号型基本种类有________。

①球体；②圆锥体；③圆柱体；④两个圆锥体底面连接而成的菱形体

A. ①②③④　　B. ①②③

C. ①②

10. 根据《国际海上避碰规则》规定，船舶号型的颜色为________。

A. 绿色　　B. 橙色

C. 黑色

11. 在航机动船应显示________。

A. 舷灯、尾灯、桅灯

B. 仅在对水移动时显示舷灯、尾灯

C. 当停车后不显示桅灯

12. 机动船在航不对水移动时应________。

A. 显示舷灯、尾灯、桅灯　　B. 显示舷灯、尾灯

C. 关闭舷灯与尾灯

13. 机帆并用的在航船舶,在夜间应显示________。

A. 上红下绿环照灯　　B. 舷灯

C. 与机动船相同

14. 船长大于等于 50 m 的在航机动船应显示________。

A. 舷灯、尾灯、一盏桅灯

B. 前后桅灯、舷灯、尾灯,不对水移动时关闭桅灯

C. 舷灯、尾灯、前后桅灯

15. 机动船在航时,除显示桅灯外,________。

A. 仅在对水移动时,显示舷灯和尾灯

B. 仅在对地移动时,显示舷灯和尾灯

C. 不论是否对水移动,均应显示舷灯和尾灯

16. A 船看见前方 B 船显示如下图所示号灯,B 船为________。

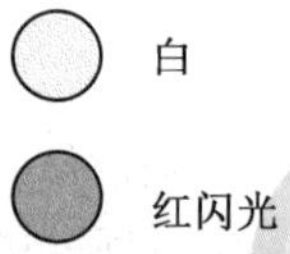

白

红闪光

A. 非拖网渔船　　B. 帆船

C. 地效船

17. 排水状态下的气垫船在航时应显示________。

①桅灯、舷灯、尾灯;②黄色闪光灯;③琥珀色闪光灯

A. ①　　B. ①②

C. ②

18. 一艘被拖带的船舶在航不对水移动时应显示________。

A. 左右舷灯　　B. 白色环照灯一盏

C. 舷灯、尾灯

19. 一艘被顶推船夜间在航时应显示________。

A. 舷灯　　B. 舷灯、尾灯

C. 桅灯、舷灯、尾灯

20. 一艘被旁拖船在航时应显示________。

A. 左右舷灯　　B. 白色环照灯一盏

C. 舷灯、尾灯

21. 在海上,看到来船号灯如下图所示,则他船为________。

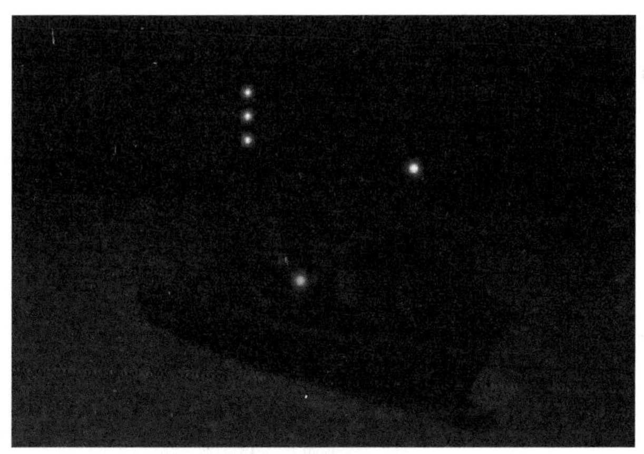

A. 长度一定小于 50 m,拖带长度超过 200 m 的拖船

B. 长度大于 200 m 的限于吃水的船舶

C. 长度可能大于等于 50 m,拖带长度超过 200 m 的拖船

22. 夜间在海上看到他船显示上红下绿两盏号灯与红绿舷灯,则下列说法正确的是________。

①他船为在航帆船;②他船一定在航对水移动;③他船船长一定大于 20 m;④他船正在从事捕鱼

A. ③④　　B. ①

C. ①②

23. 夜间在海上看到他船垂直显示上红下绿两盏号灯以及下方另一盏红灯,则下列说法正确的是________。

①他船为在航帆船;②他船正在从事捕鱼;③他船失去控制;④他船一定在航且对水移动

A. ③④　　B. ①②③

C. ①

24. 机帆并用的船舶,白天应在船的最前部最易见处显示________。

A. 悬挂尖端向上的圆锥体　　B. 悬挂尖端向下的圆锥体

C. 悬挂一个圆柱体

25. 从事拖网作业的渔船应显示的号型是________。

A. 一个黑色圆球体　　B. 两个尖端对接的圆锥体

C. 一个篮子

26. 从事非拖网作业的捕鱼船在白天当有外伸渔具,其从船边伸出的水平距离大于 150 m 时,应朝渔具的方向悬挂________。

A. 两个尖端对接的圆锥体号型　　B. 一个尖端向上的圆锥体号型

C. 一个尖端向下的圆锥体号型

27. 在海上,当你看到他船的号灯为白、绿、白垂直三盏号灯和红、绿舷灯时,他船一定为________。

A. 船长大于等于 50 m 的非拖网渔船在航对水移动

B. 在航对水移动的拖网渔船

C. 在航对水移动的非拖网渔船

28. 白天,看到两个尖顶对接的圆锥体号型时,则________。

①该船可能为从事拖网作业的渔船；②该船可能为从事非拖网作业的渔船；③该船一定为从事捕鱼的非机动船

A. ①　　B. ③

C. ①②

29. 如下图所示，该船属于下列哪种船舶？

A. 操限船　　B. 非拖网渔船

C. 拖网渔船

30. 如下图所示，该船属于下列哪种船舶？

A. 拖网渔船正在放网　　B. 拖网渔船正在收网

C. 非拖网渔船正在围网作业

31. 在海上，当你看到他船的号灯为白、绿、白垂直三盏号灯，垂直两盏白灯和红、绿舷灯时，他船为________。

A. 船长一定大于等于 50 m

B. 在航对水移动的拖网渔船在放网时

C. 在航对水移动的拖网渔船在收网时

32. 某船垂直悬挂的 2 盏灯正在交替显示着黄光，则该船一定是________。

A. 拖船船队　　B. 从事围网捕鱼的渔船

C. 从事非拖网作业的渔船

33. 从事围网作业的渔船________。

A. 可显示垂直两盏黄色号灯，且应每秒交替闪光一次，明暗历时相等

B. 应显示垂直两盏黄色号灯，且应每秒交替闪光一次，明暗历时相等

C. 可显示垂直两盏黄色号灯，且应每秒交替闪光一次，明暗历时不等

34. 失去控制的船舶，夜间除显示两盏垂直环照红灯外________。

A. 不应再显示其他号灯

B. 应显示舷灯和尾灯

C. 对水移动时，还应显示舷灯和尾灯，不对水移动时关闭

35. 失去控制的船夜间不对水移动时，应显示的号灯是________。

A. 两盏垂直环照红灯外，不应再显示其他号灯

B. 两盏垂直环照红灯，舷灯和尾灯

C. 三盏垂直环照红灯，桅灯、舷灯和尾灯

36. 在海上，当你看到来船的号灯仅为垂直两盏红灯，则来船为________。

A. 搁浅船舶

B. 操纵能力受到限制的船舶在航对水移动

C. 失去控制的船舶不对水移动

37. 在海上，当你看到来船的号灯仅为红、红垂直两盏灯和红、绿舷灯，则来船为________。

A. 从事捕鱼的船舶当渔具被障碍物挂住时

B. 失去控制的船舶对水移动

C. 失去控制的船舶在航

38. 失去控制的船舶在白天应悬挂的号型是________。

A. 垂直两个圆锥体

B. 一个黑球加上锚球

C. 垂直两个黑球

39. 你船夜间全速前进时，主机突然失控，船仍有余速，应________。

A. 立即关闭舷灯、尾灯

B. 立即关闭桅灯，并显示两盏红灯

C. 立即关闭桅灯、舷灯和尾灯，并显示两盏环照红灯

40. 夜间，看到一船仅垂直悬挂两盏环照红灯，则该船是________。

A. 搁浅船

B. 失控船

C. 锚泊的限于吃水的船

41. 下列哪种船锚泊时，不应显示锚灯？

A. 从事清除水雷船在锚泊中作业时

B. 从事补给船在锚泊中作业时

C. 操纵能力受到限制的从事水下作业船在锚泊中作业时

42. 在航不对水移动中从事疏浚作业的船舶，操纵能力受到限制时，在夜间应显示________。

A. 红、白、红垂直三盏环照灯

B. 可通过的一舷，垂直两盏环照红灯

C. 存在障碍物一舷，垂直两盏环照绿灯

43. 从事疏浚作业的船舶，操纵能力受到限制时，在白天应显示________。

A. 球、菱形、球垂直三个号型

B. 可通过的一舷，垂直两个球体

C. 存在障碍物一舷，垂直两个菱形体

44. 在锚泊中从事清除水雷作业的船舶，夜间应显示________。

A. 锚灯

B. 三盏品字形环照绿灯

C. 三盏品字形环照绿灯，锚灯

45. 从事疏浚作业的船舶操纵能力受到限制，夜间在航不对水移动时应显示________。

A. 红、白、红垂直三盏环照灯

B. 桅灯、舷灯和尾灯

C. 桅灯、舷灯和尾灯，红、白、红垂直三盏环照灯

46. 如下图所示号灯，该船________。

○ R
○ W
○ R

G ○　　○ R
G ○　　○ R

A. 可能为在航对水移动的挖泥船
B. 可能为从事清除水雷作业的船舶
C. 可能为锚泊中从事水下作业的工程船

47. 夜间在海上看到他船的号灯如下图所示，则下列说法不正确的是________。
①应从他船左舷通过；②应从他船右舷通过；③他船一定在航对水移动；④他船右舷网被障碍物挂住

A. ①②③④　　B. ②③④
C. ①④

48. 白天在海上他船状态和号型如下图所示，则下列说法不正确的是________。
①应从他船左舷通过；②应从他船右舷通过；③从号型可判断出他船一定在航；④他船右舷存在外伸渔具

A. ①③④　　B. ②③④
C. ①④

49. 限于吃水的船舶在航时显示________。

A. 同长度机动船规定的号灯
B. 同长度机动船规定的号灯,垂直环照红灯两盏
C. 同长度机动船规定的号灯,另可显示垂直环照红灯三盏

50. 限于吃水的船舶在航时显示的号型为________。
A. 一个圆锥体尖端向下　　B. 一个圆锥体尖端向上
C. 一个圆柱体

51. 白天在海上看到来船的一个圆柱体号型和垂直两个球体号型,则来船为________。
A. 限于吃水的船舶锚泊　　B. 限于吃水的船舶失控
C. 限于吃水的船舶搁浅

52. 夜间看到垂直显示的三盏环照红灯,表明该船是________。
A. 失控船　　B. 搁浅船
C. 限于吃水船

53. 夜间,你看到他船显示垂直白、红两盏号灯与红绿舷灯,则他船是________。
A. 从事拖网作业的渔船　　B. 机帆船机帆并用时
C. 执行引航任务的引航船在航

54. 在航中执行引航任务的船舶________。
A. 无论是否对水移动,均应显示上白下红+舷灯+尾灯
B. 对水移动时,应显示上白下红+舷灯+尾灯
C. 不对水移动时,应显示上白下红+舷灯+尾灯

55. 锚泊中执行引航任务船舶________。
A. 应显示垂直环照灯上白下红+锚灯
B. 应显示垂直环照灯上红下白+锚灯
C. 可显示垂直环照灯上白下红+锚灯

56. 失去控制的船舶锚泊后在白天应悬挂的号型是________。
A. 垂直两个圆锥体　　B. 垂直两个黑球
C. 一个锚球

57. 长度为 120 m 的锚泊船在白天应显示________。
A. 前后锚球
B. 除前后锚球外,每隔 100 m 另加若干锚球
C. 一个锚球

58. 下列哪些船舶在抛锚(锚泊)后应显示锚灯或锚球?
①失去控制的船舶;②限于吃水的船舶;③拖船与被拖船;④从事引航任务的船舶
A. ①④　　B. ②③
C. ①②③④

59. 按照《国际海上避碰规则》要求,在锚泊中作业时显示的号型与在航时完全相同的船舶是________。
A. 引航船　　B. 从事疏浚作业的船舶
C. 清除水雷的船舶

60. 搁浅船($L$>12 m)在白天应显示的号型是________。

A. 一个锚球和最易见处垂直三个黑球

B. 最易见处垂直三个黑球

C. 一个锚球和最易见处垂直两个黑球

61. 当你看到一船显示三个垂直黑球,它表示该船________。

A. 正在从事疏浚作业　　B. 失控

C. 搁浅

62. 船舶搁浅时,号灯显示符合规则的包括________。

A. 锚灯　　B. 锚灯、甲板工作灯

C. 锚灯、垂直两盏环照红灯

63. 白天在海上看到一船垂直显示三个黑球,表示该船为________。

A. 限于吃水的船舶　　B. 失去控制的船舶

C. 搁浅的船舶

64. 在海上看到他船显示如图所示号型,表示该船为________。

A. 限于吃水的船舶　　B. 失去控制的船舶

C. 搁浅的船舶

## 第三节　声响与灯光信号

1. "长声"指________。

A. 历时 2~3 s 的笛声　　B. 历时 7~8 s 的笛声

C. 历时 4~6 s 的笛声

2. 关于"长声"和"短声",下列说法正确的是________。

①长声为历时 4~6 s 的笛声;②短声为历时约 1 s 的笛声;③短声只能鸣放一次;④长声指连续鸣放的任何声号

A. ①③④　　B. ①②

C. ②③

3. 短声指历时________。

A. 约 1 s 的笛声　　B. 约 1~2 s 的笛声
C. 约 1~3 s 的笛声

4. 长声指历时________。
A. 约 1 s 的笛声　　B. 约 2~4 s 的笛声
C. 约 4~6 s 的笛声

5. 关于《国际海上避碰规则》要求配备的声号设备,下列说法正确的是________。
A. 要求随时能以手动鸣放
B. 不可用其他设备代替
C. 号锣可以用声音特性相同的其他设备代替,号钟不可以

6. 在互见中,听到一机动船鸣一短声,则表示________。
A. 他船正在向左转向　　B. 他船正在向右转向
C. 他船将要向左转向

7. 操纵能力受到限制的船舶在互见中按规则准许或要求进行向右转向时应________。
A. 鸣放一短声　　B. 鸣放二短声
C. 鸣放三短声

8. 在航机动船在按规则要求或准许采取行动时是否应鸣放操纵声号,应取决于________。
A. 两船的距离　　B. 当时的能见度
C. 是否处于互见中

9. 下列说法正确的是________。
A. 行动声号表示本船即将采取的操纵行动的意图
B. 行动声号意味着将要求他船也采取同样的行动
C. 行动声号表示本船正在进行的操纵行动

10.《国际海上避碰规则》第三十四条第一款所规定的操纵声号,适用于________。
A. 处于互见中的任何船舶　　B. 处于互见中的任何机动船舶
C. 处于互见中的任何在航机动船

11. 船舶在互见中,听到他船三短声,则表示________。
A. 他船已经停车,并已经不对水移动
B. 他船正在向后推进
C. 他船已经具有后退速度

12. 操纵声号表示________。
A. 正在操纵的行动　　B. 准备操纵的行动
C. 已经操纵的行动

13. 用机器推进的操纵能力受限制的船在互见中按规则准许或要求进行向左转向时应________。
A. 鸣放一短声　　B. 鸣放二短声
C. 鸣放三短声

14. 用机器推进的限于吃水的船在互见中按规则准许或要求进行向右转向时应________。
A. 鸣放一短声　　B. 鸣放二短声
C. 鸣放三短声

15. 行动声号仅适用于在航机动船________。
    A. 在互见中按避碰规则准许或要求进行操纵时
    B. 在非互见中按避碰规则准许或要求进行操纵时
    C. 能见度不良时按避碰规则准许或要求进行操纵时
16. 关于行动声号,下列说法正确的是________。
    A. 行动声号表示本船即将采取操纵行动
    B. 行动声号表示本船正在采取操纵行动
    C. 行动声号表示本船正在采取操纵行动,同时要求他船也采取行动
17. 关于互见中的操纵声号,下列说法止确的是________。
    A. 限于吃水的船舶不要求鸣放
    B. 任何驶帆的船舶不要求鸣放
    C. 在航机动船按避碰规则条款准许或要求操纵时鸣放
18. 下列哪些船舶应鸣放操纵声号?
    ①失控船;②限于吃水船;③帆船;④被拖船
    A. ①②　　B. ③④
    C. ①②④
19. 下列哪些声号可用灯光信号做补充?
    A. 至少五声短而急的声号　　B. 一长声
    C. 四短声
20. 补充操纵声号的灯号,前后信号的间隔时间应不少于________。
    A. 5 s　　B. 10 s
    C. 15 s
21. 下列哪些声号可用灯光信号做补充?
    ①操纵声号;②警告声号;③追越声号
    A. ①　　B. ①②
    C. ①②③
22. 互见中一船重复显示“三闪”的灯光信号,表示________。
    A. 他船已停车不对水移动　　B. 他船将向右转向
    C. 他船正向后推进
23. 在互见中,一船重复显示“一闪”的灯光信号,则表示________。
    A. 他船正在向左转向　　B. 他船正在向右转向
    C. 他船将要向左转向
24. 当船舶处于互见中,狭水道内企图追越他船的船舶,应鸣放追越声号,是指下列哪种情况?
    A. 任何情况
    B. 大船追小船
    C. 只有在被追越船必须采取行动以允许安全通过时
25. 企图追越的船舶鸣放追越声号后,如被追越的船舶未鸣放声号,则________。
    A. 后船应假定前船默许追越　　B. 后船即可实施追越
    C. 后船应认为前船不同意追越

26. 下列说法正确的是________。
   A. 追越声号表示追越船正在追越
   B. 追越声号表示一船追越的企图
   C. 在规则所适用的水域内,任何追越船均应鸣放追越声号以表明本船的追越企图
27. 下列说法正确的是________。
   A. 当一船鸣放完追越声号后,即可独自采取行动
   B. 追越声号应在追越前鸣放
   C. 当一船鸣放完追越声号后,避免碰撞的行动由被追越船采取
28. 在狭水道内,当将要被追越的船舶对是否能安全追越有怀疑时,可鸣放________。
   A. 一长声　　B. 至少五声短而急的声号
   C. 一长声一短声一长声一短声的声号
29. 被追越船同意追越时,应鸣放________。
   A. 一长声　　B. 二长声
   C. 一长声一短声一长声一短声
30. 互见中在狭水道中,后船欲从前船的左舷追越,在需要鸣放声号时,则应鸣放________。
   A. 二长一短的声号　　B. 二长二短的声号
   C. 一长二短的声号
31. 互见中在狭水道中,后船欲从前船的右舷追越,在需要鸣放声号时,则应鸣放________。
   A. 二长一短的声号　　B. 二长二短的声号
   C. 一长二短的声号
32. 在狭水道内,如不需要被追越船采取行动就能安全追越,则追越船________。
   A. 可以直接追越
   B. 一边鸣放追越声号一边追越
   C. 鸣放追越声号征得被追越船同意后再进行追越
33. 在狭水道或航道内企图追越他船的船舶,应________。
   A. 若需要对方协助配合时,应鸣放追越声号
   B. 鸣放追越声号以征询被追越船的意见
   C. 不必鸣放追越声号,可自行追越
34. 关于追越声号的适用范围,下列说法正确的是________。
   ①只适用于互见;②适用于任何能见度;③适用于任何船舶;④只适用于在航机动船
   A. ②④　　B. ②③
   C. ①③
35. 互见中相互驶近的船舶,无法了解对方的意图时,应鸣放的声号至少是________。
   A. 五短声　　B. 四短声
   C. 三短声
36. 互见中的船舶相互驶近,一船无法了解他船的意图时,则应立即鸣放________表示这种怀疑。
   A. 至少五声短而急的声号　　B. 四声短而急的声号
   C. 三声短而急的声号

37. 警告声号适用的船舶为________。
A. 任何能见度中的任何船舶　　B. 互见中的在航机动船
C. 互见中的任何船舶

38. 直航船发现让路船与本船之间正在形成紧迫局面,则________。
A. 应鸣放警告声号　　B. 不必采取任何行动
C. 应独自采取避碰行动

39. 海上看到他船使用5次以上短而急的闪光信号,表示________。
A. 他船正向右转向　　B. 他船正向后推进
C. 他船警告附近的船舶

40. 当你听到从右首舷弯道后面传来一长声声号,你应________。
A. 回答一长声,并向左转向
B. 回答一长声,保持在水道右侧行驶
C. 回答一长声,并向右转向

41. 一长声弯道信号适用于________。
A. 能见度不良时　　B. 能见度良好情况下
C. 互见中

42. 船舶在驶近可能被居间障碍物遮蔽他船的狭水道的弯头或地段时,鸣放一长声,居间障碍物后方听到该声号的任何来船应回答________。
A. 一长声　　B. 五短声
C. 二长声

43. 当你听到从狭窄弯道前方传来的一长声声号,你应________。
A. 回答一长声,并向左转向
B. 回答一长声,船位保持在水道右侧
C. 回答一长声,并向右转向

44. 一长声弯道信号使用于________。
A. 能见度良好时互见　　B. 能见度不良时互见
C. 能见度良好时非互见

45. 在驶近因为障碍物遮蔽而无法看到对面是否存在他船的航道弯头或地段,下列说法正确的是________。
A. 只有机动船在航对水移动应鸣放一长声声号
B. 帆船不要求鸣放一长声声号
C. 任何船舶均应按要求鸣放一长声声号

46. 当两船在能见度不良的水域中相互看见时,应________。
A. 中断鸣放"能见度不良时使用的声号"
B. 如采取避让行动,应停止雾号的鸣放,而按章鸣放"互见中的行动声号"
C. 继续鸣放雾号的同时,如采取避让行动,则应正确地鸣放"互见中的行动声号"

47. "能见度不良时使用的声号"适用于________。
A. 在能见度不良的水域中
B. 在能见度不良的水域中或其附近航行、锚泊或搁浅时

C. 在能见度不良的水域中或其附近相互看不见时

48. 当两船在能见度不良的水域中相互看见时,应________。
A. 不再鸣放雾号
B. 继续鸣放雾号,如采取行动,则还应鸣放操纵声号
C. 如采取行动,应停止鸣放雾号,鸣放操纵声号

49. 在能见度不良的水域中或其附近,________应当按规定鸣放能见度不良时的声号。
A. 只有在航的任何船舶　　B. 航行时不在互见中的船舶
C. 在航、锚泊或搁浅的船舶

50. 下列哪种声号应被一艘在航不对水移动的机动船在能见度不良的水域中选用?
A. 一长声　　B. 二长声
C. 三短声

51. 一牢固组合体(使用机器推进),在能见度不良水域中航行(对水移动),应以不超过 2 min 的间隔连续鸣放________。
A. 二长声　　B. 一长声
C. 一长二短声

52. 在能见度不良的水域中或其附近的在航机动船,应以不超过 2 min 的间隔鸣放________。
A. 不使用机器推进时鸣放一长声声号
B. 向右或向左转向时分别鸣放一长声声号或二长声声号
C. 对水移动时鸣放一长声声号,不对水移动时鸣放二长声声号

53. 能见度不良时,机动船在航对水移动应鸣放________。
A. 一长声　　B. 二长声
C. 一短一长一短

54. 能见度不良下,长度 120 m 操纵能力受到限制的船舶在锚泊中作业时应鸣放________。
A. 一长声继以二短声　　B. 急敲号钟
C. 二长声

55. 从事非拖网作业捕鱼的船舶在航不对水移动,在雾中应鸣放的声号是________。
A. 一长声　　B. 二长声
C. 一长二短

56. 锚泊中从事清除水雷作业的船舶在雾中应鸣放的声号是________。
A. 一长声　　B. 二长声
C. 一长二短

57. 下述哪种船在雾中不使用一长二短声雾号?
A. 失去控制的船舶　　B. 搁浅船
C. 锚泊中从事捕鱼的船舶

58. 雾中听到一长二短的声号,该船一定不是________。
A. 被拖船　　B. 失去控制的船舶
C. 在航帆船

59. 限于吃水的船舶在航对水移动在雾中应鸣放的声号是________。
A. 一长声　　B. 二长声

C. 一长二短

60. 试判断哪一种说法是正确的(能见度不良)?

A. 在航机动船应以每次不超过 2 min 的间隔鸣放一长声

B. “失去控制的船舶”只有当处于在航不对水移动时才应鸣放一长二短

C. 正在从事捕鱼作业的船舶,不管在航还是锚泊,均应鸣放一长二短

61. 雾中主机故障的失控船舶,不对水移动时应鸣放________。

A. 一短一长一短　　B. 一长声

C. 一长二短

62. 帆船在航不对水移动在雾中应鸣放的声号是________。

A. 一长二短声　　B. 一长声

C. 二长声

63. 在雾中锚泊的从事捕鱼的船舶应鸣放的声号是________。

A. 一长声　　B. 二长声

C. 一长二短声

64. 锚泊中从事疏浚作业的船舶在雾中应鸣放的雾号是________。

A. 一长声　　B. 二长声

C. 一长二短声

65. 从事拖带的机动船在雾中在航对水移动时鸣放的声号是________。

A. 一长声　　B. 二长声

C. 一长二短声

66. 在能见度不良的水域中,一从事清除水雷作业的船舶在航,应以不超过 2 min 的间隔鸣放________。

A. 无论是否对水移动均为一长声

B. 对水移动时一长声,不对水移动时二长声

C. 无论是否对水移动均为一长声继以二短声

67. 在能见度不良的水域中或其附近的帆船,应以不超过 2 min 的间隔鸣放________。

A. 同时使用机器推进时鸣放二长声声号

B. 无论是否使用机器推进,均应鸣放一长声声号

C. 无论是否对水移动,均应鸣放一长声继以二短声声号

68. 能见度不良,长度 80 m 的从事捕鱼的船舶在锚泊中作业时应鸣放________。

A. 一长声继以二短声　　B. 急敲号钟

C. 急敲号钟与急敲号锣各约 5 s

69. 在雾中听到一长三短的笛号,则他船可能为________。

A. 失去控制的船舶　　B. 操纵能力受到限制的船舶

C. 一被拖船

70. 能见度不良时,一船尾部拖带有三条被拖船,试问中间一条驳船应使用哪种声号?

A. 不必鸣放声号

B. 每次不超过 2 min 的间隔鸣放一长声

C. 每次不超过 2 min 的间隔鸣放一长二短声

71. 雾中听到一长三短声信号，该船是________。
A. 失去控制的船舶　　B. 在航帆船
C. 被拖船

72. 雾中一机动船拖带着三条船，试问最前一条驳船应使用哪种声号？
A. 每次不超过 2 min 的间隔鸣放一长声
B. 不必鸣放声号
C. 每次不超过 2 min 的间隔鸣放一长二短声

73. 一艘被单独拖带的在航船舶配有船员，关于在能见度不良的水域应鸣放的声号，下列说法正确的是________。
A. 无论是否对水移动均为一长声
B. 对水移动时一长声，不对水移动时二长声
C. 无论是否对水移动均为一长声接三短声

74. 你船雾中锚泊于海上，听到他船的雾号越来越响，并构成碰撞危险时，你船除了鸣放规定的钟号、锣号外，还可使用下述哪种信号来表示你船的存在？
A. 汽笛发出至少五声短而急的声号
B. 汽笛发出一短一长一短声号
C. 汽笛发出一长二短声号

75. 雾中听到他船鸣放一短一长一短时，表示该船为________。
A. 被拖船　　B. 失去控制的船舶
C. 锚泊船

76. 锚泊中的船舶，在能见度不良时，如认为必要，可以鸣放________。
A. 二短一长声　　B. 一短一长一短声
C. 四短声

77. 雾中锚泊，长度大于 100 m 的船舶________。
A. 前部急敲号钟 5 s，紧接着在后部急敲号锣 5 s，也可鸣放一短一长一短笛号
B. 前部急敲号钟 5 s，紧接着在后部急敲号锣 5 s，也应鸣放一短一长一短笛号
C. 前部急敲号钟 5 s，紧接着在后部急敲号锣 5 s，不需鸣放一短一长一短笛号

78. 雾中，长度小于 20 m 的船舶________。
A. 可不鸣放锚泊雾号，但应鸣放他种有效的声号，每次间隔不超 2 min
B. 就鸣放锚泊雾号，不应鸣放他种有效的声号
C. 应鸣放锚泊雾号，还应鸣放他种有效的声号，每次间隔不超 2 min

79. 在雾航中，听到一船鸣放二长声 又鸣放四短声 ，该船为________。
A. 被拖船　　B. 失去控制的船舶
C. 执行引航任务的引航船

80. 能见度不良时，关于锚泊中的执行引航任务的船，下列说法正确的是________。
A. 应鸣放一般船的锚泊雾号，还可鸣放四短声声号
B. 只应鸣放一般船的锚泊雾号
C. 应鸣放一般船的锚泊雾号和四短声声号

81. 一艘在能见度不良的水域锚泊中执行引航任务的船舶，应鸣放________。

A 四短声声号,如船长符合规定,应按要求鸣放规定的钟号及锣号

B. 一长声接二短声声号与四短声声号

C. 如船长符合规定,应按要求鸣放规定的钟号及锣号,并可鸣放四短声声号

82. 关于执行引航任务的船舶在能见度不良时的声号,下列说法正确的是________。

A. 在航时应按机动船的规定鸣放声号,并可以鸣放识别声号

B. 在航时应鸣放一长声接二短声声号,并可以鸣放识别声号

C. 锚泊时应鸣放一长声接二短声声号,并可以鸣放识别声号

83. 使用“招引注意信号”的目的是________。

①用来弥补本规则其他各条规定可能无法覆盖的各种特殊情况;②招引他船注意避免碰撞危险;③招引他船注意避免航行危险

A. ①②③　　B. ①③

C. ②③

84. 招引注意信号,适用于________。

①任何船舶;②任何水域;③如需招引他船注意

A. ①②③　　B. ①②

C. ②③

85. 可使用招引他船注意的信号的时机________。

①本船走锚;②本船发现遇险的落水人员;③本船失去动力;④发现碍航物

A. ①②　　B. ②③④

C. ①②③④

## 第四节　瞭望

1. “瞭望”的目的是________。

①对当时的局面做出充分的估计;②对碰撞危险做出充分的估计;③确定不存在碰撞危险的时间,以从事其他的驾驶工作

A. ①　　B. ①③

C. ①②

2. 瞭望条款的适用范围是________。

A. 能见度不良时的一切船舶　　B. 能见度良好时的任何船舶

C. 任何能见度情况下的每一船舶

3. 保证船舶海上安全航行的首要因素是________。

A. 采用安全航速　　B. 准确判断出是否存在碰撞危险

C. 保持正规瞭望

4. 船舶在雾中航行,如天气条件许可,则瞭望人员应尽可能增设在下列哪个位置?

A. 船舶驾驶台　　B. 驾驶台顶上

C. 船的前部高处

5. 船舶在________情况下应安排足够的瞭望人员。

①狭水道航行;②进出港口;③通航密度很大的水域航行;④白天宽阔水域航行

A. ①②③④　　B. ①②③

C. ②③④

6. 关于瞭望的人员,下列说法正确的是________。

A. 驾驶员不应是唯一的瞭望人员

B. 舵工不操舵时是唯一的瞭望人员

C. 瞭望人员不得从事影响其瞭望的其他任务

7. 下列说法正确的是________。

①瞭望人员应具有健康的身体,尤其是能适应视觉和听觉瞭望的基本要求;②瞭望人员,只能由合格的、称职的航海人员担任;③雾航中,装有雷达的船舶不但应设专职的雷达观察员,还应派设瞭头

A. ①②③　　B. ②③

C. ①②

8. 雾中航行,如天气条件许可,瞭望人员应尽可能安排在________位置。

A. 驾驶台　　B. 船前部高处

C. 驾驶台顶上

9. 瞭望条款适用对象是________。

A. 瞭望人员　　B. 瞭望人员与当班驾驶员

C. 当班驾驶员

10. 船舶在浓雾中航行,则船舶的瞭望人员________。

A. 只需保持雷达瞭望和听觉瞭望

B. 除保持雷达瞭望和听觉瞭望外,还应保持不间断的视觉瞭望

C. 应用适合当时环境和情况的一切有效手段保持不间断的瞭望

11. 通常认为,保持正规瞭望的手段和内容,除视觉、听觉外,还包括________。

①对船舶现有设备和仪器的有效使用;②守听 VHF;③经常检查本船的号灯和号型是否正常显示

A. ①③　　B. ②③

C. ①②③

12. 保持正规瞭望最基本的和最主要的手段是________。

A. 视觉　　B. 听觉

C. 雷达

13. 瞭望的手段包括________。

①雷达;②VHF;③船舶与 VTS 的联系;④嗅觉

A. ①②　　B. ①②③

C. ①②③④

## 第五节　安全航速

1. 所谓的“安全航速”是指________。

A. 备车,并以缓慢的速度行驶

B. 与他船构成碰撞危险时,采用微速前进
C. 允许有充分时间,以便能采取适当而有效的行动(包括把船停住)以避免碰撞的速度

2. 狭水道内航行采用的安全航速是指________。
A. 备车航速
B. 前进三变为前进一
C. 能够采取适当而有效的行动避免碰撞并能在适合当时环境和情况的距离内把船停住的速度

3. 安全航速条款适用于________。
A. 每一机动船在任何能见度　B. 每一机动船在能见度不良时
C. 每一船舶在任何时候

4. 在决定安全航速时,应考虑的首要因素是________。
A. 是否装有雷达　B. 能见度情况
C. 船舶的操纵性能

5. 在能见度不良的水域中航行,对装有可使用雷达的船舶在决定安全航速时的首要因素是________。
A. 雷达的特性　B. 能见度情况
C. 航道条件

6. 对装有可使用雷达的船舶在决定安全航速时应考虑________。
①雷达设备的局限性;②所选用的雷达量程;③天气对雷达精度的影响
A. ①　B. ①③
C. ①②③

7. 装有可使用雷达的在航船舶在决定安全航速时应考虑下列哪些因素?
①吃水和可用水深的关系;②所选用的雷达量程;③天气对雷达精度的影响;④船舶的操纵性能
A. ①③　B. ①②③
C. ①②③④

8. 夜间在航船舶(装有可使用雷达)在决定安全航速时应考虑下列哪些因素?
①能见度情况;②所选用的雷达量程;③背景灯光;④风浪情况
A. ①③　B. ①②③
C. ①②③④

## 第六节　碰撞危险

1. 在判断碰撞危险时,下列哪种资料是不充分的?
①相对方位的变化;②凭雾号获得的资料;③利用雷达两次测得数据进行标绘的资料
A. ①③　B. ②③
C. ①②③

2. 关于碰撞危险,下列说法正确的是________。
A. 如果条件受到限制,只能根据不充分的资料做出推断,是《国际海上避碰规则》所允许的

B. 虽经系统的观测,但所掌握的资料仍不充分,因而只能假定存在碰撞危险,这种做法是符合《国际海上避碰规则》精神的

C. 如果条件受到限制,没有充分的资料,则不能做出任何推断

3. 在《国际海上避碰规则》第七条,“如果来船的罗经方位没有明显变化,则应认为存在这种危险”一款中,“罗经方位”可以是________。

①磁罗经方位;②陀螺罗经(俗称电罗经)方位;③物标舷角

A. ①　　B. ①③

C. ①②

4. 在能见度不良的水域中,判断碰撞危险最有效的方法是________。

A. 利用 AIS 获得他船的航行信息

B. 根据他船鸣放的雾号的种类和声音大小

C. 雷达标绘法

5. 判断是否存在碰撞危险时,考虑的因素是来船方位的变化情况,该方位是指________。

A. 罗经方位　　B. 相对方位

C. 舷角

6. 船舶驾驶员在非互见中判断是否存在碰撞危险的方法是________。

A. 罗经方位法　　B. 雷达标绘法

C. 桅灯水平张角法

7. 在第七条,“如果来船的罗经方位没有明显变化,则应认为存在这种危险”一款中,“罗经方位”是指________。

A. 真方位　　B. 相对方位

C. 磁罗经或陀罗罗经方位

8. 关于判断碰撞危险的手段,下列说法正确的是________。

A. 使用的手段是否有效,应根据当时的环境和情况确定

B. 如果没有确定存在碰撞危险,不必使用任何手段

C. 应同时使用所有的手段,不论是否有效

9. 下列做法中,不属于正确使用雷达的是________。

A. 把所有的按钮调整到最佳状态

B. 选择合适的雷达距离标尺和显示方式

C. 定期观测雷达回波方位,不用雷达标绘或与其相当的系统观察

10. 若视觉观察未发现来船或其目标,但雷达显示有回波,则应________。

A. 认为是假回波

B. 调整增益和干扰抑制将回波消除

C. 假设存在碰撞危险

11. 根据国际海上避碰规则规定,正确使用雷达应做到________。

①对能见距离做出更确切估计;②采用首向上显示方式;③进行雷达标绘或相当的系统观察;④获得碰撞危险的早期警报

A. ①③④　　B. ①②③

C. ①②③④

12. 根据国际海上避碰规则规定，正确使用雷达应做到________。
   ①选择适当的距离标尺；②采用北向上显示方式；③进行雷达标绘或相当的系统观察；④远距离扫描
   A. ①②③④　　B. ①②③
   C. ①③④
13. 在海上，用雷达协助避碰时，通常把雷达量程放在________挡进行标绘。
   A. 12 n mile　　B. 6 n mile
   C. 3 n mile
14. 有关正确使用雷达的说法正确的是________。
   ①应充分认识到雷达性能、效率和局限性；②选择合适的量程；③对误差做出充分的估计；④利用两次回波方位距离进行标绘
   A. ①②③④　　B. ①②③
   C. ③④
15. 有关正确使用雷达的说法正确的是________。
   A. 将各种干扰完全抑制掉
   B. 由胜任人员观察，不用进行雷达标绘或与其相当的系统观察
   C. 利用雷达观测的物标距离估计当时的能见度
16. 在海上，用雷达来协助避碰时，通常把雷达量程放在________挡进行标绘。
   A. 24 n mile　　B. 12 n mile
   C. 6 n mile
17. 下列说法中哪个正确？
   A. 对 ARPA 雷达保持不间断的观察，应认为是一种与雷达标绘相当的系统观察
   B. 在判断是否存在碰撞危险时，只有 ARPA 雷达才是一种可信任的有效手段
   C.《国际海上避碰规则》将要求任何装有雷达的船舶均必须进行“雷达标绘”（作雷达运动图），否则，将被认为是一种不正规的瞭望
18. 进行雷达标绘，应当系统观测来船回波方位、距离，通常情况下为标绘同一个矢量，应当观测至少________。
   A. 两次或两次以上　　B. 三次或三次以上
   C. 四次或四次以上
19. 利用雷达观测的物标方位距离估计 DCPA 至少应________次。
   A. 2　　B. 3
   C. 4
20. 有关雷达的系统观测的叙述，下列说法正确的是________。
   A. 对 ARPA 雷达保持不间断的观察，应认为是一种与雷达标绘相当的系统观察
   B. 判断是否存在碰撞危险时，只有 ARPA 雷达才是一种可信任的有效手段
   C. 雾中避让时，雷达标绘是不符合海员通常做法的一种做法
21. 有关雷达的系统观测的叙述，下列说法正确的是________。
   ①胜任人员对 ARPA 雷达保持不间断的观察；②利用雷达的机械方位盘的平行线对回波进行连续观测；③利用雷达的电子方位线及活动距标对回波进行连续观测

A. ①②③　　B. ③

C. ②③

22. 来船方位即使有明显变化，有时也可能存在碰撞危险是指________。

①驶近一艘很大的船；②驶近拖带船组；③近距离驶近他船

A. ①③　　B. ①②

C. ①②③

23. 来船的罗经方位有明显的变化，也可能存在碰撞危险的情况有________。

①驶近一艘很大的船；②来船正在做航向或航速的一连串小变动；③来船的航向不稳定

A. ①　　B. ①③

C. ①②③

24. 舷角判断法的最大的缺点是________。

A. 易受船首偏荡的影响、不够准确

B. 费时

C. 不直观

25. 来船的罗经方位有明显的变化，也可能存在碰撞危险的情况有________。

①驶近一艘很大的船；②驶近拖带船组；③近距离驶近他船；④来船正在做一连串小转向

A. ①②　　B. ①②③

C. ①②③④

26. 对于本船右舷的来船，当其罗经方位明显增大时，说明________。

A. 将从本船的船尾后方通过　　B. 将从本船的船首前方通过

C. 存在碰撞危险

27. 对于本船左舷的来船，当其罗经方位明显增大时，说明________。

A. 将从本船的船尾后方通过　　B. 将从本船的船首前方通过

C. 存在碰撞危险

## 第七节　避免碰撞的行动

1. 在能见度不良的开阔水域中航行与他船构成碰撞危险，从及早的要求考虑，采取避让行动的时机应比在能见度良好时要________；对正横后的来船宜在两船相距________以外采取大幅度的避让行动。

A. 早些；3 n mile　　B. 晚些；3 n mile

C. 早些；1 n mile

2. 在能见度不良的开阔水域中航行与他船构成碰撞危险，从及早的要求考虑，采取避让行动的时机应比在能见度良好时要________；对正横前的来船宜在两船相距________时采取大幅度的避让行动。

A. 早些；2 n mile　　B. 晚些；2 n mile

C. 早些；4～6 n mile

3. 在能见度不良的开阔水域中航行与他船构成碰撞危险，从及早的要求考虑，采取避让行动的时机应比在能见度良好时要________；对正横附近的来船在相距较近时宜采取________避让行动。

A. 早些;加速　　B. 晚些;减速

C. 早些;把船停住

4. 互见中存在让路船和直航船的情况下,《国际海上避碰规则》将积极地、及早地采取避让行动的权利和义务交给了________。

A. 让路船　　B. 直航船

C. 让路船与直航船双方

5. "为避免碰撞的任何行动,应根据本章(驾驶和航行规则)各条规定采取,如当时环境许可,应是积极地并应及早地进行……",该款规定(No. 8 条 1 款)适用于________。

A. 让路船　　B. 直航船

C. 任何负有避让责任的船舶

6.《国际海上避碰规则》第 8 条避免碰撞的行动这一条适用于________。

A. 互见中　　B. 能见度良好时

C. 任何能见度情况

7. 为避免碰撞的任何行动,应根据本章(驾驶和航行规则)各条规定采取,如当时环境许可,应是积极地,并及早地进行和运用良好船艺。这一规定适用的能见度是________。

A. 互见中　　B. 能见度良好时

C. 任何能见度情况

8. 采取避碰措施中,最忌讳的是________。

A. 大幅度左转　　B. 大幅度减速

C. 对航向、航速做一连串小变动

9. 为避免碰撞所采取的转向角,一般应________。

A. 不小于 10°　　B. 不小于 20°

C. 不小于 30°,并应能导致在安全距离驶过并使他船用视觉或雷达观测时容易察觉到

10. 交叉相遇局面中,让路船为避让其右舷角 50°的来船采取转向措施,最容易被直航船用视觉察觉的行动是________。

A. 向右转向 10°　　B. 向右转向 20°

C. 向右转向使船头对准他船船尾

11. 互见中,最容易被他船用视觉察觉的避让行动通常是________。

A. 大幅度转向　　B. 大幅度减速

C. 小角度转向

12. 在确定避碰行动是否满足大幅度的要求时,下列说法正确的是________。

A. 应考虑当时具体的环境和情况　　B. 主要考虑船舶的操纵性能

C. 主要考虑他船是否装备雷达

13. 为避免碰撞所采取的行动应能导致________。

A. 避免紧迫危险的形成　　B. 在安全距离上驶过

C. 各自从他船的左舷驶过

14.《国际海上避碰规则》规定,为避免与他船碰撞而采取的行动应能________。

A. 导致紧迫危险的消失　　B. 导致让清他船

C. 导致在安全距离上驶过

15. 避让行动的有效性是指________。

A. 应能导致在安全距离驶过

B. 能使他船用视觉或雷达观察时容易察觉到

C. 应能导致在安全距离驶过,并能使他船用视觉或雷达观察时容易察觉到

16. 船舶在足够的水域中能实现及时的、大幅度的、且不致造成另一紧迫局面的转向,可能是________。

A. 最有效的避碰行动

B. 避免碰撞危险的最有效的行动

C. 避免紧迫局面的最有效的行动

17. 单凭转向可能是避免紧迫局面的最有效行动,其先决条件是________。

①有足够的水域;②及时的、大幅度的;③不致导致造成另一紧迫局面

A. ①②　　B. ②③

C. ①②③

18. 紧迫局面一般可理解为________。

A. 两船单凭一船的行动已经不能保证在安全距离上驶过的局面

B. 两船接近到已小于一船用满舵避让时的进距

C. 两船距离小丁安全距离

19. 下列说法正确的是________。

A. 核查避让行动的有效性,仅适用于让路船

B. 核查避让行动的有效性,仅适用于负有让路责任和义务的船舶

C. 让路船与直航船均负有查核避让行动的有效性的责任和义务

20. 在核查避让行动有效性过程中的船舶应认为________。

A. 碰撞危险已经过去　　B. 仍处于碰撞危险的状态中

C. 正在安全通过

21. 船舶在海上航行,发现与来船有可能构成碰撞危险,但对其动态及所造成的局面估计不清时,应________。

A. 立即大幅度向右转向

B. 继续观测并大幅度左转

C. 继续观察并减速、停车或倒车把船停住

22. 当你驾驶的机动船对两船相遇局面难以断定时,你最好是________。

A. 减速、停车或倒车把船停住

B. 鸣放警告声号或使用灯光信号警告来船

C. 把自己当作让路船 ,并及早地采取大幅度的转向

23. 根据国际海上避碰规则关于避免碰撞的行动的要求,如单用转向无法避免紧迫局面,应当________。

A. 保持航向不变　　B. 减速并把船停住

C. 减速、停车或倒车,必要时把船完全停住

24. 紧迫局面一般可理解为________。

A. 两船距离已近，避让行动不协调

B. 两船距离接近到单凭一船采取行动已难免发生碰撞

C. 两船距离接近到单凭一船采取行动已不能在安全距离上驶过

25. 紧迫局面的含义是________。

A. 两船接近到单凭一船的行动已经不能保证在安全距离上驶过的局面

B. 两船接近到已小于一船用满舵避让时的进距

C. 雾中使用雷达协助避让时，对正横前的来船的最近会遇距离已小于 2 n mile 的局面

26. 紧迫危险一般可理解为________。

A. 两船距离已近，碰撞已不可避免

B. 两船距离接近到单凭一船采取行动已不能在安全距离上驶过

C. 两船距离接近到单凭一船采取行动已难以避免发生碰撞

27. 紧迫危险的含义是________。

A. 两船接近到单凭一船的行动已经不能保证在安全距离上驶过的局面

B. 两船距离接近到单凭一船采取行动已难以避免发生碰撞的局面

C. 雾中使用雷达协助避让时，对正横前的来船的最近会遇距离已小于 0.5 n mile 的局面

28. 在航海实践中，船舶在能见度不良的开阔水域中航行，在雷达上发现他船并及时地标绘他船的运动态势后，________通常是最有效的避碰行动。

A. 减速　　B. 转向结合变速

C. 单凭转向

29. 船舶在足够的水域中及时地、大幅度地、且不致造成另一紧迫局面的转向，可能是________。

A. 避免碰撞危险最有效的行动　　B. 避免紧迫危险的最有效的行动

C. 避免紧迫局面最有效的行动

30. 单凭转向可能是避免紧迫局面的最有效行动，应具有的条件是________。

①有足够的水域；②及时地、大幅度地；③不致造成另一紧迫局面

A. ①③　　B. ①②

C. ①②③

31. "不应妨碍"规定适用于________。

①两船相遇，尚未构成碰撞危险之前；②两船相遇构成碰撞危险之后；③仅适用于互见中的两船

A. ①　　B. ①③

C. ①②

32. "不应妨碍"，意味着"不应妨碍他船的船舶"应避免与"不应被妨碍的船舶"之间构成________。

A. 紧迫危险　　B. 紧迫局面

C. 碰撞危险

33. 一艘不应妨碍他船的船舶和一艘不应被其妨碍的船舶相遇，在构成碰撞危险之前________。

A. 不应妨碍的责任尚未产生

B. 不应妨碍他船的船舶应给他船让路

C. 不应被妨碍的船舶没有保向保速的权利或义务

34. 互见中,当一艘不应妨碍他船的船舶和一艘不应被其妨碍的船舶相遇并构成碰撞危险,如果根据互见中的行动规则,不应妨碍他船的船舶成为让路船,则________。

A. 不应妨碍的责任解除

B. 不应妨碍他船的船舶的让路责任解除

C. 不应妨碍他船的船舶应根据让路船的行动条款采取行动

35. 互见中,按《国际海上避碰规则》规定“不应妨碍”他船的船舶,当与不应被妨碍的船舶构成碰撞危险时,________。

A. 一定是让路船　　B. 一定是直航船

C. 可能是直航船

36.《国际海上避碰规则》中规定不应妨碍他船的船舶可能是________。

①直航船;②让路船;③在航不对水移动的船舶

A. ①②③　　B. ①②

C. ②③

## 第八节　狭水道

1. 狭水道条款适用于________。

A. 一切船舶

B. 除帆船和船长小于 20 m 的船舶

C. 除捕鱼船以外的船舶

2. 狭水道右行规则适用于________。

A. 非机动船之外的任何船舶

B. 除失去控制的船舶,操纵能力受到限制的船舶外的任何船舶

C. 任何沿狭水道或航道行驶的船舶

3. 避碰规则第九条第 6 款中关于过弯道的声号规定,适用于________。

A. 狭水道或航道的弯头

B. 被居间障碍物遮蔽的狭水道或航道的弯头或地段

C. 狭水道或航道的弯头或通航密度较大的地段

4. 在弯曲的狭水道中,循相反方向行驶的两机动船航向交叉相互驶近并构成碰撞危险,则首先遵守________。

A. 交叉相遇条款　　B. 狭水道条款

C. 让路船的行动条款

5. 当你船听到右首舷弯道方向传来一长声声号后,你应________。

A. 回答二长声,并向右转向

B. 回答二长声,并继续保持在水道的右侧谨慎行驶

C. 回答一长声,并继续保持在水道的右侧谨慎行驶

6. 在狭水道或航道中,当你船企图追越他船,根据良好的船艺你船通常应从________。

A. 他船的左舷追越　　B. 他船的右舷追越

C. 靠近本船右舷的航道外缘追越

7. 根据《国际海上避碰规则》规定,________。

A. 穿越航道的船就是一艘让路船

B. 穿越航道的船可能适用"交叉相遇局面"条款而成为一艘直航船

C. 穿越航道的船,首先负有"让清他船"的责任与义务

8. 根据《规则》第九条2款规定,________不应妨碍只能在狭水道或航道以内安全航行的船舶通行。

A. 帆船或者长度小于12 m的船舶　　B. 帆船或者长度小于20 m的船舶

C. 长度小于20 m的从事捕鱼船舶

9. 一艘长度为25 m、不属于"只能在狭水道内安全航行"的船舶,应该________。

A. 根据《规则》的规定,不应妨碍"只能在狭水道或航道内安全航行的船舶"

B. 根据《规则》的规定,应给"只能在狭水道内安全航行的船舶"让路

C. 运用良好船艺,避免妨碍"只能在狭水道安全航行的船舶"

10. 在狭水道或航道内,一船听到后船鸣放追越声号时应________。

A. 立即鸣放同意声号

B. 可不鸣放任何声号,任其追越

C. 若同意追越,应鸣放同意声号,并采取相应行动

11. 船舶驶近可能被居间障碍物遮蔽他船的狭水道或航道的弯头或地段时,应________。

①特别机警;②谨慎驾驶;③鸣放相应声号

A. ①②　　B. ①②③

C. ②③

12. 任何船舶如当时环境许可,都应避免在狭水道内________。

A. 追越　　B. 锚泊

C. 掉头

## 第九节　分道通航制条款

1. 沿岸通航带含义________。

A. 是由分道通航制的靠岸一边的界限与相邻海岸之间用作沿岸通航的一个指定区域

B. 有一明确界限区域所构成的定线措施,船舶在里面必须特别谨慎地航行

C. 由一个规定界限的区域构成的一种定线措施

2.《规则》第十条所指的分道通航制水域是指________。

A. IMO所采纳的任何分道通航制水域

B. 各国主管机关制定的分道通航制水域

C. 海图或通告上标明的分道通航制水域

3. 使用IMO采纳的分道通航制水域的船舶除执行分道通航制条款的规定外,还应遵守________。

①互见中的行动规则;②能见度不良时的行动规则;③任何能见度时的行动规则

A. ①　　B. ①②

C. ①②③

4. 我国沿海制定的分道通航制区域，如 IMO 未采纳，则________。

A. 仅适用有关“分道通航制”的地方规定

B.《国际海上避碰规则》所有条款仍然适用于该区域

C. 除“分道通航制条款”不适用外，《国际海上避碰规则》其他条款仍然适用于该区域

5. 规则“分道通航制”条款适用于________。

A. 在规则适用水域中设置的任何分道通航制区域

B. IMO 所采纳的任何分道通航制

C. 在公海水域设置的分道通航制区域

6. 船舶在 IMO 采纳的某分道通航制水域航行，应当遵守________。

①《国际海上避碰规则》分道通航制条款；②主管机关制定的特殊规定；③《国际海上避碰规则》其他条款

A. ①②③　　B. ①③

C. ②③

7. 在 IMO 采纳的分道通航水域，使用分道通航制的船舶，在通航分道内从一侧转移到另一侧，应与分道船舶的总流向成何角度？

A. 尽可能小的角度　　B. 直角

C. 任意角度

8. 船舶在 IMO 采纳的某分道通航制水域航行，则________。

A. 只应沿着通航分道的总流向行驶

B. 只允许从端部驶进驶出

C. 尽可能让开分隔带与分隔线

9. 不使用 IMO 采纳的分道通航制水域的船舶应________。

A. 尽可能远离分道通航制水域　　B. 在分道通航制区域外缘行驶

C. 尽可能远离分隔线

10. 使用 IMO 采纳的分道通航制水域的船舶的要求是________。

①在分道通航制内沿船舶的总流向行驶；②尽可能让开分隔线或分隔带；③通常在通航分道的端部驶进驶出；④在分隔带或沿岸通航带内不可以向任何方向捕鱼作业

A. ①②③　　B. ①③

C. ①②③④

11. 可使用沿岸通航带的船舶________。

①帆船或长度大于 20 m 的船舶；②从事捕鱼的船舶；③避免紧迫危险的船舶；④抵离位于沿岸通航带的港口、近岸设施或建筑物或任何其他地方的船舶

A. ①②③④　　B. ②③④

C. ②③

12. 互见中，甲机动船在通航分道内顺航道行驶，乙机动船从甲船左舷穿越分道，且构成碰撞危险，则________。

A. 甲船应给乙船让路　　B. 乙船一直负有不应妨碍的责任

C. 乙船应给甲船让路

13. 使用分道通航制的船舶，在从分道的任何一侧驶进或驶出时，应与分道的交通总流向形成________。

A. 尽可能小的角度　　B. 直角

C. 任意角度

14. 在 IMO 采纳的分道通航制水域，下列说法正确的是________。

A. 任何船舶进入分隔带均是违反《国际海上避碰规则》的行为

B. 为避免紧迫危险，让路船或直航船均可进入分隔带

C. 为避免碰撞危险，让路船可进入分隔带

15. 下列哪些船舶可进入通航分隔带或穿越分隔线？

①从事捕鱼的船舶；②穿越或驶出驶进分道的船舶；③操纵能力受到限制的船舶；④避免紧迫危险的船舶

A. ①②③④　　B. ②③④

C. ①②④

16. 下列说法正确的是________。

①从事捕鱼的船舶在通航分道内必须沿相应通航分道的船舶总流向行驶；②从事捕鱼的船舶在分隔带或沿岸通航带内可以向任何方向进行捕鱼作业；③任何船舶进入分隔带均是违反《国际海上避碰规则》的行为；④为避免紧迫危险，让路船或直航船均可进入分隔带

A. ①②③④　　B. ②③

C. ①②④

17. 在 IMO 采纳的分道通航水域，下列说法正确的是________。

①船舶应避免在分道通航制水域的端部附近锚泊；②船舶航行在分道通航制水域端部附近时应特别谨慎地驾驶；③在分道通航制水域端部附近航行时应充分地考虑到直航船可能改变航向

A. ①②　　B. ②③

C. ①②③

18. 在 IMO 采纳的分道通航制水域端部附近，________。

A. 从事捕鱼的船舶不应妨碍其他任何船舶的通行

B. 帆船不应妨碍任何机动船的航行

C. 任何船舶均应谨慎驾驶

19. 在 IMO 采纳的分道通航水域端部附近，下列说法正确的是________。

①船舶应避免在此区域锚泊；②船舶应保持与通航分道总流向完全一致的航向；③船舶应特别谨慎驾驶

A. ①③　　B. ①②

C. ②③

20. 在 IMO 采纳的分道通航制水域端部附近，下列说法正确的是________。

A. 船舶可以在此区域内锚泊

B. 船舶应保持与通航分道交通总流向完全一致的航向

C. 船舶应特别谨慎驾驶

21. 在 IMO 采纳的分道通航制水域,船舶应尽可能避免在________锚泊。
①通航分道内;②端部附近;③分隔带内
A. ①　　B. ③
C. ①②③

22. 在 IMO 采纳的分道通航制水域,船舶应尽可能避免在下列哪些区域内锚泊?
①沿岸通航带;②端部附近;③分隔带内
A. ①　　B. ①②
C. ②③

23. 在 IMO 采纳的分道通航制水域,下列说法正确的是________。
A. 任何船舶均不得锚泊
B. 任何船舶均可在分隔带内锚泊
C. 应尽可能避免在端部、分隔带内锚泊

24. 在 IMO 采纳的分道通航制水域,船舶应尽可能避免在下列________区域内锚泊。
A. 在通航分道内
B. 分道通航制水域及附近
C. 分道通航制水域内及其端部附近

25. 下列________情况下可以在分道通航制内抛锚。
A. 碰撞危险　　B. 紧迫局面
C. 紧迫危险

26. 帆船、长度小于 20 m 的船舶不应妨碍下列哪些在分道通航制内航行的船舶通行?
①机动船;②从事捕鱼的船;③穿越通航分道的船
A. ①②③　　B. ②③
C. ①③

27. 在 IMO 采纳的分道通航制水域内,操纵能力受到限制的船舶在执行某项作业所必需的限度内可免受分道通航制条款的约束,该项作业不包括________。
A. 从事清除水雷作业　　B. 从事疏浚作业
C. 在航中从事转运人员

28. 在 IMO 采纳的分道通航制水域,下列哪些船舶可免受分道通航制条款的约束?
①从事维护航行安全的操限船在作业必需的限度内;②从事敷设、维修或起捞海底电缆的操限船在作业必需的限度内;③从事疏浚、清除水雷作业船;④从事维护、监督航行安全秩序船
A. ①②③④　　B. ①②③
C. ②③④

29. 你船航行在分道通航制水域内,收到"YG"信号,此时你应________。
A. 右转　　B. 减速停车
C. 检查本船航向与船位

30. 追越条款(《规则》十三条)适用于________。
A. 公海中互见时
B. 能见度良好的水域中

C. 任何船舶在互见中追越其他任何船舶

31. 追越条款(《规则》十三条)不适用于________。
A. 能见度不良时在互见中的船舶
B. 狭水道中的船舶
C. 能见度不良时不在互见中的船舶

32. 追越条款(《规则》十三条)适用于在________内互见中构成追越局面的船舶。
①狭水道;②分道通航制水域;③港外锚地
A. ①
B. ①②
C. ①②③

33. 夜间,一帆船仅能看到一艘机动船的尾灯并逐渐赶上,构成碰撞危险,下列行动中错误的是________。
A. 机动船保速保向
B. 帆船保速保向
C. 帆船采取避让行动

34. 构成《规则》第十三条定义的追越局面的条件应包括________。
A. 互见中
B. 两船构成碰撞危险
C. 机动船

35. 与对遇、交叉相遇局面相比,规则十三条定义的追越局面独具的特点是________。
①适用不同种类的两船;②适用任何相同种类的两船;③不以碰撞危险为条件
A. ②③
B. ①②③
C. ①③

36. 追越局面具有下列哪种特点?
A. 相对速度小,持续时间长
B. 相对速度小,持续时间短
C. 相对速度大,持续时间长

37. 帆船在航道里从机动船左舷追越并需要机动船采取行动时,帆船应是________。
A. 直航船,追越前应鸣放二短声
B. 直航船,不必鸣放声号
C. 让路船,追越前应鸣放二长二短声征得前船同意

38. 帆船在航道里从机动船右舷追越并需要机动船采取行动时,帆船应是________。
A. 直航船,追越前应鸣放二短声
B. 直航船,不必鸣放声号
C. 让路船,追越前应鸣放二长一短声征得前船同意

39. 当一船追越另一船时,在何时才能免除追越船的让路责任?
A. 看到被追越船的舷灯
B. 最后驶过让清
C. 已过被追越船的船首

40. 以下说法中正确的是________。
A. 只要追越船驶过被追越船船头以后,即可免除追越船让开被追越船的责任
B. 只要追越船与被追越船保持平行并驶,则即可免除追越船应承担的让路责任
C. 只有追越船驶过让清被追越船以后,方可免除追越船让开被追越船的责任

41. 追越中,被追越船鸣一短声向右转向避让前方来船,该行动属于________。

A. 背离规则,追越船鸣五短声　　B. 未背离规则,追越船回一短声

C. 未背离规则,追越船无须回答

42. 大风浪中航行,你船见到他船尾灯,后来见到他船的红舷灯和桅灯,这种局面你应如何看待?

A. 交叉局面,本船应为让路船　　B. 交叉局面,他船应为让路船

C. 追越,本船应为让路船

43. 追越条款优先于________。

A. 船舶在任何能见度情况下的行动规则

B. 船舶在任何能见度情况下的行动规则与船舶在互见中的行动规则

C. 船舶在能见度不良时的行动规则

44. 追越条款优先于________。

①帆船条款;②对遇局面条款;③分道通航制条款

A. ②③　　B. ①③

C. ①②③

45. 追越条款优先于________。

A. 船舶在任何能见度情况下的行动规则

B. 船舶在互见中的行动规则

C. 船舶在任何能见度情况下的行动规则与船舶在互见中的行动规则

46. 构成对遇局面的船舶是指________。

A. 所有用机器推进的船舶

B. 所有装有机器的船舶

C. 除失控船、操限船、从事捕鱼船外的任何用机器推进的船舶

47. 在航机动船发现来船的两盏桅灯和两盏舷灯,则________。

A. 如对是否存在碰撞危险感到怀疑,则应假定为对遇局面

B. 如看不到来船其他号灯,则应认定为对遇局面

C. 如对是否为对遇局面感到怀疑,应假定为对遇局面

48. 互见中在航机动船相遇且航向接近相反时,一般认为构成对遇局面的条件是一船处于另一船________。

A. 船首左右各一个罗经点以内

B. 船首左右各半个罗经点以内

C. 正船首方向

49. 互见中,属于“对遇局面”的一项是________。

A. 两艘机动船互相处于对方的前方,且两船间距正不断缩小

B. 两艘限于吃水的船舶航向相反,并处于各自的正前方或接近正前方且构成碰撞危险

C. 两艘“操纵能力受到限制的船舶” 航向相反且处于各自的正前方且构成碰撞危险

50. 决定两机动船是否构成对遇局面的航向是________。

A. 船首向　　B. 航迹向

C. 罗经航向

51. 其他条件相同时,与其他相遇局面相比,对遇局面独具的特点是________。

A. 相对速度小　　B. 方位变化大
C. 接近速度最快

52. 互见中两船避让责任完全相等的会遇局面是________。
A. 追越局面　　B. 对遇局面
C. 交叉相遇局面

53. 其他条件相同时,下列哪个局面具有相对速度大、会遇时间短的特点?
A. 对遇　　B. 交叉
C. 追越

54. 与其他相遇局面相比,对遇局面独具的特点是________。
A. 适用于机动船　　B. 适用于互见
C. 不存在让路船与直航船

55. 互见中,当你船在海上航行看到左前方有一船舶的前后桅杆接近一直线,但你对当时两船是形成对遇局面还是小角度交叉还有怀疑,此时,你船应________。
A. 向右转向,鸣一短声　　B. 向左转向,鸣二短声
C. 减速、倒车,鸣三短声

56. 当互见中两机动船对与本船首前方的他船是否构成"对遇局面"存有任何怀疑时,应如何采取行动?
A. 等待对方行动之后,再决定本船行动
B. 立即左转,并鸣放二短声
C. 立即右转,并鸣放一短声

57. 机动船在海上航行,在正前方发现一盏白灯,应假定与来船构成________局面。
A. 对遇　　B. 交叉
C. 追越

58. 构成对遇局面的两船 DCPA 等于 0,按规则要求采取避让行动后,两船之间________。
A. 会遇时间提前,会遇距离增加　　B. 会遇时间缩短,会遇距离减少
C. 会遇时间提前,会遇距离减少

59. 夜间在海上航行,两机动船航向接近相反时,最易造成行动不协调的情况是________。
A. 当头对遇　　B. 左对左,且横距不宽裕
C. 右对右,且横距不宽裕

60. 机动船如果发现前方偏右驶来另一机动船,可见来船两盏桅灯和绿舷灯,方位逐渐变大,但 DCPA 偏小,则应按________采取行动。
A. 对遇条款　　B. 交叉条款
C. 追越条款

61. 白天在航机动船甲发现前方偏右驶来另一船乙,航向与甲船相反,并看到乙船显示一个菱形体号型,两船 DCPA 偏小,下列正确的是________。
A. 两船构成对遇局面,应各自右转向
B. 甲船应给乙船让路
C. 乙船不应妨碍甲船,应及早采取行动

62. 互见中,一艘机动船与一艘________航向交叉相互驶近,构成碰撞危险,适用交叉相遇局面

条款。

A. 失去控制的船舶　　B. 操纵能力受到限制的船舶

C. 限于吃水的船舶

63. 在有流的水域中，一艘在航不对水移动的机动船在互见中与一艘横流航行的机动船船首向交叉相互驶近且存在碰撞危险________。

A. 适用“交叉相遇局面”条款

B. 这是一种特殊情况，不适用“交叉相遇局面”条款

C. 适用责任条款

64. 互见中，一艘在狭水道中靠右行驶的机动船与另一穿越该狭水道的机动船航向交叉相互驶近并构成碰撞危险，则________。

A. 穿越船为让路船　　B. 两船均应采取避让行动

C. 适用交叉相遇局面条款

65. 交叉局面中航向交叉指的是________。

A. 船首向　　B. 罗经航向

C. 航迹向

66. 交叉条款构成条件以下叙述________是正确的。

A. 当两艘机动船顺着狭水道或航道的弯曲地段并循着岸形行驶时，两船船首向始终处于交叉态势，但两船航向需不断改变，这是适用交叉条款

B. 交叉条款适用于任何船

C. 两艘机动船在岬角、灯船或习惯转向点附近水域或航道、运河端部的附近开阔水域交叉相遇，并致有构成碰撞危险，认为适用交叉条款

67. 构成交叉相遇局面的条件正确的是________。

①任何能见度；②任何船舶；③航向交叉；④构成碰撞危险

A. ①②　　B. ③④

C. ①②③④

68. 下列哪种交叉相遇态势易与对遇局面相混？

A. 大角度交叉　　B. 小角度交叉

C. 正横前交叉

69. 下列有关交叉相遇条款叙述正确的是________。

A. 小角度交叉态势易于追越局面相混

B. 大角度交叉态势易于对遇局面相混

C. 大角度交叉态势易于追越局面相混

70. 互见中，一艘限于吃水的船舶与一艘在航操纵能力受到限制的船舶航向交叉，相互驶近，构成碰撞危险，则________。

A. 两船均应采取避让行动

B. 限于吃水的船舶为让路船

C. 操纵能力受到限制的船舶为让路船

71. 规则中“应避免横越他船前方”的规定，适用于________。

A. 任何局面中的让路船

B. 仅适用于交叉相遇局面中的让路船

C. 除18条船舶之间责任条款中规定的让路船外的一切让路船

72. 夜间,一船在你船左舷与你船航向交叉,你船看见来船的罗经方位越来越大,这说明来船将________。

A. 横越你船前方

B. 从你船尾通过

C. 横越你船前方,你船可向左转向以增大CPA

73. 你船(机动船)看见一机帆并用的船舶从左舷正横驶近并构成碰撞危险时,你船应________。

A. 左转从他船尾通过　　B. 右转并让清

C. 保向保速

74. 下列哪种局面中存在让路船和直航船?

A. 互见中的对遇局面

B. 能见度不良相互看不见时的追越

C. 互见中的追越局面

75. 互见中,无论当时情况如何,均需给他船让路的船舶是________。

A. 对遇局面中的任一船　　B. 追越局面中的追越船

C. 操纵能力优于他船的任何船

76. 让路船行动条款适用于________。

A. 任何能见度下　　B. 能见度良好

C. 互见中

77. 互见中两操纵能力受到限制的船舶,在下列________局面中,存在直航船与让路船。

A. 追越　　B. 对遇

C. 交叉

78. 下列哪种船舶是须给他船让路的船舶?

A.《规则》十四条对遇局面规定机动船

B.《规则》十八条规定的听到他船一长二短声号的机动船

C.《规则》十三条规定的追越局面的追越船

79. 让路船的行动是________。

A. 避免横越他船的前方

B. 应避免向左转向

C. 应尽可能及早采取大幅度行动,宽裕地让清他船

80. 互见中,关于及早地采取避让行动的说法正确的是________。

①须给他船让路的船舶应及早地采取让路行动;②有时直航船也应及早采取行动;③直航船独自采取的避让行动也应积极及早地进行

A. ①②③　　B. ①②

C. ①

81. 让路船的行动是________。

A. 给本船右舷的船让路

B. 应避免向左转向

C. 应尽可能及早采取大幅度行动，宽裕让清他船

82. 规则对让路船有具体行动要求的局面是________。

A. 追越　　B. 对遇

C. 交叉

83. 互见中，有关及早采取避让行动的说法正确的是________。

A. 给他船让路的船舶应及早地采取让路行动

B. 有时直航船也应及早采取行动

C. 如当时环境情况允许，避免横越他船前方

84. 关于直航船，下列说法正确的是________。

A. 会遇两船中不能按照规则要求采取行动的一定为直航船

B. 会遇两船中，不应被妨碍的一船为直航船，应该保向保速

C. 直航船在两船相遇过程中不仅仅是负有保向保速的责任和义务

85. 关于直航船，下列说法正确的是________。

A. 会遇两船中不能按照规则要求采取行动的为直航船，应该保向保速

B. 会遇两船中，不应被妨碍的一船为直航船，应该保向保速

C. 直航船在两船相遇过程中不仅仅是负有保向保速的责任和义务

86. 直航船应保持航向和航速，就意味着________。

A. 任何改变航向与航速的行为，都是严重违背《国际海上避碰规则》的行为

B. 只要当时环境许可，则应保持原来的航向与航速

C. 如果改变航向与航速，则必须保证他船能在安全的距离驶过

87. 两船中的一船按照规则要求采取行动给另一船让路时，另一船应________。

A. 同时采取行动　　B. 保速保向

C. 采取最有助于避碰的行动

88. 两船中的一船按规则要求采取行动给另一船让路时，另一船应________。

A. 同时采取行动　　B. 保速保向

C. 采取最有助于避碰的行动

89. 直航船保速保向的含义________。

A. 一般是保持在初始的航向与航速

B. 一定要保持在同一罗经航向或同一主机速上

C. 一艘直航船驶往锚地过程中准备采取减速措施是违背保速保向要求的

90. 下列有关直航船的叙述正确的是________。

①让路船显然未按规则进行避让时，直航船可独自采取行动；②直航船沿弯曲水道进行转向，是属于保速保向范畴；③风浪太大，直航船为防止主机超负荷而采取适当降低转速的措施，属于保速保向范畴

A. ①②　　B. ②③

C. ①②③

91. 交叉相遇局面中的直航船发觉让路船显然没有遵照《国际海上避碰规则》采取适当行动时，不可独自采取哪一行动？

A. 向左转向过他船尾　　B. 减速让他船过船首
C. 右转至与来船航向平行

92.《国际海上避碰规则》允许直航船可以独自采取操纵行动的时机是________。
A. 当发现另一船构成碰撞危险时
B. 当两船已接近至单凭让路船操纵行动已不能保证两船在安全距离上驶过时
C. 当发觉两船已接近到单凭让路船的行动已不能避免碰撞时

93. 根据“直航船的行动规则”规定“不应对在本船左舷的船采取向左转向”适用于________。
A. 任何直航船
B. 交叉相遇局面中的直航船
C. 除被追越船外的任何直航船

94. 准许直航船可以独自采取避碰行动的时机主要取决于________。
A. 两船航向的交角　　B. 两船间的方位
C. 让路船是否按规则采取避让行动

95. 交叉相遇局面中直航船独自采取行动避免碰撞,考虑让路船可能根据规则十五条要求采取的行动,直航船最合适的行动是________。
A. 向左转向将他船置于本船船首
B. 向右转向将他船置于本船左正横
C. 向右转向将他船置于本船船尾

96. 当直航船发觉两船不论由于何种原因逼近到单凭让路船的行动已经不能避免碰撞时,也应采取最有助于避碰的行动,这意味着________。
A. 两船已经构成碰撞危险,正在形成紧迫局面
B. 直航船可以背离规则采取行动
C. 让路船的避让义务已经移交给直航船

97. 直航船采取最有助于避碰的行动,这意味着两船________。
A. 已经构成紧迫局面,紧迫危险正在形成
B. 已经构成碰撞危险
C. 已经不能避免紧迫局面

98. 下列关于让路船与直航船的责任的说法正确的是________。
A. 直航船如独自采取避碰行动,则解除让路船的责任
B. 如果让路船未及早采取行动并导致紧迫局面,则直航船可终止保速保向
C. 直航船如果未保向保速,则解除让路船的责任

99. 当直航船必须采取最有助于避碰的行动时,________。
A. 让路船的义务解除,直航船的义务未解除
B. 让路船的义务未解除,直航船的义务解除
C. 让路船和直航船的义务都未解除

100. 当直航船必须采取最有助于避碰行动时________。
A. 让路船义务解除,直航船义务未解除
B. 让路船义务未解除,直航船义务解除
C. 让路船、直航船义务都未解除

101. 如果________未采取及早行动，导致紧迫局面形成，则________也负有采取最有助于避碰的责任与义务。

A. 让路船；直航船　　B. 直航船；让路船

C. 让路船；让路船

102. 船舶之间的责任条款的基本原则是________。

A. 机动船让非机动船

B. 操纵不便的船不负让路责任

C. 按避让操纵行为能力划分船舶之间的责任

103. 互见中，一艘从事疏浚作业操纵能力受到限制的船舶与另一艘清除水雷作业的操纵能力受到限制的船舶相遇构成碰撞危险，则________。

A. 清除水雷作业的操纵能力受到限制的船舶为让路船

B. 从事疏浚作业的操纵能力受到限制的船舶为让路船

C. 两船均应运用良好的船艺采取行动以避免碰撞

104. 互见中，一艘操纵能力受到限制的船舶与一艘失去控制的船舶相遇构成碰撞危险，则________。

A. 操纵能力受到限制的船舶为让路船

B. 失去控制的船舶为让路船

C. 两船均应运用良好的船艺采取行动以避免碰撞

105. 有关船舶之间责任条款说法正确的是________。

A. 不适用于狭水道

B. 不适用于分道通航制水域

C. 如果与《规则》第九条狭水道条款、第十条分道通航制条款冲突时，应执行第9、10条规定

106. 适用船舶间责任条款的船舶应具备的条件是________。

A. 符合第三条定义的规定

B. 显示规定的号灯、号型

C. 符合第三条定义的规定并显示规定的号灯、号型

107. 适用船舶间责任条款适用于________。

A. 任何能见度　　B. 互见中

C. 对遇局面

108. 有关船舶间责任条款叙述正确的是________。

①如果与《规则》第九条狭水道条款、冲突时，应执行狭水道条款；②如果与《规则》第十条分道通航制条款冲突时，应执行分道通航制条款；③如果与《规则》第十三条追越条款冲突时，应执行追越条款

A. ①②③　　B. ②③

C. ①③

109. 当一艘操纵能力受到限制的船舶与一艘机动船航向相反相互驶近，并构成碰撞危险时________。

A. 两船互见时，适用对遇局面条款

B. 两船互见时,适用船舶之间责任条款

C. 不论是否在互见中,机动船均应给“操纵能力受到限制的船舶”让路

110. 甲机动船在左舷45°看见一显示红白红垂直三盏号灯的乙船,已构成碰撞危险,其让路责任是________。

A. 乙船应给甲船让路　　B. 甲船应给乙船让路

C. 甲乙避让责任相同

111. 互见中,一机动船与一帆船在相反航向上相互驶近,构成碰撞危险,应________。

A. 遵守对遇条款　　B. 帆船给机动船让路

C. 机动船给帆船让路

112. 按《中华人民共和国非机动船舶海上安全航行暂行规则》,非机动船在航应给下列哪类船舶让路?

A. 捕鱼船,包括用拖网、围网、绳钩捕鱼的机动船

B. 所有操纵能力受限制的船舶

C. 操纵失灵的机动船

113. 互见中,帆船在航时应给________船舶让路。

①失去控制船;②操纵能力受限船;③从事捕鱼的船舶

A. ①②　　B. ②③

C. ①②③

114. 按《中华人民共和国非机动船舶海上安全航行暂行规则》,非机动船应给________让路。

①从事测量或水下作业的机动船;②用拖网捕鱼的机动船;③从事助航标志设置的船舶

A. ①②　　B. ②③

C. ①②③

115. 互见中,一使用拖网从事捕鱼的渔船与一操纵能力受到限制的船舶航向交叉相互驶近构成碰撞危险,则________。

A. 两船均应采取避让行动,因为该两船负有同等的避让责任和义务

B. 从事捕鱼的渔船应给操纵能力受到限制的船舶让路

C. 操纵能力受到限制的船舶应给从事捕鱼的渔船让路

116. 互见中,一使用拖网从事捕鱼的渔船与一失去控制的船舶航向相反相互驶近构成碰撞危险,则________。

A. 渔船应给失去控制的船舶让路

B. 失去控制的船舶应给渔船让路

C. 两船均应采取避让行动,因为该两船负有同等的避让责任和义务

117. 互见中,从事捕鱼船应给________让路。

①失控船;②操纵能力受到限制的船舶;③限于吃水船

A. ①②　　B. ②③

C. ①②③

118. 互见中,一使用绳钓从事捕鱼的船与一在航中上下人员的机动船航向交叉相互致有构成碰撞危险,则________。

A. 适用交叉局面

B. 渔船让机动船

C. 两船负有同等的避让责任与义务

119. 互见中，根据《规则》第十八条规定，除失去控制的船舶和操纵能力受到限制的船舶之外，任何船舶应避免妨碍限于吃水的船舶的通行，就意味着________。

A. 任何船舶均负有让路的责任与义务

B. 只有当构成碰撞危险之后，任何船舶均负有让路的责任与义务

C. 在碰撞危险形成以前，任何船舶均应采取行动留出足够的水域供限于吃水的船舶通过

120. 互见中，根据《规则》第十八条规定，除________外，如当时环境许可，所有的船舶应避免妨碍限于吃水的船舶的安全通行。

①失去控制的船舶；②操纵能力受到限制的船舶；③从事捕鱼船

A. ③　　B. ①②

C. ①②③

121. 根据《规则》第十八条规定，除失去控制的船舶与操纵能力受限船外，任何船舶与限于吃水的船舶相遇，后者的责任是________。

A. 避免妨碍他船的航行

B. 不负任何避让责任

C. 充分注意其特殊条件，特别谨慎驾驶

122. 互见中，根据《规则》第十八条规定，除失去控制的船舶和操纵能力受到限制的船舶外，下列哪些船舶如当时环境许可应避免妨碍限于吃水的船舶的安全通行？

A. 仅从事捕鱼的船舶

B. 仅帆船和长度小于 20 m 的船舶

C. 任何船舶

123. 互见中，除________外，如当时环境许可，所有船舶应避免妨碍限于吃水的船舶安全通行。

A. 失控船、操纵能力受到限制的船舶

B. 引航船、失控船

C. 从事捕鱼的船舶

124. 互见中，两艘限于吃水船相遇致有构成碰撞危险，则________。

A. 两者互为让路船

B. 两者负有同等的避让责任与义务

C. 按两船的会遇局面确定两船间的避让责任与义务

125. 互见中，在水面上的水上飞机通常应宽裕地让清所有船，并避免妨碍其航行，然而在有碰撞危险的情况下，则________。

A. 按照责任条款确定让路船

B. 按《国际海上避碰规则》第二章各条规定采取行动

C. 等待他船让路

126. 根据船舶之间的责任条款，在水面上的水上飞机在与下列哪些船舶相遇构成碰撞危险时让路？

A. 显示圆柱体号型的船舶

B. 显示尖端向下圆锥体号型的驶帆船舶

C. 显示两个球体号型的船舶

127. 根据船舶之间的责任条款,在水面上操纵的地效船应给下列哪类船舶让路?

A. 显示圆柱体号型的船舶

B. 显示尖端向下圆锥体号型的驶帆船舶

C. 显示两个球体号型的船舶

128. 雾中两船接近到互见时,应________。

A. 继续遵守能见度不良时的行动规则

B. 一般应执行互见时的行动规则

C. 是否执行互见中的行动规则取决于当时的能见距离

129. 能见度不良时要求机动船做好随时操纵准备,此要求适用于下述哪种水域?

A. 受限水域　　B. 通航密集水域

C. 任何水域

130. 某船雾中在一交通拥挤的水域航行,当发现有一来船已接近到互见,此时该船应________。

A. 立即执行"互见中的行动规则",并继续鸣放雾号

B. 立即执行"互见中的行动规则",并停止鸣放雾号

C. 继续执行"能见度不良时的行动规则"直到最后驶过让清为止

131. 以下哪个条款在能见度不良时也适用?

A. 追越条款　　B. 对遇局面条款

C. 分道通航条款

132. 在能见度不良时,要求机动船做好随时操纵准备,此要求适用于下述哪种水域?

A. 狭水道　　B. 通航分道制水域

C. 任何水域

133. 在能见度不良时的安全航速的含义是________。

A. 以能维持舵效的速度航行

B. 能在能见距离一半的距离内把船停住的速度

C. 能采取适当而有效的避碰行动,并能在适合当时环境和情况的距离以内把船停住的速度

134. 下列说法正确的是________。

A. 能见度不良时,所有船舶必须减速行驶

B. 只要满足安全航速的要求,能见度不良时也可全速行驶

C. 只要能见度良好,船舶就可以全速行驶

135. 关于能见度不良时的安全航速,下列哪些说法正确?

A. 能见度不良时的安全航速即为备车航行的速度

B. 只要船舶可用视觉看到来船,船舶就可以全速行驶

C. 能见度不良时船舶采取的低航速未必是安全航速

136. 船舶在能见度不良水域航行时的安全航速是指________。

A. 减速使用能维持舵效的最低速度

B. 能在当时能见度一半的距离内把船停住的速度

C. 能采取适当而有效的避碰行动，并能在适合当时环境和情况的距离以内把船停住的速度

137. 能见度不良时，要求机动船备车航行，该要求适用于________。

A. 仅分道通航制水域　　B. 仅狭水道水域

C. 任何水域

138. 船舶在能见度不良的水域航行时的安全航速是________。

A. 备车航行速度

B. 使用缓速航行速度

C. 能采取适当而有效的避碰行动，并能在适合当时环境和情况的距离以内把船停住的速度

139. 能见度不良时，及早采取避让行动的先决条件是________。

A. 无任何先决条件　　B. 看到他船时

C. 判明存在碰撞危险时

140. 在能见度不良的水域航行时判断是否存在碰撞危险的最佳方法是________。

A. 派人到船首瞭头以便及早发现来船

B. 充分利用船舶望远镜、VHF、AIS 等助航设备与来船及早联系沟通

C. 认真进行雷达标绘或与其相当的系统观测

141. 根据能见度不良时的行动规则，对不在互见中的船舶采取避碰行动的幅度应满足________。

A. 大得足以使他船用视觉观察时容易察觉到

B. 大得足以使他船用雷达观察时容易察觉到

C. 大得足以使他船用视觉或雷达观察时容易察觉到

142. 在能见度不良时，及早采取避让行动的先决条件是________。

A. 看到他船时　　B. 判明存在碰撞危险

C. 听到他船雾号

143. 下列说法正确的是________。

A. 能见度不良时不在互见中的船舶相遇，不存在让路船与直航船之分

B. 能见度不良时不在互见中的船舶相遇，存在让路船与直航船之分

C. 两船用视觉相互看见时，一定存在让路船与直航船

144. 在能见度不良的水域中航行，一船仅凭雷达测得他船时，应________。

A. 判断是否存在碰撞危险

B. 采取大幅度避让行动

C. 判断是否正在形成紧迫局面和(或)存在碰撞危险

145. 在能见度不良的水域中航行，在雷达上发现前方有一物标与本船构成碰撞危险，经观测已经确定他船为一艘被追越船，你采取避让措施时，应________。

A. 避免向左转向　　B. 避免横越他船前方

C. 视具体情况向左或向右转向

146. 在能见度不良的开阔水域中航行，你船在雷达上测得与来船构成碰撞危险，如来船位于本船的正前方附近，你应采取何种避让措施比较有利？

A. 大幅度向左转向　　B. 大幅度向右转向

C. 大幅度减速

147. 你船在能见度不良水域中航行，雷达发现正前方有一目标，经观测确认来船正朝本船对驶，且 CPA 为 0.1 n mile，你船应采取________。

A. 根据雷达观测结果及早采取避让措施

B. 保向保速直到看清来船再采取合适的避让行动

C. 立即把船速减到能维持其舵效的最低速度

148. 雾航中，本船仅凭雷达测到左前方来船航向与本船航向交叉驶近构成碰撞危险，按《国际海上避碰规则》第十九条的要求，应尽可能避免________。

①向右转向；②向左转向；③减速

A. ②③　　B. ①③

C. ②

149. 在能见度不良水域中航行时，为避免碰撞，下列做法正确的是________。

A. 对右正横的来船采取向右转向

B. 对左正横的来船采取向右转向

C. 对右正横后的来船采取向右转向

150. 在能见度不良水域中，当一船仅凭雷达测得他船，并断定存在碰撞危险时，下列有关叙述正确的是________。

A. 无论如何应将航速减至能维持其航向的最小速度

B. 对正横或正横后的船舶采取背着他船转向

C. 对所有正横前的他船采取转向避让行动时，应避免向左转向

151. 雾区中，对不互见中的船舶，若采取避免碰撞的行动，下列正确的是________。

A. 对右正横的来船采取向右转向

B. 对右正横后的来船采取向右转向

C. 对左正横后的来船采取向右转向

152. 在能见度不良时当你船听到他船的雾号显似在本船正横以前，除已断定不存在碰撞危险外，你船应当________。

A. 立即停车，倒车把船停住

B. 将船速减到能维持其航向的最低速度

C. 立即抛锚，等雾消散后再继续航行

153. 在能见度不良水域中，你船听到他船雾号显似在本船右正横以前，当对他船船位尚未确定时，你应如何行动？

A. 减速到能维持其航向的最低速度后，谨慎驾驶

B. 立即采取大幅度右转行动从他船船尾通过

C. 立即采取大幅度左转行动从他船船头通过

154. 在能见度不良水域中与右前方的他船不能避免紧迫局面时，你船应________。

A. 立即采取大幅度右转行动从他船船尾通过

B. 立即采取大幅度左转行动从他船船尾通过

C. 立即将船速减到能维持其航向的最低速度，必要时把船停住

155. 在能见度不良水域中航行时，当你船与左前方的他船不能避免紧迫局面时，你船应________。

A. 立即减速，必要时把船停住　　B. 立即向右转向

C. 立即向左转向

156. 你船在浓雾中航行，听到他船的雾号显似在本船的正前方附近，而在雷达上对其回波因海浪干扰而不能确定时，下列措施可取的是________。

A. 大幅度向右转向

B. 保速保向继续航行，并鸣放相应的雾号

C. 立即将航速减小到能维持其航向的最小速度，必要时把船完全停住

157. 除已经断定不存在碰撞危险外，根据雾号的可听距离，当一船听到他船的雾号显似在本船的正横以前时，往往两船已不能避免________。

A. 碰撞危险　　B. 紧迫局面

C. 紧迫危险

158. 当一船听到“一短一长一短”的雾号显似在本船的右前方，且对该船在事先未用雷达探测到，则应________。

A. 立即向左转向

B. 应先寻找来船

C. 立即将船速降低到可维持舵效的最小船速，必要时应把船完全停住

159. 你船在雾中航行，听到正前方有锚泊船的雾号而在雷达上尚未确认该船时，你船应________。

A. 大幅度向右转向

B. 保向保速并判断是否存在碰撞危险

C. 立即把航速减到能维持航向的最小速度，以利于确认该船

160. 在能见度不良的水域，一船听到他船雾号显似在本船左舷正横以前，但对他船船位尚未确定时，应如何行动？

A. 将航速减到能维持航向的最小速度后，谨慎驾驶

B. 缓速后谨慎驾驶

C. 左转向过他船船尾

161. 在能见度不良水域航行时，当你船与左前方的他船不能避免紧迫局面时，你船应________。

A. 大幅度向左转向　　B. 大幅度向右转向

C. 立即减速倒车把船停住

162. 你船在能见度不良水域中航行时，在正前方听到锚泊船的雾号而雷达尚未确认该船时，你船应________。

A. 立即判定是否存在碰撞危险

B. 大幅度向右转向避让

C. 立即减速停车把船停住，以利确认该船

163. 在能见度不良的水域中，你船在雷达上观测发现与正前方或接近正前方的来船不能避免紧迫局面时，你船应________。

A. 立即大幅度右转避让
B. 立即停车,尽快把船停住
C. 将船速减到能维持其舵效的最低航速

164. 根据雷达避碰转向示意图(英国航海学会 1970 年推荐),对本船右舷 60°的来船,本船的避碰行动应是________。
A. 向右转向 60°~90°
B. 向左转向将来船置于船尾
C. 向右转向 90°以上

165. 根据雷达避碰转向示意图(英国航海学会 1970 年推荐),对本船右正横附近的来船,本船的转向避碰行动应是________。
A. 向右转向 60°~90°
B. 向左转向将来船置于船尾
C. 向右转向 105°以上

166.《国际海上避碰规则》各条不免除________的疏忽所产生的各种后果的责任。
①船舶所有人;②船长;③船员
A. ①②③
B. ①②
C. ②③

167. 由于船长在避让操纵中的过失导致碰撞的发生,根据“责任”条款,将由谁来承担碰撞的责任?
A. 由船长自行承担碰撞导致的一切责任
B. 若船东并无任何过失,则只能由船长本人承担责任
C. 有关方有权追究当事船舶或当事人及其船舶的所有人由于该碰撞而产生的各种后果的责任

168. 关于规则有关各条不免除下列________的疏忽所产生的各种后果责任。
①船舶所有人;②船长;③船员
A. ①②③
B. ①②
C. ②③

169. 由于船长的操纵过失导致碰撞的发生,按责任条款,由谁来承担碰撞的责任?
A. 由船长自行承担碰撞的一切责任
B. 由船东承担一切责任
C. 有关方有权追究当事船舶或当事人及其船舶的所有人由于该碰撞产生的各种后果的责任

170. 某船对号灯损坏未发现或未及时发现而导致碰撞,应属于哪种疏忽?
A. 对遵守《国际海上避碰规则》条款的疏忽
B. 对海员通常做法可能要求的任何戒备上的疏忽
C. 对当时特殊情况可能要求的任何戒备上的疏忽

171. 在航行中船舶未使用安全航速是属于________。
A. 对遵守《国际海上避碰规则》条款的疏忽
B. 对海员通常做法可能要求的任何戒备上的疏忽
C. 对当时特殊情况可能要求的任何戒备上的疏忽

172. 应当背离规则的情况下不背离规则,而导致碰撞,应属于________。

A. 对遵守规则各条的疏忽

B. 对海员通常做法可能要求的任何戒备上的疏忽

C. 对当时特殊情况可能要求的任何戒备上的疏忽

173. 在夜间航行，未保持夜视眼，从而未及时发现来船，是属于________。

A. 对遵守规则各条的疏忽

B. 对海员通常做法可能要求的任何戒备上的疏忽

C. 对当时特殊情况可能要求的任何戒备上的疏忽

174. 在航行中，未使用安全航速，是属于________。

A. 对遵守规则各条的疏忽

B. 对海员通常做法可能要求的任何戒备上的疏忽

C. 对当时特殊情况可能要求的任何戒备上的疏忽

175. 在狭水道航行或在进出港时未备车备锚，是属于________。

A. 对遵守《国际海上避碰规则》条款的疏忽

B. 对海员通常做法可能要求的任何戒备上的疏忽

C. 对特殊情况可能要求的任何戒备上的疏忽

176. 对舵令不复诵、不核对的做法是属于________。

A. 对遵守规则各条的疏忽

B. 对海员通常做法可能要求的任何戒备上的疏忽

C. 对当时特殊情况可能要求的任何戒备上的疏忽

177. 在强风急流中没有远离他船抛锚，并未松出足够的链长而导致走锚的做法，是属于________。

A. 对遵守规则各条的疏忽

B. 对海员通常做法可能要求的任何戒备上的疏忽

C. 对当时特殊情况可能要求的任何戒备上的疏忽

178. 驾驶员对突发的遇雾和暴风雨缺乏戒备，是属于________。

A. 对遵守规则各条的疏忽

B. 对海员通常做法可能要求的任何戒备上的疏忽

C. 对当时特殊情况可能要求的任何戒备上的疏忽

179. 驾驶员对主机、舵机、操舵系统突然故障缺乏戒备，是属于________。

A. 对遵守规则各条的疏忽

B. 对海员通常做法可能要求的任何戒备上的疏忽

C. 对当时特殊情况可能要求的任何戒备上的疏忽

180. 下列关于“背离”的说法正确的是________。

A. “背离”《规则》实际就是可以不遵守《规则》的规定

B. “背离”《规则》是有严格的条件限制的

C. 只要未发生碰撞，任何背离《规则》都是合理的

181. 船舶需要考虑背离《国际海上避碰规则》采取行动以避免紧迫危险的情况包括________。

①同时有多船会遇并构成碰撞危险；②他船背离规则采取行动；③临近的碍航物

A. ①　　B. ②③

C. ①②③

182. 背离规则应满足________。
①危险确实存在;②危险必须是紧迫的;③背离是合理的
A. ①②③　　B. ①②
C. ②③

183. 有关背离的说法正确的是________。
A. 背离规则就是违背规则
B. 背离规则是有严格条件限制的
C. 只要未发生碰撞,所有背离规则的行为都是合理的

184. 有关背离的说法正确的是________。
A. 背离规则就是采取与规则要求相反的行动
B. 背离规则的行动应该是有效的、合理的
C. 只要避免了紧迫危险,任何行动都是合理的

185. 背离规则采取行动时应考虑________。
①运用良好的船艺;②采取行动是有效的、合理的;③背离规则行动是必要的;④积极、及早地采取行动
A. ①②③④　　B. ②③
C. ①②③

186. 背离规则采取行动的目的是________。
A. 避免发生碰撞　　B. 避免发生紧迫局面
C. 避免发生紧迫危险

187. 特殊情况下,船舶也可以背离规则,这种特殊情况包括________。
①自然条件限制;②本船条件限制;③多船的出现;④他船背离规则采取行动所构成的特殊情况
A. ①②③④　　B. ②③
C. ①②③

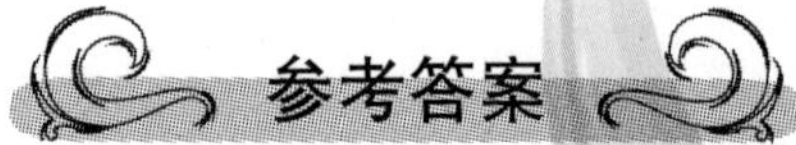

## 参考答案

### 第一节　一般定义

1. A　2. C　3. B　4. C　5. C　6. B　7. C　8. A　9. B　10. C
11. C　12. A　13. B　14. B　15. C　16. C　17. C

### 第二节　号灯与号型

1. A　2. A　3. B　4. A　5. C　6. C　7. C　8. A　9. A　10. C
11. A　12. A　13. C　14. C　15. C　16. C　17. A　18. C　19. A　20. C

21. C　22. B　23. C　24. B　25. B　26. B　27. B　28. C　29. C　30. C
31. B　32. B　33. A　34. C　35. A　36. C　37. B　38. C　39. B　40. B
41. C　42. A　43. A　44. C　45. A　46. C　47. C　48. A　49. C　50. C
51. B　52. C　53. C　54. A　55. A　56. C　57. C　58. C　59. B　60. B
61. C　62. C　63. C　64. C

## 第三节　声响与灯光信号

1. C　2. B　3. A　4. C　5. A　6. B　7. A　8. C　9. C　10. C
11. B　12. A　13. B　14. A　15. A　16. B　17. C　18. A　19. A　20. B
21. B　22. C　23. B　24. C　25. C　26. B　27. B　28. B　29. C　30. B
31. A　32. A　33. A　34. C　35. A　36. A　37. C　38. A　39. C　40. B
41. B　42. A　43. B　44. C　45. C　46. C　47. B　48. B　49. C　50. B
51. B　52. C　53. A　54. A　55. C　56. C　57. B　58. A　59. C　60. C
61. C　62. A　63. C　64. C　65. C　66. C　67. C　68. A　69. C　70. A
71. C　72. B　73. C　74. B　75. C　76. B　77. A　78. A　79. C　80. A
81. C　82. A　83. A　84. A　85. C

## 第四节　瞭望

1. C　2. C　3. C　4. C　5. A　6. C　7. A　8. B　9. B　10. C
11. C　12. A　13. C

## 第五节　安全航速

1. C　2. C　3. C　4. B　5. B　6. C　7. C　8. C

## 第六节　碰撞危险

1. C　2. B　3. C　4. C　5. A　6. B　7. C　8. A　9. C　10. C
11. A　12. C　13. A　14. B　15. C　16. B　17. A　18. B　19. B　20. A
21. A　22. C　23. C　24. A　25. C　26. A　27. B

## 第七节　避免碰撞的行动

1. A　2. C　3. C　4. A　5. C　6. C　7. C　8. C　9. C　10. C
11. A　12. A　13. B　14. C　15. C　16. C　17. C　18. A　19. C　20. B
21. C　22. A　23. C　24. C　25. A　26. C　27. B　28. C　29. C　30. C
31. C　32. C　33. C　34. C　35. C　36. A

## 第八节　狭水道

1. A　2. C　3. B　4. B　5. C　6. A　7. B　8. B　9. C　10. C
11. B　12. B

## 第九节　分道通航制条款

1. A　2. A　3. C　4. C　5. B　6. A　7. A　8. C　9. A　10. A
11. B　12. C　13. A　14. B　15. C　16. C　17. C　18. C　19. A　20. C
21. C　22. C　23. C　24. C　25. C　26. C　27. C　28. B　29. C　30. C
31. C　32. C　33. B　34. A　35. B　36. A　37. C　38. C　39. B　40. C
41. C　42. C　43. B　44. C　45. C　46. C　47. C　48. B　49. B　50. A
51. C　52. B　53. A　54. C　55. A　56. C　57. A　58. A　59. C　60. A
61. A　62. C　63. A　64. C　65. A　66. C　67. B　68. B　69. C　70. B
71. B　72. A　73. C　74. C　75. B　76. C　77. A　78. C　79. C　80. C
81. C　82. C　83. A　84. C　85. C　86. B　87. B　88. B　89. A　90. C
91. A　92. B　93. B　94. C　95. B　96. B　97. A　98. B　99. C　100. C
101. A　102. C　103. C　104. C　105. C　106. C　107. B　108. A　109. B　110. B
111. C　112. C　113. C　114. C　115. B　116. A　117. A　118. B　119. C　120. B
121. C　122. C　123. A　124. C　125. B　126. C　127. C　128. B　129. C　130. A
131. C　132. C　133. C　134. B　135. C　136. C　137. C　138. C　139. C　140. C
141. B　142. B　143. A　144. C　145. C　146. B　147. A　148. C　149. B　150. B
151. C　152. B　153. A　154. C　155. A　156. C　157. B　158. C　159. C　160. A
161. C　162. C　163. C　164. C　165. B　166. A　167. C　168. A　169. C　170. A
171. A　172. A　173. B　174. A　175. B　176. B　177. B　178. C　179. C　180. B
181. C　182. A　183. B　184. B　185. C　186. C　187. A

# 第十五章
# 值班原则

## 第一节　航行值班中基本原则

1. 保持安全值班的目的包括________。
   ①避免船舶发生海难事故;②保证船舶随时处于适航状态;③保证船舶所装货物得到妥善保管
   A. ①②　　B. ②③
   C. ①②③
2. 保持安全值班的目的包括________。
   ①避免船舶发生碰撞事故;②避免船舶发生火灾;③避免船舶污染环境
   A. ①　　B. ②③
   C. ①②③
3. 除紧急或者超常工作情况外,负责值班的船员以及被指定承担安全、防污染和保安职责的船员休息时间应当满足以下要求:任何 24 h 内不少于________;任何 7 天内不少于________。
   A. 11 h;77 h　　B. 10 h;70 h
   C. 10 h;77 h
4. 例外情况下,组成值班的船员的每 24 h 的休息时间 10 h,可以分成不超 3 个时段,其中一个时间段至少要有________,另外两个时间段不应当少于________。
   A. 5 h;2 h　　B. 6 h;l h
   C. 6 h;2 h
5. 根据 STCW 公约值班规则 B 部分对防止疲劳做出的指导,及其中对"压倒其他的工作条件"的解释,下列情况属于"压倒其他的工作条件"是________。
   ①指由于安全原因不能延误的工作;②指由于防止污染原因不能延误的工作;③航次开始时不能合理预料的重要船上工作
   A. ①　　B. ①②③
   C. ②③
6. 根据 STCW 公约值班规则 B 部分对防止疲劳做出的指导,防止疲劳的关键因素包括________。
   ①休息时段的次数;②休息时段的长短;③准予的补休
   A. ①②　　B. ①③

C. ①②③

7. 根据 STCW 公约值班规则 B 部分对防止疲劳做出的指导，防止疲劳的关键因素包括________。

①休息时段的次数；②休息时段的长短；③所担任的工作岗位职责

A. ①②　　B. ①③

C. ①②③

8. 在下列________的情况下，船长可以暂停休息时间制度，直至情况恢复正常。

①船舶出现紧急安全需要；②船上人员出现紧急安全需要；③货物出现紧急安全需要

A. ①②③　　B. ②③

C. ①③

9. 因船舶、船上人员或者货物出现紧急安全需要，船长暂停执行休息时间制度，情况恢复正常后，________。

A. 船长应当根据实际情况尽快安排船员获得充足的补休时间

B. 船长应当执行原计划值班安排

C. 不必保持暂停时间段的必要休息时间

10. 值班船员的疲劳操作容易发生事故，引起疲劳的原因有________。

①睡眠不足；②过分的体力消耗；③人体内潜伏着某些疾病而产生的疲劳

A. ①②③　　B. ①②

C. ②③

11. 影响疲劳的工作环境因素有________。

①噪声大；②振动大；③船舶摇摆剧烈

A. ①　　B. ①②

C. ①②③

12. 影响疲劳的因素有________。

①体力劳动和脑力劳动的持续时间；②体力劳动和脑力劳动的强度；③船员的情绪，身体状况

A. ①②③　　B. ①②

C. ①

13. 为防止疲劳操作，一般情况下，成人每昼夜宜保持________的睡眠。

A. 5~6 h　　B. 7~8 h

C. 9~10 h

14. 影响疲劳的工作环境因素有________。

①噪声大；②振动大；③船舶摇摆剧烈

A. ①②　　B. ①②③

C. ②③

15. 所有分派作为负责值班的高级船员或组成值班部分的普通船员应在任何________内至少有________的休息时间。

A. 24 h；10 h　　B. 12 h；6 h

C. 24 h；8 h

16. 为防止疲劳值班，船长和大副应合理地组织和安排值班人员的工作和休息，并________。
①避免值班人员在未得到足够的休息的情况下，继续值下一个班，造成连续疲劳；②保证值班人员在值班时具有充足的体力和精力；③保证值班人员绝对没有疲劳
A. ①②　　B. ①③
C. ①②③
17. 当发现负责________有疲劳的症状，但仍能够担任其职责时，应安排配备精力充沛的人员配合其值班。
A. 值班的高级船员和普通船员
B. 值班的高级船员
C. 值班的普通船员
18. 为保证安全值班，保证船舶的安全航行，船长________。
A. 任何时候亲自在驾驶台指挥
B. 发现负责值班的高级船员有疲劳的症状，应亲自在驾驶台监督
C. 必要时应亲自到驾驶台值班
19. 在决定可能包括合格的普通船员在内的驾驶台值班组成时，应特别考虑的因素有________。
①在任何时候，驾驶台不许无人值守；②天气情况，能见度情况以及是否白天或黑夜；③邻近航行危险物的程度；④在周围不存在他船时，值班人员可以离开驾驶台，短时间可无人值班，但必须确信这样做是安全的
A. ①③　　B. ②③④
C. ①②③
20. 严禁船员酗酒、吸毒，值班船员在接班前 4 h 内禁止喝酒，且值班期间血液中的酒精浓度(BAC)不能高于________或呼吸中酒精浓度不高于________。
A. 0.5%；2.5 mg/L　　B. 0.5%；0.25 mg/L
C. 0.05%；0.25 mg/L
21. ________应注意遵守航行和在港值班中应遵循的原则，以确保在任何时候均能保持安全值班。
A. 船长和值班人员　　B. 值班的高级船员
C. 值班船员
22. 下列说法正确的是________。
A. 船长只需保证船舶证书和船员证件齐全，无须检查是否逾期
B. 船长无须检查运输单证及港口文件是否齐全
C. 对预定的航次，船长应组织驾驶员研究有关资料、制订航次计划
23. 如果船上载有有害货物，值班安排应充分考虑到________。
①有害货物的性质、数量、包装；②有害货物的积载；③当时船上、水上、岸上的任何特殊情况
A. ①　　B. ②③
C. ①②③

## 第二节　驾驶台值班驾驶员的责任

1. 负责航行值班的驾驶员应________。
   A. 集中精力保持正规的瞭望,不做与值班无关的事情
   B. 船长或引航员负责操纵时,值班驾驶员的瞭望职责即被解除
   C. 当在沿岸航行时,在半点或整点时应立即进入海图室进行定位
2. 负责航行值班的驾驶员应做到________。
   A. 在驾驶台保持值班
   B. 当对为了安全而采取的某种行动产生疑问时,应仔细认真研究,应避免打扰船长的正常休息
   C. 如果船长上驾驶台,将航行安全的责任转交给船长
3. STCW 公约规定值班驾驶员在航行中的任务和职责是________。
   ①值班时应专心执行值班任务,负责航行安全,任何情况下均不得在交班前离开岗位;②在安全航行方面如船长在驾驶台时,应由船长负责航行安全;③当遇到任何疑难时,如需要,应当机立断地使用主机和声号
   A. ①③　　B. ①②
   C. ①②③
4. 下列说法正确的是________。
   ①负责航行的值班驾驶员应坚守岗位,在任何情况下,没有船长或其他驾驶员的正式接替,不得离开驾驶台;②船长在驾驶台指导,仍应由值班驾驶员负责航行值班,除非船长声明亲自指挥并彼此明白;③负责航行的值班驾驶员如长时间离开驾驶台,必须确信这样做是安全的
   A. ①　　B. ①②
   C. ①②③

## 第三节　瞭望的要求

1. 根据 STCW 规则和海船值班规则的要求,航行船舶应随时保持正规的瞭望,并应达到________的目的。
   ①充分估计碰撞和搁浅危险;②充分估计危害航行安全的局面和危险;③探明沉船残骸;④探明其他危害航行安全的物体
   A. ①②③④　　B. ②③
   C. ①②③
2. 根据 STCW 规则的要求,关于航行船舶瞭望的说法正确的是________。
   A. 只需要估计碰撞危险
   B. 只要求保证本船的航行安全
   C. 应包括探明遇难的船舶、飞机或人员
3. 保持正规瞭望的目的包括________。

①对局面做出充分的估计；②对碰撞危险做出充分的估计；③探明其他危害航行安全的局面和危险

A. ①　　B. ①③

C. ①②③

4. 保持正规瞭望的目的包括________。

①对碰撞危险做出充分的估计；②探明其他危害航行安全的局面和危险；③探明沉船、残骸和其他碍航物

A. ①　　B. ①②

C. ①②③

5. STCW 公约中指出，值班驾驶员应随时保持正规的瞭望，其目的包括________。

①探明遇险的船舶和飞机、船舶遇险人员；②探明沉船、残骸和其他碍航物；③探明他船从事的一切活动

A. ①③　　B. ①②

C. ①②③

6. 负责航行值班的驾驶员在正常航行中应________。

①保持正规瞭望；②及早发现来船；③及早判断是否存在碰撞危险；④对构成碰撞危险的他船及早采取大幅度的避让行动，宽裕地让清他船

A. ①②③④　　B. ②③④

C. ①③④

7. 日间，值班驾驶员可以单人瞭望应考虑的相关因素包括________。

①天气情况；②能见度；③通航密度；④邻近的航行危险物；⑤在分道通航制内航行时所必须注意的情况

A. ①②③　　B. ①②③④

C. ①②③④⑤

8. 负责航行值班的高级船员可以是唯一的瞭望人员必须同时具备哪些条件？

①对局面充分的估计，确信无疑这样做是安全的；②充分考虑了天气情况、能见度、通航密度、邻近的航行危险物和航行在分道通航制水域内或附近时必要的注意等一切因素；③当局面发生变化需要时，能立即召人到驾驶台协助；④白天

A. ①②③④　　B. ①②③

C. ①②

9. 负责航行值班的高级船员可以是唯一的瞭望人员的先决条件是________。

A. 白天

B. 当局面发生变化需要时，能立即召人到驾驶台协助

C. 对局面做了充分的估计，确信无疑这样做是安全的

10. 白天，值班驾驶员可以单人瞭望应考虑的相关因素包括________。

①天气情况；②能见度；③通航密度；④邻近的航行危险物

A. ①②　　B. ①②③

C. ①②③④

11. 根据 STCW 公约，在任何情况下的夜间，对瞭望人员的数量的要求至少为________。

A. 一名值班驾驶员
B. 一名舵工和一名值班驾驶员
C. 一名值班水手和一名值班驾驶员

## 第四节　驾驶台交接班

1. 负责航行值班的驾驶员,如果有理由相信来接班的高级船员不能有效地履行其职责则应________。
①继续保持航行值班,不向来接班的高级船员加班;②交班后继续在驾驶台值守,直到确定接班的高级船员能有效地履行其职责为止;③交班后报告船长,以安排辅助值班人员;④立即报告船长
A. ①②　　B. ②③
C. ①④

2. 交接班驾驶员应交接清楚下列情况________。
①陀螺罗经和磁罗经的误差;②船位、航向、航速和吃水;③了解附近船舶的位置及动态;④可能会遇到的情况和危险;⑤船长指示
A. ②③④　　B. ①②③
C. ①②③④⑤

3. 有关驾驶员值班交接,下列说法正确的是________。
①接班驾驶员在接班前,应对本船的推算船位或实际船位进行核实;②接班驾驶员在其视力未完全调节到适应光线条件以前不能接班;③接班驾驶员应确信本班人员完全能履行各自的职责,特别是夜视能力的适应性
A. ①②　　B. ①②③
C. ②③

4. 接班的驾驶员在接班以前应搞清的情况包括________。
①当主机在驾驶台控制时操纵主机的程序;②正在使用或值班期间有可能使用的所有航行和安全设备的工作状况;③船舶的号灯或号型是否正确显示;④在值班期间可能会遇到的有关情况和危险
A. ①②③④　　B. ①②③
C. ①②

5. 接班的驾驶员在接班以前应搞清的情况包括________。
①陀螺罗经和磁罗经的误差;②看到或知道的附近船舶的位置和动态;③在值班期间可能会遇到的有关情况和危险;④值班期间有可能使用的所有航行和安全设备的工作状况
A. ①②③④　　B. ①②③
C. ①②

6. 接班的驾驶员在接班以前应搞清的情况包括________。
①船长对船舶航行有关的常规命令和其他特别指示;②本船的船位、航向、航速和船舶吃水;③当时的潮汐、潮流、气象和能见度以及这些因素对航向和航速的影响;④预报的潮汐、潮流、气象和能见度以及这些因素对航向和航速的影响

A. ①②　　B. ①②③
C. ①②③④

7. 接班的驾驶员在接班以前应搞清的情况包括________。
①当主机在驾驶台控制时操纵主机的程序;②正在使用或值班期间有可能使用的所有航行和安全设备的工作状况;③船舶的号灯或号型是否正确显示;④值班期间预期可能遇到的任何碰撞危险
A. ①②③④　　B. ①②③
C. ①②

## 第五节　船舶航行、操纵和避让行动的有关要求

1. 值班驾驶员在决定是否使用自动舵时,所依据的条件有________。
①通航密度;②海面情况;③气象条件
A. ①②　　B. ①②③
C. ②③

2. 使用自动舵航行时,值班驾驶员应________。
①考虑及时使舵工就位并改为手操舵的必要性;②亲自或监督进行转换手动操舵或自动操舵;③将瞭望的责任交给舵工;④通过调整自动舵设定航向进行转向
A. ②③　　B. ①②
C. ③④

3. 在决定是否使用自动舵时,所依据的条件有________。
①通航密度;②海面情况;③气象条件
A. ①②　　B. ①②③
C. ①③

4. 有关值班驾驶员对驾驶台有关设备做定期检查,下列说法正确的是________。
①主罗经与复示仪同步,如发现误差变化较大,应及时报告船长;②如果条件允许,在有较大改变航向后也应测定罗经的误差;③无论条件如何,每班至少试验一次自动舵的自动操作
A. ①②　　B. ①②③
C. ②③

5. 在下列哪些情况下值班驾驶员应立即报告船长?
①发生火警;②发生火灾;③船舶发生污染海域事故;④发现海上污染情况
A. ②③　　B. ①②③
C. ①②③④

6. 在下列哪些情况下值班驾驶员应立即报告船长?
①在恶劣天气中,怀疑可能有气象危害时;②遇到能见度不良时;③预计能见度不良
A. ②③　　B. ①②
C. ①②③

7. 在________值班驾驶员应立即报告船长。
①遇到或预料到能见度不良时;②对通航条件或他船动态产生疑虑时;③在预计的时间未能

看到陆地、航标或测不到水深时

A. ①②　　B. ①②③

C. ①③

8. 在________值班驾驶员应立即报告船长。

①在预计的时间未能看到陆地、航标或测不到水深时；②意外看到陆地、航标或水深突然发生变化时；③预计到水深将发生变化时

A. ①　　B. ②③

C. ①②

9. 负责航行值班的驾驶员在船舶由引航员引航期间应________。

①与引航员密切合作；②保持正规的瞭望；③勤测船位，正确记录车钟及过浮筒的时间；④经常检查航行状况

A. ①②③④　　B. ②③④

C. ①③④

10. ________应与引航员密切合作，并保持对船舶的位置和动态进行精确的核对。

A. 船长

B. 值班驾驶员

C. 船长和负责航行值班的高级船员

11. 当船舶有引航员时，下列做法正确的是________。

①船长在非危险航段暂离驾驶台时应告知引航员，并指定驾驶员负责；②如值班驾驶员对引航员的行动或意图有所怀疑，应立即报告船长；③船舶由引航员引航时并不解除船长管理和驾驶船舶的责任

A. ①②　　B. ①②③

C. ①③

12. 引航员引航，若引航员发出的指令与船长不同时，值班驾驶员应执行________。

A. 待船长、引航员的意见一致后再执行

B. 引航员的命令

C. 船长的命令

13. 负责航行值班的驾驶员在船舶由引航员引航期间应________。

①与引航员密切合作；②保持正规的瞭望；③勤测船位，正确记录车钟及过浮筒的时间

A. ①②③　　B. ①③

C. ②③

14. 引航员登船后，船长应与引航员交换________。

①目前本船的航速航向和主机转速；②本船的船舶操纵性能；③航行方法；④操作意图

A. ①②③　　B. ②③④

C. ①②③④

15. 在能见度不良的水域航行，负责值班的驾驶员应________。

①通知船长；②开启航行灯；③鸣放雾号；④将手操舵改为自动舵，以布置瞭望人员

A. ①②　　B. ①②③

C. ①②③④

16. 在能见度不良的水域中航行，负责航行值班的驾驶员应________。
①开启航行灯；②开启和正确使用雷达；③将本班所有人员安排到船的前部
A. ①　　B. ①②
C. ①②③
17. 当遇到或预料能见度不良时，值班驾驶员应________。
①通知船长；②布置瞭望人员；③舵工手动操舵；④显示航行灯；⑤开启和使用雷达
A. ①②　　B. ①②③④
C. ①②③④⑤
18. 船舶在沿岸和拥挤水域航行时________。
①应使用适合于该地区并依照最新航海通告改正过的最大比例尺海图；②在确认没有碰撞危险的情况下，应勤测船位，如船上装有 GPS，则应信赖 GPS 船位，因为 GPS 定位精度高于其他方法；③值班驾驶员应确切地辨认沿岸陆标及所有有关的航行标志
A. ①②　　B. ①②③
C. ①③

## 第六节　锚泊时驾驶台人员的职责

1. 锚泊中，当负责值班的驾驶员发现本船走锚时，并出现危险局面时应________。
①果断地采取一切有效措施，以避免或减少损失；②首先报告船长，在船长到驾驶台之前不采取一切措施；③征得船长允许后，再采取措施
A. ①②③　　B. ①②
C. ①
2. 负责锚泊值班的驾驶员在下列哪些情况下应通知船长？
①本船走锚；②他船走锚并危及本船；③前来锚泊船锚位与本船距离过近；④临近的锚泊船起锚
A. ①②③　　B. ①②
C. ②④
3. 在锚泊时，负责航行值班的驾驶员应________。
A. 抛锚时，应尽快测定锚位，并将锚位标绘在适当的海图上
B. 每 1 h 测定锚位一次
C. 每隔一段时间瞭望一次
4. 锚泊中，当负责值班的驾驶员发现船舶走锚时，下列说法正确的是________。
①出现危险局面时，应果断地采取一切有效措施，以避免或减少损失；②出现危险局面时，应首先报告船长，在船长到驾驶台之前不采取一切措施，以避免扩大损失；③出现危险局面时，应首先报告船长，在征得船长允许后，果断地采取一切有效措施，以避免或减少损失
A. ①②③　　B. ①②
C. ①

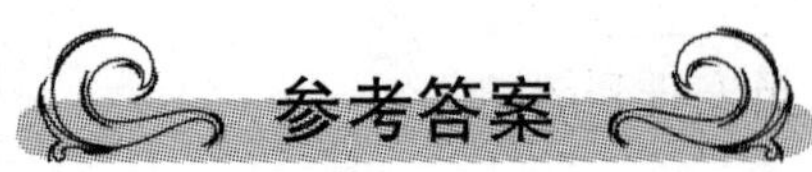

# 参考答案

## 第一节　航行值班中基本原则

1. C　2. C　3. C　4. B　5. B　6. C　7. A　8. A　9. A　10. A
11. C　12. A　13. B　14. B　15. A　16. A　17. B　18. C　19. C　20. C
21. A　22. C　23. C

## 第二节　驾驶台值班驾驶员的责任

1. A　2. A　3. A　4. B　5. A

## 第三节　瞭望的要求

1. A　2. C　3. C　4. C　5. B　6. A　7. C　8. A　9. A　10. C
11. C

## 第四节　驾驶台交接班

1. C　2. C　3. B　4. A　5. A　6. C　7. B

## 第五节　船舶航行、操纵和避让行动的有关要求

1. B　2. B　3. B　4. A　5. C　6. C　7. B　8. C　9. A　10. C
11. C　12. C　13. A　14. C　15. B　16. B　17. C　18. C

## 第六节　锚泊时驾驶台人员的职责

1. C　2. A　3. A　4. C

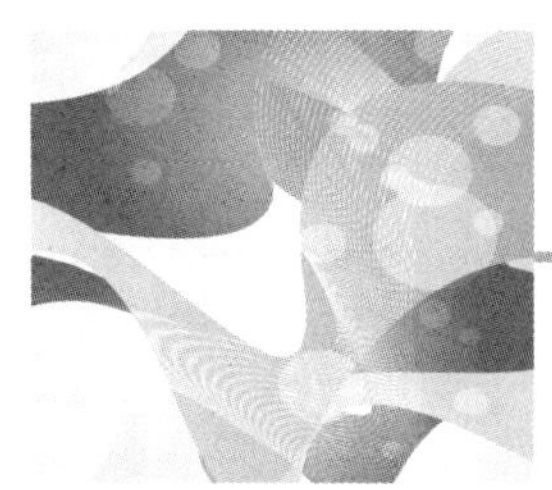

# 第十六章
## 自动舵的使用

1. 按规定至少每________进行一次应急操舵演习。

A. 1 个月　　B. 2 个月

C. 3 个月

2. 在使用自动舵时，下列情况中哪些应转换成人工操舵？

①在避让时和雾航时；②大风浪航行时；③狭水道航行时；④航行于渔区、礁区等复杂海区时

A. ①②③④　　B. ②③④

C. ①②④

3. 使用自动舵时，驾驶员应要求舵工每班至少试验手操舵________。

A. 1 次　　B. 2 次

C. 每小时 1 次

4. 使用自动舵期间，负责航行值班的高级船员应确保________。

①自动舵正操作在正确的航向上；②自动舵至少每班手动测试一次；③使舵工就位并及时改为手动操舵以使潜在危险局面转危为安的必要性；④使用自动舵航行期间，值班驾驶员可以是唯一瞭望人员

A. ①②③④　　B. ③④

C. ①②③

### 参考答案

1. C　　2. A　　3. A　　4. C

# 第十七章 应急反应

## 第一节　抢滩

1. 关于船舶抢滩前的准备工作，下列正确的是________。
①选择适宜的抢滩地点；②适当调整吃水差；③备锚；④报告有关当局
A. ①②③④　　B. ①③④
C. ①②④

2. 不可抢滩的海底底质是________。
A. 泥底　　B. 礁石底
C. 软泥底

3. 抢滩使用的浅滩，最好应是________底质。
A. 软泥　　B. 泥、砂
C. 砂石

4. 船首抢滩时，应保持船身与等深线________。
A. 平行　　B. 垂直
C. 成尽可能小的角度

5. 关于抢滩时操纵，下列正确的是________。
①一般取船首上滩；②保持船身与等深线垂直；③适时停车，慢速接近；④抢滩时适时抛双锚
A. ①②③④　　B. ①②③
C. ①②④

6. 泥、砂或砂砾质均适于船舶抢滩，但________易导致船体下沉而难以脱浅，________则不易固定船体。
A. 软泥；砂砾　　B. 软泥；活砂
C. 活砂；砂砾

## 第二节　船舶搁浅前后的措施

1. 当发现本船搁浅已难以避免时，如不明浅滩范围和形状，应________。
A. 立即停车　　B. 立即倒车
C. 左满舵

2. 当搁浅不可避免时,应采取的正确措施是________。

①快车冲过以免搁住;②设法减小船的冲力;③尽力保护好车舵

A. ①②③　　B. ①②

C. ②③

3. 当发现本船搁浅已难以避免时,如不明浅滩范围,应________。

A. 立即停车　　B. 立即倒车

C. 抛锚

4. 当发现本船搁浅已难以避免时,如明了浅滩仅仅是航道中新生成的小沙滩,应________。

A. 立即停车　　B. 全速前进

C. 左右交替满舵并全速进车

5. 当发现本船搁浅已难以避免时,如本船航向与浅滩边缘走向交角很小或接近平行,但离浅滩很近,应________。

A. 立即停车　　B. 立即倒车

C. 全速前进

6. 当发现本船搁浅已难以避免时,如明了本航向垂直于浅滩,应________。

A. 立即停车　　B. 全速前进

C. 立即停车、倒车,可行时抛双锚

7. 船舶搁浅后,应对搁浅船的态势进行初步评估,内容包括________。

①人员的安全状况;②天气和海况;③潮流和潮汐情况;④海底底质

A. ①②③④　　B. ①②

C. ②③④

8. 船舶搁浅后,应对搁浅船的态势进行初步评估,内容包括________。

①天气和海况;②潮流和潮汐情况;③预计天气变化;④船体周围水深情况

A. ①②　　B. ①②③④

C. ②③④

9. 船舶搁浅后,应对搁浅船的态势进行初步评估,内容包括________。

①船舶损坏情况;②进一步损失的危险性;③污染情况;④潜在污染的危险性

A. ①③　　B. ②④

C. ①②③④

10. 船舶搁浅后,如果船体是活动的,则存在哪些危险?

①偏转;②向岸推移;③墩底;④加重搁浅

A. ①②③④　　B. ③④

C. ①②

11. 船舶搁浅后一般可能发生的危险情况包括________。

①墩底;②向岸漂移;③打横;④尾淹

A. ①②③　　B. ②③④

C. ①②④

12. 航行中船舶不论何种原因致使搁浅不可避免时,在正确采取脱浅的措施前________。

A. 对搁浅的初始损害做出评估

B. 无须评估

C. 立即脱浅

13. 在搁浅后的首要工作是________。

A. 立即倒车退离　　B. 立即停车迅速查明情况

C. 用车舵力争挣脱

14. 搁浅后,可通过所测得的水深与船舶吃水的比较,判断________。

①搁浅部位;②搁浅程度;③浅滩底质

A. ①②③　　B. ②③

C. ①②

15. 船舶发生搁浅后,首先应当采取的措施是________。

A. 立即采取倒车脱浅的措施

B. 立即采取停车措施,在完全了解搁浅情况前不随意采取转向、用车等措施

C. 立即操舵,使得船首转向深水一侧水域

16. 搁浅船舶需固定船体的情况包括________。

A. 短时间内就能安全脱浅,因风浪影响而墩底、打横或翻沉

B. 短时间内不能安全脱浅,因风浪影响而墩底、打横或翻沉

C. 短时间内就能安全脱浅,因风浪影响而可自由脱浅的情况

17. 船舶坐礁时的船体保护措施包括________。

①在适当方向上抛锚固定船位;②将各压载水舱注满水;③立即抛货让船起浮

A. ①②③　　B. ①②

C. ①③

18. 用本船主机倒车脱浅,当全速倒车无效时,可改用________进车配合左右满舵来扭动船体,然后再________倒车脱浅,需要时配合绞锚。

A. 半速;全速　　B. 半速;半速

C. 全速;半速

19. 船舶搁浅后可能发生的危险情况是________。

①墩底;②向岸漂移;③打横

A. ②③　　B. ①③

C. ①②③

## 第三节　船舶碰撞前后的处置

1. 在碰撞不可避免的情况下,为了减小本船的碰撞损失,在操船方面应尽力避免________部位被他船船首撞入。

A. 机舱或船中　　B. 船首或船尾

C. 船尾或机舱

2. 当碰撞不可避免时,每一船舶应运用良好的船艺采取最有效的行动减小碰撞造成的损失,下列所采取的措施中哪项不妥?

A. 紧急倒车刹减船速以减小碰撞的动能

B. 碰撞夹角尽可能大
C. 避免机舱附近被他船船首撞入

3. 当碰撞已不可避免时,船舶应________。
A. 采取最有效的行动减小碰撞的损失
B. 采取最有助于避免碰撞的行动
C. 采取使本船损失最小的措施

4. 当我船船体被他船撞入时,我船应关闭水密门检查破损并报告船长,并尽可能________。
A. 加速以减小进水量,操船使破损处处于下风
B. 停船以减小进水量,操船使破损处处于下风
C. 加速以减小进水量,操船使破损处处于上风

5. 航行中当我船船体被他船撞入时,若破损在水线以上,我船应________。
A. 立即停车 B. 全速倒车
C. 慢速倒车

6. 当我船首撞入他船船体时,我船应________。
A. 立即停车 B. 倒车退出
C. 微速进车顶住

7. 当我船首撞入他船船体时,我船应________。
A. 立即倒车脱出,以防止本船造成更大损失
B. 全速进车顶住破损部位,顶驶至附近使他船抢滩
C. 微速进车顶住破损部位,有沉没危险时可考虑顶驶至附近使他船抢滩

8. 船舶发生碰撞且船首撞入他船船体时,应采取的操纵措施是________。
A. 立即停车以防破洞扩大
B. 开微进车,顶住对方减少进水量
C. 立即倒车退出,组织进行堵漏抢救

9. 船舶碰撞后的损害程度与两船相对运动速度和碰撞角度有关,两船相对运动速度________,碰撞角度越接近________,碰撞损失越大。
A. 越小;平行 B. 越小;垂直
C. 越大;垂直

10. 船舶碰撞后的损害程度与碰撞位置和船体破损的大小有关,碰撞位置越接近________、船体破损________,碰撞损失越大。
A. 船中;越小 B. 船中;越大
C. 船首;越小

11. 船舶碰撞后的防水措施中,首要的工作是________。
A. 排水 B. 堵漏
C. 关闭水密门窗

12. 船舶碰撞后,在必要时可以抛弃货物,下列哪种货物可不在必抛弃之列?
A. 因进水可能引起着火的货物
B. 因进水可能引起急剧膨胀的货物
C. 因进水可能引起严重霉变的货物

13. 查明船体进水情况要进行现场检查,测量舱室应包括________。
①各货舱污水井(沟);②各压载水舱;③各淡水舱;④各油舱
A. ①②③④　　B. ②③④
C. ①③④

14. 船舶发生碰撞全面检查,符合下列哪些条件时可续航?
①主、辅机无损,情况良好;②船体破损部位进水经采取措施后得以控制;③船舶具有正稳性及一定的保留浮力;④一舷救生设备受损
A. ①②③④　　B. ①②④
C. ①②③

15. 船舶碰撞后续航时应注意下列哪些问题?
①应减速航行;②应尽量远岸航行防搁浅;③应密切注意破损部位;④应与附件岸台、公司或船舶所有人保持密切联系
A. ①②③④　　B. ①②④
C. ①③④

16. 船舶发生碰撞后,进行续航的条件包括________。
①进水得以控制;②船舶能保持正常浮态和稳性;③具有一定储备浮力;④救生设备完好
A. ①②③④　　B. ②③
C. ①②③

17. 船舶发生碰撞后,进行续航时应________。
①减速航行;②密切注意各舱水位;③尽可能近岸航行;④密切注意气象变化
A. ①②③　　B. ②③
C. ①②③④

## 第四节　应急操舵

1. 根据规定,船舶进行应急舵演习的时间间隔一般为________。
A. 1 个月　　B. 3 个月
C. 6 个月

2. 按照 SOLAS 公约规定,每次在船上举行的应急舵演习应包括________。
①试验在操舵装置室内(舵机间)对舵机的直接控制;②进行转换动力供应的操作;③试验驾驶台与操舵装置室(舵机间)的通信程序
A. ①②③　　B. ①
C. ②

3. 按照 SOLAS 公约的规定,每三个月至少进行一次应急操舵演习(实验),每次在船上举行的应急舵演习包括________。
①模拟舵机故障及模拟故障检查和排除;②在舵机间进行应急操舵;③在驾驶台与舵机间进行通信;④进行操舵装置的动力转换的演练
A. ②③④　　B. ①②③④
C. ①③④

4. 按照 SOLAS 公约的规定，每三个月至少进行一次应急操舵演习（实验）。每次在船上举行的应急舵演习包括下列________步骤。

①将选择扳钮由驾驶台切换到舵机房；②用直通电话与驾驶台联系，听从驾驶台指挥；③舵工利用舵角指示器和航向分罗经协助操舵

A. ②③　　B. ①②③

C. ①③

5. 应急操舵时，驾驶台与舵机间的通信方式为________。

A. 直接喊话　　B. 声力直通电话

C. VHF

6. 应急舵使用时，舵机间与驾驶台的通信可用________。

①舵机间与驾驶台间的直线电话；②VHF；③人员传递

A. ①　　B. ②③

C. ①②③

7. 船舶以自动舵在大洋航行过程中，自动舵突然失灵，下列关于此时操舵方式的转换正确的是________。

①立即将操舵方式选择旋钮旋到手动方式；②如手动方式依然失灵，则立即转至舵机间进行远程操舵；③如驾驶台操舵方式均失灵，则立即转至舵机间进行操舵；④在舵机间操舵时，需断开驾驶台对舵机的遥控电源

A. ①②③④　　B. ①③④

C. ①③

8. 随动舵与应急舵的不同是________。

A. 随动舵有舵角反馈，应急舵没有舵角反馈，操舵方法是不一样的

B. 随动舵没有舵角反馈，应急舵没有舵角反馈，操舵方法是不一样的

C. 随动舵有舵角反馈，应急舵也有舵角反馈，操舵方法是不一样的

## 第五节　海上拖带

1. 海上拖带拖缆的传递方法包括________。

①使用抛绳设备；②使用救生艇；③使用浮具

A. ①②③　　B. ②③

C. ①③

2. 海上拖带在有风浪情况下，如欲用救生艇运送拖缆，则拖船宜从被拖船的________。

A. 上风舷侧驶近被拖船，放下风舷的救生艇

B. 上风舷侧驶近被拖船，放上风舷的救生艇

C. 下风舷侧驶近被拖船，放上风舷的救生艇

3. 在海上，拖船横风接近被拖船时，当被拖船漂移速度小于拖船漂移速度时，拖船应从被拖船________接近，当被拖船漂移速度大于拖船漂移速度时，则拖船应从被拖船________接近。

A. 上风；上风　　B. 上风；下风

C. 下风；下风

4. 海上拖带,为缓解拖缆的冲击张力和被拖船的偏荡,拖缆长度一般应为拖船与被拖船船长之和的________。

A. 0.8~1.2 倍　　B. 1.2~1.5 倍

C. 1.5~2.0 倍

5. 海上拖带,拖缆应具有的悬垂量 $d$ 应为拖缆长度的________。

A. 2%　　B. 4%

C. 6%

6. 长距离海上拖带时,拖缆的安全系数应取________。

A. 6~8　　B. 7~9

C. 8~10

7. 海上拖带对拖缆系结的正确做法包括________。

①将拖缆用琵琶头直接套桩;②拖缆先绕甲板室、舱口或桅杆再在另一舷缆桩上各绕一圈后在第二副缆桩上绕 8 字;③为了便于松出和绞进拖缆,应预先准备好制索器;④拖缆通过的导缆孔及各转角处要涂牛油

A. ①②③　　B. ②③④

C. ①③④

8. 海上传递拖缆,如被拖船在海上漂移且漂移速度大于拖船漂移速度时,拖船应从________接近被拖船。

A. 上风　　B. 下风

C. 顶风

9. 海上传递拖缆,如被拖船在海上漂移且漂移速度小于拖船漂移速度时,拖船应从________接近被拖船。

A. 上风　　B. 下风

C. 顶风

10. 海上拖航起拖时,应先微速进车,当观察到拖缆刚有张力时即________。

A. 停车,拖缆下垂后再微速进车,如此反复直到有前进速度,方可逐步加速

B. 停车,拖缆下垂后再慢速进车,待拖缆出水面后再全速进车可逐步加速

C. 停车,拖缆下垂后再半速进车,待拖缆出水面后再全速进车可逐步加速

11. 海上拖带转向时,________。

A. 无风浪条件下可大幅度一次完成

B. 应每次转 5°~10°地分段完成

C. 应每次转 10°~15°地分段完成

12. 在大风浪中拖带航行应尽量采取________。

A. 顶浪航行　　B. 顺浪航行

C. 滞航方法

13. 确定海上拖航速度考虑的因素应包括________。

①被拖船的阻力;②拖船的吃水;③拖缆安全使用强度;④拖船的剩余推力

A. ①③④

B. ①②④

C. ①②③

14. 海上拖带时,被拖船发生偏荡可采取的抑制措施包括________。
A. 加长拖缆,加快拖航速度　　B. 加长拖缆,降低拖航速度
C. 缩短拖缆,降低拖航速度

15. 当在狭水道拖带时,应将拖缆适当________。
A. 缩短　　B. 放长
C. 不用调整

16. 海上拖航中,下列减小偏荡的方法中正确的是________。
A. 增加拖缆长度　　B. 降低拖航速度
C. 调整被拖船吃水使之成为首倾

17. 海上拖航中,下列减小偏荡的方法中正确的是________。
A. 缩短拖缆长度　　B. 提高拖航速度
C. 调整被拖船吃水使之成为首倾

## 第一节　抢滩

1. A　2. B　3. B　4. B　5. A　6. B

## 第二节　船舶搁浅前后的措施

1. A　2. C　3. A　4. C　5. A　6. C　7. A　8. B　9. C　10. A
11. A　12. A　13. B　14. C　15. B　16. B　17. B　18. A　19. C

## 第三节　船舶碰撞前后的处置

1. A　2. B　3. A　4. B　5. A　6. C　7. C　8. B　9. C　10. B
11. C　12. C　13. A　14. C　15. C　16. A　17. C

## 第四节　应急操舵

1. B　2. A　3. B　4. B　5. B　6. A　7. B　8. A

## 第五节　海上拖带

1. A　2. A　3. B　4. C　5. C　6. A　7. B　8. B　9. A　10. A
11. B　12. C　13. A　14. C　15. A　16. B　17. A

# 第十八章

# 搜寻与救助

## 第一节　遇险和应急信号

1. 船舶遇难需要救助时，应________使用规则附录四 1 款规定的信号。
   A. 分别　　　　B. 一起
   C. 分别或一起
2. 一机动船在大风浪中失去动力需要救助时，可以使用下列哪些信号？
   ①连续不断燃放火光；②任何雾号器具连续发声；③每隔 1 min 鸣放爆炸信号一次；④橙色烟雾信号
   A. ①②③④　　　　B. ②④
   C. ①②③
3. 下列有关"遇险信号使用方法"的说法，正确的是________。
   A. 只能使用诸多遇险信号中的一种
   B. 可以同时使用诸多遇险信号中的几种
   C. 只能同时使用诸多遇险信号中的两种
4. 下列信号中属于遇险信号的是________。
   ①至少五次短而急的闪光；②船上的火焰；③以雾号器具连续发声
   A. ①　　　　B. ①②
   C. ②③
5. 用莫尔斯码发出的遇险信号是________。
   A. 三短三长三短声　　　　B. 三长声
   C. 三短声
6. 以下哪个是遇险信号？
   A. 红色烟雾信号　　　　B. 橙色烟雾信号
   C. 红色闪光信号

## 第二节　搜寻基点和搜寻区域

1. 当船长在海上收到遇险船舶、航空器或救生艇筏的遇险信息时，船长应履行 SOLAS 公约中所规定的义务，下列哪些表述正确？

①在船舶驶往出事水域参与搜寻救助时，船长应该与其他参与搜救船舶的船长保持联系，以便能尽快地展开搜寻救助程序；②船舶收到遇险信息时，如果船长觉得他是遇险信息的唯一接收者，应当转发遇险信息；③船舶在驶往遇险船的过程中应与遇险船取得联系，并向遇险船通报本船的呼号、船位、航速和预计到达时间等信息

A. ②③　　B. ①③

C. ①②③

2. 当船长在海上收到遇险船舶、航空器或救生艇筏的遇险信息时，船长应履行 SOLAS 公约中所规定的义务，下列哪些表述正确？

①在船舶驶往出事水域参与搜寻救助时，如可行，船长应该与其他参与搜救船舶的船长保持联系，以便能尽快地展开搜寻救助程序；②船舶在驶往遇险船的过程中应在遇险呼叫频道上保持不间断的守听；③船舶在驶往遇险船的过程中应与遇险船取得联系，并向遇险船通报本船的呼号、船位、航速和预计到达时间等信息

A. ①③　　B. ②③

C. ①②③

3. 在前往遇险船舶或遇险救生艇筏的途中，船长应向________通报自己正在前往的途中。

①搜救指挥中心；②搜救协调中心；③遇险船舶、艇筏；④遇险船舶的船东

A. ①②④　　B. ①②③

C. ①②③④

4. 单旋回法适用于人落水后的________。

A. 立即行动　　B. 延迟行动

C. 人员失踪

5. 在海上遇险和救助中，搜寻基点应由________提供。

A. 岸上当局　　B. 海上搜寻协调船

C. 岸上当局或海上搜寻协调船

6. 扩展方形搜寻方式适用于________。

A. 单船搜寻　　B. 多船搜寻

C. 海空协同搜寻

7. 确定搜寻基点时应考虑的因素包括________。

①通报遇险的时间和船位；②各救助船到达遇险船船位的时间；③救助船到达之前的时间内，遇险船或其艇筏的漂移量

A. ①②　　B. ②③

C. ①②③

8. 搜寻基点应考虑的因素包括________。

①通报遇险的时间和船位；②救助船到达遇险船船位的时间；③救助船到达之前的时间内，遇险船的漂移量

A. ①②③　　B. ①②

C. ②③

## 第三节　搜寻模式

1. 当单船进行扇形搜寻时，每一航向所搜寻的里程为________，这种搜寻方式适用于当搜寻目标的可能区域较________时。

A. 2 n mile；小　　B. 4 n mile；小

C. 根据被搜寻目标大小确定；大

2. 海空协同搜寻方式下，开始搜寻时，早到达的船舶应________。

A. 首先开始扩展方形搜寻　　B. 首先开始扇形搜寻

C. 首先开始直线搜寻

3.《商船搜寻与救助手册》提供的扇形搜寻方式适用于________。

A. 两船搜寻　　B. 多船搜寻

C. 单船搜寻

4. 海上单船搜寻方式有________。

①扩展方形方式；②扇形方式；③平行搜寻方式

A. ①②③　　B. ①②

C. ②③

5. 负有救助义务的船长，在接到________的不需要救助通知后，即可解除其救助义务。

①遇险人员；②到达遇险人员处的另一船；③海面搜寻协调船

A. ①②③　　B. ①②

C. ②③

## 第四节　救助落水人员

1. 发现有人落水，目击者应采取的首要措施是________。

A. 施放救生艇　　B. 报告驾驶台

C. 就近抛下救生圈

2. 船舶在海上航行，值班驾驶员突然接到有人落水的报告，应怎样紧急操船？

A. 立即向落水者一舷操满舵　　B. 立即向落水者相反一舷操满舵

C. 立即操左舷满舵

3. 船舶在海上航行，值班驾驶员突然接到有人在左舷落水的报告，应怎样紧急操船？

A. 立即操右舷满舵　　B. 立即操左舷满舵

C. 立即正舵停车

4. 航行中如发现人落水时，应采取下列哪些措施？

①立即操舵使船尾靠近落水者；②鸣放报警信号；③就近抛下救生圈；④派人跟踪瞭望并执行人落水的应急部署

A. ①②③④　　B. ②③④

C. ②③

5. 值班驾驶员在航行中发现有人落水，首先应________。

A. 抛下救生圈

B. 立即停车,并向落水者相反一舷操舵

C. 抛下救生圈,并向落水者一舷操满舵

6. 值班驾驶员在航行中发现左舷有人落水,应________紧急操船。

A. 立即左满舵　　B. 立即右满舵

C. 立即正舵停车

7. 人员落水以后的船舶操纵可分为________。

①立即行动;②延迟行动;③人员失踪

A. ①②③　　B. ①②

C. ②③

8. 风浪中救助落水人员时,救助船应先驶向落水者的________,将________救生艇放下,从________靠拢落水者。

A. 上风;下风;上风　　B. 上风;下风;下风

C. 下风;下风;上风

9. 救助海上遇险人员的方法,下列哪项不正确?

A. 操船把遇险者置于下风舷

B. 对在舷边的遇险人员可选择在船首部或尾部进行救助

C. 对漂浮在海上的人员,仍应在舷边张挂救生网,供遇险人员攀附

10. 从救生艇筏上救人时,下列哪些方法可采取?

①操船把遇险者置于下风舷;②对已靠在舷边的遇险人员的救生艇筏可选择在船首部或尾部进行救助;③对已登上救生艇的遇险者,可利用吊艇设备,将人艇一起吊上船;④对漂浮在海上的遇险人员,可在舷边张挂救生网,供遇险人员攀附

A. ①②③④　　B. ①②③

C. ①③④

11. 救助在舷边的遇险人员,最好选择________的部位,将遇险人员救起。

A. 船舶中部　　B. 干舷低

C. 船舶首尾

12. 如有大批遇险人员漂在水中,救助船可以拖________。

A. 系有救生圈和救生衣且用浮力较大的缆绳在漂浮者上风处低速围绕其回转,让人员攀附

B. 系有救生圈和救生衣且用浮力较大的缆绳在漂浮者下风处低速围绕其回转,让人员攀附

C. 系有救生圈和救生衣且用浮力较大的缆绳在漂浮者上风处高速围绕其回转,让人员攀附

13. 救助船收艇时,应行驶到遇险船的________侧,等待救生艇来靠本船的________舷。

A. 上风;上风　　B. 下风;下风

C. 上风;下风

14. 如果有人落水,需要放艇救助,以下操作要领中表述有误的是________。

A. 应尽量选择大浪过后海面相对比较平静时放艇

B. 在救生艇降落下水前发动艇机,以便艇降落至水面后可迅速驶离

C. 如不能同时脱钩,应先脱前钩,并解去艇缆,用内舷舵进车驶离大船

15. 下列关于船舶救助遇险艇筏上的人员的应急行动说法正确的是________。

①在本船的最低开敞甲板两侧备妥撇缆、软梯、爬网;②备妥一只作为登船用的救生筏;③备好抛绳器和一根引缆、一根大缆;④做好医疗、担架准备

A. ②③④　　B. ①②③④

C. ①②③

16. 下列从艇筏上救人的做法中哪些不正确或不妥当?

①将艇筏置于救助船的上风舷;②如果风浪较大,可从救助船上撒镇浪油;③直接将待救人员的艇筏吊到救助船的甲板上;④为便于艇筏牢固系靠,在救助船上沿水线从首至尾备妥一根钢丝缆

A. ①④　　B. ②③④

C. ②③

17. 下列从艇筏上救人的操作哪些正确?

①为便于艇筏牢固系靠,在救助船上沿水线从首至尾备妥一根钢丝缆;②直接将待救人员的艇筏吊到救助船的甲板上;③最好将艇筏置于救助船的上风舷;④如果风浪较大,从救助船上撒镇浪油

A. ①②③④　　B. ②④

C. ②③

18. 如果遇险船不能放艇,而需要本船释放救生艇救助遇险船上的人员时,以下提法正确的是________。

①本船应驶向遇险船的上风一侧,自本船下风舷放艇;②本船应驶向遇险船的下风一侧,自本船上风舷放艇;③本船应驶向遇险船的下风一侧,等待救生艇回驶至本船的下风舷后,再收艇;④本船应驶向遇险船的上风一侧,等待救生艇回驶至本船的上风舷后,再收艇

A. ②③　　B. ①③

C. ①④

19. 单旋回法适用于人落水后的________。

A. 立即行动　　B. 延迟行动

C. 人员失踪

20. 船上有人落水后,________操纵方法适用于立即行动,并能以最短时间返回落水者位置。

A. 威廉逊(Williamson)旋回　　B. 单旋回

C. 斯恰诺(Schrnow)旋回

21. 威廉逊(Williamson)旋回法中,在发现有人落水后,立即向落水者一舷操满舵,当船首转过________后,改操另一舷满舵。

A. 40°　　B. 60°

C. 80°

22. 威廉逊(Williamson)旋回法最适用于人落水后的________。

A. 立即行动　　B. 延迟行动

C. 人员失踪

23. 斯恰诺(Schrnow)旋回法最适用于人落水后的________。

A. 立即行动　　B. 延迟行动

C. 人员失踪

24. 为救助刚刚落水者而采取紧急操船的最有效方法是________。

A. 单旋回　　B. 威廉逊(Williamson)旋回

C. 斯恰诺(Schrnow)旋回

25. 发现落水人较早,并在海上可见时,最好采用________。

A. 单旋回

B. 威廉逊(Williamson)旋回

C. 单旋回或斯恰诺(Schrnow)旋回

26. 斯恰诺(Schrnow)旋回,当船舶转向________时操另一舷满舵。

A. 60°　　B. 120°

C. 240°

27. 单旋回的操船方法不适用于________。

①立即行动;②延迟行动;③人员失踪

A. ①　　B. ②③

C. ①③

28. 如图所示旋回为________,最适合________。

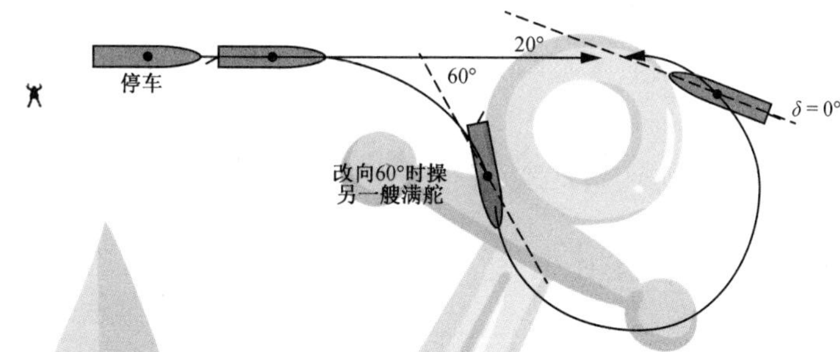


A. 单旋回;立即行动

B. Williamson 旋回;延迟行动

C. Schrnow 旋回;人员失踪

29. 当船舶发现人员落水后立即行动时,在救助落水者常用的操纵方法中,宜采取下列哪种方法驶近落水者?

A. 单旋回法　　B. Williamson 旋回法

C. Schrnow 旋回法

30. 当船舶发现人员落水后,经过一定的延迟后才开始行动时,应采取下列哪种操纵方法驶近落水者为好?

A. 单旋回法　　B. Williamson 旋回法

C. Schrnow 旋回法

31. 船舶发现人员落水但为时已晚,采取下列哪种操纵方法有可能更快驶近落水者?

A. 单旋回法　　B. Williamson 旋回法

C. Schrnow 旋回法

32. 有关驶近落水者的船舶操纵方法,下列提法中正确的是________。
①单旋回法开始时,应向落水者一舷操舵;②Williamson 法开始时,应向落水者一舷操舵;③Schrnow 法开始时,可向任一舷操舵;④大旋回法开始时,必须向右舷操舵
A. ①②③④　　B. ①②④
C. ①②③
33. 发现有人落水,驶近落水者的操船方法有________。
①单旋回法;②威廉逊旋回法;③斯恰诺旋回法;④双旋回法
A. ①②③　　B. ①③④
C. ①②③④

## 第一节　遇险和应急信号

1. C　2. A　3. B　4. C　5. A　6. B

## 第二节　搜寻基点和搜寻区域

1. C　2. C　3. B　4. A　5. C　6. A　7. A　8. C

## 第三节　搜寻模式

1. A　2. A　3. C　4. B　5. A

## 第四节　救助落水人员

1. C　2. A　3. B　4. B　5. C　6. A　7. A　8. B　9. B　10. C
11. A　12. A　13. B　14. C　15. B　16. A　17. B　18. B　19. A　20. B
21. B　22. B　23. C　24. A　25. A　26. C　27. B　28. B　29. A　30. B
31. C　32. C　33. A

# 第三篇

# 船舶结构与货运

## 第十九章

## 船体结构

### 第一节　船体组成

1. 下图箭头所示的构件为________。

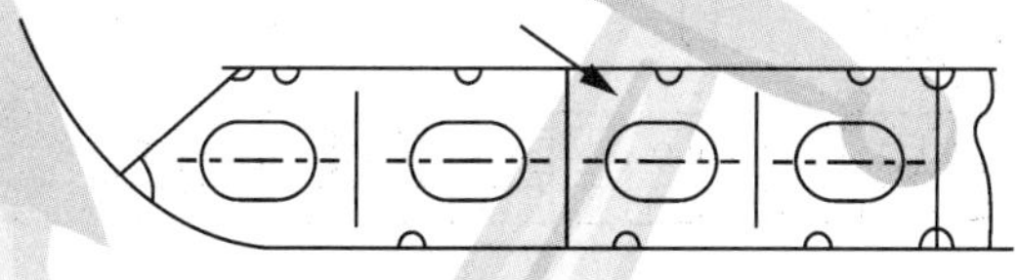

A. 肋板　　　　B. 旁肋板

C. 旁桁材

2. 下图为水密肋板结构示意图，图中箭头所示的构件为________。

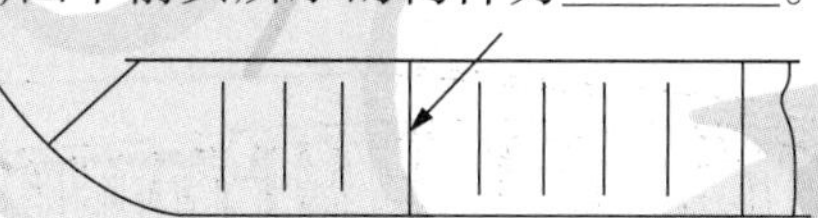

A. 肋板　　　　B. 旁肋板

C. 旁桁材

3. 下图为轻型肋板结构示意图，图中 A 处所示是________。

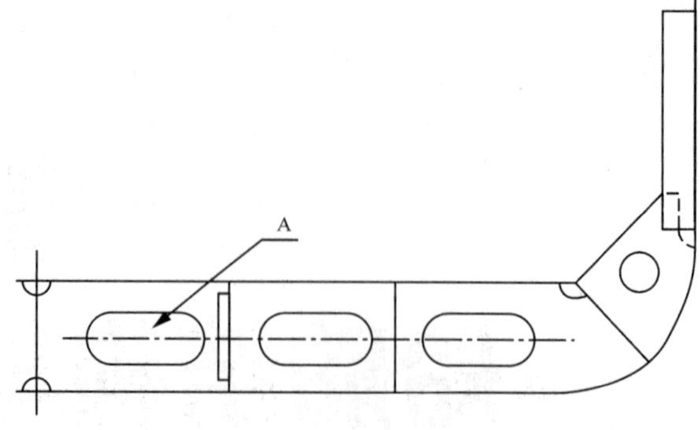


A. 减轻孔 B. 舭肘板

C. 旁桁材

4. 按规范规定，在船体结构中________一般指板的扶强构件。

A. 主要构件 B. 普通构件

C. 次要构件

5. 下图中的船体结构属于________。

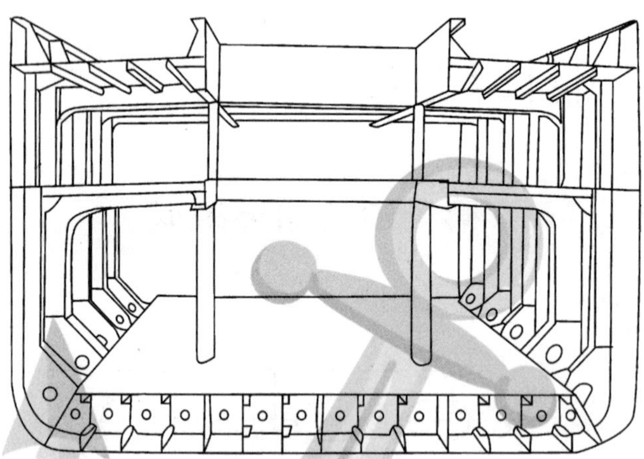

A. 横骨架式 B. 纵骨架式

C. 混合骨架式

6. 下图中的船体结构属于________。

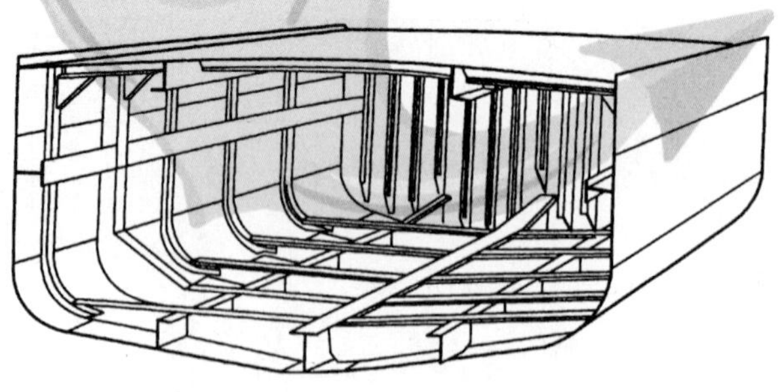

A. 横骨架式 B. 纵骨架式

C. 混合骨架式

7. 下图中的船体骨架类型属于________。

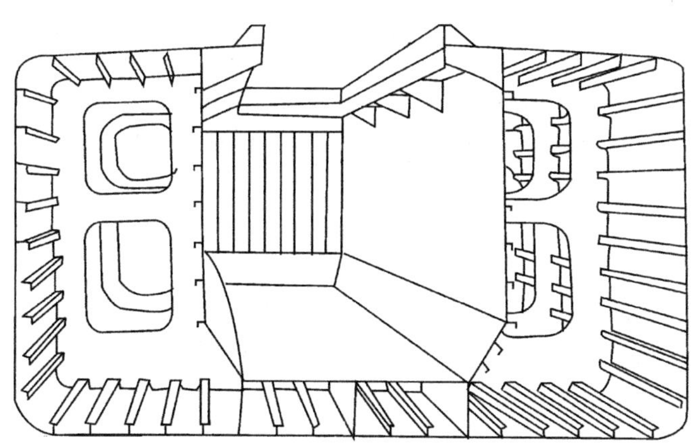

A. 横骨架式　　　　B. 纵骨架式

C. 混合骨架式

8. 下图中的船体骨架类型属于________。

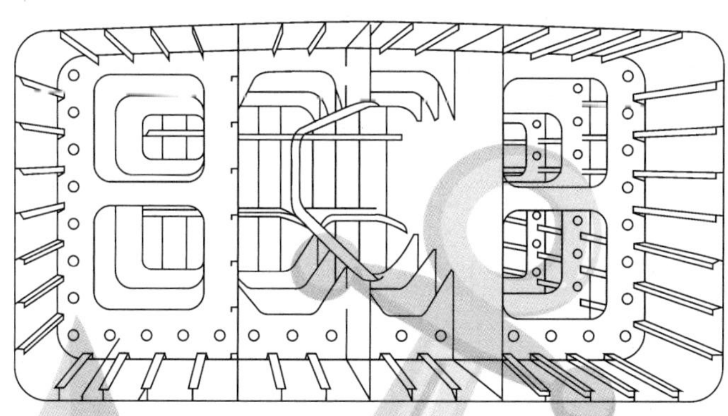

A. 纵骨架式　　　　B. 横骨架式

C. 混合骨架式

9. ________船体结构在大中型干散货船中广泛采用。

A. 纵横混合骨架式　　　　B. 纵骨架式

C. 横骨架式

10. 平板龙骨是船底结构中的重要强力构件，规范要求________。

A. 其厚度不得小于船底板厚度加 3 mm

B. 首至尾厚度保持不变

C. 首至尾宽度保持不变

## 第二节　船底结构

1. 双层底的作用是________。

①增强船体总纵强度和船底局部强度；②用作油水舱，并可调整船舶吃水；③增加船舶抗沉

能力和承受负载

A. ①②　　B. ①③

C. ①②③

2. 双层底的作用是________。

①增加船舶的抗沉性;②增加船底强度;③可作压载水舱;④调整纵横倾,吃水差;⑤改善船舶的操纵性

A. ①②③④　　B. ①③④⑤

C. ①②③④⑤

3. 双层底内的油舱与食用水舱之间应________。

A. 确保水密　　B. 设置隔离空舱

C. 设水密肋板

4. 组合肋板一般设于________。

A. 水密舱壁下　　B. 防火舱壁下

C. 不设实肋板的肋位上

5. 内底边板的结构形式有________。

①下倾式;②水平式;③上倾式;④直角式

A. ①②③　　B. ②③④

C. ①②④

6. 散装货船与矿砂船较多采用的内底边板结构形式是________。

A. 下倾式　　B. 上倾式

C. 水平式

7. 普通干货船较多采用的内底边板结构形式是________。

A. 下倾式　　B. 上倾式

C. 水平式

8. 一般在水密横舱壁下设置的肋板是________。

A. 实肋板　　B. 水密肋板

C. 组合肋板

9. 双层底横向构件中,上缘开有气孔,下缘开有油水孔,中间开有减轻孔的肋板称为________。

A. 组合肋板　　B. 实肋板

C. 轻型肋板

10. 横骨架式双层底结构在不设置实肋板的肋位上设置的肋板之一是________。

A. 主肋板　　B. 水密肋板

C. 组合肋板

11. 在机舱、锅炉座、推力轴承座及横舱壁和支柱下设置的肋板是________。

A. 水密肋板　　B. 组合肋板

C. 实肋板

12. 双层底横向构件中开有较大减轻孔的肋板为________。

A. 水密肋板　　B. 实肋板

C. 组合肋板

13. 连接船底板和内底板的横向构件是________。
A. 肋骨　　B. 桁材
C. 肋板
14. 船底外板与内底板之间的空间称为________。
A. 货舱　　B. 首尖舱
C. 双层底舱
15. 船舶船底塞塞好以后，应采取的措施是________。
A. 涂上水泥包好　　B. 电焊封死
C. 涂两度防锈漆
16. 为防止船底塞被海水腐蚀及脱落，出坞前应在船底塞________。
A. 里面用水泥封涂成一个半球形的水泥包
B. 外面用水泥封涂成一个半球形的水泥包
C. 里外均应用水泥封涂成一个半球形的水泥包
17. 船底塞的作用是________。
A. 抽水　　B. 排除舱内积水
C. 防止漏水
18. 平板龙骨是船底结构中的强力构件，所以它应在船长范围内________。
A. 宽度与厚度均不变　　B. 厚度不变
C. 宽度不变
19. 在外板名称中“K”列板也叫________。
A. 舷顶列板　　B. 舭列板
C. 平板龙骨
20. 规范对平板龙骨的宽度要求是________。
A. 船中宽首尾窄
B. 在整个船长范围内保持宽度不变
C. 船中处宽度保持不变
21. 平板龙骨是船底结构中的重要强力构件，因此________。
A. 应在船长范围内保持厚度不变
B. 应在船长范围内保持宽度不变
C. 应在船长范围内保持宽度和厚度都不变
22. 船底横向两侧以圆弧形式逐渐向上过渡至舷侧的圆弧过渡部分称为________。
A. 舭部　　B. 胯部
C. 舷部
23. 舭肘板的作用是________。
A. 保证舭部的局部强度和船体的横向强度
B. 保证舭部的局部强度和船体的纵向强度
C. 保证船体总纵强度，减轻纵摇
24. 舭龙骨的主要作用是________。
A. 保证船体总纵强度　　B. 增强舭部局部强度

C. 减轻横摇

25. 为了防止舭龙骨损坏时，使船体外板受损，所以舭龙骨一般焊接在________。

A. 舭部外板　　B. 船底列板

C. 与舭部外板连接的覆板上

26. 主船体中横向船底与舷侧间以圆弧形式逐渐过渡的区域称为________。

A. 下舷侧　　B. 舭部

C. 内底板

## 第三节　舷侧结构

1. 强肋骨属于________的构件。

A. 船底结构　　B. 舷侧结构

C. 甲板结构

2. 下列船壳板中较薄的是________。

A. 舷顶列板　　B. 龙骨板

C. 首尾至船中之间的舷侧列板

3. 舷墙和栏杆的高度应不小于________，栏杆的最低一根横杆距甲板高度应不超过________。

A. 500 mm；130 mm　　B. 1 000 mm；230 mm

C. 1 500 mm；330 mm

4. 肋骨的编号方法是________。

A. 以首垂线处为0号　　B. 以舵杆中心线处为0号

C. 以舵杆后缘处为0号

5. 肋骨的编号方法是________。

A. 以首柱为0号，向前为正，向后为负

B. 以尾柱为0号，向首为正，向尾为负

C. 以尾垂线为0号，向首为正，向尾为负

6. 船上肋骨编号是________。

①习惯上自舵杆中心线起对全船肋骨进行编号；②有尾柱的从尾垂线为基点对全船肋骨进行编号；③从船中为基点对全船肋骨进行编号

A. ①②　　B. ②③

C. ①③

7. 肋骨最大间距一般不大于________。

A. 1 000 mm　　B. 500 mm

C. 400 mm

8. 为了保护货舱内的货物免受舷侧凝结水淌湿货物，装货前应在舷侧安置的木板叫作________。

A. 护舷板　　B. 木铺板

C. 隔板

9. 舷侧结构主要组成部分有________。

①舷侧外板；②肋骨，舷侧纵桁；③舷边

A. ①②③　　　　B. ①②

C. ②③

10. 与相邻的舷侧列板相比，舷顶列板需加厚的主要原因是________。

A. 舷顶列板是承受总纵弯矩最大的一列板

B. 舷顶列板位于舷侧列板的最上部

C. 舷顶列板上方要焊接舷墙，因而影响其结构

11. 肋骨编号法可用于________。

①海损事故后报告受损部位；②船舶修造中指明肋骨位置；③明确船体受力部位

A. ①③　　　　B. ①②

C. ②③

12. 舷墙的作用是________。

①减少甲板上浪；②保证人员安全；③高度不小于 1.5 m；④防止物品滚落舷外；⑤增加总纵强度

A. ①②③④　　　　B. ①②④⑤

C. ①②④

## 第四节　甲板结构

1. 同一层甲板中强度最大的区域是________。

A. 首端　　　　B. 尾端

C. 船中前后

2. 主船体各层甲板中受力最大的一层甲板是________。

A. 平台甲板　　　　B. 强力甲板

C. 起居甲板

3. 普通货船的强力甲板是________。

A. 平台甲板　　　　B. 上层连续甲板

C. 首楼甲板

4. 下列有关甲板厚度分布特点描述正确的是________。

A. 对多层甲板而言，强力甲板最厚

B. 同一层甲板，舱口之间的甲板最厚

C. 同一层甲板，首尾两端的甲板最厚

5. 当船体受总纵弯曲应力时，受力最大的一层甲板称为________。

A. 强力甲板　　　　B. 舱壁甲板

C. 干舷甲板

6. 关于主甲板的正确说法是________。

①普通货船的强力甲板就是主甲板；②油船的干舷甲板就是主甲板；③客船的上甲板就是主甲板

A. ②③　　　　B. ①③

C. ①②

7. 甲板厚度的分布是________。
   A. 对多层甲板,强力甲板最厚
   B. 对同一层甲板舱口之间的列板最厚
   C. 对同一层甲板首尾两端的列板最薄
8. 下列________不属于货舱口的组成构件。
   A. 舷墙　　B. 端梁
   C. 纵向围板
9. 对普通货船最上一层首尾统长甲板的首要要求是________。
   A. 能承装货物　　B. 抗风浪
   C. 保证水密
10. 下列有关舱口围板作用描述错误的是________。
   A. 保证人员安全　　B. 便于装卸货
   C. 增加舱口区域的结构强度
11. 有关甲板厚度分布的说法,下列错误的是________。
   A. 同一层甲板,在船中区段最厚
   B. 同一层甲板,甲板边板最厚
   C. 下甲板比上甲板厚

## 第五节　舱壁结构

1. 防撞舱壁位于________。
   A. 尾尖舱与货舱之间　　B. 首尖舱与货舱之间
   C. 货舱与货舱之间
2. 舱壁按结构形式可分为________。
   ①平面舱壁;②防火舱壁;③槽形舱壁
   A. ②③　　B. ①②③
   C. ①③
3. 对称槽型舱壁的优点有________。
   ①重量轻;②清舱工作方便;③焊接工作量少;④所占舱容大;⑤对包装及箱装货物装卸不利
   A. ①②③　　B. ①②③④
   C. ①②③④⑤
4. 舱壁按用途的不同可分为________。
   ①水密舱壁;②防火舱壁;③液体舱壁;④制荡舱壁
   A. ①②④　　B. ②③④
   C. ①②③④

## 第六节　首尾结构

1. 球鼻首的作用是________。

A. 防撞　　B. 减少兴波阻力与形状阻力

C. 增加船首强度

2. 船舶首部和尾部的受力特点是________。

A. 受总纵弯曲作用力较大、局部作用力较小

B. 受总纵弯曲作用力较小、局部作用力较大

C. 受总纵弯曲作用力和局部作用力均很大

3. 船舶首柱和尾柱必须加强的原因是________。

①离船中最远，受力大；②首部受风浪冲击；③首部破冰，碰撞的冲击；④尾部受螺旋桨振动及舵的侧压力

A. ②③④　　B. ①③④

C. ①②④

4. 船首两侧船壳线型弯曲部分称为________。

A. 首舷　　B. 首楼

C. 舭部

## 第七节　船体水密和抗沉性结构

1. 船舶设置横向舱壁的作用是________。

①保证抗沉性；②减少自由液面影响；③分隔舱容；④增加船体强度

A. ①②③　　B. ②③④

C. ①③④

2. 船舶设置双层底的主要作用是________。

A. 保证抗沉性　　B. 调整前后吃水

C. 便于装卸货

3. 按照规范规定，船舶防撞舱壁上________开设任何门、人孔。

A. 尽量减少　　B. 不准

C. 可以

## 第八节　船舶种类及构造特点

1. 有多层甲板的船为________。

A. 集装箱船　　B. 散装货船

C. 杂货船

2. ________主要装运各种成捆、成包、成箱和桶装的件杂货。

A. 客船　　B. 杂货船

C. 集装箱船

3. 杂货船的一般特点是________。

①为便于装卸货，舱口尺寸较大；②配有吊杆或起重机；③抗沉性设计为“两舱不沉制”

A. ①② B. ②③

C. ①②③

4. 为保证集装箱船的船体强度，其主船体结构中采用了________。

A. 双层壳体、抗扭箱或等效结构 B. 多层甲板

C. 多道纵向舱壁

5. 下列有关集装箱船特点的描述，不正确的是________。

A. 多数为单层甲板 B. 双层船壳

C. 舱内不能有导轨

6. 货舱口小、甲板层数多、船速较快而吨位较小的船舶是________。

A. 滚装船 B. 液货船

C. 冷藏船

7. 专用矿石船属于________。

A. 中机型单层甲板船 B. 中机型多层甲板船

C. 尾机型单层甲板船

8. 散粮船设置上边舱的主要目的是________。

A. 增强总纵强度 B. 保证装满货舱

C. 便于清舱

9. 矿砂船货舱横剖面设计成漏斗形的目的是________。

A. 提高稳性 B. 既可提高重心高度又便于清舱

C. 增加船体强度

10. 下列采用水平装卸方式的船舶是________。

A. 杂货船 B. 集装箱船

C. 滚装船

11. 油船货油舱舱口为________。

A. 方形小舱口

B. 圆形大舱口

C. 圆形小舱口

12. 油船机舱通常设置在________。

A. 船尾 B. 船首

C. 船中

13. 下图中的船是________。

A. 货船　　B. 客船

C. 起重船

参考答案

## 第一节　船体组成

1. A　2. C　3. A　4. C　5. C　6. A　7. B　8. A　9. A　10. C

## 第二节　船底结构

1. C　2. C　3. B　4. C　5. A　6. B　7. A　8. B　9. B　10. C
11. C　12. B　13. C　14. C　15. A　16. B　17. B　18. C　19. C　20. B
21. B　22. A　23. A　24. C　25. C　26. B

## 第三节　舷侧结构

1. B　2. C　3. B　4. B　5. C　6. A　7. A　8. A　9. A　10. A
11. B　12. C

## 第四节　甲板结构

1. C　2. B　3. B　4. A　5. A　6. C　7. A　8. A　9. C　10. B
11. C

## 第五节　舱壁结构

1. B　2. C　3. A　4. C

## 第六节　首尾结构

1. B　2. B　3. A　4. A

## 第七节　船体水密和抗沉性结构

1. C　2. A　3. B

## 第八节　船舶种类及构造特点

1. C　2. B　3. A　4. A　5. C　6. C　7. C　8. B　9. B　10. C
11. C　12. A　13. C

# 第二十章
# 船舶水密完整性

## 第一节　基本知识

1. 船舶设置水密横舱壁的主要作用是________。
   A. 保证抗沉性　　B. 便于装卸
   C. 调整前后吃水
2. 水密舱壁的主要作用是________。
   A. 承受液体压力　　B. 保证邻舱间水密
   C. 隔热
3. 水密舱壁的作用是________。
   ①分隔舱容;②防止火灾蔓延;③减少自由液面影响;④增加抗沉性
   A. ①②③　　B. ②③④
   C. ①②③④
4. 船舶建造时,考虑了抗沉性能而设置的水密结构有________。
   A. 双层底、水密横舱壁、水密舱盖等
   B. 压载舱、货舱
   C. 机舱、双层底
5. 在限界线以下的舷窗应采用水密性和抗风浪性强的________舷窗。
   A. 方形　　B. 圆形
   C. 椭圆形

## 第二节　水密完整性要求

1. 位于船舶最前端的一道水密舱壁被称为________。
   ①首尖舱舱壁;②防撞舱壁;③制荡舱壁
   A. ①或②　　B. ②或③
   C. ①或③
2. 船舶最重要的一道水密横舱壁是________。
   A. 尾尖舱舱壁　　B. 首尖舱舱壁
   C. 大舱与大舱之间的舱壁

3. 对于甲板排水管系，在所有开口排至舷外的排水管下口处，均应装设________。

A. 止回阀　　　　B. 截止阀

C. 通海阀

参考答案

## 第一节　基本知识

1. A　2. B　3. C　4. A　5. B

## 第二节　水密完整性要求

1. A　2. B　3. A

# 第二十一章
# 船舶破损控制

## 第一节　船舶破损进水及进水类型

1. 抗沉性是船舶在一舱或数舱破损进水仍能________的性能。
   A. 保持一定浮性和吃水差　　B. 保持一定稳性
   C. 保持一定浮性和稳性
2. 在船舶设计建造中，提高其抗沉性最有效的办法是________。
   A. 增加主尺度　　B. 增加水密横舱壁
   C. 增加救生设备
3. 船舶抗沉性是指________。
   A. 船舶在一舱或数舱破损进水后，仍能保持漂浮状态的性能
   B. 船舶在一舱或数舱破损进水后，仍能保持一定浮性和稳性的能力
   C. 船舶在一舱或数舱破损进水后，仍能保持一定稳性的能力
4. 船舶破损后进水舱被灌满，其舱顶位于水线以下且未破损属于破损进水类型中的________。
   A. 第一类　　B. 第二类
   C. 第三类
5. 船舶破损进水后，舱室的顶部位于水线以上，舱内外水相连通属于破损进水类型中的________。
   A. 第一类　　B. 第二类
   C. 第三类
6. 如果船舶在一舱破损进水后的破舱水线不超过限界线，但在两舱破损进水后的破舱水线超过限界线，则把该船称为________。
   A. 一舱制船　　B. 两舱制船
   C. 三舱制船

## 第二节　船舶渗透率

1. 渗透率是指________。
   A. 进水舱实际进水体积与空舱的型体积之比
   B. 进水舱舱容与舱内货物体积之比

C. 舱内货物体积与进水舱舱容之比

2. 在相同载重量情况下,如果装载货物密度越大,占据的舱容就________,渗透率________。

A. 越小;越大　　B. 越大;越小

C. 越大;越大

## 第三节　破损控制图及破损控制手册

1. 在《船舶破损控制手册》中可以查到________。

①船上每一通用泵、压载泵、主海水泵和消防泵的排水能力;②船舶破损控制图张贴位置;③船舱进水重量估算公式;④船舱进水速率估算公式;⑤船公司的应急指挥中心办公室电话和传真号码

A. ①②③④　　B. ①②⑤

C. ①②③④⑤

2. 船舶破损控制图张贴位置通常在________等处。

①船首;②驾驶台;③货物控制室;④船尾;⑤艇甲板走廊

A. ②③⑤　　B. ①②④⑤

C. ①②③④⑤

3. 船舶破损控制过程中,注入压载水调整船舶横倾,则________。

A. 船舶储备浮力不受影响

B. 不需考虑自由液面对稳性的影响

C. 需要考虑注水后的船舶强度

4.《船舶破损控制手册》内容包括________。

①船舱进水重量和进水速率估算方法;②船舶破损控制图张贴位置;③船体破损剩余强度估算方法

A. ①②　　B. ①③

C. ②③

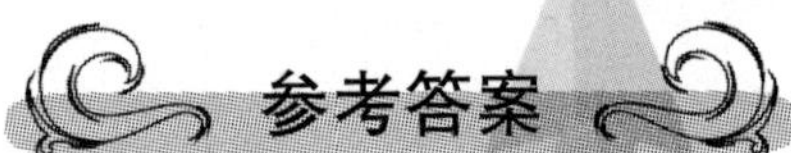

参考答案

## 第一节　船舶破损进水及进水类型

1. C　2. B　3. B　4. A　5. C　6. A

## 第二节　船舶渗透率

1. A　2. A

## 第三节　破损控制图及破损控制手册

1. C　2. A　3. C　4. A

# 第二十二章 船舶稳性、吃水差与强度

## 第一节 稳性的定义和分类

1. 在平静海面当船舱内货物向一侧移位使船舶发生10°横倾后________。
   A. 船舶稳性降低 B. 船舶稳性提高
   C. 船舶稳性不变
2. 在船舶重心处装载部分货物，则________将不变。
   A. 稳心高度 B. 重心高度
   C. 漂心坐标
3. 一般船舶在营运过程中不考虑________。
   A. 初稳性 B. 静稳性
   C. 纵稳性
4. 船舶初稳性是指________。
   A. 船舶在未装货前的稳性 B. 船舶在小角度倾斜时的稳性
   C. 船舶在开始倾斜时的稳性
5. 船舶小角度横倾时，稳心点________。
   A. 变化不大，可认为固定不动 B. 移动幅度很大
   C. 是否会发生移动不明确
6. 按作用于船上外力矩的性质，将船舶稳性划分为________。
   A. 静稳性和动稳性 B. 横稳性和纵稳性
   C. 大倾角稳性和初稳性
7. 按船舶横倾角的大小，将船舶稳性划分为________。
   A. 横稳性和纵稳性 B. 破舱稳性和完整稳性
   C. 大倾角稳性和初稳性
8. 按船舶的倾斜方向，将船舶稳性划分为________。
   A. 横稳性和纵稳性 B. 破舱稳性和完整稳性
   C. 大倾角稳性和初稳性
9. 船舶横倾角小于10°~15°的稳性称为________，大于10°~15°的稳性称为________。
   A. 静稳性；动稳性 B. 初稳性；大倾角稳性
   C. 大倾角稳性；动稳性

10. 稳性分类方法中，按照横倾角大小可以分为________。
   A. 横稳性和纵稳性　　B. 初稳性和大倾角稳性
   C. 静稳性和动稳性

## 第二节　船舶平衡状态

1. 当船舶重心在稳心之下时称船舶处于________状态。
   A. 稳定平衡　　B. 不稳定平衡
   C. 随遇平衡
2. 船舶随遇平衡的主要特征是________。
   A. 稳心与重心重合，复原力矩为零
   B. 重心与漂心重合，复原力矩为零
   C. 重心与浮心重合，复原力矩为零
3. 船舶稳定平衡的主要特征是________。
   A. 稳心在浮心之上，复原力矩大于零
   B. 重心在稳心之上，复原力矩大于零
   C. 稳心在重心之上，复原力矩大于零
4. 船舶不稳定平衡的主要特征是________。
   A. 漂心在重心之下，复原力矩小于零
   B. 稳心在重心之下，复原力矩小于零
   C. 重心在稳心之下，复原力矩大于零
5. 为了保证安全，船舶营运中必须处于________。
   A. 稳定平衡状态　　B. 不稳定平衡状态
   C. 随遇平衡状态
6. 要使船舶处于稳定平衡状态，必须满足的条件是船舶初稳性高度 $GM$ ________。
   A. $=0$　　B. $<0$
   C. $>0$
7. 船舶处于不稳定平衡状态的特征之一是船舶初稳性高度 $GM$ ________。
   A. $=0$　　B. $<0$
   C. $>0$
8. 要使船舶处于中性平衡状态，必须满足的条件是________。
   A. $GM>0$　　B. $GM<0$
   C. $GM=0$

## 第三节　初稳性

1. 衡量船舶初稳性大小的指标是________。
   A. 复原力矩所做的功　　B. 静稳性力臂 $GZ$
   C. 初稳性高度 $GM$

2. 船舶初稳性高度值的大小与________无关。
A. 船舶总吨　　B. 船舶重心高度
C. 船舶排水量
3. 当吃水不变时，________随船舶重心高度增大时减小。
A. 初稳性　　B. 破舱稳性
C. 浮性
4. 初稳性高度是指船舶________之间的距离。
A. 重心和浮心　　B. 重心和稳心
C. 浮心和稳心
5. 下列________一定位于船舶水线以下。
A. 船舶漂心　　B. 船舶浮心
C. 船舶重心
6. 船舶小角度横倾时，稳心点________。
A. 固定不动
B. 移动幅度很小而可以忽略
C. 移动幅度很大
7. 船舶的横稳性大小________。
A. 随吃水的增加而减小　　B. 与吃水大小无关
C. 与吃水的关系不能确定
8. 横稳心点 $M$ 是船舶横倾前后________两条作用线的交点。
A. 重力和浮力　　B. 重力和重力
C. 浮力和浮力
9. 横稳心距离基线高度 $KM$ 可以根据船舶装载后的________查取静水力曲线图、静水力参数表或载重表尺得到。
A. 货物重量　　B. 平均吃水
C. 货物体积
10. 在________少量装载货物会使船舶重心高度减小。
A. 船舶重心处　　B. 船舶重心之上
C. 船舶重心之下
11. 在初稳性高度计算公式 $GM=KM-KG$ 中，$KG$ 表示________。
A. 初稳性高度　　B. 船舶重心距基线高度
C. 横稳心距基线高度
12. 一般地，按货物实际重心求得的船舶重心高度比按舱容中心求得的船舶重心高度________。
A. 大　　B. 小
C. 相等
13. 经计算，船舶重心在漂心之下，则其初稳性高度________。
A. 为正　　B. 为负
C. 不能确定

14. 在计算货物重心高度时，对于中部货舱，重心高度可以取货物高度的________。

A. 50% B. 54%

C. 58%

15. 舱容曲线图的纵坐标表示________。

A. 货堆表面距基线高度 B. 容积中心距基线高度

C. 舱容

16. 由货物装舱体积可以在________上查取相应的重心高度。

A. 强度曲线图 B. 舱容曲线图

C. 静水力曲线图

17. 液体舱室所装油水体积的重心高度可以在________查取。

A. 货舱舱容表 B. 货舱舱容曲线图

C. 液舱舱容曲线图

18. 船舶在配载时经校核发现稳性不足，最好通过________措施来调整。

A. 垂向移动载荷 B. 加甲板货

C. 加压载水

19. 舱内载荷水平横向移动________对船舶初稳性高度 *GM* 值产生影响。

A. 会 B. 不会

C. 不能确定

20. 舱内载荷垂向移动时，货物上移，重心________，*GM* 值________。

A. 下移;减小 B. 上移;减小

C. 下移;增大

21. 为了减少自由液面的影响，可以采取在液舱内________的办法。

A. 增加液体 B. 减少液体

C. 设置若干水密纵舱壁

22. 为了减少自由液面对稳性的影响，以下做法恰当的是________。

A. 应集中某一舱并左右均衡使用油水

B. 将大舱柜的油水驳到小舱柜后再使用

C. 使用油水时，应先用一侧舱柜，再用另一侧舱柜

23. 船上存在自由液面将使船舶________。

A. 初稳性高度减小 B. 初稳性高度提高

C. 重心高度减小

24. 自由液面对船舶稳性的影响，相当于船舶的________提高。

A. 重心 B. 稳性

C. 初稳性高度

25. 以下一定使船舶稳性减小的是________。

A. 装载少量货物 B. 卸载少量货物

C. 在船舶重心下面卸载少量货物

26. 下列哪种情况一定会使船舶的 *GM* 值增大?

A. 油水消耗 B. 加压载水

C. 货物下移

27. 船内重物水平横移将使船舶________。

A. 重心降低　　B. 重心提高

C. 产生横倾角

28. 悬挂物对稳性的影响相当于将货物重心________。

A. 下移到舱底处　　B. 上移到上甲板

C. 上移到悬挂点处

## 第四节　大倾角稳性

1. 船舶大倾角倾斜时，________不变。

A. 浮心位置　　B. 漂心位置

C. 排水体积

2. 船舶大倾角稳性可用________来表示。

A. 静稳性力臂　　B. 初稳性高度

C. 动稳性力矩

3. 当排水量一定时，船舶的大倾角稳性的大小与________。

A. 复原力臂成正比　　B. 复原力臂成反比

C. 复原力臂值相等

4. 船舶大倾角稳性的大小取决于________的大小。

A. 复原力矩 $M_R$　　B. 船舶吨位

C. 初稳性

5. 当船舶的横倾角略大于稳性消失角时，如果此时外力矩消失，船舶将________。

A. 回摇　　B. 左右摆动

C. 继续倾斜

6. 在静态外力矩作用下，船舶的平衡条件是________。

A. 复原力等于外力

B. 复原力矩等于外力矩

C. 复原力矩做的功等于外力矩做的功

## 第五节　法定规则的完整稳性要求

1. 若船舶稳性衡准数 $K>1$，下述________不对。

A. 风压倾侧力矩 $M_w$<最小倾覆力矩 $M_{hmin}$

B. 船舶在按规则计算的 $M_w$ 作用下不会倾覆

C. 能确保船舶在航行中不致倾覆

2. 根据我国《船舶与海上设施法定检验规则》对国内航行船舶分册，某船经初始横摇角及进水角修正后求得最小倾覆力臂为 0.18 m，查得风压倾侧力臂为 0.12 m，则该船舶________。

A. 动稳性符合要求　　B. 动稳性不符合要求

C. 稳性符合要求

3. 根据《船舶与海上设施法定检验规则》对国内航行普通货船完整稳性的基本要求之一是:在各种装载状态下的稳性衡准数应________。

A. 小于 1　　B. 大于 1

C. 大于等于 1

4. 我国《船舶与海上设施法定检验规则》规定,静稳性力臂在 30°时的值 $GZ_{30°}$ 应________。

A. 不小于 0.2 m　　B. 不小于 0.15 m

C. 不小于 0.3 m

5. 根据我国《船舶与海上设施法定检验规则》对普通货船稳性的规定,船舶稳性衡准数应不小于________。

A. 0.5　　B. 1

C. 2

6. 根据我国《船舶与海上设施法定检验规则》对普通货船稳性的规定,在静稳性曲线图上其最大复原力臂对应角应不小于________。

A. 15°　　B. 25°

C. 40°

7. 根据《船舶与海上设施法定检验规则》,对国内航行普通货船完整稳性的基本要求,均应为________后的数值。

A. 进行摇摆试验　　B. 经自由液面修正

C. 计及横摇角影响

8. 临界初稳性高度曲线图的横、纵坐标分别是________。

A. 排水量;吃水

B. 排水量;最小许用初稳性高度

C. 吃水;重心高度

9. 船舶的最小许用初稳性高度是指保证船舶满足《船舶与海上设施法定检验规则》对普通货船稳性基本要求的________。

A. *GM* 最大值　　B. *GM* 最小值

C. *GZ* 最大值

10. 实践中,当船舶的实际重心高度________极限重心高度值时,表示船舶稳性满足我国对船舶稳性的全面要求。

A. 大于或等于　　B. 小于或等于

C. 小于

11. 营运船舶的临界稳性高度值 $GM_c$ 随船舶________的变化而变化。

A. 排水量　　B. 横倾角

C. 重心高度

12. 实践中,当船舶的实际初稳性高度________临界稳性高度值时,表示船舶稳性满足我国对船舶稳性的全面要求。

A. 小于　　B. 小于等于

C. 大于等于

## 第六节　稳性规则的使用

1. 船舶在同一个航次中,出港时能满足稳性要求,则到港时________。
   A. 能满足稳性要求　　B. 不能满足稳性要求
   C. 不一定能满足稳性要求
2. 船舶极限重心高度是从初稳性、大倾角稳性、动稳性出发,规定的船舶重心高度的________。
   A. 平均值　　B. 最大值
   C. 最小值
3. 船舶临界稳性高度是从初稳性、大倾角稳性、动稳性出发,规定的船舶初稳性高度的________。
   A. 平均值　　B. 最大值
   C. 最小值

## 第七节　船舶稳性检验与调整

1. 根据经验,海上航行的一般货船,其横摇周期一般不应小于________。
   A. 5 s　　B. 9 s
   C. 18 s
2. 航行中船舶的横摇周期 $T_\theta$ 与船舶 $GM$ 的关系是________。
   A. $T_\theta$ 越大,$GM$ 越大
   B. $T_\theta$ 越大,$GM$ 越小
   C. $T_\theta$ 与 $GM$ 关系的变化趋势不定
3. 我国《船舶与海上设施法定检验规则》中规定的横摇周期 $T_\theta$ 与________无关。
   A. 漂心距船中距离　　B. 船舶重心高度
   C. 初稳性高度
4. 航行中船舶可以利用横摇周期 $T_\theta$ 与船舶 $GM$ 的关系来判断船舶稳性状况,具体关系是________。
   A. $T_\theta$ 越大,$GM$ 越大
   B. $T_\theta$ 越大,$GM$ 越小
   C. $T_\theta$ 与 $GM$ 关系的变化趋势不定
5. 下列与船舶的横摇周期有关的因素是________。
   A. 型宽 $B$　　B. 船舶型深 $D$
   C. 船舶型吃水
6. 某船装载状态一定,当船舶受到一个小的横倾力矩作用而出现较大横倾,则可以判断船舶的 $GM$ 值________。
   A. 过小　　B. 过大
   C. 与横倾角无关
7. 船舶稳性不足表现的征状为________。

A. 左右装载不均时出现横倾角
B. 船舶航行时左右摇摆
C. 船舶横摇周期较大

8. 卸货时若卸一较轻的货物引起船舶出现较大的横倾,则表明________。
A. 船舶稳性过大　　B. 船舶稳性过小
C. 货物过重

9. 船舶用舵转向时横倾较大,说明________。
A. 稳性过大　　B. 稳性过小
C. 纵倾过大

10. 船舶因少量货物装卸左右不均形成较大初始横倾角,表明此时________。
A. 稳性较大　　B. 稳性较小
C. 横倾力矩较大

11. 当船舶稳性过小时,航行中宜采取________转向。
A. 小舵角　　B. 大舵角
C. 任意舵角

12. 船舶侧面受风面积________。
A. 随吃水的增加而减小　　B. 随吃水的增加而增大
C. 与吃水大小无关

13. 船舶在航行中稍有风浪则摇摆剧烈,说明船舶稳性________。
A. 过小　　B. 适度
C. 过大

14. 航行中的船舶横摇越平缓,说明船舶________。
A. 很稳定　　B. 稳性越好,抵御风浪能力强
C. 稳性越差,抵御风浪能力差

15. 船舶在 3 级风时摇摆频率过高,表明________。
A. 船舶稳性过大　　B. 船舶稳性过小
C. 风压倾侧力矩过大

16. 以下________是船舶稳性过小的征兆。
①船舶在较小的风浪中航行时,摇摆周期较长;②油水使用左右不均时,船舶很快偏向一舷;③用舵转向时,船舶明显倾斜且复原缓慢;④航行中稍有风浪即摇摆剧烈,摇摆周期较小
A. ②③④　　B. ①②③
C. ①②④

17. 在船舶配载完成后,发现稳性不足,最好的措施是________。
A. 用船吊将二层舱的货物移至底舱
B. 用岸吊将二层舱的货物移至底舱
C. 改变配载方案,将二层舱的货物移至底舱

18. 将舱内货物由二层舱移到底舱,则________。
A. 初稳性高度值降低　　B. 初稳性高度值增大

C. 初稳性高度值不变

19. 当船舶在航行中处于稳性不足状态时，可以采取以下________措施。

A. 向双层底压载舱内注满压载水

B. 将现有双层底压载水舱排空

C. 用船吊将二层舱的货物移至底舱

20. 根据经验，为了满足船舶具有适度的稳性，对具有二层舱的船舶来说，其二层舱应占全部货量的________。

A. 10%～20%　　B. 20%～30%

C. 30%～35%

## 第八节　船舶适度稳性范围

1. 稳性与船舶安全直接相关，因此________。

A. 船舶稳性越大越好

B. 船舶稳性越小越好

C. 船舶稳性应保持在一个适度的范围内

2. 以下关于船舶稳性的说法正确的是________。

A. 船舶初稳性越大越安全

B. 船舶初稳性越大，横摇周期越小，因此也越安全

C. 船舶初稳性高度至少应满足：$GM \geqslant GM_c$（$GM_c$——临界初稳性高度）

3. 船舶稳性过大的征兆是________。

A. 船舶用舵时，横倾明显

B. 风浪较小时，船舶摇摆剧烈

C. 油水使用不均时，出现较大横倾

4. 某船航行期间实测船舶横摇周期为7 s，则该船稳性________。

A. 偏大　　B. 偏小

C. 正常

## 第九节　船舶稳性资料应用

1. 根据《法定规则》中对一般货船稳性报告书的要求，报告书中必须提供基本装载情况总结表，基本装载情况应满足下列________要求。

A. 出港时油水假定为100%，到港时油水假定为10%

B. 出港时油水假定为98%，到港时油水假定为10%

C. 出港时油水假定为100%，到港时油水假定为50%

2. 船舶驾驶人员可从________了解本船的稳性状况。

A. 航海手册　　B. 总布置图

C. 装载手册

3. 稳性报告书的基本内容包括________。

①船舶主要参数;②基本装载情况稳性总结表;③主要使用说明

A. ①②　　B. ②③

C. ①②③

4. 以下________不是船舶稳性报告书中的内容。

A. 基本装载情况稳性总结表　　B. 纵向强度校核表

C. 船舶主要参数及主要使用说明

5. 船舶稳性报告书的用途主要是________。

①了解和掌握船舶稳性的整体状况;②核算船舶实际装载状态下的稳性;③计算船舶装载状态下的纵向强度

A. ①②　　B. ①③

C. ②③

6. 某船装载后其吃水差 $t=0.8$ m,由此可以得出以下________结论。

A. 装载后船舶重心在正浮时浮心之后

B. 装载后船舶重心在正浮时浮心之前

C. 装载后船舶重心在船中之后

7. 当船舶的首吃水大于尾吃水时,我国通常定义为________。

A. 尾倾,吃水差用正值表示　　B. 尾倾,吃水差用负值表示

C. 首倾,吃水差用正值表示

8. 当船舶的尾吃水大于首吃水时,我国通常定义为 ________。

A. 尾倾,吃水差用正值表示　　B. 尾倾,吃水差用负值表示

C. 首倾,吃水差用正值表示

9. 当船舶的尾吃水等于首吃水时,我国通常规定为________。

A. 首倾　　B. 尾倾

C. 平吃水

10. 船舶装载后的纵倾状态取决于________的相对位置。

A. 装载后船舶重心和装载后船舶浮心

B. 装载后船舶重心和正浮时船舶浮心

C. 装载后船舶浮心与正浮时船舶漂心

11. 普通船舶适当尾倾航行时,可能会________。

A. 增加首部甲板上浪概率　　B. 使航向稳定性变差

C. 提高推进效率

12. 船舶进坞时,为了不使墩木受力过大,应将船舶尾部与墩木接触之前的吃水差调到________。

A. 适当首倾　　B. 适当尾倾

C. 平吃水

13. 根据实践经验,一般航行中船舶应处于________状态为佳。

A. 首倾　　B. 尾倾

C. 正浮

14. 根据实践经验,满载船舶的尾倾量一般________空载中船舶的尾倾量。

A. 大于　　B. 等于
C. 小于

15. 俗称中船舶“拱头”是指船舶处于________状态。
A. 首倾　　B. 尾倾
C. 正浮

16. 在我国,船舶首吃水小于尾吃水,则此时船舶呈________状态,吃水差为________。
A. 尾倾;正　　B. 尾倾;负
C. 首倾;正

17. 船舶少量载荷增加后,首吃水增大0.4 m,尾吃水减小0.2 m,则吃水差改变________。
A. 0.2 m　　B. 0.4 m
C. 0.6 m

18. 通常情况下,普通货船的每厘米纵倾力矩 *MTC* ________。
A. 随吃水的增加而减小　　B. 随吃水的增加而增大
C. 与吃水大小无关

19. 利用吃水差比尺不能用于计算________。
A. 少量载荷变化船舶稳性的变化
B. 少量载荷变化后船首吃水的变化
C. 少量载荷变化后船尾吃水的变化

20. 吃水差比尺适用计算________时吃水差及首尾吃水的改变量。
A. 少量载荷变动　　B. 大量载荷变动
C. 任意重量的载荷变动

21. 某船排水量 $\Delta=1\ 000$ t,下列哪种情况利用吃水差比尺查取首尾吃水改变量误差较小?
A. 开航前加油水150 t　　B. 航行途中油水消耗80 t
C. 中途港卸货300 t

22. 吃水差比尺是一种少量载荷变动核算船舶纵向浮态变化的简易图表,它表示在船上任意位置加载________后首尾吃水改变量的图表。
A. 100 t　　B. 50 t
C. 任意重量

23. 为了减小船舶首倾,应在________之________卸下少量货物。
A. 漂心;后　　B. 船中;后
C. 漂心;前

24. 调整船舶吃水差时,主要综合考虑船舶的吃水差和________的要求。
A. 稳性　　B. 局部强度
C. 纵向强度

25. 为了减小船舶首倾,应在________之________加装少量货物。
A. 漂心;后　　B. 浮心;前
C. 漂心;前

26. 为了减小船舶尾倾,应在________之________卸下少量货物。
A. 漂心;后　　B. 船中;前

C. 漂心;前

27. 舱内货物纵向移动后,________不变。

A. 吃水差　　B. 重心纵向坐标

C. 平均吃水

28. 将少量载荷装于船舶漂心处时,则船舶________。

A. 首尾吃水不变　　B. 吃水差不变,平行下沉

C. 首吃水减少,尾吃水增加

29. 船舶平行沉浮的条件是:少量载荷装卸于________的垂直线上。

A. 漂心　　B. 稳心

C. 浮心

30. 将位于船舶漂心处的少量载荷卸出,则船舶________。

A. 吃水差不变,平行下沉　　B. 吃水差不变,平行上浮

C. 首吃水增加,尾吃水减少

31. 某船装载后尚需加载少量货物,要求加载完毕后吃水差不变,则该货物应加载在________。

A. 通过船中的垂直线上　　B. 通过漂心的垂直线上

C. 通过浮心的垂直线上

32. 小量装卸时,所装卸货物重心离________越远,对吃水差的影响越大。

A. 船舶稳心　　B. 船舶漂心

C. 船舶重心

33. 某船原首倾,现首吃水减小尾吃水增加,则其首倾________。

A. 减小　　B. 增加

C. 不变

34. 船舶为中拱状态,现欲增大船舶尾倾,需________。

A. 将船中货物前移　　B. 将船中货物后移

C. 将船首货物移向船中

35. 船舶为中垂状态,现欲增大船舶尾倾,需________。

A. 将船中货物前移　　B. 将船中货物后移

C. 将船尾货物移向船中

36. 将一定货物________移动,减小首倾最显著。

A. 自船首向船尾　　B. 自船首向船中

C. 自船中向船尾

37. 为了减小首倾,应将货物________移动。

A. 自中前向船中　　B. 自中前向漂心

C. 自中前向浮心

38. 为了减小尾倾,应将货物________移动。

A. 自中后向船中　　B. 自中后向漂心

C. 自中后向浮心

39. 一船舶处于首倾状态,下述哪种情况有可能使船舶成为尾倾状态?

A. 首吃水增加,尾吃水减小　　B. 首吃水减小,尾吃水增加

C. 首尾吃水同时增加

40. 一船舶处于尾倾状态,下述哪种情况说明其尾倾减小?

A. 首吃水增加,尾吃水减小　　B. 首吃水减小,尾吃水增加

C. 首尾吃水同时增加

41. 某船尾倾,现首吃水减小尾吃水增加,则其尾倾________。

A. 减小　　B. 增加

C. 不变

42. 将一定货物________移动,尾倾减小最显著。

A. 自船尾向船首　　B. 自船尾向船中

C. 自船中向船首

43. 实际营运中,船舶纵向移动载荷调整吃水差,则由中部舱室向首部舱室移货时,尾吃水差将________。

A. 增大　　B. 减小

C. 不变

44. 调整船舶吃水差的基本方法有________。

①载荷纵向移动;②货物重量增减;③油水舱内油水调拨

A. ①②　　B. ①③

C. ①②③

45. 以下________可以调整船舶吃水差。

A. 载荷垂向移动　　B. 载荷纵向移动

C. 载荷横向移动

46. 某船装载完成后发现船舶首倾且中拱,应通过________移动货物来调整拱垂及吃水差。

A. 首部向尾部　　B. 尾部向中部

C. 首部向中部

47. 将船舶强度分为总强度和局部强度是按照________划分的。

A. 船舶所受外力分布的走向和船体结构变形方向的不同

B. 船舶所受外力分布的走向和船体结构变形的不同

C. 船舶所受外力的分布和船体结构变形范围的不同

48. 按照船舶所受外力分布的走向和船体结构变形的方向不同,将船舶强度分为________。

A. 纵强度、横强度和局部强度　　B. 总强度、局部强度和扭转强度

C. 纵强度、横强度和扭转强度

49. 为保证船舶安全,船体结构必须具有抵抗发生极度变形和破坏的能力,这种能力称为________。

A. 船舶稳性　　B. 船舶浮性

C. 船舶强度

50. 按照外力分布和船体结构变形范围的不同,船舶强度可分为________。

A. 纵向强度和横向强度　　B. 总强度和局部强度

C. 纵向强度、横向强度和扭转强度

51. 对于营运船舶,主要考虑的强度有________,具有较大开口的集装箱船还应考虑________。

A. 纵向强度和横向强度;局部强度
B. 纵向强度和横向强度;扭转强度
C. 纵向强度和局部强度;扭转强度

52. 由于________的作用使船体产生剪切变形,由于________的作用,使船体产生弯曲变形。
A. 载荷;剪力　　B. 剪力;弯矩
C. 弯矩;载荷

53. 船舶轻载时,主要考虑船体的________。
A. 横强度　　B. 纵强度
C. 局部强度

54. 船舶纵向强度是指船舶结构抵抗________。
A. 船体沿船宽方向发生损坏及变形的能力
B. 各层甲板沿船长方向发生扭曲变形的能力
C. 船体沿船长方向产生剪切及弯曲变形的能力

55. 船体发生纵向弯曲变形和破坏是由于________。
A. 局部强度不足　　B. 总纵弯曲强度不足
C. 横向强度不足

56. 影响船舶浮力沿船长方向分布的因素是________。
A. 上层建筑形状　　B. 船体形状
C. 船体水线下体积的形状

57. 船舶发生中垂变形时,船体受________弯矩作用,上甲板受________,船底板受________。
A. 负;压;拉　　B. 正;压;拉
C. 负;拉;压

58. 船舶发生中拱变形时________。
A. 中部浮力小于重力,首尾部重力大于浮力
B. 中部浮力小于重力,首尾部重力小于浮力
C. 中部浮力大于重力,首尾部重力大于浮力

59. 一般货船,其剪力的最大值通常位于________。
A. 船中前后　　B. 距首尾 1/3 船长处
C. 距首尾 1/4 船长处

60. 一般货船,其弯矩的最大值通常位于________。
A. 船中前后　　B. 距首尾 1/3 船长处
C. 距首尾 1/4 船长处

61. 尾机船不满足纵向强度的主要危险在于其压载营运状态,这时船舶处于________。
A. 中垂　　B. 中垂或中拱
C. 中拱

62. 当船舶首尾部所受的重力大于浮力而中部所受的浮力大于重力时,所出现的弯曲变形称为________。
A. 中拱变形　　B. 中垂变形
C. 扭转变形

63. 当船舶中部所受的重力大于浮力而首尾部所受的浮力大于重力时，所出现的弯曲变形称为________。

A. 中拱变形　　B. 中垂变形

C. 扭转变形

64. 若船舶在波浪中航行且有效波长等于船长，当________位于中拱变形的船中会加剧其中拱变形。

A. 波谷　　B. 波峰

C. 波谷与波峰之间

65. 校核船舶总纵强度的基本原则是比较所校核剖面实际剪力和弯矩值与所允许承受的最大剪力和弯矩值，只要实际剪力和弯矩值________允许剪力和弯矩值，则认为总纵强度满足营运要求。

A. 大于　　B. 大于等于

C. 小于等于

66. 对于中等大小的船舶，船舶各剖面许用剪力和弯矩值分为________。

A. 港内和海上　　B. 锚泊和在航

C. 港内和锚泊

67. 船舶在港状态的许用剪力和弯矩值通常________在航状态。

A. 小于　　B. 等于

C. 大于

68. 船中剖面许用弯矩值 $M_s$ 是针对新船给出的，营运中的船舶每年需扣除腐蚀量________。

A. 0.3%~0.5%　　B. 0.4%~0.6%

C. 0.5%~0.8%

69. 在校核船舶总纵强度时，若实际装载状态时的静水弯矩 $M_s'$ 为正值，且大于船舶许用静水弯矩 $M_s$，表明船舶________。

A. 处于中拱状态且满足总纵强度的要求

B. 处于中拱状态且不满足总纵强度的要求

C. 处于中垂状态且满足总纵强度的要求

70. 在强度曲线图上，若吃水 $d$ 的垂直线和水平线的交点处于点划线的上方，说明船舶处于________。

A. 中垂状态　　B. 中拱状态

C. 无拱垂变形

71. 使用船中弯矩估算法校核纵向强度时，船中剖面实际弯矩值为 $M_s'$，允许静水弯矩值为 $M_s$，若 $|M_s'|$________$M_s$ 时，总纵强度不受损伤。

A. 大于　　B. 等于

C. 小于等于

72. 当船舶的中部平均吃水大于首尾平均吃水时，船舶处于________。

A. 中垂变形　　B. 中拱变形

C. 无拱垂变形

73. 利用首尾平均吃水与中部两面平均吃水相比较的方法可以估计________。

A. 船舶稳性的大小　　B. 船舶装货量的多少
C. 船舶中拱或中垂的程度

74. ________采用中区压载,有利于减小过大的________变形。
A. 尾机船;中拱　　B. 中机船;中垂
C. 尾机船;中垂

75. 船舶装载后呈中拱状态,若航行中波长近似等于船长,且________在船中时,会加大中拱弯矩。
A. 波峰　　B. 波谷
C. 波谷与波峰之间

76. 船舶装载后为中拱状态,为减小尾倾,应将________。
A. 压载水加在中区　　B. 压载水加在尾部
C. 尾部压载水移至中区

77. 船舶装载后为中拱状态,为增大尾倾,应将________。
A. 首部压载水移至中区　　B. 压载水加在首部
C. 压载水加在中区

78. 某船装载后呈中拱状态且稳性过小,则应采取以下________措施来调整。
A. 将首尖舱加满压载水
B. 将首区货物移至中区
C. 将中区双层底压载舱加满压载水

79. 尾机型杂货船空载航行时,为减缓其纵向变形,在压载安排方面最好________。
A. 首尾中部舱柜全部压满
B. 利用首尾部位的压载舱进行压载
C. 尽量使用中部舱柜进行压载

80. 在配载时,按舱容比例分配货物重量的主要目的是保证船舶________。
A. 满舱满载　　B. 有适度的稳性
C. 总纵强度不受损伤

81. 中途港货物数量较多时,为保证船舶的纵向强度应________。
A. 尽可能集中装载　　B. 尽可能分散装载
C. 在纵向上尽可能适当地分装于几个舱

82. 保证纵向强度不受损伤的经验积载方法为按照各货舱容积大小成正比地分配货物重量,并允许做少量调整,其调整值为分配在该舱货重的________。
A. 5%　　B. 10%
C. 20%

83. 船舶的局部强度是指船体结构抵抗________的能力。
A. 船体局部变形或损坏
B. 干舷甲板发生扭曲变形
C. 船体沿船宽方向发生扭曲变形

84. 船舶不同载货部位单位面积允许承受的最大重量称为________,单位为 kPa。
A. 均布载荷　　B. 集中载荷

C. 车辆甲板载荷

85. 集装箱船的甲板、舱盖或舱底的底座所能承受的最大重量称为________。

A. 均布载荷　　　　B. 集中载荷

C. 堆积载荷

86. 集中载荷是指在某一________上允许的最大重量，单位为 kN。

A. 单位面积　　　　B. 特定面积

C. 全部面积

87. 集中载荷条件下的甲板允许负荷量以________表示。

A. 单位面积上的集装箱重量

B. 特定面积上允许承受的最大重量

C. 单位面积上允许承受的最大重量

88. 均匀载荷条件下的甲板允许负荷量以________表示。

A. 单位面积上的集装箱重量

B. 特定面积上允许承受的最大重量

C. 单位面积上允许承受的最大重量

89. 船舶局部强度的校核方法是比较载货部位的实际载荷量与允许载荷量，若实际载荷量________允许载荷量，则局部强度满足要求。

A. 小于等于　　　　B. 等于

C. 大于等于

90. 船舶中间甲板的允许负荷量是根据甲板间舱的高度与________来确定的。

A. 船舶设计舱容系数　　　　B. 甲板间舱内货物的高度

C. 实际装载货物的积载因数

91. 某船装载一件 50 t 方形重货于甲板上，甲板允许负荷量为 2.5 $t/m^2$ 甲板上的衬垫面积最少为________ $m^2$。

A. 20　　　　B. 10

C. 5

92. 在船上无相关资料的情况下，对于一般船舶来说，其上甲板允许均布负荷不得超过________ $t/m^2$。

A. 1　　　　B. 1.5

C. 2

93. 以下哪个不是保证船舶局部强度的措施？

A. 适当减小旧船的许用负荷量

B. 舱内货重分布尽量均匀

C. 按照舱容比分配货物的质量

94. 下列________是保证局部强度不受损伤的措施。

A. 按照舱容比例分配各舱货物重量

B. 重大件货合理配装和衬垫

C. 散装固体货物严格按装舱顺序装载

95. 按船舶的腐蚀程度确定甲板允许负荷量主要是为了保证船舶________不受损伤。

A. 横向强度　　　　B. 扭转强度

C. 局部强度

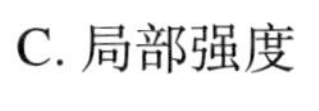

## 第一节　稳性的定义和分类

1. A　2. B　3. C　4. B　5. A　6. A　7. C　8. A　9. B　10. B

## 第二节　船舶平衡状态

1. A　2. A　3. C　4. B　5. A　6. C　7. B　8. C

## 第三节　初稳性

1. C　2. A　3. A　4. B　5. B　6. B　7. C　8. C　9. B　10. C

11. B　12. B　13. C　14. A　15. A　16. B　17. C　18. A　19. B　20. B

21. C　22. A　23. A　24. A　25. C　26. C　27. C　28. C

## 第四节　大倾角稳性

1. C　2. A　3. A　4. A　5. C　6. B

## 第五节　法定规则的完整稳性要求

1. C　2. A　3. C　4. A　5. B　6. B　7. B　8. B　9. B　10. B

11. A　12. C

## 第六节　稳性规则的使用

1. C　2. B　3. C

## 第七节　船舶稳性检验与调整

1. B　2. B　3. A　4. B　5. A　6. A　7. C　8. B　9. B　10. B

11. A　12. A　13. C　14. C　15. A　16. B　17. C　18. B　19. A　20. C

## 第八节　船舶适度稳性范围

1. C　2. C　3. B　4. A

## 第九节　船舶稳性资料应用

1. A　2. C　3. C　4. B　5. A　6. B　7. C　8. B　9. C　10. B
11. C　12. C　13. B　14. C　15. A　16. B　17. C　18. B　19. A　20. A
21. B　22. A　23. C　24. C　25. A　26. A　27. C　28. B　29. A　30. B
31. B　32. B　33. A　34. C　35. B　36. A　37. A　38. A　39. B　40. A
41. B　42. A　43. B　44. C　45. B　46. C　47. C　48. C　49. C　50. B
51. C　52. B　53. B　54. C　55. B　56. C　57. A　58. C　59. C　60. A
61. C　62. A　63. B　64. B　65. C　66. A　67. C　68. B　69. B　70. B
71. C　72. A　73. C　74. A　75. A　76. C　77. A　78. C　79. C　80. C
81. C　82. B　83. A　84. A　85. C　86. B　87. B　88. C　89. A　90. A
91. A　92. B　93. C　94. B　95. C

# 第二十三章 货物装卸、积载和系固

## 第一节　船舶常识

1. 驾驶台顶层甲板，应称为________。
   A. 罗经甲板　　B. 救生艇甲板
   C. 驾驶台甲板
2. 通常设有信号灯架、探照灯和罗经的甲板为________。
   A. 驾驶甲板　　B. 上层建筑甲板
   C. 罗经甲板
3. 上层连续甲板是指________。
   A. 船体的最高一层甲板　　B. 船体的最高一层全通甲板
   C. 水密横舱壁上伸到达的连续甲板
4. 上甲板以上由一舷伸至另一舷的围蔽建筑称为________。
   A. 上层建筑　　B. 甲板室
   C. 深舱
5. 船舶外板（又称船壳板）是指主船体中的________。
   A. 构成船底、舷侧及舭部外壳的板　　B. 舷侧外板
   C. 舭部
6. 液舱是用来装载燃油、淡水、液货、压载水等的舱室。由于液体的密度较大，一般都设在船的低处，其主要目的是________。
   A. 利于船舶浮性　　B. 便于货物装卸及使用调配
   C. 有利于船舶稳性
7. ________用于安装主机、辅机及其配套设施的舱室，是船舶的动力中心。
   A. 货舱　　B. 机舱
   C. 压载舱
8. 用于载货的舱室叫作________。
   A. 货舱　　B. 机舱
   C. 压载舱
9. 用于隔开油舱与淡水舱、油船货油舱与机舱的专用舱室，一般是只有一个肋间距狭窄空舱，叫作________。

A. 货舱　　B. 压载舱
C. 隔离空舱

10. 深舱由船舶中纵剖面处设置________分割为两个对称舱室,以减少自由液面影响。
A. 纵舱壁　　B. 横舱壁
C. 防火舱壁

11. 有首侧推器的船舶,其标志绘在________。
A. 球鼻首标志前面　　B. 球鼻首标志上面
C. 球鼻首标志后面

12. 如平静水面看水尺为8.5 m,其水线是位于________。
A. 数字8的下缘　　B. 数字4的上缘
C. 数字6的下缘

13. 下图为某一时刻实际水线所在的水尺位置,此时的吃水为________。

2
9m
———
8
6

A. 8.90 m　　B. 9.10 m
C. 8.80 m

14. 公制水尺中相邻两个数字之间的间隔高度为________。
A. 6 cm　　B. 8 cm
C. 10 cm

15. 图式所示为某船船尾右舷吃水水面,其实际吃水可读取为________。

A. 6.00 m　　B. 6.71 m
C. 6.80 m

16. 平静水面看水尺时,如读得整米数字,是以水线在________。
A. 数字上缘为准　　B. 数字中间为准
C. 数字下缘为准

17. 有波浪时看水尺,应以水线在________。

A. 波浪的最高点为准　　B. 波浪的最低点为准

C. 波浪高、低点的平均值为准

18. 在米制的水尺标志中，当船舶某装载状态下的某处水线达到水尺标志的数字的________处时，则该处的吃水读数即为该数字。

A. 顶边缘　　B. 底边缘

C. 中间

19. 船舶船名、船籍港标志的位置应该是________。

A. 船名写在船首，船籍港写在船尾

B. 船名写在首尾，船籍港写在船尾

C. 船名写在船尾，船籍港写在船首

20. 图式所示为某船船首右舷吃水水面，其实际吃水可读取为________。

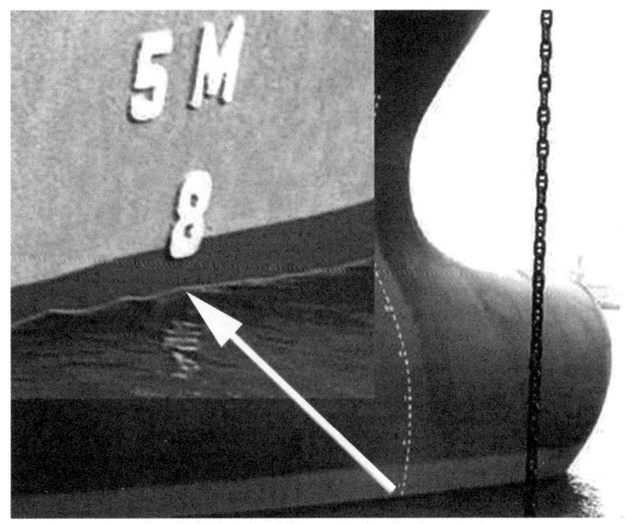


A. 5.80 m　　B. 5.70 m

C. 4.75 m

21. 在一些主要的船舶图纸上均使用和标注的尺度是________。

A. 最大尺度　　B. 型尺度

C. 全部尺度

22. 载明于船舶吨位证书中的尺度是________。

A. 最大尺度　　B. 计算尺度

C. 登记尺度

23. 最大高度是指________。

A. 从船底平板龙骨下缘至桅顶间的垂直距离

B. 从船底平板龙骨下缘至船体最高桅顶之间的垂直距离

C. 从船底平板龙骨上缘至桅顶之间的垂直距离

24. 船舶的型深是指________。

A. 平板龙骨表面到主甲板上缘的垂直距离

B. 在船长中点处，沿船舷由平板龙骨上缘至上层连续甲板横梁上缘的垂直距离

C. 平板龙骨上缘到主甲板下缘的距离

25. 最大高度是从船舶的________垂直量至船舶固定建筑物的最高点之距离。

A. 满载线面　　B. 龙骨下缘

C. 龙骨上缘

26. 登记深度是指________。

A. 在登记长度中点处从平板龙骨上表面量至上甲板下表面的垂直距离

B. 在登记长度中点处从平板龙骨下表面量至上甲板下表面的垂直距离

C. 在登记长度中点处从平板龙骨上表面量至上甲板上表面的垂直距离

27. 船舶登记尺度的用途是________。

A. 确定能否安全通过狭窄航道的依据

B. 丈量船舶、计算总吨位及净吨位

C. 确定泊位长度

28. 用于船舶靠离码头、过船闸及架空电缆的尺度是________。

A. 最大尺度　　B. 登记尺度

C. 船型尺度

29. 船舶最大长度是指________。

A. 从首柱最前端到尾柱最后端的水平距离

B. 从首柱前缘量到尾柱后缘的水平距离

C. 从船首最前端到船尾最后端的水平距离

30. 用来计算船舶总吨位和净吨位的尺度是________。

A. 登记尺度　　B. 型尺度

C. 最大尺度

31. 船型尺度的用途是________。

A. 计算船舶稳性、吃水差、干舷高度和水对船舶的阻力等

B. 确定能否通过桥梁、架空电缆等问题的尺度依据

C. 计算总吨位和净吨位的尺度

32. 登记尺度用来计算________。

A. 载重量　　B. 船舶吨位

C. 干舷和吃水差

33. ________是船舶在狭水道、港内安全移动和避让的依据。

A. 登记尺度　　B. 船型尺度

C. 最大尺度

34. 船舶的全长、全宽、最大高度的用途是________。

A. 交纳靠泊费的依据

B. 确定泊位长度、船坞大小及能否通过船闸、运河、大桥和架空电缆等的依据

C. 船舶丈量登记注册用

35. 船舶最大尺度的用途是________。

A. 交纳靠泊费的依据

B. 确定泊位长度及能否通过船闸、运河、大桥和架空电缆等的依据

C. 船舶丈量登记注册用

36. 船舶净吨位的用途是________。

A. 计算海事赔偿费的依据　　B. 计算国家统计船舶吨位的依据

C. 计算税收和港口费用的依据

37. 船舶总吨是根据________确定的。

A. 货舱总舱容　　B. 船舶总重量

C. 船舶所有围蔽处所的总容积

38. 船舶登记、检验、丈量计费通常以________为基准。

A. 总吨　　B. 净吨

C. 运河总吨

39. 船舶登记吨位是按有关国家主管机关制定的丈量规范的规定，丈量________确定的。

A. 船舶容积　　B. 船舶重量

C. 载货重量

## 第二节　船体主要结构类型

1. 舱容利用率高的骨架排列形式是________。

A. 纵骨架式　　B. 横骨架式

C. 纵横混合骨架式

2. 下列对横骨架式结构特点描述不正确的是________。

A. 建造方便　　B. 货舱容积损失少

C. 船舶纵向强度大

3. 船体横骨架式结构特点是________。

A. 纵向构件排列密而大，横向构件排列疏而大

B. 纵向构件排列疏而大，横向构件排列密而小

C. 纵向构件排列密而小，横向构件排列疏而大

4. ________船体结构是指主船体的横向构件排列密尺寸小，纵向构件排列间距大尺寸也大。

A. 纵骨架　　B. 横骨架

C. 混合骨架

5. 中小型船或内河船对总纵强度要求不高，主要用________结构。

A. 横骨架　　B. 纵骨架

C. 混合骨架

6. 纵骨架式船舶的________好。

A. 纵向强度　　B. 横向强度

C. 局部强度

7. 双层底结构中的横向构件统称为________。

A. 肋骨　　B. 横梁

C. 肋板

8. 纵骨架式船的骨架排列特点之一是________。

中华人民共和国海船船员培训大纲熟悉训练资源

A. 纵骨架大而密　　B. 纵骨架大而疏
C. 纵骨架小而密

9. ________船体结构是指主船体的纵向构件排列密尺寸小，横向构件排列间距大尺寸也大。
A. 纵骨架　　B. 横骨架
C. 混合骨架

10. 以下属于纵骨架结构特点的是________。
A. 横向强度和局部好　　B. 总纵强度好
C. 增加了自重

## 第三节　船舶管系

1. 舱底水管系的主要作用是________。
A. 排除沟（井）内的污水　　B. 破舱进水后用来排水
C. 吸排压载水

2. 舱底水管系主要用于________。
A. 排除沟（井）内及机舱底部的污水　　B. 泵排生活用水
C. 泵排舱内水以便于调整船舶稳性

3. 按规范规定，污水管路的设置应能满足船舶在正浮或向任何一舷横倾________以内均能排干污水。
A. 3°　　B. 5°
C. 7°

4. 舱底水管系的作用是________。
①调整压载舱内的水量；②破舱进水后用于排水；③排除污水沟、污水井内的积水
A. ①②　　B. ②③
C. ①③

5. 舱底水管系主要用于________。
A. 排除污水沟（井）内及机舱底部的积水
B. 泵排生活用水
C. 冲洗甲板

6. 关于舱底水管系中的管路要求是________。
①船向任意一舷横向倾斜小于 5°时均能排干污水；②至少设两台独立的舱底泵；③特殊情况还可担任排水任务
A. ①②③　　B. ②③
C. ①③

7. 货船上的污水沟一般设在________。
A. 双层底底部　　B. 舱内舭部
C. 首尖舱底部

8. 压载管系用于________。
A. 注入或排出压载水　　B. 排除舱底污水

C. 可兼做舱底水管系

9. 船舶压载管系中压载舱空气管的下口设置在________。

A. 各压载舱后部低处　　B. 各压载舱后部高处

C. 各压载舱前部高处

10. 船舶压载管路的吸口布置在压载舱的________。

A. 前部　　B. 后部

C. 中部

11. 船舶压载管系分别通至________。

A. 首尖舱、货舱　　B. 深舱、首尖舱、双层底舱

C. 双层底舱、大舱、首尖舱

12. 船船压载水管系________。

A. 只能用来调整压载舱内的水量　　B. 可以用于排除舱底污水

C. 可兼做舱底水管

13. 压载管系分别通至________。

①舱侧边水柜;②深舱;③首尖舱;④双层底

A. ①②③④　　B. ①②③

C. ①②④

14. 压载水管系包括________。

①压载管路;②吸口;③调驳阀和海底阀;④测量管和空气管

A. ①②③　　B. ②③④

C. ①②③④

15. 常用于水柜或油柜上,并设有滤网的通风筒是________。

A. 菌形　　B. 烟斗式

C. 鹅颈式

16. 能对外界空气进行过滤和温度、湿度处理,并将处理后的新鲜空气送至各舱室的装置是________。

A. 排风筒　　B. 空调系统

C. 烟斗式通风筒

17. 通风管系中的通风筒口应设在________。

A. 遮蔽甲板下　　B. 开敞甲板上

C. 任意舱壁上

18. ________ 主要用于向舱内送入新鲜空气,小型船舶的货舱用得较多。

A. 排风筒　　B. 菌形通风筒

C. 烟斗式通风筒

19. 船上的通风方法有________。

①自然通风;②机械通风;③空调调节

A. ②③　　B. ①②③

C. ①③

20. 船上通风管系的作用是________。

①防止货物变质或自燃;②调节舱内温度和湿度;③改善人员的生活、工作条件

A. ①②③ B. ①②

C. ②③

21. 船上自然通风系统中常见的通风筒有________。

①烟斗式通风筒;②排风筒;③菌形通风筒;④鹅颈式通风筒

A. ②③④ B. ①③④

C. ①②③④

22. 对通风管系的布置要求是________。

①通风筒口应设在开敞甲板的排气口附近;②通风筒上口在甲板上应具有一定高度;③通风管道不得穿过舱壁甲板以下的水密舱壁

A. ①② B. ①③

C. ②③

23. 根据规范要求,通风管系的主要进风口和出风口应能在________加以关闭。

A. 驾驶台 B. 被通风处所的外部

C. 被通风处所的内部

24. 通风筒口应尽量远离________。

A. 起居室、驾驶台 B. 机舱、厨房

C. 排气管口、天窗和升降口处

25. 按规定,通风筒应设有能在________将其关闭的装置,以便该通风筒所在舱室发生火灾时能迅速将其关闭。

A. 内部 B. 外部

C. 上部

26. 水灭火系统组成部分中的甲板管系平时可用于________。

A. 冲洗厕所 B. 供舱室卫生用水

C. 冲洗甲板和锚链

27. 因其作用的特殊性,每艘船舶都配备的消防管系是________。

A. 泡沫灭火系统 B. 气体灭火系统

C. 水灭火系统

28. 船舶必备的灭火系统是________。

A. 泡沫灭火系统 B. 二氧化碳灭火系统

C. 水灭火系统

29. 货船至少应配备独立供水消防泵的台数为________。

A. 1 台 B. 2 台

C. 3 台

30. 消防系统应定期进行检查保养,整个系统________检查一次,消防水带________检查一次,并摊开重卷,使其折痕得以变换。

A. 每三个月;每一个月 B. 每半年;每三个月

C. 每一年;每半年

31. 为防止海水倒灌,在所有开口排至舷外的排水管下口处设有________。

A. 止回装置　　B. 截止阀
C. 截止止回阀

32. 甲板水管系的用途是________。
A. 消防、冲洗甲板和锚链　　B. 提供舱室卫生用水
C. 排出污水

33. 甲板水管系的用途是________。
①冲洗厕所及排出污水；②提供生活用水；③冲洗甲板和锚链；④提供消防用水
A. ③④　　B. ②③
C. ①④

34. 甲板排水管系为防止污物进入排水口而堵塞排水管，在排水口处应设有________。
A. 盖板　　B. 木塞
C. 止回装置

## 第四节　货物装卸设备

1. 铁滑车的大小规格是以量取________为标准的。
A. 滑轮最大直径　　B. 索槽底部的滑轮直径
C. 滑车最大长度

2. 滑车轴、轴衬、挂头等构件磨损不得超过标准规格的________。
A. 1/5　　B. 1/10
C. 1/2

3. 木滑车的大小是度量________，铁滑车是度量________。
A. 车壳的长度；车壳的长度　　B. 车壳的长度；滑轮的直径
C. 滑轮的直径；车壳的长度

4. 滑车大小估算方法，铁滑车是度量________。
A. 滑轮的直径　　B. 车头到车尾长度
C. 车壳的直径

5. 动、定滑车配上辘绳称为________。
A. 绞辘　　B. 索具
C. 属具

6. 配合绳索使用的配件统称为________。
A. 索头环　　B. 索具
C. 滑车附件

7. 下图中的索具是________。

A. 卸扣　　B. 心环

C. 索头环

8. 钩子的大小是以________衡量的。

A. 直径　　B. 长度

C. 钩背直径

9. 下图所示船舶索具的主要作用是________。

A. 避免索具受力时急折　　B. 系固系统中系固点

C. 调节松紧

10. 估算眼环强度的标准方法是________。

A. 与所用材料有关　　B. 固定眼环的直径

C. 活动眼环的直径

11. 使用卸扣应________。

①不可横向受力;②不许超负荷;③发生生锈应立即刮除、上油

A. ①②③　　B. ①②

C. ①③

12. 用于静索上的索具螺旋扣,应________以防锈蚀和堵塞。

A. 先涂油,再用帆布包扎　　B. 先用帆布包扎,再涂油

C. 先涂油漆,再用帆布包扎

13. 固定大桅用的绳索称为________。

A. 动索　　B. 静索

C. 稳定索

14. 起货设备的绳索中,最易受损的是________。

A. 边稳索　　B. 吊货索

C. 千斤索

15. 按使用方式的不同,船用起重机可分为________几种。

A. 回转式、悬臂式、舷门式　　B. 悬臂式、舷门式、滑轨式

C. 回转式、悬臂式、组合式

16. 按使用动力方式的不同,船用起重机分为________。

A. 回转式、悬臂式、舷门式　　B. 电动式、液压式

C. 舷门式、滑轨式、定柱式

17. 悬臂式起重机利用________把悬臂拉出舷外,滑车组可沿着________滚动。

A. 千斤索;甲板上轨道　　B. 边稳索;强横梁

C. 悬臂牵索;悬臂前后

18. 使用微机控制双联组合起重机，在控制室内实现三个自由度的同步作业只需________。
    A. 1 人操作　　B. 2 人操作
    C. 3 人操作
19. 克令吊吊臂的工作幅度一般在________之间。
    A. 1.5～12 m　　B. 2.5～14 m
    C. 3.5～16 m
20. 克令吊的回转角度为________。
    A. 360°　　B. 180°
    C. 270°
21. 克令吊操纵室内座椅右侧的单主令控制手柄用于控制________。
    A. 吊臂变幅　　B. 吊货索起升
    C. 克令吊平动
22. 克令吊操纵室内座椅左侧的双主令控制手柄用于控制________。
    A. 吊臂变幅　　B. 吊臂变幅和塔架旋转
    C. 吊货索升降
23. 克令吊起升卷筒旁的限位装置在限制吊臂最低、最高位置的同时也防止________。
    A. 钢丝绳松脱　　B. 电机定子通断
    C. 刹车开关通断
24. 不管起重机吊臂在什么位置，当吊钩组合向吊臂头部接近约剩________时，吊钩的上升方向与吊臂的下降方向均会自动停止。
    A. 1 m　　B. 2 m
    C. 3 m
25. 克令吊使用时应________。
    A. 仰角在 10°以上
    B. 吊钩放到最低时卷筒上至少应留有约 3 圈钢丝
    C. 吊钩放到最高时卷筒上应留空槽约 4 圈钢丝
26. 下列哪个不是克令吊的安全装置？
    A. 限位装置　　B. 吊臂角度限位
    C. 旋转手柄限位
27. 克令吊发生危急情况时，欲使各部动作停止，应________。
    A. 将旋转手柄放在空挡　　B. 将旋转手柄放在零位
    C. 按压紧急开关
28. 克令吊传动装置失灵时，应________。
    A. 立即关闭电源　　B. 将旋转手柄放置零位
    C. 将货物及吊臂放下，慢慢松开电机刹车
29. 克令吊起升卷筒旁的限位装置是限制吊臂最低、最高位置，同时也防止________。
    A. 卷筒转动　　B. 电机定子通断
    C. 钢丝绳松脱
30. 克令吊吊臂要放置在支架上时必须________。

A. 操纵单主令手柄
B. 操纵双主令手柄
C. 首先把旋转手柄置于空挡,然后脚踏转换开关

31. 回转式起重机使用前需打开水密门以便检查通风,天气热时需________。
A. 另加水管冷却　B. 另加风扇通风
C. 启动轴流风机

32. 回转式起重机使用前应________。
①检查卷筒上钢丝是否排列整齐;②吊臂起升仰角大于27°;③检查安全刹车;④关闭水密门
A. ②③④　B. ①③④
C. ①②③

33. 使用克令吊时,船舶横倾一般不应超过________。
A. 2°　B. 8°
C. 5°

34. 操作起重机过程中如发生危急情况,可________使各动作停止。
A. 将旋转手柄放在空挡　B. 将旋转手柄放在零位
C. 按紧急开关

35. 放置克令吊吊臂前,应先将吊臂转到支架上方,再把旋转手柄放在________。
A. 旋转位置　B. 刹车位置
C. "零位"空挡位置

36. 克令吊的吊臂根部是固定在塔架底部,其头部有________两组滑轮组。
A. 千斤索、边稳索　B. 边稳索、吊货索
C. 千斤索、吊货索

37. 下图中吊杆头上的滑车是________。

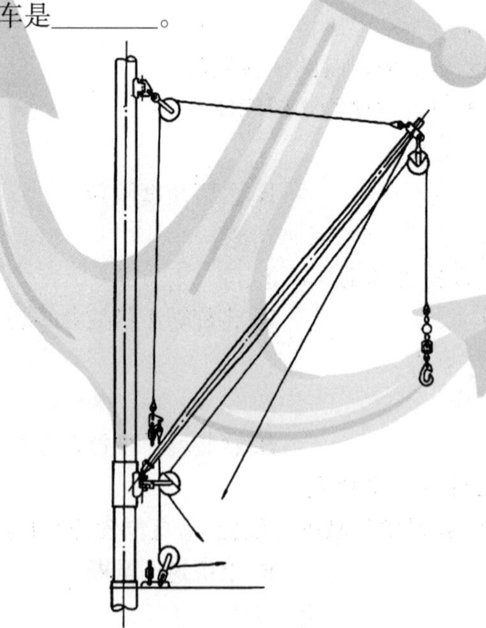

A. 吊货滑车　B. 千斤滑车

C. 导向滑车

38. 船舶装卸货物前或装卸货物后的起落吊杆过程中，指挥者应站在________。

A. 舱口前方　　B. 舱口后方

C. 使操作人员能看见的合适地点

39. 普通轻型单吊杆的摆动稳索是控制________。

A. 吊杆左右旋转　　B. 吊杆俯仰角度

C. 装卸货物升降

40. 普通轻型单吊杆的千斤索是控制________。

A. 吊杆左右旋转　　B. 吊杆俯仰角度

C. 装卸货物升降

41. 落吊杆时将吊杆降落在支架上，并使其受力后，首先应________。

A. 整理索具固定　　B. 插入保险销

C. 扣上铁箍

42. 吊一重物的单吊杆其仰角逐渐增加，则________。

A. 吊杆所受的轴向压力增大　　B. 千斤索受力增大

C. 千斤索受力减小

43. 轻型单杆千斤索所受的张力________。

A. 与滑轮数有关　　B. 与仰角有关，但与滑轮数无关

C. 与滑轮数及仰角有关

44. 普通轻型单吊杆各构件受力可简单假定汇交在________。

A. 吊杆头部　　B. 吊杆根部

C. 吊杆头部、吊杆根部、千斤索眼板三处

45. 对单千斤索吊杆受力分析可知，其千斤索张力的大小与________。

A. 吊杆仰角有关，仰角越大张力越大

B. 吊杆仰角有关，仰角越大张力越小

C. 吊杆仰角无关

46. 轻型单吊杆的轴向压力主要取决于________。

A. 吊货索的拉力　　B. 滑轮的摩擦

C. 吊杆自重

47. 对起重设备的定期检查包括________。

①航次检查；②季度检查；③半年度检查；④年度检查

A. ①②　　B. ①②③

C. ①②③④

48. 钢丝绳在其 10 倍直径的长度内，有________断丝，必须更换。

A. 5%　　B. 10%

C. 15%

49. 钢丝绳索的安全工作负荷 = 破断负荷/安全系数。其中安全系数一般取________。

A. 3. 5　　B. 6

C. 8

50. 按照规定要求,钢丝在10倍长度内有________断丝或整股断裂或过度磨损、腐蚀则必须更换。

A. 15%　　B. 10%

C. 5%

51. 吊杆轴线挠度不应超过其长度的________。

A. 1/150　　B. 1/1 500

C. 1/1 000

52. 起重机试验负荷时,重物吊离甲板,保持悬挂时间应不少于________。

A. 5 min　　B. 10 min

C. 15 min

53. 在任何情况下采取试验负荷,应不少于________倍安全工作负荷。

A. 1倍　　B. 1.1倍

C. 1.2倍

54. 可拆卸零部件的试验,应保持试验负荷不少于________,不允许产生变形、裂纹等缺陷,对于可转动的要检查是否可以自由转动。

A. 5 min　　B. 10 min

C. 30 min

55. 起重机最大安全工作负荷的载荷指示器应能在载荷________ SWL时自动切断动力。

A. 110%　　B. 115%

C. 125%

56. 起重设备的零部件在交付使用前、重大事故后及换证检验时必须进行强度试验。而换证全面检验应________一次。

A. 3年　　B. 4年

C. 5年

57. 起重设备的换证检验是在初次检验或换证检验后,每隔________年进行。

A. 2　　B. 3

C. 4

58. 起重设备的年度检验是在初次检验或换证检验后,每周年前或后________月内进行。

A. 1　　B. 3

C. 6

59. 关于起重设备的换证检验,下列说法正确的是________。

A. 在初次检验或年度检验后,每隔2年,应进行换证检验

B. 在初次检验或年度检验后,每隔3年,应进行换证检验

C. 在初次检验或换证检验后,每隔4年,应进行换证检验

60. 起重设备在初次检验后每隔________年进行换证检验。

A. 5　　B. 4

C. 3

# 第五节　货舱、舱盖及压载舱

1. 滚翻式货舱盖开舱时，在盖板进入舱口端收藏坡道后盖板便________。
   A. 顺序纵向叠加　　B. 顺序横向并靠
   C. 翻转成直立状态存放
2. 滚翻式货舱盖各块盖板之间的连接方式是________。
   A. 链条连接　　B. 铆接
   C. 焊接
3. 图中所示的舱口盖，属于________。
   A. 滚动式舱冂盖　　B. 滑动式舱口盖
   C. 折叠式舱口盖
4. 货舱盖按结构形式和开关方式的不同可分为________。
   A. 滚动式、折叠式和吊移式　　B. 折叠式、卷叠式和吊移式
   C. 吊移式和牵引式
5. 滚翻式舱口盖盖板进入舱口端收藏坡道时，盖板便________。
   A. 顺序纵向叠加　　B. 顺序横向并靠
   C. 翻转成直立状态存放
6. 滚动式舱盖主要由________组成。
   A. 盖板、水密装置、滚轮装置、导向曳行装置、压紧装置
   B. 盖板、水密装置、滚轮装置、铰链装置、压紧装置
   C. 盖板、滚轮装置、导向曳行装置、铰链装置、压紧装置
7. 液压驱动式折叠货舱盖盖板的组成特点是________。
   A. 成对相互铰接　　B. 成对相互焊接
   C. 成对相互铆接
8. 当四页液压铰链式货舱盖开启到储存位置时________。
   A. 盖板翻转成直立状态　　B. 盖板自由悬挂
   C. 盖板由收藏钩自动落下扣住舱盖
9. 折叠式货舱盖盖板间采用________。
   A. 链条连接　　B. 插销连接
   C. 铰链连接
10. 折叠式舱口盖盖板组成是________。

A. 成对互相链条连接　　B. 成对互相焊接

C. 成对互相铰接

11. 折叠式舱口盖中,开闭较简便的方式应为________。

A. 绞车式　　B. 液压式

C. 吊杆式

12. 提升式货舱盖又称________。

A. 滚动式货舱盖　　B. 折叠式货舱盖

C. 箱形货舱盖

13. 玻璃钢舱口盖特点是________。

A. 刚度差,容易老化剥蚀　　B. 不容易老化

C. 不耐腐蚀

14. 吊移式舱盖开关舱作业通过________。

A. 本身专用的驱动装置　　B. 船上或岸上起重设备吊移

C. 船员人力开关

15. 对滚动式舱口盖,开舱前首先要做的是________。

A. 调整偏心轮　　B. 打开压紧装置

C. 启动动力装置

16. 开关舱时,应注意事项是________。

①轨道设障碍防止出轨;②滚动式舱盖先挂好牵引钢丝绳并检查铁锲应位于正常位置,开关时防止出轨;③禁止站立在舱盖上,开舱时桅屋放舱盖板处应无人;④正确挂(脱)舱盖保险钩;⑤吊放大块钢质舱盖要挂好钩,稳起稳落,正下方不准站人

A. ①②③④　　B. ②③④⑤

C. ①②④⑤

17. 对于舱盖腐蚀程度超出允许极限的部位________。

A. 只要保证水密就行,不用更换或修理

B. 应涂油漆保证水密

C. 应进行换新或修理

18.《钢制海船入级规范》规定,每次年度检验时,应选择________ 1/4 船长范围内的舱口盖装置进行开启、关闭操作检验。

A. 船舶前部　　B. 船舶中部

C. 船舶后部

19. 对所有水压载舱进行全面检查时显示无可见的结构缺陷,可________。

A. 免于检查

B. 仅限于确定防腐系统的有效性

C. 仅限于保护涂层

20. 在船舶定期检验中,如发现钢质舱口盖大范围锈蚀和/或严重腐蚀,则对其进行________,以确定其腐蚀程度和范围,对超出允许极限的部位换新或修理。

A. 远观检查　　B. 近观检查

C. 测厚

21. 一般采用________或等效方法来检查所有舱口盖的密封装置的有效性。
    A. 防火实验　　B. 冲水实验
    C. 压力实验
22. 舱口盖及围板的全面检验应在其________的状态下进行,并包括验证正常开启和关闭的操作。
    A. 开启　　B. 关闭
    C. 开启和关闭
23. 根据《钢制海船入级规范》规定,年度检验时如货舱舱口压紧装置不能正常操作,则应在________的监督下进行修理。
    A. 船长　　B. 海事局
    C. 验船师

## 第六节　船舶货运基础

1. 从船舶型线图上量取的尺度为________。
   A. 最大尺度　　B. 船型尺度
   C. 登记尺度
2. 根据我国的规定,船舶型宽是指________。
   A. 在船长中点处,由一舷的肋骨外缘量至另一舷的肋骨外缘之间的水平距离
   B. 在船舶最大宽度处,由一舷的外板量至另一舷的外板之间的水平距离
   C. 在船舶最大宽度处,由一舷的肋骨外缘量至另一舷的肋骨外缘之间的水平距离
3. 根据我国定义,型吃水 $d$ 是指________。
   A. 在最大长度中点处,由平板龙骨上缘量至夏季水线的垂直距离
   B. 在船长中点处,由平板龙骨下缘量至实际装载水线的垂直距离
   C. 在船长中点处,由平板龙骨上缘量至设计水线的垂直距离
4. 船舶最宽处包括船体钢板厚度及永久固定物在内的水平宽度叫作________。
   A. 登记宽度　　B. 型宽
   C. 最大宽度
5. ________表示水线下船体形状的肥瘦程度。
   A. 水线面系数　　B. 中横剖面系数
   C. 方形系数
6. 船舶的方形系数越大,表明船舶________。
   A. 水下船体形状越肥胖　　B. 水下船体形状越瘦削
   C. 水下船体形状的变化趋势不定
7. 船舶的水线面系数越大,表明船舶________。
   A. 水线面形状越肥胖　　B. 水线面形状越瘦削
   C. 水线面形状的变化趋势不定
8. 船舶的中横剖面系数越大,表明船舶________。
   A. 水线下中横剖面形状越肥胖

B. 水线下中横剖面形状越瘦削

C. 水线下中横剖面形状的变化趋势不定

9. 方形系数,是船体的________与船长、型宽和型吃水确定的箱型体积之比,表示水下船体形状的肥瘦程度。

A. 排水量　　B. 型排水体积

C. 水线面面积

10. 船舶的浮心 $B$ 是指船舶________。

A. 水下排水体积的几何中心　　B. 受风面积的中心

C. 水线面面积的中心

11. 船舶的漂心 $F$ 是指________。

A. 船舶排水体积的形心　　B. 船舶水线面面积的几何中心

C. 船舶所受重力的作用中心

12. 当船舶吃水增加时,船舶的 ________一定增大。

A. 浮心距船中距离　　B. 漂心距船中距离

C. 浮心距基线高度

13. 船舶的浮心 $B$ 是指船舶________。

A. 总重量的中心　　B. 水下排水体积形状的几何中心

C. 水线面面积的中心

14. 船舶倾斜前后,重力和浮力________。

A. 大小不等,位置不变　　B. 大小相等,位置不变

C. 大小相等,位置改变

15. 船舶在静水中横倾的原因为________。

A. 船舶重心不在纵中剖面上　　B. 船舶重力和浮力不相等

C. 船舶重力和浮力没有作用在同一垂线上

16. 船舶纵倾前后,重力和浮力________,浮心位置________。

A. 大小相等;不变　　B. 大小不等;不变

C. 大小相等;改变

17. 空船排水量不包括________。

A. 船体、机器及设备重量　　B. 锅炉中的燃料和水

C. 船员、行李

18. 船舶装载排水量是指________。

A. 装载后实际排水量　　B. 夏季排水量

C. 热带排水量

19. 船舶的重量性能包括________。

A. 排水量和总吨位　　B. 排水量和载重量

C. 排水量、总载重量、总吨位和净吨位

20. 通常用重量来表示货船大小时,所指的都是________。

A. 总载重量　　B. 总吨位

C. 满载排水量

21. 船舶总载重量 *DW* 是指________。
    A. 船舶装载货物重量之和　　B. 船舶的总吨位
    C. 在任一水线时船舶所能装载的最大重量
22. 船舶航次总载重量不包括________。
    A. 货物重量　　B. 航次储备重量
    C. 空船重量
23. 当船舶航次总载重量确定后,其净载重量 *NDW* 与________无关。
    A. 载重线　　B. 航次油水储备量
    C. 船舶常数
24. 船舶的总载重量等于船舶的满载排水量减去________。
    A. 船舶常数　　B. 空船重量
    C. 航次储备量
25. 排水量是指自由漂浮于静止水面上的静态船舶排开水的重量,在数值上等于该状态下________的总重量。
    A. 船舶　　B. 货物
    C. 油水
26. 船舶资料中给出的满载排水量通常是指船舶的________排水量。
    A. 热带　　B. 夏季
    C. 冬季
27. 总载重量 *DW* 通常是在该状态时船舶的排水量与________的差值。
    A. 货物重量　　B. 油水重量
    C. 空船重量
28. 通常情况下,杂货船的包装容积与散装容积的关系是________。
    A. 包装舱容大于散装舱容　　B. 包装舱容小于散装舱容
    C. 包装舱容等于散装舱容
29. 货舱内所能容纳无包装的小块状、颗粒状、粉末状的货物的最大体积称为________。
    A. 货舱散装容积　　B. 货舱包装容积
    C. 液货舱容积
30. 下列________可用于表征船舶容积性能的指标。
    A. 舱室容积　　B. 总载重量
    C. 空船重量
31. 船舶的货舱总容积用来表示船舶的________。
    A. 载重能力　　B. 容积能力
    C. 其他方面的能力
32. 船舶装载件杂货时的容积能力是指________。
    A. 液舱舱容　　B. 包装舱容
    C. 散装舱容
33. 船舶的每厘米吃水吨数 *TPC* 是指船舶的________。
    A. 平均吃水变化 1 cm 时所需要的纵倾力矩值

B. 平均吃水变化1 cm时所需要加减载荷的吨数

C. 吃水差变化1 cm时所需要的纵倾力矩值

34. 通常情况下,每厘米吃水吨数 *TPC* 随船舶吃水的增大而________。

A. 增大　　B. 减小

C. 不变

35. 某船观测得首、尾吃水为7.30 m、8.70 m且船中拱,则可以判断其船中平均吃水________ 8.00 m。

A. 大于　　B. 小于

C. 等于

36. 当船舶仅有横倾时,平均吃水为________。

A. 首中尾的左舷平均吃水　　B. 中部两舷的平均吃水

C. 首尾的右舷平均吃水

37. 船舶处于纵倾状态时,计算平均吃水需要进行________修正。

A. 纵倾　　B. 横倾

C. 拱垂

38. 当船舶排水量一定时,由淡水港进入海水港则________。

A. 吃水增加　　B. 吃水减少

C. 吃水不变

39. 船舶由淡水水域驶入海水水域时,船舶所受浮力________。

A. 减少　　B. 增加

C. 不变

40. 船舶进出不同水密度水域时,水密度的增加________。

A. 将减小船舶的排水量　　B. 将增加船舶的排水量

C. 不影响排水量

41. 在船舶总重量不变的情况下,由海水水域进入淡水水域时,排水体积________,从而使吃水________。

A. 不变;不变　　B. 增大;增大

C. 减小;减小

42. 在船舶总重量不变的情况下,由淡水水域进入海水水域时,排水体积________,从而使吃水________。

A. 不变;不变　　B. 增大;增大

C. 减小;减小

43. 船舶的淡水水尺超额量F.W.A是指船舶________。

A. 由海水进入半淡水时平均吃水的增加量

B. 由淡水进入海水时平均吃水的增加量

C. 由标准海水进入标准淡水时平均吃水的增加量

44. 船舶由标准海水进入标准淡水时,平均吃水增加量称为________。

A. 淡水水尺超额量　　B. 半淡水水尺超额量

C. 半海水水尺超额量

45. 船舶由标准海水水域进入水密度为________的水域时,平均吃水增加量称为半淡水水尺超额量。
   A. 1.000　　B. 1.025
   C. 1.000~1.025
46. 船舶静水力曲线图的垂向坐标表示船舶的________。
   A. 平均型吃水　　B. 平均实际吃水
   C. 满载吃水
47. 表征船舶在静止正浮状态下其平均吃水与船舶若干性能参数的一组关系曲线称为________。
   A. 静水力特性参数表　　B. 静稳性曲线图
   C. 静水力曲线图
48. 按我国习惯,在使用静水力曲线图查取浮心距船中距离 $x_b$ 时,以下说法正确的是________。
   A. 浮心 $B$ 在船中前或船中后,$x_b$ 均为负值
   B. 浮心 $B$ 在船中后,$x_b$ 为负值;反之为正值
   C. 浮心 $B$ 在船中后,$x_b$ 为正值;在船中前为负值
49. 每厘米纵倾力矩 $MTC$ 的用途主要是供计算及调整船舶的________。
   A. 平均吃水　　B. 局部强度
   C. 吃水差
50. 船舶驾驶员可根据________查载重表尺得到相关的静水力参数。
   A. 船舶的排水量　　B. 船舶的总载重量
   C. 船舶的平均实际吃水
51. 船舶载重表尺是表示船舶在________下的浮性参数、稳性参数与吃水的关系图表。
   A. 空载状态　　B. 夏季满载状态
   C. 静止正浮状态
52. 使用静水力资料时,通常可以从________中直接查取水密度 $\rho = 1.010\ g/cm^3$ 相对应的排水量。
   A. 静水力曲线图　　B. 载重表尺
   C. 静水力参数表
53. 在使用载重表尺时,可以用船舶的________为查表引数。
   A. 实际吃水　　B. 型吃水
   C. 实际吃水或型吃水
54. 以下关于载重表尺说法正确的是________。
   A. 载重表尺通常是指船舶在静止、正浮或纵倾状态下浮性和稳性参数随吃水变化的关系图表
   B. 载重表尺常带有载重线标志
   C. 载重表尺常用型吃水为查表引数
55. 静水力参数表的查表引数是________。
   A. 船舶的横倾角　　B. 型吃水

C. 实际吃水

56. 静水力参数表中不包括________数值。

A. $KB$　　B. $KF$

C. $x_b$

57. 在使用静水力参数表时,可以用________为查表引数。

A. 型吃水　　B. 实际吃水

C. 型吃水或实际吃水

58. 船舶处于非标准水密度的水域时,查静水力参数表中对应的海水排水量或淡水排水量后需要进行________修正,才能得到当前状态下的船舶排水量。

A. 纵倾　　B. 漂心

C. 水密度

59. 以下静水力资料中,________给出了船舶在纵倾状态下的静水力数值。

A. 静水力曲线图　　B. 载重表尺

C. 静水力参数表

60. 干舷的大小可以用来衡量________的大小。

A. 强度　　B. 稳性

C. 储备浮力

61. 载重线标志的主要作用是确定________。

A. 排水量　　B. 船舶干舷高度

C. 总吨位

62. 夏季干舷是指________。

A. 从干舷甲板线下边缘向下量到夏季载重线上边缘的垂直距离

B. 从干舷甲板线上边缘向下量到夏季载重线上边缘的垂直距离

C. 从干舷甲板线中线向下量到夏季载重线下边缘的垂直距离

63. 从甲板线上边缘垂直向下量至载重线圆圈中心的距离等于________。

A. 船舶的干舷　　B. 所核定的夏季干舷

C. 船舶当时的干舷

64. 干舷大小是衡量船舶________的重要标志。

A. 纵倾大小　　B. 储备浮力大小

C. 稳性大小

65. 船舶的储备浮力是指________。

A. 水密空间的大小

B. 满载水线以上船体水密空间所提供的浮力

C. 所保留的干舷高度值

66. 船舶干舷越大,表示船舶的________越大。

A. 储备浮力　　B. 设计吃水

C. 吃水差

67. 一般用________表示船舶储备浮力的大小。

A. 稳性　　B. 纵向强度

C. 干舷

68. 载重线圆圈的中心应位于________。

A. 船中以前 1/4 船长处　　B. 船中以后 1/4 船长处

C. 船中处

69. 最大吃水限制以________为准。

A. 载重线的上边缘　　B. 载重线的下边缘

C. 载重线的中线

70. 载重线的作用是________。

A. 规定船在不同航区的最小干舷　　B. 规定船在不同航区的最小吃水

C. 规定船在不同航区的最大干舷

71. 我国国内航行木材船夏季淡水载重线按规定表示为________。

A. MF　　B. MQ

C. LF

72. 各类船舶勘划载重线的目的是规定在各种不同条件下航行时船舶的________。

A. 最小干舷及最小吃水　　B. 最小干舷及最大吃水

C. 最大干舷及最小吃水

73. 船舶的载重线标志通常标绘于________。

A. 船首两舷　　B. 船尾两舷

C. 船中两舷

74. 我国沿海海区属于________。

A. 热带季节性区带　　B. 热带区带

C. 冬季季节性区域

75. 船舶勘划各条载重线的主要目的是________。

①限制满载吃水;②确定最小干舷;③查看实际吃水

A. ①②　　B. ①③

C. ②③

76. 我国《法定规则》规定,船舶载重线标志由________负责勘划。

A. 船级社或委托指定机关　　B. 海事局

C. 船东

77. 一年各季节中风浪变化不大,允许船舶终年使用同一载重线的海区称为________。

A. 区带　　B. 热带季节区域

C. 冬季季节区域

78. 一年各季节风浪变化较大,船舶根据不同的季节期使用不同载重线的海区称为________。

A. 热带区带　　B. 夏季区带

C. 季节区域

79. 为保证船舶不超载,船舶装载排水量应不超过________。

A. 冬季排水量　　B. 夏季排水量

C. 允许使用的载重线所对应的排水量

80. 我国沿海航行船舶每年一月应使用________载重线。

A. 夏季　　B. 热带

C. 冬季

81. 船舶不论出港、进港或航行时，根据《载重线公约》使用的载重线标志________都不得被水淹没。

A. 下边缘　　B. 中间

C. 上边缘

82. 某船 4 月 8 日从上海港出港，按照《法定规则》规定允许使用________。

A. 热带载重线　　B. 夏季载重线

C. 冬季载重线

83. 我国沿海航行船舶的载重线标志中，用标有________水平线段表示热带载重线。

A. R　　B. X

C. Q

84. 有关海运货物的分类方法，危险货物是按________划分的。

A. 货物形态和运输方式　　B. 货物形态和运输条件

C. 货物特性和运输要求

85. 按照货物特性及运输要求分类的货物是________。

A. 杂货　　B. 固体散装货物

C. 危险货物

86. 货物在运输过程中具有的散发水分的性质称为货物的________。

A. 吸湿性　　B. 散湿性

C. 吸尘性

87. 玻璃制品、陶瓷、精密仪器等在运输过程中要特别注意它们的________。

A. 膨胀性　　B. 发汗性

C. 易碎性和脆弱性

88. 食糖具有下列哪些性质？

①易潮解；②吸附异味性；③易燃性

A. ①②③　　B. ①②

C. ①③

89. 下列________货物属于固体散装货物。

A. 沙石　　B. 蜂蜜

C. 生丝

90. 下列________不是包装的作用。

A. 保护货物质量不变和数量完整

B. 便于货物的衬垫、隔票

C. 防止危险扩散，保护人身财产及环境的安全

91. 以下________不是货物包装的作用。

A. 保证货物质量和数量完整　　B. 便于搬运、堆垛、装卸及理货

C. 便于衬垫和隔票

92. 缓冲填塞材料属于________。

A. 内包装　　B. 外包装
C. 组合包装

93. 常见的包装形式中，缩写字母 BG 表示________的包装。
A. 袋装货物　　B. 箱装货物
C. 桶装货物

94. 注明货物的发货港、卸货港、货物重量等的标志是货物的________。
A. 主标志　　B. 副标志
C. 注意标志

95. 在装货单、提单、舱单上必须记录其内容的标志是________。
A. 主标志　　B. 副标志
C. 注意标志

96. 下列________属于货物副标志的内容。
A. 信用证编号　　B. 货名
C. 贸易合同编号

97. ________是货物运输标志的主体，又称发货标志。
A. 主标志　　B. 副标志
C. 指示标志

98. 运输标志是为了方便货物的收发、交接和运输制作的标志，可以分为________。
A. 主标志和副标志　　B. 指示标志和危险货物标志
C. 危险货物标志和原产国标志

99. 海运货物在运输途中因其本身的理化性质等原因，产生的货物重量的不可避免的减少量占原来运输货物总重量的百分比，称为________。
A. 自然耗损　　B. 自然耗损率
C. 亏舱率

100. 某运矿粉的散货船其自然减量产生的主要原因是________。
A. 蒸发与挥发　　B. 飞扬与撒落
C. 溢渗与漏失

101. 以下________不是自然损耗的产生原因。
A. 货物自身性质　　B. 自然灾害
C. 自然条件

102. 海运货物在运输途中因其本身的理化性质、自然条件或运输技术条件等因素的影响，产生的货物重量的不可避免的减少，称为________。
A. 散失　　B. 货差
C. 自然损耗

103. 下列________不是自然损耗产生的形式。
A. 干耗　　B. 散失
C. 压损

104. 货物的亏舱率是指亏舱舱容与________的比值。
A. 货物量尺体积　　B. 货物所占货舱容积

C. 货物实际体积

105. 所谓亏舱舱容是指________。

A. 满载而不满舱的空间

B. 货物所占舱容与货物量尺体积的差值

C. 装载选港货的空间

106. 下列________不是亏舱的原因。

A. 货物与货物之间存在间隙

B. 货物与舱壁、横梁等存在间隙

C. 装载重货造成满载不满舱

107. 所谓亏舱是指装货时________。

A. 满载而不满舱的空间

B. 无法被货物充分利用的空间

C. 装载选港货的空间

108. 货物亏舱的大小一般与________无关。

A. 货舱形状及舱内结构、舱内设备布置

B. 货物性质、包件大小与形状、货物之间的镶嵌性

C. 适用的法律、公约及所订立的运输合同

109. 装于某一船上的同一种包装货物，其亏舱率________。

A. 相同　　B. 装于首尾部舱室的大

C. 装于中部舱室的大

110. 货物的积载因数越大，说明________。

A. 每吨货物所占舱容越大

B. 每立方米容积所能装载的货物越多

C. 排水量利用率越大

111. 当货物的积载因数小于船舶的舱容系数时，该货物为________。

A. 重货　　B. 轻货

C. 中等货

112. 当船舶的舱容系数小于货物的平均积载因数时的装载称为________。

A. 满载不满舱　　B. 满舱不满载

C. 既不满舱也不满载

113. 当船舶的舱容系数大于货物的平均积载因数时的装载称为________。

A. 满载不满舱　　B. 满舱不满载

C. 既不满舱也不满载

114. 包括亏舱的积载因数是指每一吨货物所占的________。

A. 货舱容积　　B. 量尺体积

C. 实际体积

115. 不包括亏舱的积载因数是指每一吨货物所具有的________。

A. 货舱容积　　B. 量尺体积

C. 实际体积

116. 一般来说,货物不包括亏舱的积载因数________包括亏舱的积载因数。
   A. 大于　　B. 小于
   C. 等于
117. 在货源充足且船舶吃水不受限制的条件下,当船舶的舱容系数等于货物的平均积载因数时,则可达到________。
   A. 满舱满载　　B. 满舱不满载
   C. 既不满舱也不满载

## 第七节　船舶载货能力

1. 船舶的特殊载货能力是指________。
   A. 船舶载重量大的能力
   B. 船舶结构和设备所具有的装载某些特殊货物的能力
   C. 船舶舱容大的能力
2. 船舶的载货能力包括________。
   A. 载重能力及容量能力
   B. 净载重量、净吨位及货舱容积
   C. 载货重量能力、载货容量能力及其他载货能力
3. 船舶的载货能力是指________。
   A. 载货重量的多少
   B. 具体航次中船舶所能装运货物的种类和数量的最大限值
   C. 特殊货物的装载能力
4. 船舶装载能力是指船舶的________。
   ①载重能力;②容积能力;③其他方面的能力
   A. ①②③　　B. ②③
   C. ①③
5. 船舶总载重量一定时,船舶的净载重量 *NDW* 与下述________无关。
   A. 空船排水量　　B. 船舶常数
   C. 油水储备
6. 在船舶的装载能力中,载重能力用________表示。
   A. 船舶总吨位　　B. 船舶净吨位
   C. 船舶净载重量
7. 船舶常数是________,其值越________,船上装货量越小。
   A. 变量;大　　B. 定值;大
   C. 定值;小
8. 判断本航次计划所运载的货物能否被船舶全部承运,应满足的条件不包括________。
   A. 航次货运量不超过航次净载重量
   B. 航次货物体积不超过货舱总容积
   C. 船舶航次储备量须控制在一定数额内

9. 下列不属于船舶载货能力的是________。
A. 载货重量能力　　B. 载货容量能力
C. 储备品装载能力

10. 对于装载高密度矿石的散货船，核算船舶载货能力的主要目的是________。
A. 确定航次货物最大装载重量　　B. 确定航次货物最大装载体积
C. 确定航次货物最大装载件数

11. 船舶载货能力中的容量能力对集装箱船而言，是指________。
A. 箱位容量　　B. 散装舱容
C. 液舱舱容

12. 船舶载货能力核算的方法是船舶的________是否满足要求。
①重量能力；②容积能力；③压载能力；④特殊载货能力
A. ①②③　　B. ①②④
C. ②③④

13. 当船舶的航线水深不受限时，船舶的最大装载水尺应根据________来确定。
A. 航次货运量　　B. 航道水深
C. 适宜的载重线

14. 下列不属于船舶总载重量的是________。
A. 螺旋桨　　B. 备品
C. 固定压载

15. 船舶由使用较低载重线海区航行至使用较高载重线海区时，应该按________确定总载重量。
A. 较高载重线　　B. 较低载重线
C. 高低载重线间某一数值

16. 船舶航次储备量中的可变储备量不包括________。
A. 燃油　　B. 淡水
C. 船舶备品

17. 船上燃油、淡水的重量属于船舶的________。
A. 净载重量　　B. 固定储备量
C. 可变储备量

18. 在实际营运中，船舶航次储备量中的可变储备量包括________。
A. 船用备品　　B. 粮食和供应品
C. 燃润料和淡水

19. 以下________属于船舶固定储备量的内容。
A. 燃料油　　B. 船员及行李
C. 淡水

20. 以下________属于船舶可变储备量的内容。
A. 船员及行李　　B. 供应品及备品
C. 燃料油和润滑油

21. 船舶在长期营运中积压一些废料、废物和船壳、船底滋生的一些海生物而形成的重量，属于船舶的________。

A. 储备品总量　　B. 空船重量

C. 船舶常数

22. 下列________不属于船舶常数的内容。

A. 储备品和供应品　　B. 船体改装所增重量

C. 货舱内的残留货物

23. 下列关于船舶常数的说法不正确的是________。

A. 一艘船舶的船舶常数是一个常数,所以是固定不变的

B. 船舶常数通常在船舶坞修后测定

C. 船体附着海藻、贝壳等生物的重量属于船舶常数

24. 下列不是产生船舶常数的原因的是________。

A. 船体外附着的海藻、贝类等海生物

B. 船体机械设备进行定期修理和局部改变

C. 冷凝器中储存的水

25. 以下不属于船舶常数的是________。

A. 货物、衬垫物料及垃圾的残留物或沉淀物

B. 为改善船舶性能所需注入的压载水重量

C. 船上库存的废旧机件、器材及物料

26. 通常情况下,船舶常数在________测定。

A. 出租前　　B. 装货前

C. 定期修理后

27. 船舶常数是指________。

A. 测定时空船重量

B. 测定时空船重量与新出厂时空船重量的差值

C. 测定时的船舶排水量与空船重量的差值

28. 测定船舶常数时,应选择________时测定数值比较准确。

A. 空载　　B. 半载

C. 满载

29. 下列________属于船舶常数的内容。

A. 船员及行李　　B. 供应品和备品

C. 船体改装增加的重量

30. 当航线水深对船舶吃水有限制时,为提高船舶的载重能力,船过浅水区时应保持________状态。

A. 平吃水　　B. 适度首倾

C. 适度尾倾

31. 船舶装载后达到满载,说明船舶充分利用了它的________。

A. 载重能力　　B. 容积能力

C. 其他方面的能力

32. 船舶装载后达到满舱,说明船舶充分利用了它的________。

A. 载重能力　　B. 容积能力
C. 其他方面的能力

33. 船舶在装载货物时，合理的情况下，应尽可能做到紧密堆码、减少亏舱，这是________。
A. 提高船舶的载重能力　　B. 充分利用船舶的容积能力
C. 充分利用了船舶的其他能力

34. 以下________对船舶载重能力不产生影响。
A. 航经区域　　B. 船舶净吨
C. 航区水密度

35. 下列________不是提高船舶的载重能力的具体措施。
A. 装载重货后合理平舱　　B. 减少船舶常数
C. 合理确定航次的油水数量

36. 充分利用船舶净载重量和舱容的方法是________。
A. 品质相同的货物同装一舱　　B. 种类相同的货物同装一舱
C. 轻重货物在各舱合理搭配

37. 实际营运中，充分利用船舶载货能力使货舱满舱满载的基本途径之一是________。
A. 正确进行船舶强度计算　　B. 正确绘制积载图
C. 轻重货物的合理搭配

38. 充分利用船舶净载重量和舱容使货舱满舱满载的方法是________。
A. 品质相同的货物同装一舱　　B. 种类相同的货物同装一舱
C. 轻重货物在各舱合理搭配

39. 提高船舶载货能力包括________。
①提高船舶载重能力；②充分利用船舶容量能力；③充分利用船舶特殊载货能力
A. ①②　　B. ①③
C. ①②③

## 第八节　普通杂货装运和积载要求

1. 下列________不属于贵重货物。
A. 精密仪器　　B. 蜂蜜
C. 古董

2. 下列________不属于气味货物。
A. 味素　　B. 烟叶
C. 香料

3. 下列________不属于扬尘污染货物。
A. 奶粉　　B. 立德粉
C. 石墨

4. 下列________不属于易碎品货物。
A. 玻璃　　B. 陶器
C. 液态氮钢瓶

5. ________属于清洁货物。
   A. 滑石粉　　B. 立德粉
   C. 水泥
6. 下列________属于清洁货。
   ①丝绸;②滑石粉;③棉布
   A. ①　　B. ①③
   C. ①②③
7. 货物数量及货物性质不同的货物,应首先配装________。
   A. 特殊的,较少数量的货物　　B. 特殊的,较大数量的货物
   C. 普通的,较少数量的货物
8. 所谓杂货船的重点舱是指________。
   A. 船舶各货舱中尺度最大的货舱
   B. 船舶各货舱中货物装载最多的货舱
   C. 船舶各货舱中所需装卸时间最长的货舱
9. 同舱装载袋装大豆和散装氟石,配载时则应先配装________。
   A. 袋装大豆　　B. 散装氟石
   C. 任一种货物
10. 普通杂货配舱时,如果存在多个卸货港,则应该首先配装________的货物。
    A. 先到港　　B. 中途港
    C. 最后到港
11. 普通杂货配舱时,如果货物批量大小不同时,应该首先配装________的货物。
    A. 大票　　B. 零散
    C. 普通
12. 根据杂货配载原则,下列说法错误的是________。
    A. 轻货配于上层　　B. 扬尘货物配于下层
    C. 玻璃制品只能配于舱面
13. 若无港序限制,塑料桶装的非危险性液体化工品的合理舱位是________。
    A. 任意舱位均可　　B. 各舱底舱的舱口位
    C. 各舱的二层舱底部,避开舱口位
14. 在可能的情况下,小批量气味货应尽量________。
    A. 分散配于各舱内　　B. 集中配于任一货舱内
    C. 集中配于容积较小的首尾舱内
15. 下列________可作打底货。
    A. 矽钢卷　　B. 金属类捆扎货
    C. 非金属类捆卷货
16. 以下________金属捆卷货不可以作打底货。
    A. 盘圆　　B. 钢丝
    C. 矽钢卷
17. 普通杂货船兼运少量散货时,散装货最好装在________。

A. 首部货舱　　B. 尾部货舱
C. 中部货舱底舱

18. 某船承运一批玻璃制品，其舱位最好选择在________。
A. 二层舱，舱口下方　　B. 二层舱，靠近前后横舱壁
C. 底舱，靠近前后横舱壁

19. 某船装载一批大桶装植物油，以下________舱位最合适。
A. 中部货舱的二层舱　　B. 首尾部货舱的底舱打底
C. 中部货舱的底舱打底

20. 二货舱尾机船装载少量扬尘污染货宜选在________。
A. 第一舱二层舱　　B. 第一舱底舱
C. 第二舱底舱

21. 下列说法________是错误的。
A. 扬尘污染货不能配在二层舱
B. 扬尘污染货宜配在首尾舱的底舱
C. 扬尘污染货与忌杂质货物在一定条件下可以同舱装载

22. 下列说法________是错误的。
A. 固体散货装后应平舱　　B. 固体散货不能装配在二层舱
C. 固体散货宜配在中区货舱的底舱

23. 某船航次接近满舱时承运一批玻璃制品，其舱位最好选择在________。
A. 二层舱，靠近舱口位顶层
B. 二层舱，靠近前后横舱壁底层
C. 底舱，靠近前后横舱壁

24. 大桶装的肠衣应配装在尾机型船________较适宜。
A. 中部二层舱　　B. 首尾部二层舱
C. 中部底舱

25. 一般的捆包货物在配装时的适宜舱位是________。
A. 上甲板　　B. 中部货舱打底
C. 形状不规则的首尾舱

26. 大型箱装货物，最好配装于________。
A. 中间货舱　　B. 首尾货舱
C. 上甲板

27. 砂糖受潮结块发酸，水泥受潮结块影响质量，故其与潮湿货的配舱要求为________。
A. 不相邻　　B. 不同室
C. 不同舱

28. 油污货物和忌油污货物间的装载要求是________。
A. 不同船　　B. 不同舱
C. 不相邻

29. 下列________属于忌装货。
A. 橡胶和硫酸　　B. 棉织品和尼龙

C. 玻璃和瓷器

30. 根据忌装原则，萘和小麦的最低配装要求是________。

A. 不同室　　B. 不同舱

C. 同室不相邻

31. 棉织品不得与________混装。

A. 颜料　　B. 皮革制品

C. 玻璃

32. 根据忌装原则，茶叶与大米的最低忌装要求是________。

A. 不同室　　B. 不同舱

C. 不相邻

33. 茶叶可与________混装。

A. 玻璃　　B. 香皂

C. 蜂蜜

34. 食物可与________混装。

A. 氯化铵　　B. 硫酸铵

C. 新闻纸

35. 根据忌装原则，砂糖和茶叶的最低配装要求是________。

A. 不可相邻　　B. 不可同舱

C. 不可同室

36. 下列哪种货物可与烤烟同舱配载？

A. 茶叶　　B. 玻璃制品

C. 大米

37. 根据忌装原则，小五金和丝绸的最低配装要求是________。

A. 不同室　　B. 不同舱

C. 同室不相邻

38. 茶叶与烟叶的最低配装要求是________。

A. 同室不相邻　　B. 不可同室

C. 不可同舱

39. 棉花与油污货物的最低配装要求是________。

A. 可以相邻堆装　　B. 同室不相邻

C. 不可同室

40. 杂货船的防堵舱容是指________。

A. 二层舱舱口位四周 1 m 范围以外的容积

B. 底舱舱口四周 1 m 范围内的容积

C. 底舱舱口四周 1 m 范围以外的容积

41. 为保证二层舱舱盖能顺利打开，防堵货物体积应________防堵舱容。

A. 大于　　B. 不大于

C. 等于

42. 为提高装卸效率，使用相同装卸属具的货物，可能条件下应________。

A. 配装于底舱内　　B. 配装于二层舱内

C. 尽量一次装舱

43. 扬尘污染货与易碎品的积载要求分别为________。

A. 两者都先装后卸

B. 前者应先卸后装,后者应先装后卸

C. 前者应先装后卸,后者应先卸后装

44. 为了保证底舱舱盖可以顺利打开,防堵货物体积应________防堵装货舱容。

A. 不大于　　B. 不小于

C. 等于

45. 编制船舶积载计划过程中若遇同时满足多项要求有困难时,可不考虑________。

A. 保证货运质量　　B. 满足船体强度的要求

C. 便于理货

46. 编制杂货船配载计划准备工作的内容不包括________。

A. 熟悉船舶情况和资料　　B. 熟悉船员的构成情况

C. 熟悉航次货载情况

47. 关于杂货船配载图,以下说法错误的是________。

A. 中途港货物的货位可以用不同颜色标示

B. 备注栏要标明注意事项

C. 二层舱采用侧视图、底舱采用俯视图标识

48. 关于配积载图的编制及作用,以下说法错误的是________。

A. 图中各货物之间应用虚线分割,绘制要求清晰、整洁、简明、易懂

B. 配积载图是船舶货运的指导文件,港方或货主可以根据需要自行决定做一些适当的修改

C. 配积载图是发生货运事故时据以查证原因和分清责任的原始资料,具有一定法律效力

49. 下列________是编制船舶配载图之前应做的准备工作。

①熟悉港口和航线情况;②熟悉航次货载情况;③熟悉船舶情况及有关资料

A. ①②③　　B. ①②

C. ①③

50. 杂货船的配积载图上每一货位应标明________。

①货物关单号;②货物学名;③装货港;④货物重量;⑤货物体积或件数;⑥包装形式

A. ①②④⑤⑥　　B. ①②③④⑤

C. ①②③④⑤⑥

51. 在货物配载图中,底舱的图示法以________表示。

A. 平面图　　B. 俯视图

C. 侧视图

52. 货物配载图中,某舱底舱如下图所示。其中 A 的货位是________。

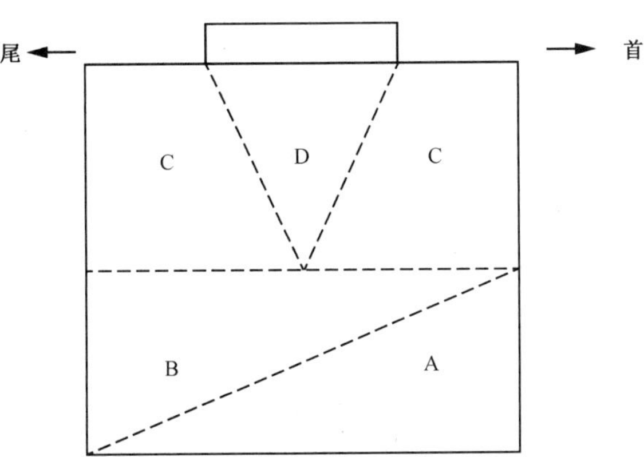


A. 下层前部　　B. 下层右舷

C. 下层左舷

53. 货物配载图中，二层舱如下图所示。其中 B 的货位是________。

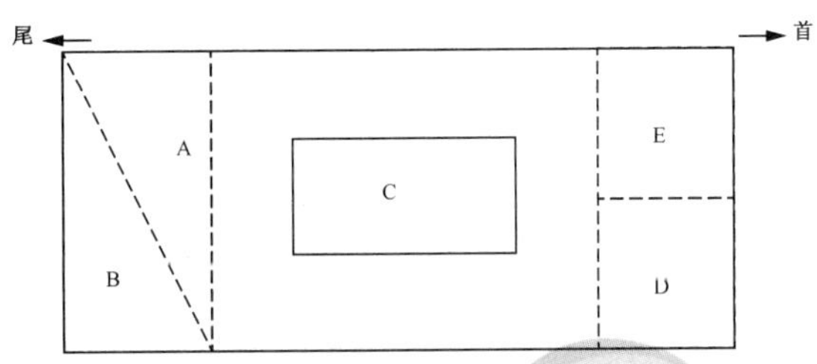


A. 舱的后部右舷　　B. 舱的后部左舷

C. 舱的后部下层

54. 在货物配载图中，二层舱的图示法以________表示。

A. 侧视图　　B. 正视图

C. 俯视图

55. 舱内沾染油漆味、腥味或其他异味时可用________溶液清洗。

A. 漂白粉　　B. 膨润土

C. 镁砂

56. 某航次船舶装载箱装橡胶，则装货前船方对货舱的准备工作可不包括________。

A. 货舱清扫　　B. 舱内除味

C. 舱盖检查

57. 某固体散货船装载重烧镁，则装货前船方对货舱的准备工作可不包括________。

A. 货舱清扫　　B. 舱内设备检查

C. 备妥衬垫

58. 某航次杂货船装载袋装货物，则装货前船方应做的准备工作不包括对________的准备。

A. 装卸设备　　B. 载货处所

C. 系固设备

59. 以下________是船方装载普通杂货前应做的准备工作。

①清扫检查货舱；②检修舱内照明灯；③安排港口工班数

A. ①②　　B. ①③
C. ②③

60. 装卸杂货过程中船员值班主要是为了________。
①帮助装卸工人加快装卸效率;②严格执行装卸计划,保证货物质量和数量;③监督装卸工人正确操作
A. ①②　　B. ①③
C. ②③

61. 当值班船员发现装卸工人有________行为时应及时制止。
①吊杆操作忽快忽慢,货物受力过大;②吊杆撞击舱口围板;③货物重量超过吊杆安全负荷
A. ①②　　B. ①③
C. ①②③

62. 当值班船员发现装卸工人在舱内搬运及堆装货物时,如果出现________行为应令其改正。
①不合理使用手钩;②拖曳货物;③堆垛方法不当
A. ①②　　B. ①③
C. ①②③

63. 吊杆操作不稳、左右摇摆可能会导致________。
①船舶异常倾斜;②货物损坏;③舱口围板或其他构件损坏
A. ①②　　B. ①③
C. ②③

64. 根据经验,单件重200~300 kg的大桶装货物,其堆高应不超过________层。
A. 5　　B. 3
C. 4

65. 编织袋装货物的堆码方法中垂直堆码是指________。
A. 上层货件压在下层货件接缝处
B. 袋口朝一个方向直上直下地堆码
C. 袋口朝前后两个方向直上直下地堆码

66. 货物装船时,要求通风良好的袋装货物的堆码方式为________。
A. 压缝堆码　　B. 垂直堆码
C. 扎位堆装

67. 大桶货单重200 kg,其堆高应限制在________层。
A. 3　　B. 4
C. 5

68. 长钢材在舱内堆垛时,应________。
A. 顺船长方向　　B. 顺船宽方向
C. 根据船舶的实际情况而定

69. 盘圆、钢丝等捆卷货在舱内堆码时,其滚动方向应________。
A. 沿船宽方向　　B. 沿船长方向
C. 在舱内任意堆码

70. 在非金属捆卷货在装船时________。

A. 可以作打底货　　B. 其滚动方向应朝左右方向

C. 其滚动方向应朝首尾方向

71. 长度较大的捆扎货在舱内堆码时，其堆放方向应________。

A. 沿船宽方向　　B. 沿船长方向

C. 在舱内任意堆码

72. 大型金属桶装货多层堆装时通常采用________。

A. 压缝堆垛　　B. 垂直堆垛

C. 纵横压缝堆垛

73. 操作方便、垛形不稳固，但有利于通风的堆码方法是________。

A. 垂直堆码　　B. 压缝堆码

C. 纵横压缝堆码

74. 装载不同货主的钢材时，下列较好的隔票材料是________。

A. 油漆　　B. 钢丝绳

C. 帆布

75. 对袋装大米进行衬垫的主要目的是________。

A. 防止货物水湿

B. 防止散货撒漏和清洁货被污染

C. 防止货物压损、移动及甲板局部强度受损

76. 对重大件或大件货物进行衬垫的主要目的是________。

A. 防止货物水湿及震动

B. 防止散货撒漏和清洁货被污染

C. 防止货物压损、移动及甲板局部强度受损

77. 合理衬垫是保护货物完好，保证船货安全重要措施，因衬垫不当引起的货损事故，应由________负赔偿责任。

A. 货主　　B. 船方

C. 港方

78. 为提高理货效率，防止货差事故，货物装舱时对同包装同规格的相同货物分隔开来称为________。

A. 堆码　　B. 衬垫

C. 隔票

79. 船舶由暖湿地区驶往寒冷地区时，一般在________最容易产生汗水。

A. 货舱舱壁　　B. 货物表面

C. 视所载货物而定

80. 船舶由寒冷地区驶向暖湿地区时，在货物表面出现汗水的条件是________。

A. 舱外暖湿空气进入货舱内　　B. 船体温度快速升高

C. 货物温度快速升高

81. 为防止舱内产生汗水，以下哪种情况可以进行自然通风？

A. 当天气晴好时

B. 当舱内温度高于外界温度时

C. 当舱内空气的露点高于外界空气的露点时

82. 船舶由暖湿地区驶往寒冷地区时,货舱应________。

A. 少量通风 B. 大量通风

C. 断绝通风

83. 当外界空气温、湿度高于舱内空气温、湿度时________。

A. 可以进行自然通风 B. 可以进入机械通风

C. 可以进行干燥通风

84. 货舱的自然通风有两种基本方法,即排气通风和________通风。

A. 进气 B. 干燥

C. 对流循环

85. 货舱内产生汗水的原因是________。

A. 船体温度下降至低于舱内空气的露点

B. 船体温度上升至高于舱内空气的露点

C. 舱内气温高于露点

86. 货舱通风的目的中,________防止产生汗水。

A. 降低舱内温度 B. 降低舱内露点

C. 排除有害气体

87. 货舱通风方法中,不受外界环境条件限制的通风方式是________。

A. 自然通风 B. 机械通风

C. 干燥通风

88. 煤炭在运输中正确的通风方法是________。

A. 开航后,每隔一天通风 8 h

B. 开航后先表面通风 1~2 天,后隔天通风 2 h

C. 开航后先表面通风 4~5 天,后隔天通风 6 h

89. 实际营运中,货舱内外的空气露点是根据________来查算的。

A. 湿球温度和干湿球温度差 B. 干球温度和干湿球温度差

C. 干球温度

90. 下列哪种情况可以进行自然通风?

A. 舱内温度高于外界温度

B. 舱内空气露点温度高于外界空气露点温度时

C. 舱内空气露点温度低于外界空气露点温度时

91. 以下说法中正确的是________。

A. 鱼粉因易自燃,应进行排除热量的通风

B. 水果、蔬菜因怕热,应进行防止产生汗水的通风

C. 煤炭因需呼吸,应进行提供新鲜空气的通风

92. 装运不散发水分的干货,从寒冷地区驶往温暖地区时一般应________通风。

A. 进行对流循环 B. 进行自然排气

C. 断绝

93. 自然通风中,将上风一侧通风筒转向下风,下风一侧通风筒转向上风,称为________。

A. 排气通风　　B. 对流循环通风
C. 机械通风

94. 自然通风中，将所有通风筒口全部转向下风一侧的通风方式，称为________。
A. 干燥通风　　B. 对流循环通风
C. 排气通风

95. 船舶装运棉花、黄麻、煤炭、鱼粉等货物时，货舱通风的主要目的是________。
A. 降低舱内露点，防止货舱周壁和货物表面出汗
B. 降低舱内气温和货温，防止货物自燃
C. 提供新鲜空气，防止货物腐烂

96. 下列________不是航行中对货物保管的工作。
A. 下舱检查货物情况　　B. 测量并排出污水
C. 测量并加注压载水

97. 某船某航次装载棉花，航行中发现某舱有烟雾，以下所采取措施正确的是________。
A. 开舱检查　　B. 开舱扑救
C. 封闭该舱通风筒及舱盖并进行扑救

98. 航行途中对货舱合理通风的主要目的是________。
①降低露点，防止出汗；②降低温度，防止自燃；③提供新鲜空气，排出有害气体
A. ①②　　B. ②③
C. ①②③

99. 下列________不属于海上货运事故。
A. 货物件数短少　　B. 货物残损
C. 货物被扣留

100. 下列________不属于海上货运事故。
A. 货物差错　　B. 货物残损
C. 货物装卸造成货舱损坏

101. 下列产生货损货差的主要原因中，________不是由船方负责的。
A. 配积载不当　　B. 货舱不适货
C. 货物本身原因

102. 下列不属于船方运输途中货物保管不当的是________。
A. 货物通风不及时，导致货物霉烂　　B. 大风浪破坏舱口导致货物淹水
C. 未及时排水、排污、绑扎、加固

103. 下列不属于船方配积载不当的是________。
A. 货物搭配不当　　B. 舱位选择不当
C. 值班看舱松懈，疏于监装、监卸

104. 在货物装卸及运输过程中发生和发现的货物变形、变质、霉烂、破碎及泄漏等现象称为________。
A. 货物残损事故　　B. 货物溢短事故
C. 人身伤亡事故

105. 在货物装卸及运输过程中发生和发现的货物错装、错卸、漏装、漏卸及理货记数不准等原

因会导致________。

A. 货物残损事故　　B. 货物溢短事故

C. 人身伤亡事故

106. 下列发生货损货差的主要原因中,________是由船方负责的。

A. 装卸过程中,装卸工人使用起货机具不当

B. 货物本身原因造成的货损货差事故

C. 装卸作业中,船上起货机具不良造成的货损货差事故

107. 以下货运事故产生的原因中,________属于货舱不适货及其设备不符合要求。

①货舱有异味,造成货物串味导致货损;②货舱通风设备失灵,通风不及时造成货物霉烂;③货舱开口封闭锁紧装置不良,造成货舱进水,引起货损;④货舱盖没有关紧,造成货舱进水,使货物水湿

A. ①②③④　　B. ①②③

C. ①②④

## 第九节　特殊货物运输

1. 下列________为标准货物。

A. 集装箱船上装载的集装箱　　B. 杂货船上装载的集装箱

C. 滚装船上装载的车辆

2. 非标准货系指________。

A. 已根据货物单元的特定形式在船上设置了经批准的系固系统的货物

B. 在船上设置的系固系统仅适应货物单元的有限变化的货物

C. 需要专门积载和系固安排的货物

3. 下列________货物单元是标准货。

A. 

B. 

C. 

4. 最大系固负荷(*MSL*)系指________。

A. 船上系固设备的许用负荷　　B. 船上系固设备的破断强度

C. 船上系固设备的试验强度

5. 为提高系固效果,应选取适当的系固角,一般选取________。

A. 30°~60°　　B. 45°~60°

C. 不大于25°

6. 同一地令上最多不能超过________根系索,且方向不能相同。

A. 1　　B. 2

C. 3

7. ________属于固定式系固设备。

A. 扭锁　　B. 眼板

C. 象脚

8. ________属于便携式系固设备。

A. 眼环　　B. 燕尾槽

C. 轮楔

9. 下图所示系固设备的名称是________。

A. 地令　　B. 眼环

C. 可折地令

10. 象脚连接的固定式系固设备是________。

A. 埋入式底座　　B. 系固槽座

C. 突出式底座

11. 对可移动系固设备进行详细检查和加油活络的时间间隔不得超过________。

A. 1个月　　B. 3个月

C. 6个月

12. 船上应有系固设备检查和维修保养记录,系固设备记录簿应由________记录和保管。

A. 船长　　B. 大副

C. 水手长

13. 配套使用系固设备时,应以系固系统中________作为整个系固系统的*MSL*。

A. 最小*MSL*　　B. 最大*MSL*

C. 平均*MSL*

14. 有关系固设备的使用注意事项,下列描述不正确的是________。

A. 所有系固设备必须具有由主管机关签发的合格证书

B. 对无证的系固设备,如无法确认其可靠性,只能短时间使用

C. 补充或更新系固设备的*MSL*应不低于原有的同类设备

15. 有关使用系固设备必须注意的事项,下述正确的是________。

①所有系固设备必须具有由主管机关签发的证书;②配套使用系固设备时,应以系固系统中最小的*MSL*作为整个系统的*MSL*;③补充或更新的普通扭锁时,应重点考虑其*MSL*,不必考虑其转锁方向

A. ①②　　B. ①②③

C. ②③

16. 船舶应配备足够的备用系固设备和索具,以防万一。系固设备备品一般规定为总数的________。

A. 5%　　B. 10%

C. 15%

17. 系固设备的年度检验________。

A. 是对系固设备进行的一般性检查

B. 与对船舶的入级检验同时进行

C. 与对船舶的中间检验同时进行

18. 规范规定,船舶系固设备应接受的检验种类有________。

①初次检验;②年度检验;③中间检验;④重复检验;⑤特别检验

A. ①②③④　　B. ①②③⑤

C. ①③④⑤

19. 为了具体执行《货物单元安全积载与系固规则》,规则规定所有________必须配备由主管机关批准的货物系固手册。

A. 散货船　　B. 装载货物单元的船

C. 非专用集装箱船

20. 货物系固时,若仅考虑防止货件滑动,其系固角应________。

A. 不大于25°　　B. 不小于40°

C. 不大于60°

21. 移动式罐柜是指非永久固定在船上,容积为________且外壳装有外部稳定构件和运输货物所必备的维修工具和结构性设备的罐柜。

A. 1 000 L 及以下　　B. 450 L 及以上
C. 450 L 及以下

22. 绑扎系固防止货物滑动,系索与甲板水平面最佳夹角为________。
A. 25°　　B. 30°
C. 60°

23. 绑扎系固防止货物翻倒,系索与甲板水平面最佳夹角应介于________。
A. 30°~60°　　B. 45°~60°
C. 25°~60°

24. 装运重大件货物前,应详细了解所运重大件货物的有关资料,不包括________。
A. 货物主要尺度　　B. 货物重心位置
C. 货物生产厂商

25. 下列不属于重大件货物运输的特点的是________。
A. 单件货物重量大　　B. 单件货物尺寸大
C. 货物批量大

26. 重大件货物的主要特性有________。
①笨重巨大性;②完整性;③局部脆弱性
A. ①　　B. ①②
C. ①②③

27. 船运重大件货物时应特别注意________。
A. 稳性和吃水差　　B. 稳性和纵向强度
C. 稳性和局部强度

28. 为便于重大件货物装载,应尽量使船舶吃水差________。
A. 尾倾较大　　B. 首倾较大
C. 较小或平吃水

29. 重大件货物装载时,为避免过大横倾,可采取________的方法予以调整。
A. 收紧船舶缆绳　　B. 调整压载水
C. 防止货件移动

30. 对于重大件货物的系固,以下错误的是________。
A. 系索应松紧适宜
B. 系固时每道系索应缠绕货件两周后再固定
C. 为提高系固效果和节省系索,系固角应适当

31. 将重大件装于船舶上甲板,该船的重心高度将________。
A. 减小　　B. 不变
C. 增大

32. 将重大件装于船舶上甲板,该船的稳性通常将________。
A. 减小　　B. 不变
C. 增大

33. 用船吊吊卸重大件时,船舶横倾角最大的时刻为________。
A. 吊杆头的高度最大时　　B. 货物距基线的高度最大时

C. 货物将要落地之时

34. 用船吊吊装重大件时，船舶横倾角最大的时刻为________。

A. 吊杆头的高度最大时　　B. 货物距基线的高度最大时

C. 货物刚刚离地之时

35. 下列关于木材甲板货的定义及其海运特性，表述正确的是________。

A. 木材甲板货包括胶合板、木质纸浆

B. 木材甲板货积载因数较大，极易吸收水分和散失水分

C. 木材甲板货积载因数较小，所以通常按照所运货物的吨数收取运费

36. 以下不属于木材甲板货的是________。

A. 纸浆　　B. 散装的原木

C. 捆装的木材

37. IMO 制定的《船舶载运木材甲板货安全操作规则》适用于船长________的木材船。

A. ≥24 m　　B. ≥100 m

C. ≥150 m

38. 木材在运输过程中对船舶安全和人员带来的不利影响有________。

①使封闭货舱内缺氧；②产生有毒气体；③产生易燃沼气

A. ①　　B. ①③

C. ①②③

39. 进入木材甲板货船大舱时，下列说法错误的是________。

A. 大舱应充分通风　　B. 进入前应测定氧气含量

C. 木材无毒性，航行中进入货舱是安全的

40. 木材堆装高度的要求有________。

①甲板木材堆装高度应保证船舶稳性满足要求；②货物的堆装高度应限为不影响驾驶台的瞭望；③甲板货物的高度应限制在使露天甲板和舱盖的负荷不超过最大许用值

A. ①③　　B. ②③

C. ①②③

41. 为保证安全，在使用冬季载重线时，木材甲板货的高度不应超过最大船宽的________。

A. 1/3　　B. 1/4

C. 1/5

42. 装载木材时立柱间距的设置应和所载运木材的长度及特性相适应，一般不应超过________。

A. 2 m　　B. 3 m

C. 4 m

43. 木材船系固方式有________。

①拱背系固法；②绕行系固法；③鞋带交叉系固法；④链条围固法

A. ①②③　　B. ①③

C. ①②③④

44. 我国《法定规则》规定，校核木材船的稳性时应考虑________的影响。

①自由液面；②甲板木材浮力；③甲板木材结冰

A. ①②　　B. ②③

C. ①②③

45. 根据经验,为避免稳性过大而使船舶剧烈摇摆而导致系固设备受力增大,初稳性高度应________船宽。

A. 不大于 3%　　B. 不小于 5%

C. 不大于 5%

46. 根据我国《法定规则》对国内航行木材船的稳性要求,静稳性力臂最大值应________。

A. 不小于 0.2 m　　B. 不小于 0.25 m

C. 不小于 0.3 m

47. 一些钢板因________不当,会造成下层钢板在重压下成波浪样变形。

A. 装载位置　　B. 衬垫设置

C. 隔票方法

48. 许多类钢材货物摩擦系数小,易于发生移位。最危险的是个别钢材重件如果产生移动,会________。

A. 引起卷钢卷边、开卷等　　B. 引起货物倒塌

C. 击穿水线下的船侧外板而造成船舱进水

49. 以下有关海运钢材的特性,说法错误的是________。

A. 积载因数较大　　B. 密度较大

C. 多类钢材怕潮湿,怕重压变形

50. 关于海运钢材的危险性,说法错误的是________。

A. 积载因数小,若装载部位衬垫不当易造成局部强度受损

B. 单甲板船全船承运钢材货物时会因重心低而引发船舶在海浪中发生剧烈横摇

C. 因为钢材不吸水,船舶满载时货舱的体积渗透率低

51. 根据钢材货物装运要求,以下错误的是________。

A. 不与非钢材货物同舱装运　　B. 不与鲜湿货物同舱装运

C. 避免出现船舶重心过低情况

52. 长大件钢材货物装运时在舱内应________堆装。

A. 横向　　B. 纵向

C. 垂向

53. 船舶运输蔬菜水果腐败的主要原因是________。

A. 途中运输时间过长　　B. 化学作用

C. 呼吸作用

54. 动物性冷藏货物腐烂变质的主要原因是________。

A. 微生物作用　　B. 呼吸作用

C. 化学作用

55. 在一般情况下,冷冻温度大多在________左右,使食品的液态水绝大部分变成水晶。

A. −10 ℃　　B. −15 ℃

C. −20 ℃

56. 易腐货物的冷藏方法中，冷却运输的温度通常要求为________。
A. 0 ℃以下　　B. 0~5 ℃
C. 5~10 ℃
57. 肉类长距离运输均采用完全冻结状态，温度为________。
A. −18~−20 ℃　　B. −15~−18 ℃
C. −12~−18 ℃
58. 冷却在水中的鱼不能长时间储运，长距离运输必须冻结，一般以________为宜。
A. −18~−20 ℃　　B. −15~−18 ℃
C. −12~−18 ℃
59. 长距离运输的鲜蛋必须低温冷藏，温度以________为宜。
A. −5~5 ℃　　B. −5~0 ℃
C. −2~2 ℃
60. 冷藏舱的预冷温度应比所装货物所需的冷藏温度________。
A. 低 6~8 ℃　　B. 低 2~3 ℃
C. 高 2~3 ℃
61. 关于冷藏船装货前的货舱准备工作，不包括________。
A. 观察冷藏货物的外表　　B. 冷藏舱清洁
C. 冷藏舱设备检查
62. 以下________不是冷藏船舶在运输途中应做的管理工作。
A. 控制舱温的变化　　B. 控制舱内的湿度
C. 定时开舱检查货物的情况
63. 集装箱运输中，最常用的两种集装箱分别为________。
A. 40 ft 集装箱、20 ft 集装箱　　B. 40 ft 集装箱、25 ft 集装箱
C. 40 ft 集装箱、10 ft 集装箱
64. ________用于装载液体货物。
A. 罐柜集装箱　　B. 平台集装箱
C. 敞顶集装箱
65. 标准集装箱（TEU）的长度为________。
A. 40 ft　　B. 20 ft
C. 30 ft
66. 下列________不属于集装箱标记。
A. 集装箱顺序号　　B. 箱主代码
C. 箱材料代号
67. 由箱主和设备代码、顺序号和核对数字共________组成集装箱箱号。
A. 9 位　　B. 10 位
C. 11 位
68. 下图集装箱标记，识别错误的是________。

A. 此为空陆水联运集装箱标记

B. 带有此标记的集装箱,因其设计强度较低,海上运输时这类箱禁止在甲板上堆装

C. 带有此标记的集装箱,在陆上堆码时箱上最多堆装 3 层

69. 标准集装箱标志中,设备代码若为"U",则表示为________。

A. 常规集装箱

B. 集装箱所配挂装设备

C. 载集装箱的拖车或底盘车

70. 超宽货物可用________装运。

A. 杂货集装箱　　B. 平台集装箱

C. 敞顶集装箱

71. 超高货物可用________装运。

A. 超高集装箱　　B. 杂货集装箱

C. 敞顶集装箱

72. 下述________说法是错误的。

A. 为尽可能地多装集装箱,应适当压载

B. 为保证船舶稳性,集装箱船需压载航行

C. 为充分利用集装箱船的装载能力,应将压载数量减为 0

73. 集装箱船主要用________表示其载箱能力。

A. 总载重量　　B. 满载排水量

C. 换算箱容量

74. ________是表征集装箱船规模的重要指标。

A. 20 ft 箱容量　　B. 20 ft 换算箱容量

C. 40 ft 箱容量

75. 根据我国《法定规则》,国内集装箱船在横风作用下从复原力臂曲线上求得的静倾角应________。

A. 不超过 25°　　B. 不小于 10°

C. 不超过 12°

76. 根据我国《法定规则》,国内集装箱船经自由液面修正后初稳性高度 *GM* 应________。

A. 不小于 0.1 m　　B. 不小于 0.15 m

C. 不小于 0.30 m

77. 集装箱船在计算稳性时,将各箱重心取在箱高的 1/2 处,则通常情况下实际初稳性高度通常比计算所得数值________。

A. 小　　B. 大
C. 相同

78. 我国《法定规则》规定国内航行集装箱船在横风作用下的风压静倾角________。
A. 不大于1/2上层连续甲板边缘入水角
B. 12°
C. 不大于1/2上层连续甲板边缘入水角,且不超过12°

79. 为保证集装箱船纵向强度不受损伤,________。
A. 同一卸港的集装箱不应过分集中　　B. 船长中部区域应少用压载
C. 横向载荷应分布均匀

80. 集装箱船在满足________要求的前提下,应尽量调整船舶纵倾至推荐的最佳状态。
A. 局部强度　　B. 纵向强度
C. 扭转强度

81. 集装箱船强度主要考虑的内容有________。
①总纵强度;②横向强度;③扭转强度;④局部强度
A. ①②③④　　B. ①③④
C. ①②④

82. 集装箱在船上的装载位置可以用________表示,其中中间两位表示________的位置。
A. 六位数字;沿船宽方向　　B. 六位数字;沿船长方向
C. 六位字母;沿船宽方向

83. 集装箱在船上的装载位置可以用________表示,其中前两位表示________的位置。
A. 五位字母;沿船长方向　　B. 六位数字;沿船长方向
C. 六位字母;沿船宽方向

84. 集装箱在船上的装载位置可以用________表示,其垂向位置可以用________表示。
A. 五位数字;最后两位　　B. 五位数字;中间两位
C. 六位数字;最后两位

85. 在集装箱船配积载图中,箱位代码110502表示某货箱的积载位置是舱内第6排________。
A. 右侧第5列底始第3层　　B. 右侧第3列底始第1层
C. 左侧第3列底始第2层

86. 集装箱在船上的横向位置用________表示。
A. 层　　B. 列
C. 排

87. 集装箱在船上的垂向位置用________表示。
A. 层　　B. 列
C. 排

88. 某集装箱船上,集装箱的装载位置为090482,它表示该箱________。
A. 是40 ft箱,装于左舷舱内　　B. 是40 ft箱,装于右舷舱内
C. 是20 ft箱,装于左舷甲板

89. 某集装箱船上,集装箱的装载位置为070502,它表示该箱________。
A. 是40 ft箱,装于左舷甲板　　B. 是40 ft箱,装于右舷舱内

C. 是 20 ft 箱,装于右舷舱内

90. 关于 40 ft 集装箱与 20 ft 集装箱的装载问题,下列________说法是正确的。

A. 20 ft 箱上面不可装 40 ft 集装箱

B. 40 ft 箱上面可装 20 ft 集装箱

C. 20 ft 箱上面是否可装 40 ft 集装箱需视箱格结构和底座位置等而定

91. 目前集装箱船运输中,冷藏集装箱通常配在________。

A. 舱内　　B. 上甲板

C. 船首

92. 在危险货物集装箱隔离中,若需横向和纵向上间隔一个箱位,说明在这两个方位上间隔距离________。

A. 相同　　B. 横向间隔大于纵向间隔

C. 纵向间隔大于横向间隔

93. 包装危险货物与开敞式危险货物集装箱之间的隔离,按________要求执行。

A. 包装危险货物与散装危险货物间的隔离

B. 包装危险货物与包装危险货物间的隔离

C. 包装危险货物与封闭或危险货物集装箱间的隔离

94.《国际危规》危险货集装箱隔离表中的一个箱位是________。

A. 前后不小于 3 m,左右不小于 6 m 的空间

B. 前后不小于 6 m,左右不小于 2.4 m 的空间

C. 前后不小于 6 m,左右不小于 3 m 的空间

95. 就"远离"和"隔离"而言,包装危险货物与封闭式危险货物集装箱之间的隔离要求比包装危险货物之间的隔离要求________。

A. 低　　B. 相同

C. 高

96. 在编制集装箱积载图时,冷藏箱应在行箱位图相应的方格上集装箱状态栏标注________。

A. E　　B. R

C. D

97. 在编制集装箱积载图时,危险品箱应在行箱位图相应的方格上集装箱状态栏标注________。

A. E　　B. R

C. D

98. 在编制集装箱积载图时,空集装箱应在行箱位图相应的方格上集装箱状态栏标注________。

A. E　　B. R

C. D

99. 集装箱船舶的实际积载图通常由________绘制。

A. 集装箱船大副　　B. 船舶理货员或理货公司

C. 集装箱装卸公司

100. 舱内集装箱在航行途中遇火灾时,________。

A. 可向舱内灌水灭火　　B. 可施放 $CO_2$ 扑灭

C. 无法扑救

101. 在集装箱装箱港,船方应特别留意所接收集装箱的________。

A. 箱内货物数量　　B. 箱内货物质量

C. 外表状况和封志

102. 产生集装箱运输货损货差事故的原因中,不由船方负责的有________。

A. 货物装箱不当　　B. 集装箱箱位配置不当

C. 集装箱系固不当

103. 顶层相邻集装箱之间的横向水平紧固系固设备是________。

A. 角锁紧装置　　B. 绑扎杆

C. 桥锁

104. 通常在舱内 40 ft 箱位上装载 20 ft 集装箱时用于固定上下两层 20 ft 集装箱,以防止其水平滑动的系固设备是________。

A. 扭锁　　B. 桥锁

C. 定位锥

105. 舱内 40 ft 箱格导轨内装载 20 ft 箱时,置于集装箱箱位底座和集装箱底部角件之间,起定位及防移作用的是________。

A. 扭锁　　B. 桥锁

C. 锥板

106. 下列________是标准货便携式系固设备。

A. 固定锥　　B. 眼板

C. 扭锁

107. 桥锁用于对________的连接。

A. 相邻两行最上层集装箱的顶部　　B. 相邻两列最上层集装箱的顶部

C. 甲板集装箱与底座之间

108. 锥板是________。

A. 连接上下两层集装箱的系固设备　　B. 连接集装箱与底座的系固设备

C. 连接横向两列集装箱的系固设备

109. 集装箱船上,用于连接甲板上集装箱上下两层的系固设备是________。

A. 扭锁　　B. 桥锁

C. 锥板

110. 固体散货的易流态化是指________。

A. 未经充分平舱时易在舱内流动　　B. 散落性较强,易在舱内自由流动

C. 含水量较大时,易造成货物流动

111. 易流态化货物的 *TML* 是指________。

A. 流动水分点　　B. 适运水分限量

C. 实际含水量

112. 流动水分点是可用来衡量________特性的指标。

A. 一般固体散货　　B. 易流态化货物

C. 具有化学危险的固体散货

113. ________不是固体散货船在运输过程中的危险性。
A. 稳性减小或丧失　　B. 船舶操纵困难
C. 船舶结构损坏

114. 下列________是固体散货船在运输过程中造成船体结构损坏的原因。
A. 各舱重量分配不合理　　B. 货物的化学反应
C. 散货表面出现大量液体

115. 下列________不是固体散装货物运输中易产生的危险。
A. 由于积载不当造成船体结构的损坏
B. 易发生货差货损
C. 易产生化学危险

116. 根据固体散货的特性,静止角较小的固体散货________。
A. 易流态化　　B. 流动水分点较大
C. 在运输中易移动

117. 下列同吨位的船舶双层底最高的是________。
A. 集装箱船　　B. 矿砂船
C. 散粮船

118. 同吨位船中双层底最高的是________。
A. 集装箱船　　B. 矿砂船
C. 油船

119. 不同类别的 B 类固体散货________。
A. 应配装在同一货舱　　B. 应配装在不同货舱
C. 视货物相容性而定

120. 易流态化货物的易流态性以________来表征。
A. 最大含水量　　B. 适运水分限
C. 流动水分点

121. B 类固体散货之间的最高隔离类别为________。
A. 隔离 1　　B. 隔离 2
C. 隔离 3

122. 下图是 B 组固体散货与包装危险货物隔离要求示意图。图中椭圆圈中的中间甲板表示该甲板为________。

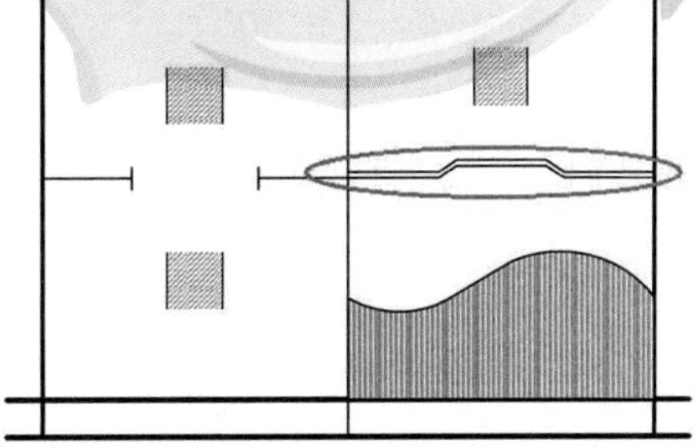

A. 钢质甲板　　B. 防火水密甲板

C. 双层甲板

123. 当 B 组散货与包装危险货物隔离等级为“1”时，水平最小分隔距离应达到________。

A. 3 m　　B. 6 m

C. 12 m

124. 散装固体货物船舶装货时压载水的排放顺序通常________。

A. 排放装载货舱附近的压载舱

B. 先中部货舱，后首尾货舱

C. 先首尾货舱，后中部货舱

125. 对于散装固体货物船舶，正确的装舱顺序是________。

A. 先中部，然后首、尾部交替进行

B. 先首部，再尾部，然后中部

C. 先尾部，再首部，然后中部

126. 为保证散货船的纵向强度及在作业中避免出现过大的纵倾，其适宜的装舱顺序为________。

A. 先首部，后自尾向首　　B. 先尾部，后自首向尾

C. 先中部，后首尾交替

127. 散货船装货时压载水的排放位置通常________。

A. 与装舱位置相临近　　B. 在装舱位置之前

C. 在装舱位置之后

128. 散货船确定货物装卸顺序及压载水排放顺序时主要考虑的因素不包括________。

A. 船体受力情况　　B. 船舶稳性状态

C. 船舶浮态

129. 对于自然倾斜角________的散货，因其具有和散装谷物一样的散装性，因此应遵守谷物装载的各项规定。

A. 大于或等于 30°　　B. 大于或等于 60°

C. 小于或等于 30°

130. 关于散装固体货物安全装运要求，以下叙述错误的是________。

A. 装货前，货方应向船长提交拟装货物特性的证书和证明文件

B. 装货时，船方应做好货物的取样和样品封存，以便掌握装货时货物的状况

C. 在准备货舱时，一般情况下不用检查污水沟、测深孔

131. 对于静止角小于或等于________的散货，应按散装谷物平舱要求平舱。

A. 25°　　B. 30°

C. 35°

132. 装载散装种子饼的船舶在航行中，若货温达到________时，应封闭货舱并停止通风。

A. 35 ℃　　B. 45 ℃

C. 55 ℃

133. 煤炭在自燃的同时会产生________，人员吸入会中毒。

A. 氮气　　B. 一氧化碳

C. 硫化氢

134. 煤易发生氧化,导致舱内________。

A. 缺氧　　B. 二氧化碳减少

C. 产生硫化氢气体

135. 某运煤船在海上航行时货舱发生火灾,以下有关处理措施错误的是________。

A. 封闭所有通风口　　B. 开舱灌水

C. 用水冷却货舱四壁和甲板

136. 矿石不具有以下________特性。

A. 密度大　　B. 吸附性

C. 易流态化

137. 下列进口货物中,不宜采用水尺计重方法进行计重的货物有________。

A. 生铁　　B. 铝锭

C. 煤炭

138. 水尺计量的基本原理是载货量________。

A. 根据船舶吃水求出排水量减去油水重量求得

B. 根据装卸前后吃水变化求出排水量的变化值求得

C. 根据装卸前后吃水变化求出排水量的变化,扣除非货物重量的变化即可求得

139. 我国水尺计量工作一般由________负责并出具证明。

A. 商检　　B. 船方

C. 港务局

140. 水尺计重的步骤中不包括________。

A. 观测船舶六面吃水　　B. 测量船舶常数

C. 计算燃油存量

141. 水尺计量是________得到载货量。

A. 根据吃水求出排水量减去油水重量

B. 根据船舶吃水求出排水量减去空船重量和油水重量

C. 根据装卸前后吃水变化求出排水量的变化,扣除装卸货前后油水等重量的变化

142. 水尺计量过程中,需测定的原始数据有________。

①船舶的六面吃水;②舷外港水密度;③液体舱内油水等储备品重量

A. ①　　B. ①③

C. ①②③

143. 下列________不是固体散货船进行水尺计量时应进行的修正。

A. 首尾垂线修正　　B. 梁拱修正

C. 排水量纵倾修正

144. 某矿石船卸货前的排水量和油水存量分别是:卸前 58 450 t 和 800 t,卸后 7 300 t 和 1 000 t。则卸货量为________。

A. 51 150 t　　B. 51 350 t

C. 50 950 t

145. 凝点是指油品受冷后停止流动的________。

A. 黏度　　B. 初始温度

C. 浓度

146. 石油类货物挥发速度取决于________。

A. 闪点　　B. 浓度临界值

C. 油温的高低

147. 石油的易燃性通常用________来衡量,该值越大,易燃性越________。

A. 爆炸极限;小　　B. 燃点;小

C. 闪点;小

148. 为了安全,油船进行原油洗舱时必须具备________。

A. 惰性气体系统　　B. 排油监控装置

C. 污油舱

149. IGS 系统的主要作用是在油船装卸、除气或原油洗舱等作业时________。

A. 提供惰性气体,防止油气燃烧爆炸

B. 清除货油舱内不能用干管抽净的残油

C. 避免气体对船体舱壁产生较大的额外压力

150. 油船的甲板洒水系统在外界气温较高时可对甲板进行洒水降温,其主要目的是________。

A. 防止发生火灾　　B. 减少油品挥发

C. 避免货油因体积膨胀而溢出

151. 油船通气系统设置的主要目的是________。

A. 减少油品挥发

B. 便于洗舱

C. 避免气体对船体舱壁产生较大的额外压力

152. ________主要由货油泵、货油管及各种货油阀等组成。

A. 货油加温系统　　B. 甲板散水系统

C. 货油装卸系统

153. 根据经验,从我国北方沿海向南方港口运油时,油船留出的膨胀余量应不小于油舱总容积的________。

A. 1%　　B. 2%

C. 3%

154. 根据经验,从我国北方沿海向南方港口运输需要加热的黑油(原油、重油、重柴油等)时,油船留出的膨胀余量应不小于油舱总容积的________。

A. 1%　　B. 2%

C. 3%

155. 油船满载时一般呈________,故空舱应留在________。

A. 中拱;首尾　　B. 中垂;首尾

C. 中垂;中区

156. 油量计量中,石油密度是指________。

A. 单位重量石油的体积　　B. 单位体积石油的重量

C. 某一温度下单位体积石油的质量

157. 油量计算中,石油相对密度是指________。
A. 在 $t_1$ 温度下石油的密度值与 $t_2$ 温度下等体积纯水密度的比值
B. 在 $t_1$ 温度下石油的密度值与等体积纯水密度的比值
C. 在 $t_1$ 温度下石油的密度值与 4 ℃时等体积纯水密度的比值
158. 油量计算中的石油体积系数 $K$ 是指________。
A. 石油标准体积与油品在油温 $t$ 时的体积之比
B. 油温 $t$ 时的石油体积与标准体积之比
C. 把石油在真空中的质量换算到空气中的体积换算系数
159. 在标准温度下,石油油温变化 1 ℃时,其体积变化率称为石油的________。
A. 体积换算系数　　B. 比重温度系数
C. 体积温度系数
160. 我国石油标准体积是指油温在________时的石油体积。
A. 15 ℃　　B. 20 ℃
C. 45 ℃
161. 舱内液体很满,测深孔在舱长中点后部,则船舶________时可能测不出液面空当高度。
A. 正浮　　B. 尾倾
C. 横倾
162. 舱内液体很少,测深孔在舱长中点前部,则船舶________时可能测不出液面高度。
A. 正浮　　B. 尾倾
C. 横倾
163. 液舱测深孔在左舷,测深时船舶左倾,则所测得的空当高度________。
A. 大于舱内液面的平均空当高度　　B. 小于舱内液面的平均空当高度
C. 等于舱内液面的平均空当高度
164. 关于油样的选取,以下正确的是________。
A. 选取的油样应直接装入一个容器内
B. 选取的油样只需要交给货方
C. 选取的油样应搅拌均匀后装入两个容器内
165. 在装油结束后,可从油舱取样口进行取样。一般油船至少应从________的油舱内选取。
A. 15%　　B. 25%
C. 30%
166. 装油前,应把消防器材放在接管处,并在附近接妥________消防水龙。
A. 1 根　　B. 2 根
C. 3 根
167. 装油过程中控制装油速度的主要目的是________。
A. 避免静电放电　　B. 预防电气火花
C. 减少静电积聚
168. 油船装油完毕后,应________。
A. 地线、软管同时拆　　B. 先拆地线后拆软管
C. 先拆软管后拆地线

169. 油船在装卸、压载、洗舱或除气等作业过程中，无线电通信设备________。

A. 只能发不能收　　B. 只能收不能发

C. 均不能收发

170. 油船装油过程中的注意事项中，特殊情况停止装卸作业的条件之一是当风速超过________，浪高________且预计将继续增大。

A. 15 m/s；1 m　　B. 15 m/s；1.5 m

C. 18 m/s；1 m

171. 油船装油过程中的注意事项中，紧急驶离的条件之一是当风速超过________，浪高________以上。

A. 15 m/s；1 m　　B. 15 m/s；1.5 m

C. 18 m/s；1.5 m

172. 下列________不是液体散装化学品的主要特性。

A. 易燃性　　B. 自燃自热性

C. 化学反应性

173. 散装液体化学品毒害性的衡量指标 EEL 是指________。

①紧急暴露限值；②一次临时性接触的允许浓度；③半数致死浓度

A. ①②　　B. ①③

C. ②③

174. 现行 MARPOL 73/78 附则Ⅱ根据其毒性和对环境污染的影响对散装化学品分为 4 大类，分别以________表示。

A. X、Y、Z 和 OS　　B. L、M、P 和 S

C. U、V、W 和 T

175. 散装液体化学品船的液舱按货舱结构可分为________。

A. 整体液舱和重力液舱　　B. 独立液舱和整体液舱

C. 重力液舱和压力液舱

176. 液化船的纵向舱壁可以________自由液面对稳性的影响。

A. 增大　　B. 减小

C. 不影响

177. 液体散装化学品船的液舱舱顶设计压力________的液舱称为压力液舱。

A. 大于 0.28 MPa　　B. 小于 0.07 MPa

C. 大于 0.07 MPa

178. 散装化学品船装卸时的正常流速应限制在________以下。

A. 1 m/s　　B. 3 m/s

C. 7 m/s

179. 散装化学品装货前，用不助燃也不与货物反应的气体或蒸气置换液货舱系统中原有气体的控制方法，称为________。

A. 惰化法　　B. 隔绝法

C. 干燥法

180. 散装化学品装卸作业中，将液体、气体或蒸气充入液货舱系统，使货物与空气隔绝，称为

________。

A. 惰化法 B. 隔绝法

C. 干燥法

181. 散装化学品装货前，对液货舱进行强制通风或自然通风，这种方法称为________。

A. 通风法 B. 隔绝法

C. 干燥法

182. 当风速超过________，浪高超过________时，散化船不能靠泊和装卸。

A. 15 m/s;1 m B. 18 m/s;1.5 m

C. 15 m/s;1.5 m

183. 按________将液化气分为液化石油气、液化化学气、液化天然气。

A. 液化气体沸点的高低 B. 液化气体临界温度

C. 液化气体的主要成分

184. 液化石油气在常温常压下是________的碳氢化合物。

A. 气态 B. 液态

C. 固态

185. 液化天然气的成分是以________为主的烷烃混合物。

A. 丁烷 B. 乙烷

C. 甲烷

186. 液化气船是指按 IGC 规则规定，从事运输温度在 37.8 ℃时，蒸气压力________的液化气体的船舶。

A. 不超过 0.28 MPa B. 大于 0.28 MPa

C. 大于 0.07 MPa

187. LNG 船舶的运输方式为________。

A. 低温式 B. 加压式

C. 常温式

188. 按照所运输液化气体的危险程度，ⅢG 型船舶适合装载危险性________的液化气。

A. 最大 B. 中等

C. 最小

189. 液化气船的燃烧和爆炸在________可能性最大。

A. 锚泊时 B. 装卸时

C. 等待作业时

190. 液化天然气船在装载货物时有充装的限制，各液舱最大应装至液舱容积的________。

A. 50%~60% B. 70%~80%

C. 98%

191. 下列________不是液化气船在受载前必须对货舱进行的特殊作业。

A. 货舱惰化 B. 货舱驱气

C. 货舱通风

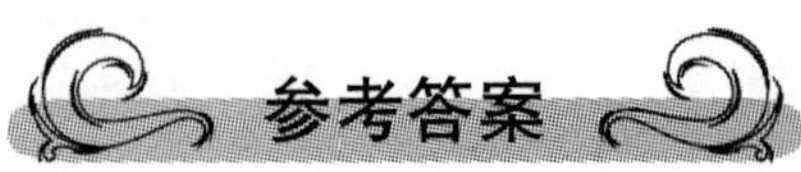


## 第一节　船舶常识

1. A　2. C　3. B　4. A　5. A　6. C　7. B　8. A　9. C　10. A
11. C　12. B　13. A　14. C　15. B　16. C　17. C　18. B　19. B　20. C
21. B　22. C　23. B　24. B　25. B　26. A　27. B　28. A　29. C　30. A
31. A　32. B　33. C　34. B　35. B　36. C　37. C　38. A　39. A

## 第二节　船体主要结构类型

1. B　2. C　3. B　4. B　5. A　6. A　7. C　8. C　9. A　10. B

## 第三节　船舶管系

1. A　2. A　3. B　4. B　5. A　6. A　7. B　8. A　9. C　10. B
11. B　12. A　13. A　14. C　15. C　16. B　17. B　18. C　19. B　20. A
21. C　22. C　23. B　24. C　25. B　26. C　27. C　28. C　29. B　30. B
31. A　32. A　33. A　34. A

## 第四节　货物装卸设备

1. B　2. B　3. B　4. A　5. A　6. B　7. A　8. C　9. C　10. C
11. A　12. A　13. B　14. B　15. C　16. B　17. C　18. A　19. C　20. A
21. B　22. B　23. A　24. B　25. B　26. C　27. C　28. C　29. C　30. C
31. C　32. C　33. C　34. C　35. C　36. C　37. A　38. C　39. A　40. B
41. C　42. C　43. B　44. C　45. B　46. A　47. C　48. A　49. B　50. C
51. B　52. A　53. B　54. A　55. A　56. B　57. C　58. B　59. C　60. B

## 第五节　货舱、舱盖及压载舱

1. C　2. A　3. A　4. A　5. C　6. A　7. A　8. C　9. C　10. C
11. B　12. C　13. A　14. B　15. B　16. B　17. C　18. A　19. B　20. C
21. B　22. C　23. C

## 第六节 船舶货运基础

1. B　2. C　3. C　4. C　5. C　6. A　7. A　8. A　9. B　10. A
11. B　12. C　13. B　14. C　15. C　16. C　17. C　18. A　19. B　20. A
21. C　22. C　23. A　24. B　25. A　26. B　27. C　28. B　29. A　30. A
31. B　32. B　33. B　34. A　35. B　36. B　37. A　38. B　39. C　40. C
41. B　42. C　43. C　44. A　45. C　46. A　47. C　48. B　49. C　50. C
51. C　52. B　53. A　54. B　55. B　56. B　57. C　58. C　59. C　60. C
61. B　62. B　63. B　64. B　65. B　66. A　67. C　68. C　69. A　70. A
71. B　72. B　73. C　74. A　75. A　76. A　77. A　78. C　79. C　80. A
81. C　82. B　83. A　84. C　85. C　86. B　87. C　88. B　89. A　90. B
91. C　92. A　93. A　94. B　95. A　96. B　97. A　98. A　99. B　100. B
101. B　102. C　103. C　104. B　105. B　106. C　107. B　108. C　109. B　110. A
111. A　112. B　113. A　114. A　115. B　116. B　117. A

## 第七节 船舶载货能力

1. B　2. C　3. B　4. A　5. A　6. C　7. A　8. C　9. C　10. A
11. A　12. B　13. C　14. A　15. B　16. C　17. C　18. C　19. B　20. C
21. C　22. A　23. A　24. C　25. B　26. C　27. B　28. A　29. C　30. A
31. A　32. B　33. B　34. B　35. A　36. C　37. C　38. C　39. C

## 第八节 普通杂货装运和积载要求

1. B　2. A　3. A　4. C　5. A　6. C　7. B　8. C　9. B　10. C
11. A　12. C　13. C　14. C　15. B　16. C　17. C　18. A　19. C　20. B
21. A　22. B　23. A　24. C　25. C　26. A　27. C　28. C　29. A　30. B
31. A　32. B　33. A　34. C　35. B　36. B　37. C　38. C　39. B　40. A
41. B　42. C　43. C　44. A　45. C　46. B　47. C　48. B　49. A　50. A
51. C　52. B　53. C　54. C　55. A　56. B　57. C　58. C　59. A　60. C
61. C　62. C　63. C　64. A　65. B　66. B　67. C　68. A　69. B　70. C
71. B　72. A　73. A　74. A　75. A　76. C　77. B　78. C　79. A　80. A
81. C　82. A　83. C　84. C　85. A　86. B　87. C　88. C　89. A　90. B
91. A　92. C　93. B　94. C　95. B　96. C　97. C　98. C　99. C　100. C
101. C　102. B　103. C　104. A　105. B　106. C　107. B

## 第九节　特殊货物运输

1. A　2. C　3. A　4. A　5. A　6. C　7. B　8. C　9. C　10. B
11. B　12. B　13. A　14. B　15. A　16. B　17. A　18. B　19. B　20. A
21. B　22. A　23. B　24. C　25. C　26. C　27. C　28. C　29. B　30. B
31. C　32. A　33. C　34. C　35. B　36. A　37. A　38. C　39. C　40. C
41. A　42. B　43. C　44. C　45. A　46. B　47. B　48. C　49. A　50. C
51. A　52. B　53. C　54. A　55. C　56. B　57. A　58. C　59. C　60. B
61. A　62. C　63. A　64. A　65. B　66. C　67. C　68. C　69. A　70. B
71. C　72. C　73. C　74. B　75. C　76. C　77. B　78. C　79. A　80. B
81. B　82. A　83. B　84. C　85. B　86. B　87. A　88. C　89. C　90. C
91. B　92. C　93. B　94. B　95. A　96. B　97. C　98. A　99. B　100. B
101. C　102. A　103. C　104. C　105. C　106. C　107. B　108. B　109. A　110. C
111. B　112. B　113. B　114. A　115. B　116. C　117. B　118. B　119. C　120. C
121. C　122. B　123. A　124. A　125. A　126. C　127. A　128. B　129. C　130. C
131. B　132. C　133. B　134. A　135. B　136. B　137. B　138. C　139. A　140. B
141. C　142. C　143. B　144. B　145. B　146. C　147. C　148. A　149. A　150. B
151. C　152. C　153. B　154. C　155. C　156. C　157. A　158. A　159. C　160. B
161. B　162. B　163. B　164. C　165. B　166. B　167. C　168. C　169. B　170. A
171. C　172. B　173. A　174. A　175. B　176. B　177. C　178. B　179. A　180. B
181. A　182. C　183. C　184. A　185. C　186. B　187. A　188. C　189. B　190. C
191. C

# 第二十四章
## 危险货物运输

### 第一节　危险货物的分类及特性、标志和包装

1. 黄磷在空气中能迅速氧化,它在危险货物中属于________。
   A. 易自燃物质　　　　B. 爆炸品
   C. 易燃固体
2. 下述________不属于易自燃物质。
   A. 黄磷　　　　B. 赤磷
   C. 铁屑
3. 黄磷在空气中能迅速氧化,它在危险货物中属于________。
   A. 氧化剂　　　　B. 易燃固体
   C. 易自燃物质
4. 下列________属于潮湿时放出易燃气体的物质。
   A. 爆炸品　　　　B. 电石
   C. 潮湿的棉花
5. 下述________不属于易自燃物质。
   A. 鱼粉　　　　B. 种子饼
   C. 硫黄
6. 以下________物质属于危险货物。
   ①乒乓球;②烟花爆竹;③高锰酸钾;④油漆;⑤电石
   A. ①②③　　　　B. ③④⑤
   C. ①②③④⑤
7. 以下________物质属于危险货物中的腐蚀性物质。
   ①酒精;②硫酸;③高锰酸钾;④漂白粉
   A. ①②④　　　　B. ②
   C. ①②③④
8. 易燃液体的闭杯试验用于测定________。
   A. 闪点　　　　B. 流动水分点
   C. 适运水分限
9. 半数致死量是衡量________的指标。

A. 有毒物质的毒性　　B. 爆炸品的危险性
C. 放射性物质的危险性

10. 半数致死浓度和半数致死量是衡量________的指标,其值越________,危险性越大。
A. 放射性物质;小　　B. 有毒物质;小
C. 放射性物质;大

11. 凡具有燃烧、爆炸、毒害、腐蚀、放射线等性质,在运输过程中能引起人身伤亡、财产毁损或环境污染的货物均属________。
A. 爆炸品　　B. 毒害品
C. 危险货物

12. 下列________不属于爆炸品的特性。
A. 爆炸性　　B. 毒性和窒息性
C. 自燃性

13. 一般同一物质的闭杯闪点比开杯闪点________。
A. 高　　B. 低
C. 两者相等

14. 根据危险货物包装的等级,一般可以判断该货物的________。
A. 类别　　B. 状态
C. 危险程度

15. 危险货物包装按其适用范围,可分为________。
A. 单一包装、复合包装　　B. 单一包装、组合包装
C. 通用包装、专用包装

16. 危险货物通用包装Ⅱ类包装可以盛装________。
A. 中等危险性的货物　　B. 危险性中等或更低的货物
C. 低度危险性的货物

17. 危险货物通用包装Ⅲ类包装可以盛装________。
A. 中等危险性的货物　　B. 危险性中等或更低的货物
C. 低度危险性的货物

18. 危险货物通用包装分为________个等级,其中________类包装可以适用高度危险性的货物。
A. 3;Ⅰ　　B. 3;Ⅱ
C. 3;Ⅲ

19. 下列哪些危险货物需要专用包装?
①部分爆炸品;②第2类危险货物;③放射性物质
A. ①②③　　B. ①②
C. ①③

20. 危险品的包装类型代码由两部分或三部分组成,其中第三部分表示________。
A. 包装的材料　　B. 包装类型的特殊结构性能
C. 包装的类型

21. 船舶承运曾盛装过危险货物的空容器,若未经处理的,则应________。

A. 按普通货物处理　　B. 给予适当的通风
C. 保持原危险货物标志

22. 危险货物的标志包括________。
①标记；②图案标志(标签)；③标牌
A. ①②③　　B. ①②
C. ①③

23. 危险货物所有标志均须清晰可见且易识别，应做到在海水中浸泡至少________个月标志内容仍清晰可辨。
A. 12　　B. 6
C. 3

24. 危规规定，除包件尺寸或形状受限外，图案标志的尺寸应不小于________。
A. 250 mm×250 mm　　B. 100 mm×100 mm
C. 50 mm×50 mm

25. 危规规定，危险货物标牌的尺寸应不小于________。
A. 250 mm×250 mm　　B. 100 mm×100 mm
C. 50 mm×50 mm

## 第二节　危险货物的积载和隔离

1. 下列________应在舱面积载。
A. 石蜡　　B. 信号弹
C. 有机过氧化物

2. 船舶装运一批电石，其合理的货位应是________。
A. 上甲板　　B. 二层舱或上甲板
C. 只能在舱内积载

3. 对于尾机型船舶来说，装运易燃、易爆、有毒危险货物的适宜货位应是________。
A. 露天甲板　　B. 第一货舱二层舱
C. 中间货舱二层舱

4. 对于中机型船舶来说，装运易燃、易爆、有毒危险货物的正确货位应是________。
A. 露天甲板　　B. 首、尾货舱底舱
C. 首、尾货舱二层舱

5. 下列________不可在舱面积载。
A. 需要经常检查的危险货物　　B. 需要特别接近检查的危险货物
C. 装有危险货物的纤维板箱

6. 会形成可爆炸性混合气体、产生剧毒蒸气或对船舶有不可见腐蚀作用的物质应尽可能装载在________。
A. 甲板上　　B. 舱内
C. 首尖舱内

7. 能产生剧毒蒸气的危险货物应________。

A. 特殊积载　　B. 普通积载

C. 舱面积载

8. 危险货物在舱面积载时,应尽可能远离________。

A. 起货机

B. 消火栓、蒸汽管道及其他类似设备

C. 舱盖板

9. 能形成爆炸性混合气体的危险货物,应________。

A. 舱面积载　　B. 舱内积载

C. 特殊积载

10. 装载危险品时,C 积载类系指________。

A. 货船上可以载于舱面,但客货船上仅限装载于舱内

B. 货船和客货上,均只可载于舱面

C. 货船上只限载于舱面,客货船上不得装运

11. 装载危险品时,D 积载类系指________。

A. 货船上可以载于舱面,但客货船上仅限装载于舱内

B. 货船和客货上,均只可载于舱面,不可以载于舱内

C. 货船上只限载于舱面,客货船上不得装运

12. 除爆炸品外,其他危险货物的积载方式可分为________,其中 A 积载类是指________。

A. 5 种;可在舱面或舱内积载　　B. 5 种;仅限舱面积载

C. 4 种;可在舱面或舱内积载

13. 在危险货物积载中,表示在纵向或垂向上相隔一个液火密舱室或货舱的隔离为________。

A. 隔离 4　　B. 隔离 3

C. 隔离 2

14. 就舱面积载而言,水平距离不小于 24 m 的隔离称为________。

A. 隔离 2　　B. 隔离 3

C. 隔离 4

15. 危险品隔离等级中的“远离”是指________。

A. 需间隔一个液火密舱室装载

B. 不可在同一舱室装载,但可分别装在相邻的液火密舱室

C. 可装入同一舱室,但水平方向上至少要有 3 m 的分隔区

16. 按照危险货物隔离表中的要求,其中“远离”一级中,不相容的两种货物相隔的水平距离应不小于________。

A. 12 m　　B. 6 m

C. 3 m

17. 若某两种危险品的装载应用“一整个舱室或货舱隔离”,则这两种货物在舱面上装载时应至少间隔________的水平距离。

A. 24 m　　B. 12 m

C. 6 m

18. 危险货物的隔离等级中,表示用一介于中间的整个舱室或货舱作纵向隔离是哪一种隔离等

级的要求？

A. 隔离 1　　B. 隔离 3

C. 隔离 4

19. 危险货物的隔离等级中，表示用一整个舱室或货舱隔离是哪一种隔离等级的要求？

A. 隔离 1　　B. 隔离 2

C. 隔离 3

20. 危险货物隔离表中的数字表示________，其中数字 3 表示________。

A. 隔离等级；远离　　B. 隔离种类；隔离

C. 隔离等级；用一整个舱室或货舱隔离

21. 危险货物隔离表中的数字表示________，其中数字 2 表示________。

A. 隔离等级；远离　　B. 隔离等级；隔离

C. 隔离种类；用一整个舱室或货舱隔离

22. 危险货物隔离表中的数字表示________，其中数字 1 表示________。

A. 隔离等级；远离　　B. 隔离种类；隔离

C. 隔离种类；用一整个舱室或货舱隔离

23. 在危险货物积载中，表示在纵向上相隔一整个货舱的隔离称为________。

A. 隔离 4　　B. 隔离 3

C. 隔离 2

24. 若某两种危险品的装载应用"隔离，则这两种货物在舱面上装载时应至少间隔________的水平距离。

A. 24 m　　B. 12 m

C. 6 m

25. 以下________货物配装时应远离热源。

A. 铁矿　　B. 钢材

C. 爆炸品

26. 以常规形式积载的感染性物质与以常规形式积载的食品同船积载时的隔离要求是________。

A. 隔离 4　　B. 隔离 3

C. 隔离 2

27. 以常规形式积载的________应与以常规形式积载的食品"用一整个舱室或货舱离隔离"。

A. 有毒气体　　B. 低闪易燃液体

C. 感染性物质

28. 在封闭货物运输组件中积载的感染性物质与以常规形式积载的食品同船积载时的隔离要求是________。

A. 隔离 4　　B. 隔离 3

C. 隔离 2

# 参考答案

## 第一节　危险货物的分类及特性、标志和包装

1. A　2. B　3. C　4. B　5. C　6. C　7. B　8. A　9. A　10. B
11. C　12. C　13. B　14. C　15. C　16. B　17. C　18. A　19. A　20. B
21. C　22. A　23. C　24. B　25. A

## 第二节　危险货物的积载和隔离

1. C　2. C　3. B　4. C　5. C　6. A　7. C　8. B　9. A　10. B
11. C　12. A　13. B　14. C　15. C　16. C　17. B　18. C　19. C　20. C
21. B　22. A　23. A　24. C　25. C　26. B　27. C　28. C

# 第四篇

# 船舶管理

## 第二十五章 国内航线海船法定检验技术规则

### 第一节 检验与发证

1. 船舶检验的目的在于________。

①确定船舶及其设备是否适合预定的用途；②是否具备在一定航区安全航行及营运的能力；③保证船舶处于良好的技术状态；④保障水上人命安全、财产安全和防止水域污染

A. ①③④　　B. ②③④

C. ①②③④

2. 船舶检验是指由船舶检验机构按照有关公约、规则或规范的要求，对船舶的________等所进行的审核、测试、检验、检查和鉴定等活动的总称。

①设计；②构造、材料与设备；③技术性能；④营运条件

A. ①②④　　B. ②③

C. ①②③④

3. 船舶载重线证书的换证检验属于下列哪种检验？

A. 法定检验　　B. 船级检验

C. 临时检验

4. 根据船舶入级规范检查和鉴定合格后将签发或签署相应的________。

A. 法定检验证书　　B. 船舶入级证书

C. 公证检验证书

5. 法定检验的检验范围不包括________。

A. 特种船舶构造和设备检验　　B. 船舶起重和吊货设备的检验
C. 在期租条件下的船舶起、退租检验

6. 以下有关法定检验的表述不妥的是________。
A. 初次检验只是指新造船舶投入营运之前的检验
B. 中间检验可替代一次年度检验
C. 船底外部检验也可考虑在船舶处于浮态下进行水下检验,而不必进干船坞或浮船坞

7. 船舶法定检验的种类有________。
①循环检验;②船底外部检查;③换证检验;④附加检验
A. ②③　　B. ①②③④
C. ②③④

8. ________不属于船舶法定检验。
A. 初次检验　　B. 年度检验
C. 船舶测厚

9. ________应进行附加检验。
①改变船舶证书所限定的用途或航区时;②船东变更时;③涉及船舶安全的修理或改装时;④船名或船籍港变更时
A. ①②③④　　B. ①②④
C. ②③④

10. 下列________情况下,须进行法定检验中的附加检验。
①发生事故以至于影响船舶适航性能;②改变船舶证书限定的航区;③船舶所有人发生变更;④船舶检验机构签发的证书失效
A. ①②③　　B. ①②③④
C. ②③④

11. 船舶不慎搁浅,可能造成船体损伤,应申请的法定检验为________。
A. 年度检验　　B. 船底外部检验
C. 附加检验

12. 一般认为,在________情况下,应申请法定附加检验。
①更换船名或船舶所有人;②更换船旗、船籍港;③船舶进行重大修理;④船舶进行重大改装、改建
A. ②③④　　B. ①③④
C. ①②③④

13. 根据《国内航行海船法定检验技术规则》,对船舶所进行的任何检验完成以后,非经________的许可,对经过检验的结构、布置、机器、设备及其他项目,概不得变动。
A. 船舶所有人　　B. 船长
C. 船舶检验机构

14. 根据我国船舶与海上设施法定检验规则,下列陈述错误的是________。
A. 客船适航证书的有效期限不超过1年
B. 货船适航证书的有效期限不超过5年
C. 船舶载重线证书的有效期限不超过5年

15. 符合我国《国内航行海船法定检验技术规则》的船舶，应签发海上船舶载重线证书，该证书的有效期限不超过________年。
A. 5　　B. 1
C. 长期

16. 根据《国内航行海船法定检验技术规则》，法定检验证书包括________。
①海上货船适航证书；②海上船舶吨位证书；③海上船舶防止生活污水污染证书；④海上船舶船员舱室设备证书
A. ①③④　　B. ②③④
C. ①②③④

17. 根据《国内航行海船法定检验技术规则》，法定检验证书包括________。
①海上船舶防污底系统证书；②海上船舶防止油污证书；③海上船舶船级证书；④海上船舶危险货物适装证书
A. ①③④　　B. ②③④
C. ①②③④

18. 根据《中华人民共和国船舶登记条例》规定，临时船舶国籍证书的有效期一般为________年。
A. 1　　B. 2
C. 3

19. 根据《中华人民共和国船舶登记条例》的规定，临时船舶国籍证书与船舶国籍证书具有同等法律效力，其有效期一般不超过________。
A. 半年　　B. 1 年
C. 2 年

20. 根据有关国际公约和国内法规进行的法定检验合格后将签发或签署相应的________。
A. 法定检验证书　　B. 船舶入级证书
C. 船舶检验与检查证书

21. 根据《中华人民共和国船舶登记条例》，船舶所有人申请船舶国籍，除应当交验依照条例取得的________外，还应当按照船舶航区交验相应的证明文件。
A. 船舶国籍证书　　B. 船舶所有权登记文件
C. 船舶营运证

22. 只需要国内沿海航行船舶配备，国际航行的船舶不需配备的证书（文件）是________。
A. 船舶国籍证书　　B. 最低安全配员证书
C. 船舶安全检查记录簿

## 第二节　载重线

1. 根据我国《国内航行海船法定检验技术规则》的规定，对处于航区分界线上的港口，以下说法正确的是________。
A. 不应认为其处于船舶将要或正在航经的区域
B. 如果船舶驶往该港口，则应认为其处于另一区域中；如果船舶自该港口驶出，则也应认为

其处于另一区域中

C. 如果船舶驶往该港口,则应认为其处于驶来的区域中;如果船舶自该港口驶出,则应认为其处于驶往的区域中

2. 根据我国《国内航行海船法定检验技术规则》的规定,船舶装货后将按季节和海区所确定的载重线的上边缘没入水中,则船舶________开航。

A. 可以　　B. 应视舷外水密度情况而定是否能

C. 由船舶所有人确定

3. 根据我国《国内航行海船法定检验技术规则》的规定,我国沿海海区被划分为________。

A. 一个热带季节区域　　B. 两个热带季节区域

C. 两个冬季季节区域

4. 按我国规定,对于国内航行船舶,以________为界将我国沿海海区划分为两个热带季节区域。

A. 上海　　B. 汕头

C. 香港

5. 根据我国《国内航行海船法定检验技术规则》的规定,当海船从内河港口驶出时,________。

A. 不允许超载

B. 允许超载,超载重量应根据公司的要求确定

C. 允许超载,但是超载重量应不大于从出发港到入海口所需消耗的油水的重量

6. 根据我国《国内航行海船法定检验技术规则》的规定,干舷是指在船中处,由干舷甲板上边缘向下量至有关载重线________的垂直距离。

A. 下边缘　　B. 任意处

C. 上边缘

7. 根据我国《国内航行海船法定检验技术规则》的规定,船舶载重线标志中"X"表示________。

A. 夏季载重线　　B. 热带载重线

C. 冬季载重线

8. 根据我国《国内航行海船法定检验技术规则》的规定,船舶载重线标志中"R"表示________。

A. 夏季载重线　　B. 热带载重线

C. 冬季载重线

9. 根据我国《国内航行海船法定检验技术规则》的规定,船舶载重线标志中"RQ"表示________。

A. 夏季载重线　　B. 热带载重线

C. 热带淡水载重线

10. 根据我国《国内航行海船法定检验技术规则》的规定,载重线标志中的圆圈、线段和字母,当船舷为暗色底者,应漆成________;当船舷为浅色底者,应漆成________。

A. 白色或黄色;黑色　　B. 白色;红色

C. 红色;黑色

## 第三节　船舶安全

1. 根据我国《国内航行海船法定检验技术规则》的规定，(客船)最深分舱吃水相当于船舶________吃水的水线。
   A. 夏季载重线　　B. 冬季载重线
   C. 热带载重线
2. 如满载的船舶发现稳性不足时，可用下列哪种方法调整？
   A. 加装甲板货　　B. 注入压载水
   C. 垂向轻重货互换
3. 一般货船破损后，应慎用下列哪种方法保持平衡？
   A. 移载法　　B. 排出法
   C. 对称灌注法
4. 根据我国《国内航行海船法定检验技术规则》的规定，(客船)任何动力滑动水密门的操纵装置，无论是动力式还是手动式，均应能在船舶向任一舷横倾至________的情况下将门关闭。
   A. 6°　　B. 8°
   C. 15°
5. 根据我国《国内航行海船法定检验技术规则》的规定，干货船水密舱壁上的所有滑动门和铰链门都应设有指示器，并在何处给出显示这些门的开/闭状态的指示？
   A. 机舱　　B. 船长室
   C. 驾驶台
6. 客船的外部水密门应在船舶________关闭，关闭的时间应记入法定的航海日志。
   A. 离港前　　B. 离港后
   C. 航行中
7. 客船水密门的关闭机械的操作演习应________举行一次。
   A. 每周　　B. 每月
   C. 每三个月
8. 钢瓶内 $CO_2$ 减少________时，应重新灌装。
   A. 10%　　B. 15%
   C. 20%
9. 按要求每隔________应对手提式 $CO_2$ 灭火器的钢瓶进行水压试验。
   A. 3 年　　B. 5 年
   C. 1 年
10. 按要求________应对手提式 $CO_2$ 灭火器进行称重。
   A. 每季度　　B. 每月
   C. 每年
11. 手提式干粉灭火器应________抽查干粉一次，防止干粉受潮结块，并将二氧化碳钢瓶称重一次，检查其漏损率。
   A. 5 年　　B. 3 年

C. 每年

12. $CO_2$ 灭火系统对钢瓶要每________年检查称重一次,管系则要每________年做畅通测试一次。

A. 5;5　　B. 2;3

C. 2;5

13. 船舶的防火措施有________。

①控制可燃物;②控制通风;③控制热源;④结构防火

A. ①②③④　　B. ①②④

C. ①②③

14. 对船舶消防设备定期进行维护、保养、检查的项目包括________。

①通风系统的防火(烟)挡板;②防火门及其控制系统;③紧急逃生呼吸装置;④燃油供应的紧急切断装置

A. ②③④　　B. ①②③

C. ①②③④

15. 消防设备维修保养计划通常包括________等系统或设备。

①消防管系;②固定式灭火系统;③通风系统;④消防员装备

A. ②③④　　B. ①②③

C. ①②③④

16. 船舶消防设备状态的保持,每周应检查确认________。

①固定灭火系统所在处所的应急照明正常;②消火栓附近没有堆积杂物;③消防皮龙(水带)及水枪放置在消火栓附近的消防皮龙箱内,处于可使用状态并摆放整齐,没有被挪作他用;④消防皮龙数量符合防火控制图的要求;消防皮龙箱的铰链正常,箱内均配有F或Y型扳手

A. ①②　　B. ①②③

C. ①②③④

17. 下列关于船舶消防设备状态保持的说法,错误的是________。

A. 每2年对 $CO_2$ 灭火系统中的钢瓶(含启动瓶)进行称重检查

B. $CO_2$ 灭火器每年应至少进行一次称重检查,如灭火剂泄漏量超过20%时,应予检修并补足灭火剂

C. 泡沫灭火器里的灭火剂每2年或按制造厂规定(取时间短者)进行一次性能检测,如有灭火剂变质,应重新充装

18. 听到消防警报后,携带灭火器材的船员,应在________的时间内到达指定位置。

A. 2 min　　B. 5 min

C. 10 min

19. 水灭火系统可用于________。

A. 客船　　B. 货船

C. 任何船舶

20. 灭火后现场通风是否达到安全标准不可用________进行测试。

A. 点燃的蜡烛　　B. 火焰安全灯

C. 氧指示器

21. 广播或口头传达紧急通知时,避免使用________的语言。

A. 语调平淡　　B. 言辞激烈

C. 严肃认真

22. 以下有关大风浪中放艇的操作要领,表述不妥的是________。

A. 大风浪中放艇应放下风舷的艇

B. 大船应尽量停车,把定航向,利用海面比较平静时放艇

C. 大船横摇较大时,应等待有利时机

23. 以下关于救生艇使用的一般规定,提法正确的是________。

A. 按船舶应急部署同时放艇时,由各艇长分别负责检查和指挥

B. 放一艘艇时,由三副和水手长负责检查指挥

C. 放艇前,三副应对艇机做认真检查和试验

24. 根据我国《海船与海上设施法定检验规则》(沿海部分)的规定,船上配备的救生艇筏应能在船舶发出弃船信号后,在载足额定乘员和属具的情况下全部安全降落至水面,所用时间为________。

A. 客船 30 min,货船 30 min　　B. 客船 30 min,货船 20 min

C. 客船 30 min,货船 10 min

25. 根据我国《海船与海上设施法定检验规则》(沿海部分)的规定,关于救生设备的基本配备要求正确的有________。

①配备的救生艇筏应尽可能沿船长左右舷均匀分布;②符合救助要求的救生艇可替代救助艇;③每舷至少有 1 只救生圈装有可浮救生索

A. ①③　　B. ②③

C. ①②③

26. 当救生艇筏脱开吊钩时,艇长首先要特别注意的是________。

A. 再一次确认本艇人员是否都离开了难船

B. 立即解脱救生艇缆绳

C. 做好防寒、防风雨和防日晒的准备

27. 在漂流待救阶段,艇长应安排________对艇内的物品进行清点分类和保管。

A. 专人　　B. 驾驶员

C. 轮机员

28. 根据《国内航行海船法定检验技术规则》,以下有关培训手册的配备,表述准确的是________。

A. 每间船员餐室、文娱室和每间船员室应配有 1 份符合本条要求的培训手册

B. 每间船员餐室及文娱室,或每间船员室应配有 1 份符合本条要求的培训手册

C. 每间船员餐室或文娱室应配有 1 份符合本条要求的培训手册

29. 船上培训应讲授船舶灭火设备和救生设备的用法以及海上救生的课程,授课间隔期为________。

A. 1 个月　　B. 2 个月

C. 与演习间隔期相同

30. 船上________(地方)不必配备(救生消防)训练手册。
A. 驾驶台　　B. 餐厅
C. 娱乐室
31. 下列船舶发生火灾警报信号正确的是________。
A. 上层建筑失火,警铃和汽笛短声连放 1 min 后鸣三短声
B. 船舶机舱失火,警铃和汽笛短声连放 1 min 后鸣二短声
C. 船舶首部失火,警铃和汽笛短声连放 1 min 后鸣一短声
32. 关于船舶火灾应急行动,以下正确的是________。
A. 航行中,驾驶台接到报警后立即改向
B. 机舱火情发现者应立即用快捷可行的方式报警
C. 全体船员立即到集合地点集合
33. 下列有关船舶各类应急演习的时间安排哪项正确?
A. 堵漏演习每季度举行一次
B. 客船的消防救生演习每月各举行一次
C. 油污应急演习每航次举行一次
34. 根据规定,在弃船演习中每只救生艇每________个月有一次应乘载指定的操作船员降落并在水上操纵。
A. 1　　B. 2
C. 3
35. 消防演习时要求所有船员听到警报后________内到达岗位,机舱值班人员应在________内开泵供水。
A. 2 min;5 min　　B. 2 min;3 min
C. 2 min;2 min
36. 根据我国《国内航行海船法定检验技术规则》的规定,对救生艇属具应________检查一次,以确保完整无缺并处于良好状态。
A. 每年　　B. 每月
C. 每周
37. 根据我国《国内航行海船法定检验技术规则》的规定,对所有救生艇筏、救助艇及降落设备应________进行目视检查,以确保其立即可用。
A. 每年　　B. 每月
C. 每周
38. 根据我国《国内航行海船法定检验技术规则》的规定,有关救生设备的检查和试验,下列表述不正确的是________。
A. 应每周对救生艇筏及其降落设备进行目视检查
B. 按检查表每月检查救生艇属具确保其处于良好状态
C. 只要条件允许每周对所有救生艇发动机进行运转试验,总时间不少于 5 min
39. 根据我国《国内航行海船法定检验技术规则》的规定,有关船舶救生设备状态保持,以下正确的说法有________。
①开航前检查确认救生圈放置在指定位置,没有绑死,也未被挪作他用;②每月检查确认所

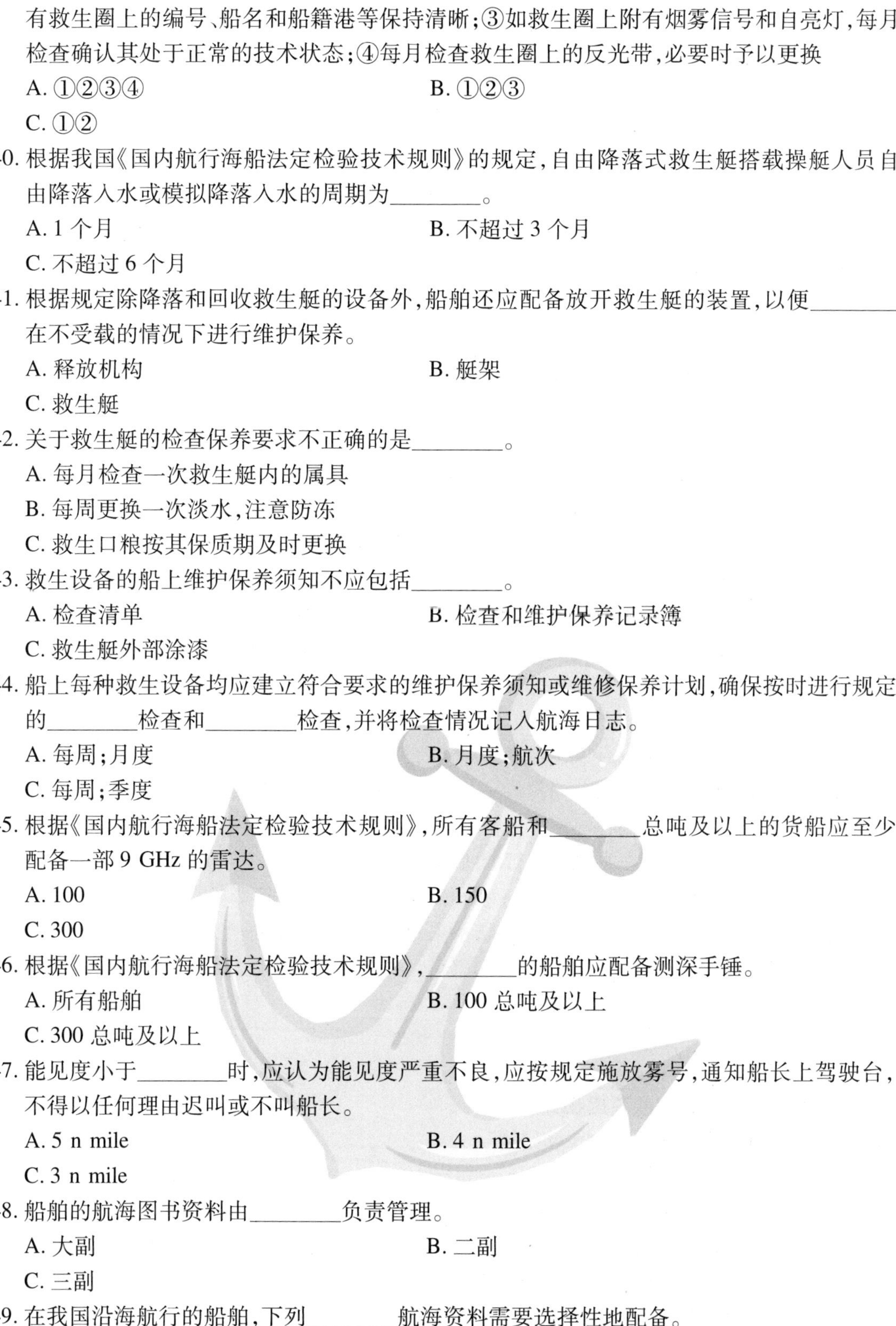

有救生圈上的编号、船名和船籍港等保持清晰；③如救生圈上附有烟雾信号和自亮灯，每月检查确认其处于正常的技术状态；④每月检查救生圈上的反光带，必要时予以更换

A. ①②③④　　B. ①②③

C. ①②

40. 根据我国《国内航行海船法定检验技术规则》的规定，自由降落式救生艇搭载操艇人员自由降落入水或模拟降落入水的周期为________。

A. 1 个月　　B. 不超过 3 个月

C. 不超过 6 个月

41. 根据规定除降落和回收救生艇的设备外，船舶还应配备放开救生艇的装置，以便________在不受载的情况下进行维护保养。

A. 释放机构　　B. 艇架

C. 救生艇

42. 关于救生艇的检查保养要求不正确的是________。

A. 每月检查一次救生艇内的属具

B. 每周更换一次淡水，注意防冻

C. 救生口粮按其保质期及时更换

43. 救生设备的船上维护保养须知不应包括________。

A. 检查清单　　B. 检查和维护保养记录簿

C. 救生艇外部涂漆

44. 船上每种救生设备均应建立符合要求的维护保养须知或维修保养计划，确保按时进行规定的________检查和________检查，并将检查情况记入航海日志。

A. 每周；月度　　B. 月度；航次

C. 每周；季度

45. 根据《国内航行海船法定检验技术规则》，所有客船和________总吨及以上的货船应至少配备一部 9 GHz 的雷达。

A. 100　　B. 150

C. 300

46. 根据《国内航行海船法定检验技术规则》，________的船舶应配备测深手锤。

A. 所有船舶　　B. 100 总吨及以上

C. 300 总吨及以上

47. 能见度小于________时，应认为能见度严重不良，应按规定施放雾号，通知船长上驾驶台，不得以任何理由迟叫或不叫船长。

A. 5 n mile　　B. 4 n mile

C. 3 n mile

48. 船舶的航海图书资料由________负责管理。

A. 大副　　B. 二副

C. 三副

49. 在我国沿海航行的船舶，下列________航海资料需要选择性地配备。

A. SOLAS 1974　　B.《1972 年国际海上避碰规则》

C.《国际信号规则》

50. 对于沿海和近岸航区的中国籍海船,不必配备的航海图书有________。

A. 中版航路指南　　B. 中版航标表

C. 英版灯标雾号表

51. 中国港口指南共分为________册。

A. 3　　B. 4

C. 5

52. 中国航路指南是按照________出版的。

A. 地理位置　　B. 省份

C. 海区

53. 根据规定,进入油舱内测试时,舱内氧气含量不得低于________。

A. 1%　　B. 8%

C. 19.5%

54. 根据我国《船舶载运危险货物安全监督管理规定》,载运危险货物的船舶在港口水域内从事危险货物过驳作业,应当根据交通运输部有关规定向________提出申请。

A. 港口行政管理部门　　B. 海事管理机构

C. 公安消防机构

55. 根据《船舶载运危险货物安全监督管理规定》,船舶载运危险货物,应当符合有关危险货物积载、隔离和运输的安全技术规范,并只能承运________签发的适装证书中所载运的货种。

A. 船舶保险　　B. 海事机构

C. 船舶检验

56. 关于国内安全管理规则,以下陈述有误的是________。

A. 规则为国内航行船舶及其公司提供了一个安全营运和防止污染的管理标准

B. 主管机关为中华人民共和国海事主管机关

C. 规则适用于在我国沿海水域内航行的所有船舶及其公司

57. 根据国内安全管理规则,公司应建立、实施并保持包括以下哪些要求的安全管理体系?①船、岸人员的职责、权限和相互间的联系渠道;②事故和不符合规定情况的报告程序;③对紧急情况的准备和反应程序;④内部审核、有效性评价和管理复查程序

A. ①②③④　　B. ①②④

C. ①②③

58. 关于 NSM,下列说法错误的是________。

A. 等效采用 ISM 规则的原理和方法

B. 与 ISM 规则具有相同的内容和结构

C. 没有强制力

59. 对于国内航行的船舶和公司,我国要求________。

A. 强制实施 SOLAS 1974 与 ISM 规则的强制要求

B. 不实施 SOLAS 1974 与 ISM 规则的要求或类似要求

C. 制定 NSM 规则,进行与 ISM 规则类似的管理

60. 我国实施 NSM 规则的主管机关是________。

A. 中华人民共和国交通运输部　　B. 中国船级社
C. 工商管理局

61. 船上安全管理的根本要点是________。
A. 船舶因素　　B. 人为因素
C. 公司因素

62.《中华人民共和国船舶安全营运和防止污染管理规则》自 2021 年 1 月 1 日起，对在直属海事管理机构登记的船舶生效，适用船舶需取得________。
A.“符合证明”（DOC）或“临时符合证明”副本
B.“符合证明”（DOC）和“临时符合证明”副本
C.“符合证明”（DOC）副本或“临时符合证明”副本

63. 交通运输部关于《中华人民共和国船舶安全营运和防止污染管理规则》对________船舶于________ 1 月 1 日生效。
A. 第四批;2020 年　　B. 第五批;2020 年
C. 第四批;2021 年

64. 船上应当保存 DOC 的________，以备检查时出示。
A. 复印件　　B. 正本
C. 不需要

65. DOC 和 SMC 均应由________签发或签署。
A. 主管机关
B. 主管机关或主管机关授权的任何个人或组织
C. 港口国承认的组织

66. 持有 DOC 和 SMC 证书的船舶，按照规定应________主管机关的控制。
A. 受到　　B. 不受
C. 由发证机构代替

67. NSM 规则要求安全管理体系必须是________。
A. 结构化　　B. 自动化
C. 结构化和文件化

68. DOC 和 SMC 证书应由________完全负责。
A. 主管机关
B. 主管机关或主管机关授权的任何个人或组织
C. 港口国承认的组织

69. 公司应按照 NSM 规则的要求建立并保持________，主管机关________。
A. 船舶安全管理体系;对其符合性进行监督和控制
B. 船舶安全管理体系;负责安全管理体系的运行
C. 船舶安全管理证书;负责发证

## 第四节　防止船舶造成污染的结构与设备

1. 根据《国内航行海船法定检验技术规则》，各种防污染排放规定不适用于________。

①为保障船舶安全所需要排放者;②为救护海上人命所需要排放者;③由于船舶或其设备遭到意外损坏,已采取一切预防措施仍需排放者;④经港口主管当局批准为特殊目的而要求排放者

A. ①②③④　　B. ①②④

C. ②③④

2. 船舶在海上处理玻璃啤酒瓶时,表述最正确的是________。

A. 禁止处理入海

B. 可在距离最近陆地至少 12 n mile 以外处理入海

C. 可在距离最近陆地至少 25 n mile 以外处理入海

3. 我国相关防污染规定所定义的“零排放港区”系指在该港区内________。

A. 船舶无论是否满足机器处所舱底水的排放要求,其机舱舱底水均不得在此港区内排放

B. 船舶如满足机器处所舱底水的排放要求,其机舱舱底水可在此港区内排放

C. 船舶无论是否满足机器处所舱底水的排放要求,其机舱舱底水均可在此港区内排放

4. MARPOL 73/78 附则Ⅰ生效后经多次修正,为防止船舶造成油污染,规范事宜不包括哪项?

A. 检验发证　　B. 对油船货油区域的要求

C. 防止有毒液体物质发生污染

5. 根据有关规定,进行船舶油料供受作业的船舶,供受双方以________商定联系信号,双方均应切实执行。

A. 受方为主　　B. 供方为主

C. 共同

6. 现行的 MARPOL 73/78 附则Ⅰ规定,在特殊区域外,对于 400 总吨及以上的非油船舱底污水的排放,下列哪些条件不必符合?

A. 据最近陆地 12 n mile 以上

B. 船舶正在航行途中

C. 未经稀释的排出物的含油量不超过 15 ppm

7. 我国《海洋环境保护法》中,对油性污染的含义是________。

A. 一切石油及其制品,但不包括动植物油脂

B. 一切油类物质,包括石油及其制品和动植物油脂

C. 仅限原油和成品油

8. 根据我国对国内航行海船的相关规定,关于油船加装压载水说法不正确的是________。

A. 除特殊情况外,货油舱不得装载压载水

B. 在例外情况下,由于油船的具体营运特性,使其必须加装超过专用压载舱数量的压载水,货油舱可以装载压载水

C. 油船所许可的超过专用压载舱容量的额外压载水,可以加装在任何货油舱

9. 惰性气体系统的功用就是要使油舱气体中的含氧量控制在________,方能开始洗舱作业,防止因静电引起油船爆炸。

A. 5%以下　　B. 8%以下

C. 10%以下

10. 我国防污染管理条例规定,船舶油类作业必须遵守的规定中,其中不正确的是________。

A. 作业前堵好甲板落水孔

B. 油舱加装最满不得超过舱容的 70%

C. 油类作业记入油类记录簿

11. 船舶残油处理技术中,________是其结构采用了双层边舱和双层底的船体结构。

A. 装于上部法　　B. 改进的装于上部法

C. 专用压载舱法

12. 船舶防污染技术不包括________。

A. 船上储存　　B. 排岸接收

C. 公海直接排放

13. 根据《国内航行海船法定检验技术规则》的规定,对于 400 总吨及以上所有船舶排放及机器处所舱底水时应符合下列哪些标准?

①船舶不在零排放区域内;②船舶正在航行途中;③油水混合物经过规则要求的滤油设备的处理;④未经稀释的排出物含油量不超过 15 ppm

A. ①②③④　　B. ①②

C. ②③④

14. 根据我国对国内航行海船的相关规定,对于从 400 总吨及以上的非油船舱底污水的排放,下列哪项条件不必符合?

A. 距最近陆地 12 n mile 以上

B. 船舶正在途中航行

C. 未经稀释的排出物的含油量不超过 15 ppm

15. 根据我国对国内航行海船的相关规定,小于 400 总吨的非油船,不在零排放港区时,机器处所的舱底水可以________。

①留存在船上;②排入接收设施;③按 400 总吨以上非油船要求排放;④直接排放入海

A. ①②③④　　B. ①②③

C. ②③④

16. 目前我国货船常用的与 15 ppm 油水分离器配合使用的油浓度监控装置是________。

A. 舱底水油分浓度监视器　　B. 舱底水油分浓度报警器

C. 舱底水油分浓度监视系统

17. 船舶残油处理技术中,采用原油洗舱时必须同时配置________。

A. $CO_2$ 固定灭火系统　　B. 大型泡沫灭火系统

C. 惰性气体防爆系统

18. 下列对舱底水排油监控系统要求中,不正确的是________。

A. 监控系统确保排放标准,有自动停止排放功能

B. 监控系统经公司技术部门认可即可

C. 所用油分计应符合船检要求

19. 在处理舱底污水时,除油水分离器工作正常外,________也应正常工作。

A. 供水泵　　B. 监控系统

C. 加热系统

20. 根据《国内航行海船法定检验技术规则》的规定,对于 150 总吨及以上的油船,其货物区域

的油类或油性混合物的排放时，油量瞬间排放率不超过________。

A. 30 L/n mile　　B. 15 L/n mile

C. 20 L/n mile

21. 根据我国对国内航行海船的相关规定，油船排放污压舱水、洗舱水，应满足的条件包括________。

①瞬间排放率不超过 30 L/n mile；②船舶正在途中航行；③距最近陆地 12 n mile 以上

A. ①②③　　B. ①②

C. ②③

22. 按照我国防污条例的规定，排放规定的含油污水应在________时进行。

A. 涨潮　　B. 退潮

C. 任何潮水

23. 当船舶长时间停港须排放舱底污水时，应________。

A. 控制含油量小于 15 ppm 即可

B. 晚间退潮时排放

C. 向海事管理机构申报批准后，按其安排执行

24. 我国防污条例规定，150 总吨及以上的油船和 400 总吨及以上的非油船可以不装设________。

A. 油水分离器　　B. 排油监控系统

C. 油类排放接头

25. 液体物质是指在温度为 37.8 ℃时，绝对蒸汽压力不超过________的物质。

A. 0.1 MPa　　B. 0.2 MPa

C. 0.28 MPa

26. 按照防污规定，自航船在航行中排放________时，其航速不低于 7 kn。

A. 含油污水　　B. 有毒物质

C. 生活垃圾

27. 按规定船舶排放有毒液体洗舱水，应距最近陆地________以外，水深必须在________以上。

A. 12 n mile；15 m　　B. 12 n mile；25 m

C. 25 n mile；25 m

28. 根据我国对国内航行海船的相关规定，每艘________的船舶应备有一本符合规定的《程序和布置手册》。

A. 运输包装有害物质　　B. 散装运输有毒液体物质

C. 运输散装危险货物

29. 根据我国对国内航行海船的相关规定，每艘散装运输有毒液体物质的船舶应备有一本符合规定的《程序和布置手册》。《手册》至少应包括下列哪些操作须知？

①扫舱的方法；②货泵、液货管路和扫舱管路的泄空方法；③液货舱压载和排除压载的程序；④当液货舱不能按照要求的程序卸货时，需遵循的程序

A. ①②③④　　B. ①②③

C. ②③④

30. 对 2007 年 1 月 1 日或以后建造的船舶，经排放压载以后的舱内或有关管系内的残留的最

大允许残留量，对 X、Y、Z 类物质均为________。

A. 75 L　　B. 100 L

C. 150 L

31. 对海洋资源或人类健康产生重大危害的有毒物质是________物质。

A. X 类　　B. Y 类

C. Z 类

32. 根据我国对国内航行海船的相关规定，凡________的船舶，都应备有一本货物记录簿。

A. 运输包装有害物质　　B. 散装运输有毒液体物质

C. 运输散装危险货物

33. 根据我国对国内航行海船的相关规定，船上对有毒液体物质进行下列________作业时，均应以逐舱填写方式填写货物记录簿。

①装货或卸货；②货物内部驳运；③液货舱清洗；④处置残余物至接收设备

A. ①②③④　　B. ①②③

C. ②③④

34. 根据我国对国内航行海船的相关规定，关于货物记录簿的要求，以下说法正确的是________。

①相应的作业的所有项目均应写进记录簿；②港口海事管理机构有权上船检查货物记录簿；③每项记录应由负责该项作业的高级船员签字；④每填完一页应由大副签字

A. ①②③④　　B. ①②③

C. ②③④

35. 下列有关货物记录簿的说法不正确的是________。

A. 货物记录簿在完成最后一次记录后应保存 2 年

B. 凡 MARPOL 73/78 附则Ⅱ适用的船舶均应备有一本货物记录簿

C. 货物记录簿的每项记录应由负责该项作业的高级船员签字

36. 根据《防治船舶污染海洋环境管理规定条例》规定，货物所有人或者代理人交付船舶载运污染危害性货物，应当确保货物的包装与标志等符合有关安全和防治污染的规定，并在运输单证上准确注明货物的________等内容。

A. 技术名称、编号

B. 技术名称、编号、类别、数量、注意事项和应急措施

C. 数量、注意事项和应急措施

37. 根据 MARPOL 公约附则Ⅲ的要求，装有有害物质的包装或集装箱上不包括________。

A. 加上普通的标签

B. 使用联合国编号

C. 耐久的标以该物质的正确的技术名称

38. 在装有有害物质的包装件上标注正确技术名称和贴标签的方法，应是能使该信息在海中浸没至少________个月仍然可以从包装件上辨认出来。

A. 6　　B. 12

C. 3

39. 公约规定对海运包装有害物质的规定不包括________方面。

A. 标志　　B. 材料

C. 单证

40. 根据我国对国内航行海船的相关规定,为使港口生活污水接收设备的管路能与船上的排放管路容易连接,船上和港口接收设备均应装设符合规定的________。

A. 标准排放接头　　B. 国际通岸接头

C. 快速对接套头

41. 根据我国对国内航行海船的相关规定,"船舶生活污水"包括________。

①任何形式厕所和小便池的排出物和其他废弃物;②医务室的面盆、洗澡盆和这些处所排水孔的排出物;③装有活畜禽货物处所的排出物;④装有冷藏食品货物处所的排出物

A. ①②③④　　B. ①②③

C. ②③④

42. 根据 MARPOL 公约附则Ⅳ规定,未经处理的生活污水允许在离岸最近距离为________以上的地方排放。

A. 3 n mile　　B. 6 n mile

C. 12 n mile

43. 根据 MARPOL 公约附则Ⅳ规定,经过粉碎机和消毒器处理的生活污水,允许在离岸最近距离________以上的地方排放。

A. 3 n mile　　B. 6 n mile

C. 12 n mile

44. 根据我国对国内航行海船的相关规定,400 总吨及以上的船舶或小于 400 总吨但核定载运 15 人以上的船舶,应禁止将生活污水排放入海,除非船舶在距最近陆地________外使用主管机关认可的系统排放业经粉碎和消毒的生活污水,或在距最近陆地________外排放未经粉碎和消毒的生活污水。

A. 6 n mile;12 n mile　　B. 12 n mile;25 n mile

C. 3 n mile;12 n mile

45. 根据我国对国内航行海船的相关规定,在任何情况下都不得将集污舱中储存的或来自装有活体动物处所的生活污水即刻排光,而须在船舶以不低于________的航速航行时,以适当的速率排放。

A. 12 kn　　B. 6 kn

C. 4 kn

46. 根据 MARPOL 公约附则Ⅳ规定,船舶在按照规定排放生活污水时,不得将集污柜中储存的生活污水顷刻排光,而应于船舶以________在途中航行时,以中等速率进行排放。

A. 不少于 4 kn 的航速　　B. 不少于 6 kn 的航速

C. 不少于 8 kn 的航速

47. 根据 MARPOL 公约附则Ⅳ规定,当从船舶生活污水处理装置中排出的废液在其周围的水中不会产生可见的漂浮固体,也不会使水变色时,则这种排放可________。

A. 在距最近陆地 3 n mile 排放　　B. 在距最近陆地 12 n mile 排放

C. 在任何地方进行

48. 根据我国对国内航行海船的相关规定,正常情况下船舶垃圾的处理途径包括________。

①排放入海；②排入岸上接收设备或排入其他船舶；③发生事故时非故意排放入海；④焚烧

A. ①②④　　B. ①②③

C. ②③④

49. 根据 MARPOL 73/78 附则Ⅴ规定，下列哪些垃圾可以排放入海？

A. 塑料制品的焚烧炉灰渣　　B. 食用油

C. 货物残余

50. 根据 MARPOL 73/78 附则Ⅴ的规定，下列叙述正确的是________。

A. 在特殊区域内外，一切塑料垃圾不得投弃入海

B. 在特殊区域内，一切塑料制品和其他垃圾不得处理入海

C. 食品废弃物能在距最近陆地 12 n mile 以外的任何地方与任何方式处理入海

51. 根据我国对国内航行海船的相关规定，有关船舶垃圾的处理，下列说法不正确的是________。

A. 在距最近陆地 3 n mile 以外，将通过粉碎机或磨碎机的食品废弃物排放入海，这种业经粉碎或磨碎的食品废弃物，应能通过筛眼不大于 25 mm 的粗筛

B. 在距最近陆地 12 n mile 以外，将未处理的食品废弃物排放入海

C. 在距最近陆地 12 n mile 以外，将废弃的食用油排放入海

52. 根据我国对国内航行海船的相关规定，有关船舶垃圾的处理，下列说法不正确的是________。

A. 动物尸体应尽可能远离最近陆地排放入海

B. 可将货舱、甲板和外表面洗涤水中包含的对海洋环境无害的清洁剂或添加剂排放入海

C. 在距最近陆地 3 n mile 以外，将废弃的食用油排放入海

53. 根据我国对国内航行海船的相关规定，处理垫舱木板时，表述最准确的是________。

A. 禁止排放入海

B. 可在距离最近陆地至少 12 n mile 以外，排放入海

C. 可在距离最近陆地至少 25 n mile 以外，排放入海

54. MARPOL 73/78 附则Ⅴ要求，总长________及以上的船舶应张贴垃圾处理告示，以使船员和旅客知晓垃圾处理的要求。

A. 12 m　　B. 20 m

C. 40 m

55. 按照垃圾记录的有关规定，下列应记入垃圾记录簿的垃圾种类不确切的是________。

A. 食品废弃物，包括鲜鱼及其各部分

B. 焚烧炉灰渣

C. 生活废弃物

56. 下列有关垃圾记录簿的记载和管理不正确的是________。

A. 每次垃圾排放的作业都应记录

B. 每记完一页由大副签字

C. 垃圾排放的当天由负责的高级船员签字

57. 船舶垃圾记录簿用完后保存________年。

A. 1　　B. 2

C. 3

58. 根据我国对国内航行海船的相关防止船舶造成空气污染规定,要求船舶控制排放的物质有________。

①氮氧化物;②水蒸气;③悬浮颗粒物;④挥发性有机化合物

A. ①②③④　　B. ①③④

C. ①②④

59. 每艘船舶应保存一份含消耗臭氧物质的设备清单和消耗臭氧物质记录簿,消耗臭氧物质记录簿中的物质应按________记录。

A. 质量单位(kg)　　B. 体积单位($m^3$)

C. 浓度单位(ppm)

60. 根据我国对国内航行海船的燃油质量的要求,燃油交付单须在燃油交付船上之后保存________,燃油样品保存期自加油日期算起不得少于________。

A. 3 年;1 年　　B. 3 年;2 年

C. 2 年;1 年

61.《防止船舶造成空气污染规则》要求在________都应禁止使用含有消耗臭氧物质的新装备,但允许含有氢化氮氟烃的新装置在 2020 年 1 月 1 日前使用。

A. 所有船舶上　　B. 国际航线船舶上

C. 沿海航线船舶上

62. 对氮氧化物的控制适用于________。

A. 船舶主机　　B. 应急柴油发电机

C. 救生艇上的发动机

63.《船舶大气污染物排放控制区实施方案》明确,2019 年 1 月 1 日起,海船进入排放控制区,应使用硫含量不大于________的船用燃油。其他内河船应使用符合国家标准的________。

A. 0. 1%m/m;轻油

B. 0. 5%m/m;轻油

C. 0. 5%m/m;柴油

64. 海上环境保护委员会第 70 次会议(MEPC. 70)通过的决议,从 2020 年 1 月 1 日起,全球船舶所使用的燃油中,硫含量不得超过 0. 5%,在部分硫排放控制区内的要求是不超过 0. 1%。所有未安装脱硫设备的船舶,将禁止________硫含量超标的燃油。

A. 运输　　B. 携带

C. 存储

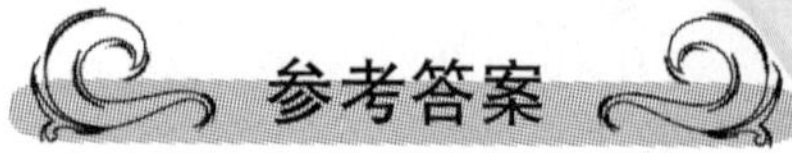


## 第一节　检验与发证

| | | | | | | | | | |
|---|---|---|---|---|---|---|---|---|---|
| 1. C | 2. C | 3. A | 4. B | 5. C | 6. A | 7. B | 8. C | 9. A | 10. B |
| 11. C | 12. C | 13. C | 14. A | 15. A | 16. C | 17. C | 18. A | 19. B | 20. A |

21. B　22. C

## 第二节　载重线

1. C　2. B　3. B　4. B　5. C　6. C　7. A　8. B　9. C　10. A

## 第三节　船舶安全

1. A　2. C　3. C　4. C　5. C　6. A　7. A　8. A　9. B　10. C
11. C　12. B　13. A　14. C　15. C　16. C　17. B　18. A　19. C　20. A
21. B　22. B　23. A　24. C　25. C　26. A　27. A　28. B　29. C　30. A
31. C　32. B　33. A　34. C　35. A　36. B　37. C　38. C　39. A　40. C
41. A　42. B　43. C　44. A　45. C　46. A　47. C　48. B　49. A　50. C
51. A　52. C　53. C　54. A　55. C　56. C　57. A　58. C　59. C　60. A
61. B　62. C　63. C　64. A　65. B　66. A　67. C　68. A　69. A

## 第四节　防止船舶造成污染的结构与设备

1. A　2. A　3. A　4. C　5. A　6. A　7. B　8. C　9. B　10. B
11. C　12. C　13. A　14. A　15. B　16. B　17. C　18. B　19. B　20. A
21. B　22. B　23. C　24. B　25. C　26. B　27. B　28. B　29. A　30. A
31. A　32. B　33. A　34. B　35. A　36. B　37. A　38. C　39. B　40. A
41. B　42. C　43. A　44. C　45. C　46. A　47. C　48. A　49. C　50. A
51. C　52. C　53. A　54. A　55. A　56. B　57. B　58. B　59. A　60. A
61. A　62. A　63. C　64. B

# 第二十六章 国内海事法规

## 第一节 海上交通安全法与船员条例

1.《海上交通安全法》适用于在我国管辖水域________的船舶。
①航行;②停泊;③作业;④正常排放压载水
A. ①②③④　　B. ①②③
C. ②③④

2.《海上交通安全法》适用的沿海水域是指我国的________。
①沿海港口水域;②内水;③领海;④其他管辖水域
A. ①②③　　B. ①②③④
C. ②③④

3. 我国《海上交通安全法》适用的水域是________。
A. 我国沿海水域　　B. 我国近岸水域
C. 我国拥有主权的水域

4. 应遵守我国《海上交通安全法》的船舶为________。
①正在疏浚航道的船;②正在港内锚泊的船;③正在装卸货的船
A. ①②③　　B. ②③
C. ①②

5. 制定我国《海上交通安全法》的宗旨是________。
①维护国家权益;②加强海上交通管理;③保障船舶和人命财产的安全
A. ①③　　B. ②③
C. ①②③

6. 遵守我国《海上交通安全法》的单位和个人有________。
①船员;②船公司;③船舶经营人
A. ①②③　　B. ②③
C. ①②

7. 在我国沿海水域经有关机关批准的禁止航区,由________公布。
A. 国务院　　B. 国家军事主管机关
C. 主管机关

8. 我国《海上交通安全法》规定,船舶除对航行安全的重要设备必须具有检验部门签发的有效

证书外，还必须持有________。

A. 船员职务证书　　B. 财务担保证书

C. 船舶国籍证书

9. 我国《海上交通安全法》对船舶上人员规定的目的在于________。
①保证船员的质量；②保证船员的配备数量；③保证船员的构成；④保障船舶航行、停泊和作业的安全

A. ①②③　　B. ①②③④

C. ①②④

10. 根据我国《海上交通安全法》规定，大型设施和移动式平台的海上拖带，须经________拖航检验，并经________批准。

A. 主管机关；主管机关　　B. 船检部门；主管机关

C. 主管机关；船检部门

11. 根据《海上交通安全法》，船舶在________必须遵守主管机关的特别规定。
①通过航行条件受限制的区域时；②进出港口和通过交通管制区时；③通过交通密集区时；④通过禁航区时

A. ①②③④　　B. ②③④

C. ①②③

12. 《海上交通安全法》规定，非经主管机关特别许可，船舶________。

A. 不可进入交通管制区　　B. 不可进入港区

C. 不可穿越禁航区

13. 在下列哪种情况下，主管机关有权禁止船舶进港或令其离港？

A. 船舶不适航

B. 船舶发生交通事故手续未清，船舶实际状况与证书不符

C. 船舶对港口安全有威胁

14. 根据《海上交通安全法》的规定，主管机关在________有权采取必要的强制性处置措施。

A. 发现船舶的实际状况与证书所载不符时

B. 船舶发生事故，对交通安全造成或可能造成危害时

C. 船舶发生交通事故手续未清时

15. 根据我国《海上交通安全法》，主管机关在________时有权责成船舶申请重新检验或者通知其所有人、经营人采取有效的安全措施。

A. 船舶处于不适航或不适拖状态

B. 发生交通事故，手续未清

C. 发现船舶实际状况同证书所载不符

16. 我国《海上交通安全法》规定，在下列哪种情况时，主管机关有权禁止船舶进港或令其离港？

A. 处于不适航　　B. 对港口安全具有威胁

C. 有妨害或者可能妨害海上交通安全的情况

17. 我国海上交通安全法规定，船舶有下列哪一种情况时，主管机关有权禁止其离港？

A. 对港口安全具有威胁时

B. 船舶的实际情况与证书所载不符时

C. 主管机关认为其妨害或可能妨害海上交通的情况

18. 船舶发现下列哪些情况，应迅速报告主管机关？

①助航标志失常；②有碍航行安全的漂流物；③其他有碍航行的异常情况；④他船的求救信号

A. ①②③④　　B. ①②③

C. ①③④

19.《海上交通安全法》规定，船舶发现________ 时应迅速报告主管机关。

①有碍航行安全的漂流物或障碍物；②助航标志变异失常；③其他有碍航行的异常情况

A. ①②③　　B. ②③

C. ①③

20. 根据我国《海上交通安全法》，船舶在遇到________应立即向主管机关报告。

①损坏助航标志或导航设施时；②船舶遇险时；③航行中发现有人遭遇生命危险时；④船舶装运危险货物时

A. ①②③④　　B. ①②③

C. ②③④

21. 损坏助航标志的船舶，应当立即向主管机关报告，并________。

A. 承担赔偿责任　　B. 受到警告处分

C. 罚款

22. 我国《海上交通安全法》规定，船舶装运危险货物________。

A. 进港后必须立即向主管机关如实申报，不得进入港口，必须在锚地装卸

B. 必须向主管机关办理申报手续经批准后才可进出港口或装卸

C. 进港后立即向主管机关申报，并经查验后装卸

23.《海上交通安全法》规定，事故现场附近船舶应________。

①在不严重危及自身安全的情况下应尽力救助遇险人员；②应向主管机关报告本船名称、呼号；③听从主管机关的统一指挥

A. ①②③　　B. ②③

C. ①③

24.《海上交通安全法》规定，事故现场附近的船舶收到求救信号时，在________应当尽力救助遇险人员。

A. 不严重威胁自身安全时　　B. 遇险者要求时

C. 遇难船要求时

25. 发生碰撞事故的船舶应当________。

①互通名称、国籍和登记港；②尽一切可能救助遇险人员；③在不严重危及自身安全的情况下，当事船舶不得擅自离开事故现场

A. ①②　　B. ①②③

C. ②③

26. 根据《海上交通安全法》，发生碰撞事故的船舶应当________。

①互通名称、国籍和登记港；②尽力救助遇险人员；③当事船舶不得擅自离开事故现场

A. ①②③　　B. ②③

C. ①③

27. 我国《海上交通安全法》规定，船舶遇险时除发出呼救信号外，还应以最迅速的方式向主管机关报告________。

①出事时间、地点、原因；②受损情况；③救助要求

A. ①②③　　B. ②③

C. ①③

28. 我国《海上交通安全法》规定，船舶遇难时应________。

①尽快向海事主管机关报告；②尽力组织自救；③发出呼救信号

A. ①②③　　B. ②③

C. ①③

29. 船舶、设施发生交通事故，应由________查明原因，判明责任。

A. 海事法院　　B. 海事局

C. 海事仲裁机构

30. 我国《海上交通安全法》规定，因海上交通事故引起的海事纠纷，其处理的程序是________。

A. 首先必须由主管机关调解处理，调解不成，当事人可以向人民法院起诉

B. 可以由主管机关调解处理，不愿调解或调解不成的，当事人可以向人民法院起诉

C. 可以由主管机关调解处理，同时当事人可向人民法院起诉

31. 我国制定船员条例的目的是________。

①加强船员管理，提高船员素质；②维护船员的合法权益；③保障水上交通安全；④保护水域环境

A. ①②③④　　B. ①②③

C. ②③④

32. 我国制定船员条例的目的之一是维护________的合法权益。

A. 船东　　B. 船员

C. 船员用人单位

33.《中华人民共和国船员注册管理办法》规定，船员服务簿内应当载明的内容包括________。

①船员的姓名、性别；②船员的国籍、住所；③船员的出生日期；④船员的联系人、联系方式

A. ①②③④　　B. ①②④

C. ①②

34. 根据我国船员条例，船员在船上工作期间，应当________。

①携带规定的有效证件；②遵守船上的管理制度和值班规定；③参加船舶应急训练、演习；④如实填写有关船舶法定文书

A. ①②③④　　B. ①③④

C. ②③④

35. 根据《中华人民共和国船员条例》，船员在船工作期间，应当符合下列哪些要求？

①掌握船舶的适航状况和航线的通航保障情况；②掌握有关航区气象、海况等必要的信息；③遵守船舶的管理制度和值班规定；④如实填写有关船舶法定文书

A. ①②③　　B. ①②③④

C. ②③④

36. 根据《中华人民共和国船员条例》,船员在船工作期间,应当符合下列哪些要求?

①掌握船舶的适航状况;②参加船舶应急训练、演习,按照船舶应急部署的要求,落实各项应急预防措施;③按照水上交通安全和防治船舶污染的操作规则操纵、控制和管理船舶;④如实填写有关船舶法定文书

A. ①②③　　B. ①②③④

C. ②③④

37. 根据《中华人民共和国船员条例》,船员用人单位和船员应当按照国家有关规定参加________,并依法按时足额缴纳各项保险费用。

①工伤保险;②医疗保险;③养老保险;④失业保险以及其他社会保险

A. ①②③　　B. ①②③④

C. ②③④

38. 根据我国船员条例,船员用人单位应当按照国家有关劳动和社会保障的规定为其招用的船员办理的保险中不包括________。

A. 养老保险、工伤保险和医疗保险　　B. 失业保险以及其他社会保险

C. 战争保险以及其他商业保险

39. 根据《中华人民共和国船员条例》,船员除享有国家法定节假日的假期外,还享有在船舶上每工作2个月不少于________的年休假。

A. 15日　　B. 10日

C. 5日

40. 根据《中华人民共和国船员条例》,船员用人单位应当在船员年休假期间,向其支付不低于________。

A. 该船员用人单位所在地人民政府公布的平均工资的报酬

B. 该船员用人单位职工的平均工资的报酬

C. 该船员在船工作期间平均工资的报酬

## 第二节　船舶登记与配员管理

1. 根据《船舶登记条例》的规定,下列叙述有误的是________。

A. 同一公司的船舶只准使用一个船舶烟囱标志和公司旗

B. 船尾船籍港下方标明船名

C. 船籍港、船名下方标明汉语拼音

2. 根据《船舶登记条例》的规定,船舶应当具有________标志。

①船首两舷和船尾标明船名;②船尾船名下方标明船籍港;③船首尾两舷标明吃水标尺;④船舶中部两舷标明载重线

A. ①②③　　B. ①②③④

C. ②③④

3. 根据《船舶登记条例》的规定,下列关于船舶烟囱标志的表述不正确的是________。

A. 同一公司的船舶可以使用不同的烟囱标志

B. 船舶烟囱标志不得与登记在先的船舶烟囱标志相同或相似

C. 船舶不得使用其他公司登记的烟囱标志

4. 根据《船舶登记条例》的规定，经登记的船舶应具有________标志。

①吃水标尺；②载重线标志；③船名、船籍港

A. ①②　　B. ①③

C. ①②③

5. 我国规定船舶最低安全配员的目的是保障________。

①水上人命安全；②财产安全；③防止水域环境污染

A. ①②　　B. ①③

C. ①②③

6.《中华人民共和国船舶最低安全配员规则》所要求的船舶安全配员标准是________。

A. 船舶配备船员的最高要求

B. 船舶配备船员的一般要求

C. 船舶配备船员的最低要求

7. 确定船舶最低安全配员的数额应综合考虑下列哪些因素？

①船舶种类、吨位、技术状况；②主推进动力装置功率、航区、航程；③航行时间、通航环境；④船员的值班和休息制度

A. ①②③④　　B. ①②③

C. ②③④

8. 根据《船舶最低安全配员规则》，船员配备数量的最高限额________。

A. 由船公司决定　　B. 由救生设备的定员决定

C. 由船长决定

9. 根据《船舶最低安全配员规则》，在确定船舶最低安全配员时应综合考虑________因素。

①船舶种类；②航区；③航行时间；④通航环境

A. ①②③　　B. ①②③④

C. ②③④

10. 根据我国《船舶最低安全配员规则》的规定，船员配备的数量可根据需要增加，但其总数不应超过________。

A. 船公司核定的人数

B. 经船检机构核定的救生设备的定员标准

C. 救生艇的艇位数

11. ________配备船员的构成和数量应不低于最低安全配员的要求。

A. 船舶在航行期间　　B. 船舶在靠泊时

C. 船舶在锚泊时

12. 根据我国《船舶最低安全配员规则》的规定，船舶最低安全配员证书的有效期与________的有效期相同。

A. 船舶国籍证书　　B. 船舶所有权登记证书

C. 船舶保险证书

13. 下列有关《船舶最低安全配员证书》的表述不正确的是________。
A. 配员证书由船旗国政府主管机关签发
B. 配员证书只需在船舶航行时存船备查
C. 配员证书的有效期通常为 5 年

## 第三节　海船船员适任考试和发证管理

1. 2019 年 1 月 20 日起实施的《海船船员船上培训管理办法》适用于船上培训，包括________。
①船上见习；②船上熟悉培训；③船上知识更新培训
A. ①②　　B. ②③
C. ①②③
2. 2019 年 1 月 20 日起实施的《海船船员船上培训管理办法》，船上熟悉培训是指船员履职前在船开展的________等岗位熟悉培训。
①安全熟悉培训；②保安熟悉培训；③散货船货物特性和操作熟悉培训；④液货船货物特性和操作熟悉培训
A. ①②③　　B. ①②④
C. ①②③④
3. 2019 年 1 月 20 日起实施的《海船船员船上培训管理办法》，公司和开展培训的船舶应根据船上________等分别制订船上培训计划和船上培训实施计划。
①培训的种类；②船舶类型；③航区航线；④货物作业条件
A. ①②③　　B. ①②④
C. ①②③④
4. 2019 年 1 月 20 日起实施的《海船船员船上培训管理办法》，公司和开展培训的船舶应根据船上培训的种类、船舶类型、航区（线）、货物作业条件等，分别制订________。
①公司培训计划；②船上培训计划；③公司培训实施计划；④船上培训实施计划
A. ①②　　B. ③④
C. ②④
5. 2019 年 1 月 20 日起实施的《海船船员船上培训管理办法》，________应按照体系管理要求、相应制度、船上培训计划及规定的船上培训内容，组织实施船上培训。
A. 公司　　B. 船长
C. 船上培训师
6. 2019 年 1 月 20 日起实施的《海船船员船上培训管理办法》，________应按照体系管理要求、相应制度、船上培训计划及规定的船上培训内容，组织实施船上培训。
A. 公司　　B. 船长
C. 船上培训师
7. 2019 年 1 月 20 日起实施的《海船船员船上培训管理办法》，公司安排________见习时，每艘船舶同一职务同时在船见习不得超过 2 人。
①船长；②高级船员；③普通船员；④任何职务船员
A. ①②　　B. ①②③

C. ①②③④

8. 2019 年 1 月 20 日起实施的《海船船员船上培训管理办法》，________，对船上培训实施跟踪管理。

A. 中华人民共和国海事局是船上培训的主管机关

B. 公司负责组织和安排船上培训

C. 船长负责组织和安排船上培训

9.《中华人民共和国船员培训管理规则》2019 年 6 月 1 日起生效，船员适任培训，指船员在取得适任证书前接受的使船员适应拟任岗位所需的专业技术知识和专业技能的培训，包括________。

①船员岗位适任培训；②船员专业技能适任培训；③船员专业理论培训；④船员专业评估培训

A. ①② B. ③④

C. ①②③④

10.《中华人民共和国船员培训管理规则》2019 年 6 月 1 日起生效，特殊培训，指针对在________特殊船舶上工作的船员所进行的培训。

①危险品船；②客船；③大型船舶；④大型集装箱

A. ①② B. ①②③

C. ①②③④

11.《中华人民共和国船员培训管理规则》2019 年 6 月 1 日起生效，学员完成培训并取得培训证明后，可以向海事管理机构申请相应培训项目的________。

①考试；②评估；③实习

A. ①③ B. ①②③

C. ①②

12.《中华人民共和国船员培训管理规则》2019 年 6 月 1 日起生效，航运公司应当为船员参加船员培训提供便利，建立船员培训制度，开展________培训，不断提高船员素质。

①职业技能；②职业规划；③法制观念；④安全责任和权益保护

A. ①②③④ B. ①②④

C. ①③④

13. 根据《中华人民共和国海船船员适任考试和发证规则》，以下有关海船船员持证表述正确的有________。

①船员职能根据技术要求分为管理级、操作级和支持级；②适任证书持有人可以在适任证书适用范围内担任低于适任证书适用范围的职务；③持有高级值班水手适任证书可以担任值班水手职务；④持有三副适任证书可以担任值班水手职务

A. ①②③ B. ①②④

C. ②③④

14. 根据《中华人民共和国海船船员适任考试和发证规则》的规定，在拖船上任职的船长和甲板部船员所持适任证书等级与________相对应。

A. 该拖船的航区和吨位

B. 该拖船的主推进动力装置功率的等级和吨位

C. 该拖船的主推进动力装置功率的等级

15. 根据《中华人民共和国海船船员适任考试和发证规则》,持有船长和高级船员适任证书者在证书有效期内,满足再有效资历要求,并经过与其职务相适应的知识更新培训,可以在适任证书有效期届满前________内申请适任证书再有效。

A. 3 个月　　B. 6 个月

C. 12 个月

16. 根据《中华人民共和国海船船员适任考试和发证规则》,适任考试有科目或者项目不及格的,可以在初次适任考试准考证签发之日起 3 年内申请________补考。逾期不能通过全部适任考试的,所有适任考试成绩失效。

A. 3 次　　B. 5 次

C. 不限次

17. 根据《中华人民共和国海船船员适任考试和发证规则》,适任考试有科目或者项目不及格的,可以在初次适任考试准考证签发之日起________年内申请________补考。逾期不能通过全部适任考试的,所有适任考试成绩失效。

A. 3;5 次　　B. 3;不限次

C. 5;5 次

18. 根据《中华人民共和国海船船员适任考试和发证规则》,适任考试成绩自全部理论考试和评估成绩均合格之日起________内有效。

A. 1 年　　B. 3 年

C. 5 年

## 第四节　海船船员值班管理

1. 关于负责航行或甲板值班的高级船员的资格,下列说法正确的是________。

A. 应完全符合 STCW 公约中所规定的强制性最低要求

B. 应完全符合 STCW 公约中所规定的可供选择的发证标准

C. 应完全符合 STCW 公约中所规定的强制性最低要求或可供选择的发证标准

2. 在制定航次计划时,应包括下列哪些内容?

①航线的总里程和预计航行的总时间;②预计航线上的气象情况和海况;③在各海区的避让方法;④各转向点的经纬度

A. ①②③④　　B. ①②③

C. ①②④

3. 下列有关港内停泊值班的表述,________正确。

①值班人员通常应包括一名值班驾驶员和一名值班水手;②如有任何理由认为接班的高级船员不能有效地履行其职责则不应交班;③值班驾驶员应确保本班人员完全有能力并能有效地履行他们的职责;④交接班时正在进行的重要操作通常由交班的高级船员来完成

A. ①②③　　B. ①②③④

C. ②③④

4. 根据《中华人民共和国海船船员值班规则》,系泊期间,船长应根据________,配备足够的且

具有熟练操作能力的值班船员，并安排好必要的设备。

①停泊情况；②船舶类型；③值班特点

A. ①②③　　B. ①③

C. ②③

5. 根据《中华人民共和国海船船员值班规则》，下列在港值班安排的做法哪项正确？

A. 甲板部停泊值班人员应当至少包括一名值班驾驶员和一名值班水手

B. 散装运输危险货物的船舶，甲板部至少由两名驾驶员和若干名水手组成安全值班

C. 船舶抢修时，船长和轮机长不能同时离船

6. 根据《中华人民共和国海船船员值班规则》，船舶在港内停泊期间的值班安排应始终________。

①确保人命、船舶、货物、港口和环境的安全；②确保所有与货物作业有关的机械的安全操作；③遵守国家法规和当地规定；④保持船上工作正常

A. ②③④　　B. ①②③

C. ①②③④

7. 根据《中华人民共和国海船船员值班规则》，下列哪些是驾驶员的停泊值班职责？

①督促值班水手按时升降国旗、开关灯、显示有关的号灯号型；②以适当的时间间隔巡视全船；③检查舷梯、锚链、跳板及安全网；④及时调整系缆，特别是潮差大的泊位

A. ①②③④　　B. ①②③

C. ①②④

8. 根据《中华人民共和国海船船员值班规则》，下列哪些是驾驶员的停泊值班职责？

①注意吃水和龙骨下的富余水深；②注意船舶的总体状态；③掌握装卸进度；④装卸货物作业时应始终在现场监督指导

A. ①②③④　　B. ①②③

C. ②③④

9. 根据《中华人民共和国海船船员值班规则》，下列有关港内靠泊值班驾驶员职责的叙述哪项不确切？

A. 检查污水沟、压载舱及淡水舱的测量记录

B. 按船长或大副的指示通知机舱调整压载水

C. 监收淡水、物料和燃油

10. 根据《中华人民共和国海船船员值班规则》，下列哪些是港内靠泊时值班驾驶员的职责？

①监收加装淡水和物料，加油船来时通知机舱；②掌握船舶稳性，以便失火时向消防部门提供可喷洒在船上且不致危及本船的水量；③按船长或大副的指示通知机舱调整压载水

A. ①③　　B. ①②③

C. ①②

11. 根据《中华人民共和国海船船员值班规则》，下列哪些是港内值班驾驶员的职责？

①防止船舶污染水域，不得在系泊区域内排放污油水和垃圾；②在船上进行明火作业及修理工作时，采取必要的预防措施；③主机试车前，应确认推进器附近无障碍；④有他船系靠本船或前后泊位时，应在现场守望

A. ①②③　　B. ①②④

C. ①②③④

12. 根据《中华人民共和国海船船员值班规则》,下列关于靠泊中值班驾驶员的职责哪些是正确的?

①经常巡查船的四周、装卸现场及工作场所;②注意吃水、富余水深和船舶的总体状态;③严格遵守有关安全及防火规定,掌握船舶稳性情况;④掌握装卸进度,解决装卸中发生的问题

A. ①②③④　　B. ①②③

C. ②③④

13. 根据《中华人民共和国海船船员值班规则》,靠泊中值班驾驶员有________职责。

①掌握全船人员动态,关心作业人员的安全;②督促值班水手按时升降国旗,正确显示或悬挂号灯号型;③注意船舶的总体状态;④装卸货时履行货物装卸值班职责

A. ①②③　　B. ①②③④

C. ②③④

14. 根据《中华人民共和国海船船员值班规则》,下列有关靠泊中值班驾驶员职责的表述,________不正确。

A. 注意船舶的总体状态　　B. 遵守安全及防火规定

C. 监收加装燃油

15. 根据《中华人民共和国海船船员值班规则》,港内值班时,值班驾驶员应当做到________。

①掌握全船人员动态,经常巡查船的四周、装卸现场及工作场所;②督促值班水手按时升降国旗、开关灯,显示或者悬挂有关号灯号型;③经常检查舷梯、锚链、跳板及安全网,及时调整系泊缆绳;④注意吃水、龙骨下的富余水深和船舶的总体状态

A. ①②③④　　B. ②③④

C. ①②③

16. 根据《中华人民共和国海船船员值班规则》,停泊时,交班驾驶员应当告知接班驾驶员的事项有________。

①船上拟进行的所有工作;②舱底水、压舱水和淡水的水位情况;③消防设备情况;④加装燃油、淡水情况

A. ①②③　　B. ①②③④

C. ②③④

17. 根据《中华人民共和国海船船员值班规则》,港内值班时交班驾驶员应告知接班驾驶员下列哪些内容?

①船舶吃水、系缆情况;②大副对积载的要求和装卸进度;③开工舱口数;④消防设备的情况

A. ①②③④　　B. ①②③

C. ②③④

18. 根据《中华人民共和国海船船员值班规则》,港内值班时交班驾驶员应告知接班驾驶员下列哪些内容?

①舱底水和淡水的水位情况;②正在加装燃油、淡水的情况;③港口及本船悬挂的信号、显示的号灯号型和鸣放的声号;④港口的特殊规定

A. ①②③④　　B. ①②③
C. ②③④

19. 根据《中华人民共和国海船船员值班规则》，港内值班时交班驾驶员应告知接班驾驶员下列哪些内容？
①船长命令、公司指示；②发生紧急情况时与港方联系的方法；③港口及本船悬挂的信号、显示的号灯号型和鸣放的声号；④机舱值班人员的技术状况
A. ②③④　　B. ①②③
C. ①②④

20. 根据《中华人民共和国海船船员值班规则》，停泊交接班时交班驾驶员应告知接班驾驶员________。
①港口的特殊要求；②公司指示和船长命令及港方通知；③锚位、出链以及锚链受力情况；④系缆情况
A. ①②③④　　B. ①③④
C. ②③④

21. 根据《中华人民共和国海船船员值班规则》，停泊交接班时交班驾驶员应告知接班驾驶员________。
①船舶吃水；②涨落潮时间及水位；③气象与海况；④开工舱口数及工班数、装卸进度和货物隔票与衬垫情况
A. ①②③④　　B. ①③④
C. ②③④

22. 根据《中华人民共和国海船船员值班规则》，接班驾驶员在接班前应核实________。
①系泊缆绳或锚链状况是否正常；②本船悬挂的号灯号型是否正确；③正在装卸的危险货物的性质以及发生事故时能够采取的相应措施；④各项安全措施是否有效遵守
A. ①②③④　　B. ①③④
C. ②③④

23. 根据《中华人民共和国海船船员值班规则》，港内值班时交班驾驶员应告知接班驾驶员下列哪些内容？
①压载水的操作情况；②正在或即将加装燃油、淡水的情况；③信号、号灯号型的悬挂和显示的情况；④港口的特殊规定
A. ①②③④　　B. ①②③
C. ②③④

24. 根据《中华人民共和国海船船员值班规则》，港内值班时交班驾驶员应告知接班驾驶员下列哪些内容？
①主机情况和应急使用的可能性；②压载水的操作情况及加装燃油、淡水的情况；③开工舱口数；④消防设备的情况
A. ①②③　　B. ①②③④
C. ②③④

25. 根据《中华人民共和国海船船员值班规则》，港内值班时交班驾驶员应告知接班驾驶员下列哪些内容？

①发生船舶污染时向相关机关报告的程序；②发生紧急情况时与港方联系的方法；③周围船舶动态；④有关船舶、船员、货物的安全和防污的情况

A. ①②③④　　B. ①②③

C. ②③④

26. 根据《中华人民共和国海船船员值班规则》，下列关于船舶载运危险货物的船舶停泊值班，说法错误的是________。

A. 船舶载运危险货物、污染危害性货物时，船长应当做出保持货物安全的值班安排

B. 每艘载运包装危险品的船舶，船长在做出值班安排时应当考虑到这些危险品的性质、数量、包装和积载以及船上、水上和岸上的所有特殊情况

C. 载运散装危险货物的船舶，应当由大副全面负责货物的装卸，并保证一直在甲板上监督货物的装卸

27. 根据《中华人民共和国海船船员值班规则》，载运非散装危险货物的船舶，船长在做出值班安排时应当考虑________。

①危险品的性质、数量；②危险品的包装和积载；③船上的所有特殊情况；④水上和岸上的所有特殊情况

A. ①②③④　　B. ①③④

C. ①②④

28. 根据《中华人民共和国海船船员值班规则》，下列哪些说法是正确的？

①航运公司应当制定保证货物作业安全的规定；②载运非散装危险货物的船舶，安全值班应当由甲板部和轮机部各至少一名高级船员和普通船员组成；③船舶载运危险货物、污染危害性货物时，船长应当做出保持货物安全的值班安排

A. ①②　　B. ②③

C. ①③

29. ________是船舶装卸货物时值班驾驶员的职责。

①按照积载计划和大副的要求，检查装卸情况和速度，认真记录装卸时间和班次；②解决装卸中出现的问题，保持船舶平衡；③注意吃水差；④做好货舱通风工作

A. ①②③　　B. ②③④

C. ①②④

30. 根据《中华人民共和国海船船员值班规则》，下列哪项符合驾驶、轮机联系制度的规定？

A. 值班驾驶员会同大管轮试验舵机

B. 船长应提前 24 h 将预计开航时间通知轮机长

C. 主机试车前，值班驾驶员应征得值班轮机员同意

31. 根据《中华人民共和国海船船员值班规则》中的驾驶、轮机联系制度，下列哪些叙述正确？

①船长应提前 24 h 将预计开航时间通知轮机长；②主机冲车前，值班轮机员应征得值班驾驶员的同意；③抵港后船长应将本船预计动态告知轮机长以便安排工作

A. ①②③　　B. ①②

C. ②③

32. 根据《中华人民共和国海船船员值班规则》中的驾驶、轮机联系制度，开航前________值班驾驶员会同值班轮机员核对船钟、车钟、试舵等。

A. 1 h　　B. 2 h

C. 4 h

33. 根据《中华人民共和国海船船员值班规则》中的驾驶、轮机联系制度，开航前值班驾驶员应会同________核对船钟、车钟、试舵等并分别将情况记入________。

A. 大管轮；航海日志、车钟记录簿

B. 值班轮机员；航海日志、轮机日志、车钟记录簿

C. 电机员；航海日志、轮机日志

34. 根据《中华人民共和国海船船员值班规则》中的驾驶、轮机联系制度，下列哪些叙述正确？

①开航前 1 h 值班驾驶员应会同值班轮机员核对船钟、车钟、试舵等；②主机试车前值班轮机员应征得船长同意；③船舶进出港口、狭水道、浅滩等需要备车航行时，驾驶台应提前通知机舱准备

A. ①②　　B. ①③

C. ②③

35. 下列哪项符合《中华人民共和国海船船员值班规则》中的驾驶、轮机联系制度的规定？

A. 开航前 1 h，值班驾驶员会同值班轮机员核对车钟等，船长应提前 12 h 将预计开航时间通知轮机长

B. 开航前 1 h，值班驾驶员会同值班轮机员核对车钟等，船长应提前 24 h 将预计开航时间通知轮机长

C. 开航前半小时，值班驾驶员会同值班轮机员核对车钟等，船长应提前 12 h 将预计开航时间通知轮机长

36. 驾驶、轮机联系制度规定，船长和轮机长共同商定的主机各种车速，________和________都应严格执行。

A. 机舱；甲板　　B. 值班驾驶员；值班轮机员

C. 大副；大管轮

37. 根据《中华人民共和国海船船员值班规则》中的驾驶、轮机联系制度，船舶在航行中，________驾驶台和机舱校对时钟并________。

A. 每天中午；互换正午报告　　B. 每天中午；互通情况

C. 每班下班前；互换正午报告

38. 根据《中华人民共和国海船船员值班规则》中的驾驶、轮机联系制度，在下列哪些情况下主机停车应先征得船长同意？

①不立即停车就威胁人身安全时；②不立即停车主机安全受到威胁时；③航行中因一般机械故障须停车进行修理时

A. ①②　　B. ②

C. ③

39. 下列有关驾驶、轮机联系制度的叙述哪项正确？

A. 因情况紧急，不立即停车就会危及主机或人身安全时，轮机长可立即停车

B. 判断将有风暴来临时，值班驾驶员应及时通知值班轮机员做好各种准备

C. 主机的各种车速由主机的性能指标决定

40. 根据驾驶、轮机联系制度的规定，船舶进出港口，通过狭水道、浅滩、危险水域或抛锚等需要

备车航行时,________应提前通知________准备。

A. 机舱;驾驶台　　B. 驾驶台;机舱

C. 船长;轮机长

41. 根据《中华人民共和国海船船员值班规则》的规定,船舶到港前应对________进行________试验。

A. 操舵装置;舵效　　B. 主机;停、倒车

C. 汽笛;鸣放

42. 根据《中华人民共和国海船船员值班规则》中驾驶、轮机联系制度的规定,航行中每班下班前值班轮机员应将________通知值班驾驶员,值班驾驶员应回告本班________。

A. 主机平均转速和海水温度;平均航速和风向风力

B. 主机平均转速;平均航速和风向风力

C. 主机平均转速和海水温度;平均航速

43. 根据《中华人民共和国海船船员值班规则》,航行中下列________是驾驶、轮机联系制度的规定。

①轮机部如调换发电机,并车或暂时停电,应事先通知驾驶台;②在应变情况下,值班轮机员应立即执行驾驶台发出的信号,及时提供所需的水气电;③因机械故障不能执行航行命令时,轮机长应通知驾驶台速报船长;④抵港前,轮机长要将本船燃油情况告知船长

A. ①②③④　　B. ②③④

C. ①②④

44. 根据《中华人民共和国海船船员值班规则》中驾驶、轮机联系制度的规定,航行中如因等引航员、候潮、等泊等原因须短时间抛锚时,________应将情况及时通知________。

A. 船长;轮机长　　B. 驾驶台;机舱

C. 值班驾驶员;值班轮机员

45. 根据《中华人民共和国海船船员值班规则》中驾驶、轮机联系制度的规定,航行中通常每日正午由________校对时钟并交换正午报告。

A. 二副和二管轮　　B. 三副和三管轮

C. 船长和轮机长

46. 根据《中华人民共和国海船船员值班规则》中驾驶、轮机联系制度的规定,抵港后________应告知________本船的预计动态,以便安排工作。

A. 船长;轮机长　　B. 值班驾驶员;值班轮机员

C. 值班驾驶员;轮机长

47. 在装卸重大件、特种危险品或使用重吊之前,________应通知________派人检查起货机。

A. 船长;轮机长　　B. 大副;轮机长

C. 值班驾驶员;轮机长

48. 根据《中华人民共和国海船船员值班规则》中驾驶、轮机联系制度的规定,在下列哪种情况下大副应通知轮机长派人检查起货机,必要时还应派人值守?

①装卸重大件;②特种危险品;③使用重吊之前

A. ①②③　　B. ②③

C. ①③

49. 根据《中华人民共和国海船船员值班规则》中驾驶、轮机联系制度的规定，进行下列哪些操作时驾驶和轮机部门需要建立有效的联系制度和相应的记录？

①排放机舱污水；②排放洗舱水；③排放压载水

A. ①②③　　B. ②③

C. ①③

50. 根据《中华人民共和国海船船员值班规则》中驾驶、轮机联系制度的规定，下列哪项叙述有误？

A. 船舶进出港口，驾驶台应提前通知机舱备车

B. 主机备妥后，机舱应通知驾驶台

C. 值班轮机员应将存油和加油数量告知大副

51. 根据《中华人民共和国海船船员值班规则》中的驾驶、轮机联系制度的规定，船舶抵港后机舱需检修影响动车的设备时，轮机长应事先将所需________告知船长。

A. 时间　　B. 费用

C. 物料、工具

52. 根据《中华人民共和国海船船员值班规则》中的驾驶、轮机联系制度的规定，抵港后机舱检修下列哪种设备时，应事先报请船长？

A. 油水分离设备　　B. 装卸设备

C. 影响动车的设备

53. 根据《中华人民共和国海船船员值班规则》中驾驶、轮机联系制度的规定，如因装卸作业造成船舶过度倾斜，影响机舱正常工作时，________应通知________采取有效措施予以纠正。

A. 轮机长；大副或值班驾驶员　　B. 轮机长；船长

C. 大管轮；值班驾驶员

54. 根据我国海船船员值班规则，值班人员在值班前________内应禁止喝酒，且值班期间血液中的酒精含量不得超过________。

A. 8 h；0.5%　　B. 6 h；0.5%

C. 4 h；0.05%

55. 根据《中华人民共和国海船船员值班规则》，严禁船员酗酒，值班人员在值班前________内禁止喝酒。

A. 2 h　　B. 4 h

C. 6 h

56. 根据《中华人民共和国海船船员值班规则》，严禁船员酗酒，值班期间血液酒精浓度（BAC）不高于________或呼吸中酒精浓度不高于________。

A. 0.05%；0.25 mg/L　　B. 0.1%；0.5 mg/L

C. 0.05%；0.5 mg/L

57. 根据《中华人民共和国海船船员值班规则》，下列说法正确的有________。

①船长应采取有效措施防止船员疲劳操作；②值班人员在值班前 4 h 内禁止饮酒；③值班期间，值班人员的血液酒精浓度不得高于 0.05%；④船员不得服用可能导致不能安全值班的药物

A. ①③④　　B. ①②④
C. ①②③④

58. 根据《中华人民共和国海船船员值班规则》的规定,下列哪些说法是正确的?
①除紧急或者超常工作情况外,负责值班的船员休息时间应任何 24 h 内不少于 10 h;②每周休息时间的例外,不应当超过连续两周;③船员处于待命情况下,因被派去工作而中断了正常休息时间的,不必给予补休;④船舶应当将船上工作安排表张贴在易见之处
A. ①②③　　B. ①③④
C. ①②④

59. 根据《中华人民共和国海船船员值班规则》,下列哪些说法是正确的?
①船舶应当对船员每天休息时间进行记录;②休息时间记录表由船长或者船长授权的人员和船员本人签注;③休息时间记录表应发放给船员本人;④船上工作安排表和休息时间记录表应使用船上工作语言和英语制定
A. ①②③④　　B. ①③④
C. ①②④

60.《中华人民共和国海船船员值班规则》规定,船员不得酗酒。值班人员在值班前 4 h 内禁止饮酒,且值班期间血液酒精浓度(BAC)不高于________或呼吸中酒精浓度不高于________。
A. 0.08%;0.25 mg/L　　B. 0.05%;0.5 mg/L
C. 0.05%;0.25 mg/L

## 第五节　船舶安全监督管理

1. 根据船舶安全监督规则,中国籍船舶应当在预计离港或者抵港________向将要离泊或者抵达港口的海事管理机构报告进出港信息。
A. 2 h 前　　B. 4 h 前
C. 2 h 内

2. 根据船舶安全监督规则,船舶应当按照规定实施船舶进出港报告,对于航程不足________的,在驶离上一港口时报告。
A. 4 h　　B. 8 h
C. 12 h

3. 根据船舶安全监督规则,船舶报告的进出港信息应当包括________。
①航次动态;②在船人员信息;③客货载运信息;④拟抵离时间和地点
A. ①②③④　　B. ①③④
C. ①②④

4. 根据船舶安全监督规则,船舶可以采用多种方式报告船舶进出港信息,包括________。
①互联网;②传真;③短信;④QQ
A. ①②③　　B. ①③
C. ①②④

5. 关于船舶定线制,《闽江口水域船舶定线制》和《闽江口水域船舶报告制》自 2019 年 6 月 1

日起实施，有效期________。

A. 三年　　B. 五年

C. 无规定

6. 根据船舶安全监督规则，船舶现场监督的内容包括________。

①中国籍船舶自查情况；②船员履职情况；③船舶防污染措施落实情况；④客货载运及货物系固绑扎情况

A. ①②③　　B. ①③④

C. ①②④

7. 根据船舶安全监督规则，船舶安全检查的内容包括________。

①船舶、船员配备和持有有关法定证书文书及相关资料情况；②船员履行其岗位职责的情况；③船舶安全管理体系运行情况；④按照相关规定缴纳相关费税情况

A. ①②③　　B. ①③④

C. ②③④

8. 根据船舶安全监督规则，海事行政执法人员在船舶安全监督过程中发现船舶存在缺陷的，可采取的处理意见包括________。

①警示教育；②开航前纠正缺陷；③限制船舶操作；④责令船舶离港

A. ①②③④　　B. ①②④

C. ②③④

9. 根据船舶安全监督规则，海事行政执法人员在船舶安全监督过程中发现船舶存在缺陷的，可采取的处理意见包括________。

①滞留；②禁止船舶进港；③责令船舶驶向指定区域；④没收船舶

A. ①②③　　B. ①③④

C. ②③④

10. 根据船舶安全监督规则，________应当建立开航前自查制度，在离泊前应当对船舶安全技术状况和货物装载情况进行自查。

A. 检查中被发现缺陷的船舶

B. 中国籍船舶

C. 任何国际航行的客船和500总吨以上货船

11. 根据船舶安全监督规则，船舶在固定航线航行且单次航程不超过2 h的，________。

A. 无须开航前均进行自查　　B. 每航次开航前均进行自查

C. 无须每次开航前均进行自查，但一天内应当至少自查一次

12. 根据《船舶港内安全作业监督管理办法》，船舶港内安全作业报备内容应包括________。

①船名和船舶经营人；②船舶停泊位置以及载货状况；③作业种类和作业时间；④安全防范措施、船长安全声明

A. ②③④　　B. ①②③④

C. ①②③

13. 根据《船舶港内安全作业监督管理办法》，以下表述正确的是________。

A. 船舶港内安全作业应提前24 h向海事管理机构书面报备

B. 船舶进行封闭舱室作业应经海事管理机构的批准

C. 船舶如需进行高处作业应提前通知海事管理机构核准

14. 根据《船舶港内安全作业监督管理办法》,下列船舶试航、试车时应满足的条件中,表述有误的是________。

A. 船舶试航必须选择在白天进行

B. 船舶试航应避开航道、狭水道、通航密集区等重要通航水域

C. 船舶试车时,应注意船尾部的周围环境,应不危及其他船舶和港口设施的安全

15. 根据《船舶港内安全作业监督管理办法》,以下表述有误的是________。

A. 船舶放艇(筏)进行救生演习时不得随意施放救生或求生信号

B. 船舶校正磁罗经时不得在锚地、通航密集区、水产养殖区、重点捕捞区进行

C. 对中国籍船舶的磁罗经校正,应由海事管理机构的人员进行

16. 根据《船舶港内安全作业监督管理办法》,船舶在港内进行安全作业,需在作业活动开始前由________向________的海事管理机构提交船舶港内安全作业书面报备材料。

A. 船长或通过其代理人;所在港区

B. 大副;船籍港

C. 船长或船舶代理;船籍港

17. 根据《船舶港内安全作业监督管理办法》,船舶校正磁罗经不得在________进行。

①锚地;②通航密集区;③水产养殖区;④重点捕捞区

A. ①②③④　　B. ②③④

C. ①②③

## 第六节　海事行政处罚管理

1.《中华人民共和国海上海事行政处罚规定》中所称海事行政违法行为,包括________。

①违反海上船舶污染沿海水域监督管理秩序;②违反海上交通事故调查处理秩序;③其他海事行政违法行为

A. ①②③　　B. ②③

C. ①②

2.《中华人民共和国海上海事行政处罚规定》中所称海事行政违法行为,包括________。

①违反海上危险货物载运安全监督管理秩序;②违反海难救助管理秩序;③违反海上打捞管理秩序

A. ①②③　　B. ②③

C. ①②

3. 根据《中华人民共和国海上海事行政处罚规定》,下列哪些情形应该从重处以海事行政处罚?

①伪造海事行政违法行为证据;②隐匿海事行政违法行为证据;③销毁海事行政违法行为证据;④造成较为严重后果或情节恶劣的

A. ①②③　　B. ②③④

C. ①②③④

4.《中华人民共和国船员违法记分办法》中所称的船员包括________。

①取得船员服务簿的海船船员；②取得船员服务簿的内河船员；③取得船员服务簿的引航员；④游艇操作人员

A. ①②③④　　B. ①②③

C. ①②

5. 根据《中华人民共和国船员违法记分办法》规定，船员违法行为发生地包括________。

①违法行为的结果发现地；②违法行为的初始发生地；③违法行为的过程经过地

A. ①　　B. ①②

C. ①②③

6. 根据《中华人民共和国船员违法记分办法》规定，下列说法错误的是________。

A. 对船员的违法行为，海事管理机构应当进行调查并听取当事人的陈述申辩

B. 具有管辖权的海事管理机构实施船员违法记分，并予以相应记载

C. 船员一次存在两种及以上违法行为的，只记最严重违法分值

7. 根据《中华人民共和国船员违法记分办法》规定，被责令其参加法规培训和考试的船员，可向________的海事管理机构报名。

①最后被实施船员违法记分地；②船员注册地；③船员适任证书签发地；④船籍港

A. ①②③④　　B. ②③④

C. ①②③

8. 根据《中华人民共和国船员违法记分办法》规定，海事管理机构负责组织被责令其参加法规培训和考试的船员进行培训，培训的内容包括________等。

①水上交通安全相关法规；②防治船舶污染相关法规；③安全知识的教育；④海事案例

A. ①②③④　　B. ②③④

C. ①②③

9. 根据《中华人民共和国船员违法记分办法》规定，在一个记分周期内累计记分达到15分的船员需要参加的法规培训，以下表述正确的有________。

①海事管理机构收到船员的报名后，对符合规定的应在15个工作日内组织培训；②法规培训应包括水上交通安全和防治船舶污染管理法规、安全知识和教育和海事案例等内容；③被扣留船员适任证书的船员未经考试合格的，不得在船舶继续服务；④海事管理机构可收取相关法规培训及考试费用

A. ②③④　　B. ①②③

C. ①②④

## 第七节　货物安全运输管理

1. 我国《船舶载运危险货物安全监督管理规定》指出，________主管全国船舶载运危险货物的安全管理工作。________负责船舶载运危险货物的安全监督管理工作。

A. 交通运输部；国家海事管理机构

B. 国务院；交通运输部

C. 国家海事管理机构；交通运输部

2. 根根据我国《船舶载运危险货物安全监督管理规定》，载运危险货物的船舶应当________。

①在装货前检查货物的运输资料；②在装货前检查货物的适运状况；③不得装运违反规定的危险货物；④遵守安全和防污染操作规程

A. ①②③④　　B. ②③④

C. ①②③

3. 按照《船舶载运危险货物安全监督管理规定》的规定，载运危险货物的船舶，其________等方面应当符合国家船舶检验的法规、技术规范的规定，并经船舶检验机构检验合格，取得相应的检验证书和文书，并保持良好状态。

①船体；②构造；③设备；④性能；⑤布置

A. ①②③④⑤　　B. ①②③④

C. ②③④

4. 根据我国《船舶载运危险货物安全监督管理规定》，载运危险货物的船舶________。

①应当经国家海事管理机构认可的船舶检验机构检验合格；②取得相应的检验证书和文书；③保持良好状态

A. ①②③　　B. ①②

C. ②③

5. 根据我国《船舶载运危险货物安全监督管理规定》，载运危险货物的船舶应当________的表述有误。

A. 取得相应的检验证书和文书

B. 编制安全和防污染应急预案

C. 配备专职的危险货物安全管理人员

6. 根据我国《船舶载运危险货物安全监督管理规定》，载运危险货物的船舶的船员应该满足________。

①按照规定持有特殊培训合格证，熟悉所在船舶载运危险货物安全知识和操作规程；②了解所运危险货物的性质和安全预防措施；③熟悉相关申报程序

A. ①②　　B. ①③

C. ②③

7. 根据我国《船舶载运危险货物安全监督管理规定》，载运危险货物船舶的船员，应当________的表述有误。

A. 按照规定持有特殊培训合格证

B. 熟悉危险货物的申报和监装程序

C. 事先了解所运危险货物的性质和安全预防措施

8. 根据我国《船舶载运危险货物安全监督管理规定》，载运危险货物船舶的船员，应当________。

①按照规定持有特殊培训合格证；②熟悉所在船舶载运危险货物安全知识和操作规程；③了解所运危险货物的性质和安全预防措施；④了解所运危险货物的应急处置措施

A. ①②③④　　B. ①②③

C. ②③④

9. 根据我国《船舶载运危险货物安全监督管理规定》，关于危险货物的包装和集装箱，下列说法错误的有________。

A. 只要载运过危险货物的空包装或者空容器就应当视为盛装危险货物的包装或者容器

B. 危险货物包装应具有相应的检验合格证明

C. 处于熏蒸状态下的船用集装箱应显示熏蒸警告标牌

10. 根据我国《船舶载运危险货物安全监督管理规定》,船舶载运的危险货物包件、中型散装容器、大宗包装、货物运输组件,应当按照规定显示所装危险货物特性的________。

①标志;②标记;③标牌

A. ①②　　B. ①③

C. ①②③

11. 根据我国《船舶载运危险货物安全监督管理规定》,载运危险货物的船舶发生________等事件,应当按照规定向海事主管机关报告,并及时启动应急预案,防止损害、危害的扩大。

①水上险情;②非法排放或危险货物落水;③交通事故

A. ①②③　　B. ②③

C. ①③

12. 根据我国《船舶载运危险货物安全监督管理规定》,载运危险货物的船舶在________时应当按规定显示信号。

①航行;②停泊;③修船;④装卸

A. ①②④　　B. ②③④

C. ①②③

13. 船舶进行洗(清)舱、驱气或者置换作业活动期间,不得________。

①检修和使用雷达、无线电发报机、卫星船站;②使用供应船、车加油、加水作业;③进行明火、拷铲及其他易产生火花的作业

A. ①②③　　B. ①②

C. ②③

14. 据《船舶载运危险货物安全监督管理规定》的规定,有下列________情况的,海事管理机构应当责令当事船舶立即纠正或者限期改正。

①危险货物的积载和隔离不符合规定的;②船舶的安全、防污染措施和应急计划不符合规定的;③擅自在不具备作业条件的码头、泊位装卸危险货物的

A. ①②③　　B. ①②

C. ②③

15. 根据我国《船舶载运危险货物安全监督管理规定》,载运危险货物的船舶应当编制安全和防污染应急预案,配备相应的________等设备及器材。

①应急救护;②消防;③人员防护

A. ②③　　B. ①③

C. ①②③

## 第八节　船舶交通和进出港管理

1.《船舶交通管理系统监督管理规则》适用于在我国沿海及内河设有船舶交通管理系统的区域内________的船舶、设施及其所有人、经营人和代理人。

①航行；②锚泊；③靠泊；④作业

A. ①②　　B. ①②③

C. ①②③④

2. 根据我国《船舶交通管理系统监督管理规则》，主管机关设置的船舶________中心是负责具体实施船舶交通管理的运行中心。

A. 交通管理　　B. 航行监控

C. 海上安全管理

3. 根据我国《船舶交通管理系统监督管理规则》，船舶在 VTS 区域内________的表述有误。

A. 航行、停泊和作业时，必须向 VTS 中心进行船舶动态报告

B. 发生交通事故、污染事故或其他紧急情况时，应立即向 VTS 中心报告

C. 避让来船时必须向 VTS 中心报告，并经过 VTS 中心的同意

4. 根据我国《船舶交通管理系统监督管理规则》，船舶在 VTS 区域内的报告内容包括________。

①航行、停泊和作业时，必须向 VTS 中心进行船舶动态报告；②发生交通事故、污染事故或其他紧急情况时，应立即向 VTS 中心报告；③发现有妨碍航行安全的异常情况时，应迅速向 VTS 中心报告；④船舶避让时必须向 VTS 中心报告，并经过 VTS 中心的同意

A. ①②④　　B. ②③④

C. ①②③

5. 我国《船舶交通管理系统监督管理规则》规定，应船舶请求，VTS 中心可为________提供助航服务。

①船舶在航行困难时；②船舶在气象恶劣环境下；③船舶出现故障时；④船舶损坏时

A. ①②③　　B. ②③④

C. ①②③④

6. 根据我国《船舶交通管理系统监督管理规则》，为避免紧迫局面的发生，VTS 中心可向船舶________。

①提出建议；②提出劝告；③发出警告；④发出指令

A. ②③④　　B. ①②③

C. ①②④

7. 中国船舶报告系统由________等组成。

①中国海上搜救中心；②船舶报告管理中心；③区域海上搜救中心；④参加中国船舶报告系统的船舶

A. ①②③④　　B. ①②③

C. ②③④

8. 根据中国船舶报告系统管理规定，加入中国船舶报告系统的船舶应当按照________中规定的报告方式、种类、格式、内容和要求进行报告。

A. 中国船舶报告系统船长指南

B. 海上交通安全指南

C. VTS 指南

9. 根据我国船舶引航管理规定，引航员在遇到下列哪些情况时，有权拒绝、暂停或者终止引航？

①恶劣的气象、海况;②被引船舶不适航;③没有足够的水深;④被引船舶的引航梯和照明不符合安全规定

A. ②③④　　B. ①②③

C. ①②③④

10. 按照我国有关引航的规定,下列各项对船长在引航过程中的要求中正确的有________。

①应向引航员说明船舶的适航性和操纵性能;②满足引航员有关引航工作上的要求;③为航行安全,船长可提出合理的建议和要求,但不得无理干涉引航员的工作;④任何情况下船长不得离开驾驶台

A. ①②③④　　B. ①②③

C. ①③④

11. 根据我国《船舶升挂国旗管理办法》的规定,下列有关船舶悬挂国旗的提法哪些正确?

①船舶悬挂的中国国旗应当整洁,不得破损、污损、褪色;②在任何天气情况下国旗应当早晨升起傍晚降下;③船舶按其长度悬挂不同尺度的国旗;④船舶非经批准不得将中国国旗下半旗

A. ①②③④　　B. ②③④

C. ①③④

12. 根据我国《船舶升挂国旗管理办法》的规定,中国籍船应将国旗悬挂于________。

①船尾;②前桅或驾驶台信号杆顶部;③信号杆的右横桁

A. ①②③　　B. ②③

C. ①③

13. 根据我国《船舶升挂国旗管理办法》的规定,下列说法错误的是________。

A. 国旗应当早晨升起,傍晚落下

B. 即使遇到恶劣天气,仍不得降下国旗

C. 升挂国旗,应当将国旗置于显著的位置

## 第九节　海上事故调查管理

1. 根据《海上交通事故调查处理条例》,海事主管机关通常不能对下列哪些海上交通事故进行调查处理?

①船舶在我国沿海水域内发生的海上交通事故;②以渔业为主的渔港内发生的海上交通事故;③沿海水域内渔业船舶之间的事故;④军用船舶间发生的海上交通事故

A. ①②③　　B. ②③④

C. ①②④

2. 按照我国《海上交通事故调查处理条例》的规定,________属海上交通事故。

①碰撞触碰或浪损;②触礁或搁浅;③火灾、爆炸;④沉没

A. ①②③④　　B. ①②③

C. ①③④

3. 根据《海上交通事故调查处理条例》,________应属海上交通事故。

A. 航行中雷达损坏　　B. 航行中主机严重损坏,船舶漂航

C. 风浪中装卸设备严重受损

4. 根据《海上交通事故调查处理条例》规定，船舶发生海上交通事故后应立即用下列哪些手段做扼要报告？

①VHF 无线电话；②电传；③其他有效手段

A. ①②③　　B. ①②

C. ②③

5. 根据《海上交通事故调查处理条例》，船舶发生海上交通事故，必须立即用有效手段扼要报告下列哪些内容？

①船舶的名称、呼号、国籍和起讫港；②船舶的所有人或经营人名称；③事故发生的时间、地点、海况、船舶的损害程度及救助要求等

A. ①②③　　B. ①②

C. ②③

6. 根据《海上交通事故调查处理条例》，船舶发生海上交通事故时，应________。

①立即向就近海事机构做扼要报告；②在规定的时间内提交书面报告；③提供必要的文书资料

A. ①②③　　B. ②③

C. ①②

7. 根据《海上交通事故调查处理条例》，船舶在我国港内发生交通事故，应在何时提交书面报告？

A. 船舶开航前　　B. 事故发生后 24 h 内

C. 事故发生后 48 h 内

8. 根据《海上交通事故调查处理条例》，海上交通事故报告书的内容应包括________。

①船舶所有人或经营人的名称、地址；②船舶概况及主要数据；③索赔要求的意见；④事故发生的详细经过

A. ①②③④　　B. ①③④

C. ①②④

9. 根据《海上交通事故调查处理条例》的规定，船舶在港区水域内发生海上交通事故，必须在________向当地海事局递交《海上交通事故报告书》。

A. 靠好泊位后 24 h 内　　B. 事故发生后 24 h 内

C. 抛好锚后 48 h 内

10. 根据《海上交通事故调查处理条例》，船舶在港区水域内发生海上交通事故，必须在事故发生后________内向________海事局提交事故报告书。

A. 24 h；当地　　B. 24 h；船籍港

C. 48 h；当地

11. 根据《海上交通事故调查处理条例》规定，船舶在海上发生交通事故，应立即向________报告。

A. 目的港海事局　　B. 始发港海事局

C. 就近港口的海事局

12. 根据《海上交通事故调查处理条例》，船舶发生火灾、爆炸等事故时，船长必须申请

________。

A. 海事机构鉴定　　B. 船检机构鉴定

C. 公安消防监督机关鉴定

13. 根据《海上交通事故调查处理条例》，船舶发生火灾、爆炸等事故，船长必须申请________鉴定，并将鉴定书副本送交________备案。

A. 公安消防监督机关；海事机构　　B. 海事机构；公安消防监督机关

C. 公安消防监督机关；船公司

14. 根据《海上交通事故调查处理条例》，船舶发生________等事故，船长必须申请________鉴定，并将鉴定书副本送交海事机构备案。

A. 火灾、爆炸；公安消防监督机关　　B. 火灾、爆炸；船检机构

C. 碰撞；公安消防监督机关

15. 根据《海上交通事故调查处理条例》要求，发生事故的当事船舶在接受海事部门的调查时，应________。

①提供书面材料和证明；②提供航海日志、轮机日志、车钟记录等原始文书资料；③如实陈述事故的有关情节

A. ①②③　　B. ①②

C. ②③

16. 根据《海上交通事故调查处理条例》要求，发生事故的当事船舶在接受海事机构的调查时，下列哪项正确？

A. 按要求驶抵指定地点　　B. 尽快驶往就近港口

C. 无论如何不得离开事故现场

17.《海上交通事故调查处理条例》规定，根据海上交通事故调查的需要，海事部门有权________。

①询问有关人员；②检查船舶及有关设备的证书；③核实事故发生前船舶的适航状态

A. ①②③　　B. ①③

C. ②③

18. 根据海上交通事故发生的原因，海事部门可责令有关船舶的________限期加强所属船舶的安全管理。

①船长；②所有人；③经营人；④代理人

A. ①②③④　　B. ①②③

C. ②③

19. 根据《海上交通事故调查处理条例》的规定，在对事故进行调查过程中，下列哪些做法是正确的？

①海事机构可以通知有关机关和社会组织参加事故调查；②海事机构有权对相关人员进行询问；③被调查人必须接受调查；④当事船舶在任何情况下，未经海事机构同意，不得离开指定地点

A. ①②③　　B. ①②③④

C. ②③④

20. 根据《海上交通事故调查处理条例》的规定，下列哪种情况下违反该条例构成犯罪的可由

司法机关依法追究刑事责任?

A. 事故报告的内容不真实,给有关部门造成损失的

B. 在接受调查时故意提供虚假证明的

C. 未按规定时间递交事故报告书的

21. 根据《海上交通事故调查处理条例》,下列解决海上交通事故引起的民事纠纷途径叙述正确的是________。

A. 必须经海事局调解

B. 如申请海事局调解但调解不成,当事人可向海事法院起诉

C. 已向海事法院起诉的,同时也可向海事局申请调解

22. 船舶违反我国《海上交通事故调查处理条例》规定,有下列何种行为海事局可视情节对有关当事人处以警告或罚款?

①在接受调查时提供虚假证明;②未按规定时间向海事局报告;③事故报告的内容不符合规定要求的

A. ①　　B. ①②③

C. ②③

23. 根据《中华人民共和国海上船舶污染事故调查处理规定》,发生污染事故的船舶、有关作业单位,应当在事故发生后________内向就近的海事管理机构提交《船舶污染事故报告书》。因特殊情况不能在规定时间内提交《船舶污染事故报告书》的,经海事管理机构同意后可予适当延迟,但最长不得超过________。

A. 12 h;24 h　　B. 24 h;48 h

C. 24 h;72 h

24. 根据我国《海上船舶污染事故调查处理规定》,发生污染事故的船舶应在事故发生后24 h内向就近的海事管理机构提交船舶污染事故报告书,以下不需在报告书中报告的内容是________。

A. 船舶及船舶所有人、经营人或者管理人的有关情况

B. 污染事故概况、应急处置情况

C. 污染损害赔偿责任

25. 根据我国《海上船舶污染事故调查处理规定》,发生污染事故的船舶应立即向就近的海事管理机构报告,以下并不要求报告的内容是________。

A. 事故原因或者事故原因的初步判断

B. 事故污染情况,已经采取或者准备采取的污染控制、清除措施以及救助要求

C. 事故造成的经济损失

26. 根据我国《海上船舶污染事故调查处理规定》,以下表述有误的是________。

A. 重大船舶污染事故由国家海事管理机构组织事故调查处理

B. 较大船舶污染事故由事故发生地直属海事管理机构负责调查处理

C. 船舶污染事故发生地不明的,由船舶第一到达港的海事管理机构负责调查处理

27. 根据《中华人民共和国海上船舶污染事故调查处理规定》,船舶污染事故报告书至少应当包括以下________等内容。

①船舶及船舶所有人、经营人或者管理人的有关情况;②污染事故概况;③应急处置情况;

④污染损害赔偿责任保险情况及其他与事故有关的事项

A. ①②③④　　B. ②③④

C. ①②③

28. 根据《中华人民共和国海上船舶污染事故调查处理规定》，重大船舶污染事故由________组织事故调查处理。

A. 国务院或者国务院授权国务院交通运输主管部门

B. 国家海事管理机构

C. 事故发生地直属海事管理机构

29. 根据《中华人民共和国海上船舶污染事故调查处理规定》，下列________等材料可以作为船舶污染事故调查的证据。

①书证、物证、视听资料；②证人证言；③当事人陈述；④鉴定结论、勘验笔录、调查笔录、现场笔录

A. ①②③④　　B. ②③④

C. ①②③

30. 根据我国《海上船舶污染事故调查处理规定》，较大船舶污染事故由事故发生地的________负责调查处理。

A. 政府　　B. 直属海事管理机构

C. 环境保护部门

31. 根据我国《海上船舶污染事故调查处理规定》，船舶污染事故调查处理机构调查船舶污染事故，应当________。

①勘验事故现场；②检查相关船舶；③询问相关人员，收集证据；④查明事故原因

A. ②③④　　B. ①②③④

C. ①②③

32. 下列哪些情况必须遵守我国现行《海洋环境保护法》的规定？

①在我国管辖海域内从事航行、开发活动的；②在沿海陆域从事影响海洋环境活动的；③在我国管辖海域以外造成我国管辖海域污染的

A. ①②　　B. ②③

C. ①②③

33.《中华人民共和国海洋环境保护法》适用于中华人民共和国________。

①内水、领海、毗连区；②专属经济区；③大陆架；④我国管辖的其他海域

A. ①②③　　B. ①④

C. ①②③④

34. 在我国管辖海域内从事下列哪些活动必须遵守我国现行《海洋环境保护法》的规定？

①海洋勘探；②航行；③海洋科研、开发

A. ①②③　　B. ②③

C. ①③

35. 根据《中华人民共和国海洋环境保护法》，船舶发生海难事故，造成或可能造成海洋环境重大污染损害的，________有权强制采取避免或者减少污染损害的措施。

A. 国家海洋行政主管部门　　B. 国家海事行政主管部门

C. 国务院环境保护行政主管部门

36. 我国现行《海洋环境保护法》中,国家通过下列哪些途径达到总量控制的目的?
①建立重点海域排污总量控制制度;②确定主要污染物排海总量控制指标;③对主要污染源分配排放控制数量
A. ①②③　　B. ②③
C. ①②

37. 根据《中华人民共和国海洋环境保护法》,下列哪个部门负责所辖港区水域内非军事船舶污染海洋环境的监督管理,并负责污染事故的调查处理?
A. 国务院环境保护行政主管部门　　B. 国家海洋行政主管部门
C. 国家海事行政主管部门

38. 根据《中华人民共和国海洋环境保护法》,对国家海洋环保工作实施监督、指导和协调的部门是________。
A. 国家海洋行政主管部门　　B. 国家海事行政主管部门
C. 国务院环境保护行政主管部门

39. 根据《中华人民共和国海洋环境保护法》,对造成或可能造成海洋环境污染损害的,相应部门可以视情节追究肇事者的________。
A. 行政责任、民事赔偿责任　　B. 行政责任、刑事责任
C. 行政责任、民事赔偿责任、刑事责任

40. 我国《海洋环境保护法》规定,载运具有污染危害性货物进出港口的船舶,其承运人、货物所有人或者代理人,必须事先向海事行政主管部门申报。经批准后,方可________。
①进港;②出港;③过境停留;④装卸作业
A. ①②③　　B. ①②
C. ①②③④

41. 我国《海洋环境保护法》规定,装卸油类及有毒有害物质的作业,________必须遵守安全防污操作规程。
A. 船方　　B. 岸方
C. 船岸双方

42. 根据我国《海洋环境保护法》,船舶载运有污染危害性货物应遵守的规定是________。
①承运人、货主或代理人应事先向海事主管部门申报;②货物单证、包装标志必须符合有关规定;③污染危害性不明的货物,应对其进行事先评估
A. ①②③　　B. ①②
C. ②③

43. 根据我国《海洋环境保护法》的规定,船舶不得违法排放________。
①废弃物、污染物;②船舶垃圾;③压载水;④其他有害物质
A. ①②③　　B. ①②④
C. ①②③④

44. 下列哪项符合我国《海洋环境保护法》的要求?
①船舶必须持有防污证书和文书;②船舶必须配置相应的防污设备和器材;③船舶应防止因海难事故造成海洋环境的污染;④所有船舶均有监视海上污染的义务

A. ①②③　　B. ①②④

C. ①②③④

45. 下列哪项符合我国《海洋环境保护法》的要求？

①船舶在进行污染物排放和操作时，应如实记录；②船舶必须配置相应的防污设备和器材；③载运污染物的船舶，其结构和设备应能防止或减轻所载污染物对海洋环境的污染；④船舶在港区水域内排放压载水应报请海事部门批准或者核准

A. ①②③　　B. ①②④

C. ①②③④

46. 根据《中华人民共和国海洋环境保护法》，下列哪些单位，必须编制溢油污染应急计划？

①船舶；②装卸油类的港口；③装卸油类的码头；④装卸油类的装卸站

A. ①②③　　B. ①②

C. ①②③④

47. 根据我国《海洋环境保护法》，船舶载运有污染危害性货物应遵守下列哪项规定？

①承运人、货主或代理人应事先向海事主管部门申报；②货物单证、包装标志必须符合有关规定；③污染危害性不明的货物，应对其进行事先评估；④船岸双方必须遵守安全防污操作规程

A. ①②③　　B. ①②

C. ①②③④

48. 根据我国《防治船舶污染海洋环境管理条例》，________应当配备足够的污染监视设施和污染物接收设施，并使其处于良好状态。

①港口；②码头；③装卸站；④从事船舶修造的单位

A. ①②③④　　B. ①④

C. ①②③

49. 根据我国《防治船舶污染海洋环境管理条例》，载运污染危害性货物进出港口的船舶，其承运人、货物所有人或代理人应向________提出申请，经批准后方可进出港口或者过境停留。

A. 船公司　　B. 海事管理机构

C. 港方

50. 根据《防治船舶污染海洋环境管理条例》规定，下列哪些单位应制定有关安全营运和防治污染的管理制度，配备相应的防污染设备和器材，并通过海事管理机构的专项验收？

①港口、码头；②装卸站；③从事船舶修造和拆解的单位；④从事船舶打捞的单位

A. ①②③　　B. ①②③④

C. ①②④

51. 根据我国《防治船舶污染海洋环境管理条例》，船舶污染事故报告至少应当包括________。

①船舶的名称、国籍、呼号或编号；②发生事故的时间、地点以及相关气象和水文情况；③事故原因或事故原因的初步判断；④污染程度

A. ①②③④　　B. ①④

C. ①②③

52. 根根据我国《防治船舶污染海洋环境管理条例》，船舶发生污染事故后立即报告的内容应包括________。

①污染事故发生的时间、地点；②污染事故发生当时的气象及水文情况；③已采取的清除污染措施；④准备采取的清除污染措施

A. ①②③④　　B. ①②③

C. ②③④

53. 根据我国《防治船舶污染海洋环境管理条例》的规定，船舶在我国管辖水域内发生污染事故，应立即向________报告。

A. 船籍港海事主管机关　　B. 船公司

C. 就近港口的海事主管机关

54. 根据我国《防治船舶污染海洋环境管理条例》的规定，船舶在我国管辖水域内发生污染事故，应立即向________报告。

A. 船籍港海事主管机关　　B. 船公司

C. 就近港口的海事主管机关

55. 按照《防治船舶污染海洋环境管理条例》规定，船舶污染事故报告应当包括________。

①船员的配备情况；②发生事故的时间、地点以及相关气象和水文情况；③船舶上污染物的种类、数量、装载位置等概况；④污染程度

A. ①②③④　　B. ②③④

C. ①②③

56.《中华人民共和国船舶及其有关作业活动污染海洋环境防治管理规定》中所称的有关作业活动不包括________。

A. 船舶过驳、装卸作业　　B. 船舶清舱、洗舱作业

C. 淡水添加作业

57. 根据我国《船舶及其有关作业活动污染海洋环境防治管理规定》，船舶从事下列哪项作业活动应当取得海事管理机构的许可，并遵守相关操作规程，落实安全和防治污染措施？

①冲洗沾有污染物的甲板；②在港内舷外拷铲油漆；③在港内使用焚烧炉；④港区内检修雷达

A. ①②③④　　B. ①②④

C. ①②③

58. 根据我国《船舶及其有关作业活动污染海洋环境防治管理规定》，船舶从事下列哪项作业活动应当取得海事管理机构的许可，并遵守相关操作规程，落实安全和防治污染措施？

①船舶水上拆解；②船舶打捞；③船舶修造；④船舶水下施工

A. ①②③④　　B. ①②④

C. ②③④

59. 根据我国《船舶及其有关作业活动污染海洋环境防治管理规定》，船舶________时应当取得海事管理机构的许可。

①在港内使用焚烧炉；②使用化学消油剂；③过驳散装液体污染危害性货物

A. ①②③　　B. ①②

C. ②③

60. 根据我国《船舶及其有关作业活动污染海洋环境防治管理规定》，船舶进行下列哪项活动不必事先取得海事管理机构的许可？

A. 在港内冲洗沾有污染物的甲板　　B. 在港内注入压载水

C. 在港内使用焚烧炉

61. 根据我国《船舶及其有关作业活动污染海洋环境防治管理规定》,船舶________不需取得海事管理机构的许可。

A. 在沿海港口进行舷外拷铲、油漆作业或者使用焚烧炉

B. 在港区水域内洗舱、清舱、驱气以及排放压载水

C. 清扫曾装过扬尘污染货物的货舱

62. 在中华人民共和国管辖的海域内,船舶排放以下哪些物质需符合我国法规以及我国缔结或加入的国际公约的要求?

①船舶垃圾;②生活污水;③含油污水、有毒有害物质的污水、废气等污染物;④压载水

A. ①②③④　　B. ①②④

C. ①③④

63. 依据《中华人民共和国船舶及其有关活动污染海洋环境防治管理规定》,船舶污染物接收单证上应清楚地注明的内容包括________。

①接收单位名称及作业双方船名;②作业的地点;③作业开始和结束的时间;④污染物的种类与数量

A. ①②③④　　B. ①②④

C. ①③④

64. 根据我国《船舶及其有关作业活动污染海洋环境防治管理规定》,向港口设施排放垃圾时,________须从港口垃圾接收设施的操作人员处得到一份具体说明所转移的垃圾估计量的收据或证明。

A. 船长　　B. 负责的高级船员

C. 大副

65. 根据我国《船舶及其有关作业活动污染海洋环境防治管理规定》,进行船舶油料供受作业的,供受油双方________商定联系信号,双方均应切实执行。

A. 以受方为主　　B. 以供方为主

C. 共同

66. 根据我国《船舶及其有关作业活动污染海洋环境防治管理规定》,载运污染危害性货物的船舶________应当遵守海事管理机构的特别规定,并采取必要的安全和防治污染保障措施。

①进、出港口;②通过交通管制区、通航密集区;③通过航行条件受限制的区域;④ 通过军事禁区

A. ②③④　　B. ①②③④

C. ①②③

67. 依据《珠三角、长三角、环渤海(京津冀)水域船舶排放控制区实施方案》,自 2019 年 1 月 1 日起,________应使用硫含量≤0.5%m/m 的燃油。

A. 船舶进入排放控制区

B. 船舶在排放控制区内所有港口靠岸停泊期间

C. 船舶在排放控制区内的核心港口区域靠岸停泊期间

68. 依据《珠三角、长三角、环渤海（京津冀）水域船舶排放控制区实施方案》，船舶可采取________替代措施以达到要求的排放要求。
①连接岸电；②使用清洁能源；③尾气后处理；④使用燃油添加剂
A. ①②③　　B. ①②④
C. ①③④
69. 交通运输部制定《珠三角、长三角、环渤海（京津冀）水域船舶排放控制区实施方案》的目的是控制船舶________的排放。
①二氧化碳；②硫氧化物；③颗粒物；④氮氧化物
A. ①②③　　B. ①②
C. ②③④
70. 根据我国《珠三角、长三角、环渤海（京津冀）水域船舶排放控制区实施方案》，自2019年1月1日起，船舶进入排放控制区应使用硫含量不大于________的燃油。
A. 0.5%m/m　　B. 0.1%m/m
C. 3.5%m/m
71. 根据我国《珠三角、长三角、环渤海（京津冀）水域船舶排放控制区实施方案》，船舶可采取________等与排放控制要求等效的替代措施。
①连接岸电；②使用清洁能源；③尾气后处理；④布设围油栏
A. ①②③④　　B. ①②③
C. ②③④
72. 根据《中华人民共和国船舶油污损害民事责任保险实施办法》的规定，以下有关《船舶油污损害民事责任保险证书》的陈述正确的有________。
①该证书的有效期不超过船舶油污损害民事责任保险合同或其他财务保证证明的期限；②该证书不得伪造、涂改；③该证书应由公司妥善保管，以便海事管理机构查验；④中国籍船舶申请该证书应向海事管理机构提交申请书、船舶国籍证书等相关材料
A. ①②③　　B. ①②④
C. ②③④
73. 根据《中华人民共和国船舶油污损害民事责任保险实施办法》，中国籍船舶申请办理船舶油污损害民事责任保险证书，应向海事管理机构提交________。
①申请书；②船舶国籍证书；③船舶所有权证书；④有效的船舶油污损害民事责任保险单证或者其他财务保证证明
A. ①②④　　B. ①②③
C. ②③④
74. 根据有关国内立法，船员劳动合同是船员与________为确立劳动关系，明确双方权利和义务的协议。
①船舶所有人；②船舶经营人；③船舶代理人
A. ①②③　　B. ①②
C. ①③
75. 根据有关国内立法，船员劳动合同中通常包括________方面的内容。
①订立船员劳动合同的地点及日期；②船员将服务的船舶及航区；③船员将担任的职务及

主要工作内容;④职务提升条件

A. ①②③ B. ①②④

C. ②③④

76. 一般情况下,船员劳动合同的内容至少应包括________。

①在船上从事货物运输或旅客运输生产上应达到的数量指标、质量指标或应当完成的任务;②试用期限、合同期限;③船上的劳动报酬、保险和福利待遇,以及加班费支付规定等;④船舶工作条件,违反劳动合同应当承担的责任等

A. ①②③④ B. ②③④

C. ②④

77. 根据我国劳动合同法规定的精神,如果船员提前________以书面形式通知船员用人单位,就可以解除船员劳动合同。

A. 7 天 B. 10 天

C. 30 天

78. 根据我国劳动合同法,如果用人单位________,劳动者可以解除劳动合同。

①未及时足额支付劳动报酬的;②未依法为劳动者缴纳社会保险费的;③未按照劳动合同约定提供劳动保护或者劳动条件的;④其单位规章制度违反法律、法规的规定,损害劳动者权益的

A. ①②③④ B. ①③④

C. ②③④

79. 根据我国劳动合同法,在________的情形下,劳动合同终止。

①船员劳动合同期满;②船员死亡或被法院宣告失踪;③船员用人单位被依法宣告破产;④就船舶驶往战区或冰冻区这一事件达成一致意见

A. ①②③ B. ①③④

C. ②③④

80. 根据我国劳动合同法,船舶所有人或经营人可以与船员解除或终止劳动合同的是________。

A. 船员患有职业病或因工负伤并经劳动鉴定委员会确认

B. 企业宣告破产或者被吊销营业执照

C. 船员患病,在规定的医疗期内

81. 根据我国劳动合同法,船舶所有人或船舶经营人不得与船员解除劳动合同的是________。

A. 船员患病或非因工负伤,在规定的医疗期满后不能从事原工作的

B. 因船舶不适航,船员拒绝开航命令的

C. 船员患有职业病或因工负伤并经劳动鉴定委员会确认的

82. 根据我国劳动合同法,船舶所有人或经营人可以与船员解除劳动合同的情况是________。

A. 船员严重违反用人单位的规章制度

B. 船员因工负伤而丧失劳动能力

C. 船员患病或非因工负伤,在规定的医疗期内

83. 根据我国劳动合同法,如果________,船员可以解除劳动合同。

①船员用人单位未按照合同的约定为船员提供劳动保护;②船员用人单位未及时足额向船

员支付劳动报酬；③船员工作于合同约定的船舶，该船在安全检查中被证实不适航；④船员用人单位未依法为船员缴纳社会保险

A. ①②③　　B. ①②④

C. ②③④

84. 根据我国劳动法，以下表述有误的是________。

A. 用人单位与劳动者发生劳动争议，当事人必须依法申请仲裁或提起诉讼

B. 劳动争议发生后，当事人可以向本单位劳动争议调解委员会申请调解

C. 调解不成，当事人一方要求仲裁的，可以向劳动争议仲裁委员会申请仲裁

85. 根据我国劳动法和劳动合同法的精神，以下表述有误的是________。

A. 船员拒绝船员用人单位违章命令、强令冒险作业的，不视为违反劳动合同

B. 劳动争议发生后，只有调解不成，方可以申请仲裁

C. 船员用人单位与船员协商一致，可以变更劳动合同约定的内容

86. 根据我国劳动法和劳动合同法的精神，下列哪些说法是正确的？

①有关船员劳动合同的争议处理应按照合同中的争议处理条款进行；②如合同中没有规定的，应按照有关国际公约和国内法规的规定进行；③劳动争议发生后，船员及船员用人单位均可向合同中约定的劳动争议仲裁委员会申请仲裁；④劳动仲裁一裁终局制，对仲裁裁决不服的，不得向人民法院提起诉讼

A. ①②③　　B. ②③④

C. ①③④

87. 发生劳动争议时，当事人可通过________得以解决。

①依法申请调解；②仲裁；③提起诉讼；④协商解决

A. ①②③④　　B. ①②③

C. ①②

88. 根据有关国内劳动立法，船员用人单位与船员发生劳动争议，可以________。

①协商解决；②申请调解；③提交仲裁；④提起诉讼

A. ①②③　　B. ①②③④

C. ①②④

89. 发生劳动争议时，当事人可以通过________途径得以解决。

①依法申请调解；②仲裁；③提起诉讼；④协商解决

A. ①②③④　　B. ①②④

C. ②③④

90. 根据我国劳动法、劳动合同法和工伤保险条例，以下表述有误的是________。

A. 劳动者在患病、受伤、因工伤残等情形下，依法享受社会保险待遇

B. 在劳动合同中应当包括社会保险条款以及补充保险条款

C. 工伤保险费应由单位和职工个人共同缴纳

91. 根据我国工伤保险条例规定的精神，如果船上的船员________，应当认定为工伤（死亡）。

①患上关节炎、心脏病或性病；②在到海事管理机构办理船舶业务的途中遭遇车祸受到伤害；③在船工作期间由于工作原因受到伤害；④在船工作期间由于发生事故下落不明

A. ①②③④　　B. ①③④

C. ②③④

92. 当船员在海上发生工伤事故,船长应________。

①立即对伤员进行紧急处置,防止伤情加重;②将伤员受伤情况、受伤原因、已采取和拟采取的措施及时报告船公司;③在伤员救治期间,船长应保持与船公司等有关方面的联系;④如伤员伤势严重,请示船东同意后,可弯靠最近港口送岸就医

A. ①②③　　B. ①②③④

C. ①②④

93. ________应当按照国家有关规定办理工伤保险,并依法按时足额缴纳各项保险费用。

A. 船员用人单位　　B. 船员本人

C. 船员服务机构

94. 根据我国工伤保险条例,如果船员在船期间________,不得认定为工伤或者视为工伤。

①因犯罪而受伤或死亡的;②因醉酒导致伤亡的;③因自残而受伤的;④因自杀而受伤或死亡的

A. ②③④　　B. ①③④

C. ①②③④

95. 根据我国国内有关船员人身伤亡损害赔偿的相关规定,如果船员的疾病、受伤、死亡是由________所致,责任人不用赔偿。

①自杀或试图自杀;②饮酒过度;③参加海洋考察活动;④参与海上走私活动

A. ①②④　　B. ①②③④

C. ②③④

96. 沿岸国在确定其领海时,在其沿海划定一条确定其领海外部界限的起算线,称为________。

A. 基准海岸线　　B. 领海基线

C. 测量基线

97. 按照________确定领海基线的方法,以落潮时海水退到离岸最远的潮位线以下的最低低潮线作为领海基线。

A. 折线基线　　B. 直线基线

C. 正常基线

98. ________通常被海岸线曲折、沿岸岛屿较多的国家选作领海基线确定的方法。

A. 正常基线　　B. 直线基线

C. 低潮基线

99. 我国采用________作为领海基线。

A. 正常基线　　B. 直线基线

C. 低潮基线

100. 如果海峡水域处于沿海国领海基线之内,该海峡称为________。

A. 内海海峡　　B. 领海海峡

C. 非领海海峡

101. 海洋由不同的海域组成,包括________等,船舶在不同的海域航行,其航行权不同。

①内海;②领海与毗连区;③国家管辖海域;④公海

A. ①②④　　B. ①②③④

C. ②③④

102. 根据国内港口使费的收费规定，________的船舶，不向其征收停泊费。

A. 装卸完毕 4 h 后因船方原因继续留泊

B. 上、下旅客完毕 4 h 后，因船方原因继续留泊

C. 正在装卸货物过程中同时等修或检修

103. 根据国内港口使费的收费规定，以下表述有误的是________。

A. 船舶在港口码头停泊以 24 h 为 1 日，不满 24 h 按 1 日计收停泊费

B. 系挂在浮筒上的船舶，视同停泊在码头上的船舶征收停泊费

C. 由于等潮、气候影响或港方原因造成船舶在港内留泊的船舶减半征收停泊费

104. 根据交水规〔2019〕2 号修订印发《港口收费计费办法》的通知，合并后收费项目，包括________。

①库场使用费；②船舶供应服务费；③船舶污染物接收处理服务费；④船舶交通服务费

A. ①②③④　　B. ①②③

C. ②③④

105. 根据我国的实际情况，在发生海事争议后，主要的解决方法是________。

①仲裁；②诉讼；③调解；④和解

A. ①②③④　　B. ①②③

C. ②③④

106. 海事争议包括因________等合同的纠纷而产生的争议。

①海上货物运输合同；②租船合同；③船员雇佣合同；④海上救助合同

A. ①②③④　　B. ①③④

C. ②③④

107. 采取和解的方式来解决海事争议，最大的缺点是________。

A. 时间拖延得太长　　B. 需要的先决条件太多

C. 不具有法院强制执行的效力

108. ________是在第三方的主持或参与下解决当事人双方海事争议的争议处理方式。

A. 谅解　　B. 和解

C. 调解

109. 通常，可以对海事争议进行调解的机构有________。

①海事主管机关；②海事法院；③海事仲裁机构；④海事公证处

A. ①②③　　B. ①③④

C. ①②③④

110. 以下关于海事调解，表述有误的是________。

A. 是否有第三方参与，是和解与调解的主要区别

B. 海事调解的首要原则是自愿原则

C. 海事调解成功，经当事人双方签署的调解协议具有法律强制力

111. 海事仲裁不同于海事诉讼，其不同点在于________。

①组织性质不同；②程序性质不同；③两者的裁判制度不同；④裁决与判决的效力不同

A. ①③④　　B. ②③④

C. ①②③④

112. 以下关于仲裁协议，表述有误的是________。

A. 仲裁协议有在合同中订明的仲裁条款和仲裁协议书两种形式

B. 双方当事人可以在合同中以仲裁条款的形式约定将涉及合同条款的争议交付仲裁

C. 仲裁协议书通常仅适用于民事侵权方面的争议处理

113. 仲裁协议具有独立性，订有仲裁协议的合同的________，均不影响仲裁协议的效力。

①变更；②解除；③终止；④无效

A. ①②③④　　B. ①③④

C. ②③④

114. 根据我国《海商法》，就海上货物运输向承运人要求赔偿的请求权，时效期间为________。

A. 1 年　　B. 2 年

C. 90 天

115. 根据我国《海商法》，有关航次租船合同的请求权，诉讼时效期间为________。

A. 90 天　　B. 1 年

C. 2 年

116. 海事请求保全是指________。

A. 海事法院根据海事请求人的申请，为使其合法权益免受侵害，责令被请求人作为或不作为的强制措施

B. 海事法院根据海事请求人的申请，为保障其海事请求权的实现，对被请求人的财产所采取的强制性措施

C. 海事请求权人于一定期间内通过诉讼程序请求海事法院保护其合法权利的法律制度

117. 根据我国《海商法》，有关海上拖航合同的请求权，诉讼时效期间为________。

A. 90 天　　B. 1 年

C. 2 年

118. 根据我国《海商法》，有关船舶发生油污损害的请求权，诉讼时效期间为________。

A. 90 日

B. 1 年

C. 3 年，但不得超过从造成损害的事故发生之日起 6 年

119. 根据我国《海商法》，有关船舶发生油污损害的诉讼时效，起算点为________。

A. 造成损害的事故发生之日　　B. 损害发生之日

C. 知道损害发生之日

## 第一节 海上交通安全法与船员条例

1. A　2. B　3. A　4. A　5. C　6. A　7. C　8. C　9. B　10. B

11. C　12. C　13. C　14. B　15. C　16. B　17. C　18. A　19. A　20. B
21. A　22. B　23. A　24. A　25. B　26. A　27. A　28. A　29. B　30. B
31. A　32. B　33. A　34. A　35. B　36. B　37. B　38. C　39. C　40. C

## 第二节　船舶登记与配员管理

1. B　2. B　3. A　4. C　5. C　6. C　7. A　8. B　9. B　10. B
11. A　12. A　13. B

## 第三节　海船船员适任考试和发证管理

1. C　2. B　3. C　4. C　5. B　6. B　7. A　8. B　9. C　10. B
11. C　12. C　13. A　14. C　15. C　16. B　17. A　18. C

## 第四节　海船船员值班管理

1. C　2. C　3. B　4. A　5. A　6. C　7. A　8. B　9. C　10. B
11. C　12. A　13. B　14. C　15. A　16. B　17. A　18. A　19. B　20. A
21. A　22. A　23. A　24. B　25. A　26. C　27. A　28. C　29. A　30. B
31. A　32. A　33. B　34. B　35. B　36. B　37. A　38. C　39. A　40. B
41. B　42. A　43. A　44. C　45. A　46. A　47. B　48. A　49. A　50. C
51. A　52. C　53. A　54. C　55. B　56. A　57. C　58. C　59. A　60. C

## 第五节　船舶安全监督管理

1. B　2. A　3. A　4. A　5. B　6. B　7. A　8. A　9. A　10. B
11. C　12. B　13. A　14. A　15. C　16. A　17. A

## 第六节　海事行政处罚管理

1. A　2. A　3. C　4. A　5. C　6. C　7. C　8. A　9. B

## 第七节　货物安全运输管理

1. A　2. A　3. A　4. A　5. C　6. A　7. B　8. A　9. A　10. C
11. A　12. A　13. A　14. A　15. C

## 第八节　船舶交通和进出港管理

1. C　2. A　3. C　4. C　5. C　6. B　7. A　8. A　9. C　10. B
11. C　12. C　13. B

## 第九节　海上事故调查管理

1. B　2. A　3. B　4. A　5. A　6. A　7. B　8. C　9. B　10. A
11. C　12. C　13. A　14. A　15. A　16. A　17. A　18. C　19. A　20. B
21. B　22. B　23. B　24. C　25. C　26. C　27. A　28. B　29. A　30. B
31. B　32. C　33. C　34. A　35. B　36. A　37. C　38. C　39. C　40. C
41. C　42. A　43. C　44. C　45. C　46. C　47. C　48. A　49. B　50. B
51. A　52. A　53. C　54. C　55. B　56. C　57. C　58. A　59. A　60. B
61. C　62. A　63. A　64. A　65. A　66. C　67. A　68. A　69. C　70. A
71. B　72. B　73. A　74. A　75. A　76. A　77. C　78. A　79. A　80. B
81. C　82. A　83. B　84. A　85. B　86. A　87. A　88. B　89. A　90. C
91. C　92. B　93. A　94. C　95. A　96. B　97. C　98. B　99. B　100. A
101. B　102. C　103. C　104. B　105. A　106. A　107. C　108. C　109. A　110. C
111. C　112. C　113. A　114. A　115. C　116. B　117. B　118. C　119. B

# 第二十七章 防止海洋环境污染和防污染程序

## 第一节 船舶污染海洋的途径

1. 船舶污染海域的途径不包括________。

A. 排放油类、油性混合物入海　　B. 丢弃或处理船舶垃圾入海

C. 排放专用压载舱中的压载水

2. 油类、油性混合物对海洋环境污染的途径主要有________。

①机舱污水和残油的排放;②含油的压载水和洗舱水的排放;③船舶海损事故造成的溢油;④供、受油作业中的跑、冒、滴、漏

A. ①②③　　B. ①②③④

C. ①③④

3. 船舶造成海洋环境污染的原因,主要有________。

①人员操作不当;②机械问题;③恶劣环境;④管理不善

A. ①②③④　　B. ①②④

C. ②③④

4. 船舶污染海域的途径有________。

①排放油类、油性混合物入海;②排放散装有毒液体物质入海;③包装有害物质跌落或散落或被抛弃入海;④排放专用压载舱中的压载水

A. ①②③④　　B. ①②③

C. ②③④

5. 散装有毒液体物质对海洋环境污染的途径主要有________。

①含散装有毒液体物质的压载水和洗舱水的排放;②含有毒液体物质的货泵舱舱底水的排放;③发生海损事故造成有毒液体物质的排放;④装卸作业中的有毒液体物质跑、冒、滴、漏

A. ②③④　　B. ①②③

C. ①②③④

6. 船舶对海洋环境的污染源之一船舶生活污水不包括________。

A. 船上厕所、小便池和厕所排水孔的排出污水

B. 船上洗手盆、洗澡盆和这些处所排水孔的排出污水

C. 污水井和污水管系内的污水

7. 船舶对海洋环境的污染源主要有________。

①油类和油性混合物；②海运包装有害物质；③船舶生活污水、船舶垃圾；④船舶压载水中的有害生物等

A. ①②③　　B. ①②③④

C. ②③④

## 第二节　船舶污染对海洋环境的损害

1. 船舶污染将会产生________等有害影响。

①损害海洋生物资源；②危害人体健康；③妨碍渔业和其他海上经济活动；④损害海水使用质量

A. ①②　　B. ①②③④

C. ③④

## 第三节　防止船舶污染海洋环境的措施

1. 为了减少船舶对海洋环境的污染，应具有良好的船外环境；良好的船外环境应包括________。

①港口应按照国家有关要求设置船舶油污水接收设备、装置；②在作业场所设置防止溢漏或散落的器材；③港口应有有效的航道系统、导航系统及船舶交通管理；④应有严谨的作业规程

A. ①②③④　　B. ①②④

C. ①③④

2. 预防船舶污染海洋环境的措施主要有________。

①制定、完善并严格执行防污染法规；②加强从业人员的防污染意识；③配备先进的防污染设备；④严格操作规程，完善船外环境

A. ①②③④　　B. ①②④

C. ①③④

3. 下列有关预防船舶污染海洋环境的说法错误的是________。

A. 中华人民共和国海事局主管我国管辖水域内的船舶防污染事务

B. 船舶防污染立法具有普遍性和强制性

C. 预防船舶污染海洋环境的目标是彻底消除船舶污染源

4. 预防船舶污染环境的措施主要包括________。

①完善并加强防治污染立法；②加强船员安全培训与教育；③主管机关应加强监督，消除隐患，防止事故发生；④规范船员职业行为

A. ①②③　　B. ①②③④

C. ②③④

# 第四节　船舶防污染技术与设备

1. 下列________属于船舶防污染设备。

①滤油设备;②排油监控系统;③残油舱;④生活污水处理装置

A. ①②③　　B. ①②④

C. ②③④

2. "污油水舱"是指专用于收集________的舱柜。

①舱柜排出物;②洗舱水;③其他含油混合物

A. ①②③　　B. ①②

C. ②③

3. 按照规定,对船舶防油污机构要求中,凡________总吨及以上的船舶,应设置一个或几个足够容量的舱柜,接收不能以其他方式处理的残油。

A. 100　　B. 200

C. 400

4. 按照规定,船舶防油污结构要求,________总吨及以上的油船,应设有污油水舱装置。

A. 150　　B. 400

C. 300

5. 能迅速而准确地测定污油舱水中的油水分界面的设备是________。

A. 油/水界面探测器　　B. 油水分离器

C. 分油机

6. 对小于________总吨的油船而言,油类记录簿第________部分中应有用于洗舱和流回到储存柜中的油和水的总量的记录。

A. 150;Ⅱ　　B. 400;Ⅱ

C. 150;Ⅰ

7. 油类记录簿每记完一页,应由________签字才有效。

A. 具体操作人员　　B. 轮机长

C. 船长

8. 下列关于油类记录簿的说法正确的有哪些?

①每项油类作业应由负责的高级船员记载并签字;②每记完一页由船长签字;③最后一项记录后保留3年;④油类记录簿的副本经船长证明后在法律诉讼中具有证据效力

A. ①②③④　　B. ①②③

C. ②③④

9. 下列有关油类记录簿的表述不正确的是________。

A. 油类记录簿通常由负责的高级船员记载,每记完一页由船长签字

B. 油类记录簿应存放在随时可取的地方备查

C. 油类记录簿在进行完最后一项记录后通常保留2年

10. 船舶加装燃油的操作应记入________。

A. 航海日志　　B. 货油作业用油类记录簿

C. 机器处所作业用油类记录簿

11. 以下关于船上油污应急计划,表述有误的是________。

A. 能被船上人员和岸上的船舶管理人员理解

B. 定期进行评估、检查和修改

C. 当船员替换超过25%时应及时更新

12. 船上油污应急计划中的操作性溢油包括________。

①舱柜溢油;②管道漏油;③船体泄漏;④机舱设备漏油

A. ①②③④　　B. ①②③

C. ②③④

13. 船上油污应急计划应针对________等海损事故分别制定防止措施和应急反应程序。

①碰撞、搁浅;②火灾或爆炸;③船壳破损;④严重横倾

A. ①③④　　B. ②③④

C. ①②③④

14. 船上油污应急计划中的操作性溢油是指________。

①舱柜溢油;②管道漏油;③船壳漏油

A. ①②③　　B. ①②

C. ②③

15. 根据船上油污应急计划,船舶发生________时,应采取立即停止有关操作,关闭管系上的所有阀门,发出溢油报警信号,实施最初的溢油应急反应程序,将事故情况通知供油船(设施)的措施。

①管系泄漏;②舱柜满溢;③船体泄漏

A. ①②③　　B. ①②

C. ②③

16. 下列关于《船上有毒液体物质污染应急计划》的说法,错误的是________。

A. 需要主管机关认可

B. 计划的编制应符合有关要求

C. 不能与船上油污应急计划合并使用

17. 船长可在船上油污应急计划里查阅哪些联系人的详细通信资料?

①主管机关的联系人;②港口联系人;③与船舶有利益关系的联系人;④与船东有业务关系的联系人

A. ①②③④　　B. ①②③

C. ②③④

18. 按照《船上油污应急计划》的规定,当船舶因海损事故造成或可能造成溢油时应向沿岸国报告,报告的内容应包括________。

①船上货物种类、数量;②船舶损坏的情况;③天气、海况;④船舶尺度、类型

A. ①②③④　　B. ①②③

C. ②③④

19. 船舶防污染程序的基本内容有________。

①警报信号、报警方式、警报时长;②职责分工明细表;③应急控制措施的顺序及要求;④联

系人名单及报告格式

A. ①②③④　　B. ①②③

C. ②③④

20. 船上油污应急计划的核心内容是________。

A. 报告　　B. 控制排放的行动

C. 报告和控制排放的行动

21. 公约要求的船上油污应急计划报告程序中不包括________。

A. 初始报告　　B. 结论报告

C. 附加报告

22. 按船上油污应急计划简明流程图规定，发现海上油污后，首先要做的事项是________。

A. 立即发出油污警报　　B. 判断油污源

C. 对溢油取样分析

23. 按船上油污应急计划应变部署规定，船员的集合地点为________。

A. 主甲板　　B. 机舱控制室

C. 驾驶台

24. 对生活污水的处理很少再生污染的方法是________。

A. 物理处理　　B. 化学处理

C. 生化处理

25. 焚烧炉停油时的操作不正确的是________。

A. 辅助燃烧器先关，主燃烧器后关

B. 停供燃油后，主油路转换阀恢复原位

C. 停止供油时即停止风机运行

26. 根据 MARPOL 公约附则Ⅳ规定，经过粉碎机和消毒器处理的生活污水，允许在离岸最近距离________以上的地方排放。

A. 3 n mile　　B. 12 n mile

C. 25 n mile

27. 根据 MARPOL 公约附则Ⅳ规定，未经处理的生活污水允许在离岸最近距离为________以上的地方排放；经过粉碎机和消毒器处理的生活污水，允许在离岸最近距离________以上的地方排放。

A. 12 n mile；3 n mile　　B. 12 n mile；12 n mile

C. 25 n mile；12 n mile

28. 船舶垃圾处理作业应符合________所规定的操作程序。

A. 垃圾告示牌　　B. 垃圾管理计划

C. 垃圾记录簿

29. 根据规定，可载运________人及以上的船舶应配备垃圾管理计划。

A. 12　　B. 15

C. 20

30. 有关垃圾管理计划的叙述哪项正确？

A. 计划应规定垃圾收集、存放和处理的程序

B. 计划用船旗国的官方语言书写
C. 必须由船长亲自负责制定计划

31. 记载垃圾记录簿时，将垃圾分成________类。
A. 9　　B. 7
C. 5

32. 根据垃圾记录簿的记载规定，排放垃圾的估计量是以________为单位的。
A. 吨　　B. 千克
C. 立方米

33. 按照有关规定，允许排入接收设施或其他船舶垃圾有________类。
A. 9　　B. 6
C. 5

34. 按照垃圾记载的有关规定，下列哪项不是垃圾记录簿记载的内容？
A. 食品废弃物　　B. 生活废弃物
C. 生活污水

35. ________应填写垃圾记录簿。
①向海里排放垃圾；②向岸上接收设施或其他船舶排放垃圾时；③焚烧垃圾时；④意外情况下排放垃圾时
A. ①②③　　B. ①②④
C. ①②③④

36. 垃圾记录簿每记完一页由________签字。
A. 船长　　B. 负责的高级船员
C. 大副

37. 每次排放或焚烧垃圾作业都应由负责的高级船员________。
A. 提前记录和签字　　B. 事后记录和签字
C. 当天记录和签字

38. 按照垃圾记录的有关规定，垃圾是指________。
①食品废弃物；②日常用品废弃物；③工业用品废弃物；④生活污水
A. ①②③④　　B. ①②③
C. ①②④

39. 按照垃圾记录的有关规定，下列不应记入垃圾记录簿的是________。
A. 含油污水　　B. 日常用品废弃物
C. 工业用品废弃物

40. 表明垃圾已排放给港口接收设施或垃圾接收船的收据或证明须与垃圾记录簿一起在船上保存________年。
A. 1　　B. 2
C. 3

41. 船舶垃圾记录簿用完后保存________年。
A. 1　　B. 2
C. 3

42. 船舶在________应填写垃圾记录簿。

①向海里排放垃圾时；②向岸上接收设施或其他船舶排放垃圾时；③焚烧垃圾时；④意外情况下排放垃圾时

A. ①②③④　　B. ①③④

C. ①②④

43. 当船舶焚烧垃圾时，垃圾记录簿应记录________。

①焚烧开始与结束的日期和时间；②船舶位置；③焚烧垃圾的估计量；④负责操作的高级船员的签字

A. ①②③④　　B. ①②③

C. ①②④

44. 当船舶向海里排放垃圾时，垃圾记录簿应记录________。

①排放的日期和时间；②船舶位置；③垃圾种类；④航向和航速

A. ①②③④　　B. ①②③

C. ①②④

45. 下列有关船舶垃圾记录簿的记载和管理要求，说法不正确的是________。

A. 每次垃圾排放的作业均应记录

B. 垃圾排放的当天由负责的高级船员签字

C. 每记完一页由大副签字

46. 根据我国相关规定，所有船舶不得施涂或重新施涂作为生物杀虫剂的________的防污底系统。

A. 有机锡化合物　　B. 有机铅化合物

C. 有机银化合物

47. 在防污底系统中充当杀虫剂的有机锡化合物的控制使用的船舶是________。

A. 所有船舶　　B. 远洋船舶

C. 沿海船舶

## 参考答案

## 第一节　船舶污染海洋的途径

1. C　2. B　3. A　4. B　5. C　6. C　7. B

## 第二节　船舶污染对海洋环境的损害

1. B

## 第三节 防止船舶污染海洋环境的措施

1. A　2. A　3. C　4. B

## 第四节 船舶防污染技术与设备

1. B　2. A　3. C　4. A　5. A　6. A　7. C　8. A　9. C　10. C
11. C　12. B　13. C　14. A　15. A　16. C　17. B　18. A　19. A　20. C
21. B　22. A　23. A　24. C　25. C　26. A　27. A　28. B　29. B　30. A
31. A　32. C　33. A　34. C　35. C　36. A　37. C　38. B　39. A　40. B
41. B　42. A　43. A　44. B　45. C　46. A　47. A

# 第二十八章 应急反应

## 第一节 船舶应急程序

1. 有关应急反应计划的叙述,下列哪项有误?
   A. 应急计划的训练和演习是船舶安全制度不可缺少的内容
   B. 制订出完善的应急计划,就能保证船舶应急的成功
   C. 如不能使船员熟练掌握则不可能在应急中发挥效用
2. 有关应急部署表,下列说法不正确的是________。
   A. 应急部署表是平时进行应急演习的检查依据
   B. 应根据本船的设备和船员技术状况及人员数量编制应急部署表
   C. 应急部署表是海事管理部门处理海事的应急预案表
3. 按目前多数船上配置的船舶应急部署表,船舶应急部署不包括________应急部署。但此类应急的应急反应程序应放在船舶安全管理体系文件中。
   A. 消防　　B. 油污
   C. 碰撞
4. 按目前多数船上配置的船舶应急部署表中的应急部署,船舶应急不包括________。
   A. 弃船　　B. 人落水
   C. 货物被窃
5. 应急部署表指为了确保船员及旅客的________,要在船舶上配置________每个船员应执行何种任务的应急部署表。
   A. 人命安全;应急时　　B. 财产安全;应急时
   C. 人命安全;平时
6. 应急部署表应写明通用紧急警报信号的细节以及在发出报警时________应采取的行动。
   A. 船长　　B. 船员
   C. 船员和旅客
7. 下列有关船舶应变部署表的提法正确的是________。
   ①应变部署表应在船舶出航前制定;②船员如有变动,应修订或制定新表;③应变部署表的格式应经认可;④应展示在全船各明显之处
   A. ①②③④　　B. ①②③
   C. ②③④

8. 应变部署表在________，________根据大副意图，编排应变部署表，经________审核，________批准后公布实施。
   A. 开航后；三副；大副；船长　　B. 开航前；三副；大副；船长
   C. 开航前；二副；大副；船长
9. 船舶应急部署编制原则为________。
   ①符合船舶条件、船员条件、客货条件以及航区自然条件；②关键部位、动作派得力人员；③不可以一人多职或一职多人；④人员编排有利于应变任务的完成
   A. ①②③　　B. ①③④
   C. ①②④
10. 三副制作的船员应变任务卡应注明________。
   ①各种应变报警信号；②应急时应携带的器材；③弃船时应登乘艇筏的编号；④船员应急岗位、应急职责
   A. ①②③④　　B. ②④
   C. ①③④
11. 船员应变任务卡的主要作用是________。
   A. 提供船上所有船员在紧急情况时应遵循事项的明确须知
   B. 船员应变任务卡只适用于货船上的应急
   C. 应变任务卡只注明了各种应急警报信号
12. ________对可遥控开关的通风系统的挡火闸以及防火门进行遥控开关操作试验。
   A. 每三个月　　B. 每年
   C. 每月
13. 船舶消防隔离系统主要包括________。
   ①通风筒上的防火挡板；②防火门及其控制系统；③供电和燃油的应急切断系统；④风机及其控制系统
   A. ①②③　　B. ①②③④
   C. ①③④
14. 关于船舶火灾应急行动，以下说法正确的是________。
   A. 机舱火情发现者应立即用快捷可行的方式报警
   B. 航行中，驾驶台接到报警后立即改向
   C. 全体船员立即到集合地点集合
15. 以下关于船舶发生火灾时的初始阶段应急行动程序要点，提法有误的是________。
   A. 火灾发现者应大声呼唤报警
   B. 航行中，驾驶台接到火灾报警后，应立即发出消防应急警报信号
   C. 接到火灾报警后船长应立即赶到火灾现场，组织指挥应变
16. 以下船员发现火情时的初期应急行动，表述不妥的是________。
   A. 如火情不大，可用就近的灭火器材进行扑救
   B. 若火势较大，应按下就近的火灾报警装置，向全船报警
   C. 航行中，驾驶台接到火情报警后，首先应报告船长
17. 消防应急时，下列说法不恰当的是________。

A. 船员发现火灾应立即发出消防警报,并就近使用灭火器材进行灭火

B. 如货舱着火,应立即施放二氧化碳

C. 如采用封闭窒息法灭火,必须封闭足够长的时间

18. 船舶发生火灾后,为达到迅速、有效灭火,减少损失的目的,应首先________。

A. 查明火情　　B. 发出警报

C. 控制火势

19. 应指挥灭火人员尽快查明火源及火灾的性质、火场周围情况,以便确定合适的扑救方案、使用适当的灭火剂和正确的扑救方法的是________。

A. 大副　　B. 船长

C. 现场指挥

20. 控制火势包括________。

①在探明火情的基础上可立即展开灭火行动;②疏散、隔离火场周围的可燃物;③喷水降低火场周围的温度;④切断电源;⑤关闭通风,封闭门窗

A. ①②③④⑤　　B. ②③④⑤

C. ②③⑤

21. 以下关于船舶发生火灾应急阶段的行动程序要点,提法有误的是________。

A. 如有人员受困,应在控制火势的同时及时设法解救

B. 在控制火势的同时,立即展开灭火

C. 根据船长命令,分批逐次向火灾舱室施放一定剂量的有效灭火剂

22. 关于船舶发生爆炸后的应急行动,下列说法正确的是________。

①有关船员应根据驾驶台发出的警报信号,按照应急部署表中的分工和职责,携带指定的器材到现场参加应急;②现场指挥到达现场后,应尽快查清相关情况并向船长报告;③现场指挥应与船长尽快地商定具体的应急方案并组织实施;④应急结束后,应及时清查现场,查找隐患,避免再次发生爆炸

A. ①②③④　　B. ②③④

C. ①②③

23. 当船舶在航行中发生爆炸时,驾驶台应采取________行动。

①向全船发出警报;②通知船长;③视情况减速或停车;④启动一切通信联络设备

A. ①②③　　B. ①②③④

C. ②③④

24. 以下有关船长在船舶发生爆炸时的应急职责陈述有误的是________。

A. 航行中如爆炸引起火灾和(或)船体破损,亲自操纵船舶,使火场处于下风,将破损部位置于下风(流)舷

B. 督促现场指挥立即查清爆炸所在部位、造成的损害、有没有继续发生爆炸的可能等

C. 航行中如因爆炸造成船体破损,大量进水,应尽可能将船舶驶往港口或主航道,避免在深海中沉没

25. 国内船舶发生爆炸到达港口后,船长应________。

①按规定拟写并递交海事声明和海事报告;②申请公安消防部门对爆炸事故原因鉴定;③据情申请临时检验、附加检验;④据情申请公证检验

A. ①②③④　　B. ①③④

C. ②③④

26. 船舶发生爆炸，船长应督促现场指挥尽快查清________等。

①爆炸发生的地点；②爆炸事故发生的可能原因；③人员伤亡和被困情况；④船体及设备损害情况

A. ①②③④　　B. ②③④

C. ①②③

27. 船舶发生爆炸，船长应督促现场指挥尽快查清________等。

①是否存在继续爆炸的可能；②有无发生火灾的可能；③有无可能隔离爆炸物；④是否威胁全船人员的生命安全

A. ②③④　　B. ①③④

C. ①②③④

28. 在爆炸发生的初期阶段，以下应急措施不妥的是________。

A. 航行中，若爆炸引起船体破损进水，应立即发出船体破损应急报警信号

B. 船长应立即上驾驶台，组织指挥应变，并亲自操作船舶，采取最有利于控制火势蔓延和防止船舶破损处大量进水的方法航行

C. 如爆炸发生在机舱，大副担任现场指挥，由轮机长协助，现场指挥到达应急现场后应立即报告于驾驶台

29. 作为现场指挥，在爆炸发生后应尽快查清并报告船长以下哪些情况？

①爆炸发生的地点及可能的原因；②是否有人受伤，船体及设备受损情况；③是否存在继续爆炸的可能，是否需要隔离爆炸物，是否有发生火灾的可能；④是否威胁全船人员的生命安全，是否需要立即弃船

A. ①②③　　B. ①③④

C. ①②④

30. 船舶发生爆炸后，以下应急措施正确的有________。

①现场指挥应与船长尽快商定具体的应急措施并组织实施；②如情况允许，现场指挥可亲自指挥隔离爆炸物；③如爆炸后发生油污染，还需要按照部署表采取控制油污的应急反应措施；④若爆炸发生后，船体受损严重，迅速下沉有立即沉没的危险，船长可发布弃船命令

A. ①②③　　B. ①②③④

C. ①②④

31. 火灾时，驾驶员应操纵船舶使着火部位处于________。

A. 下风　　B. 上风

C. 顶风

32. 当空气中氧气含量降低到________，对人体会造成影响。

A. 11%　　B. 16%

C. 21%

33. 当空气中氧含量降低到________时，人就会因缺氧晕倒直至死亡。

A. 16%　　B. 10%

C. 18%

34. 进入封闭舱室的中毒、受伤人员,营救人员必须携带________。
①救生绳;②通信器材;③呼吸器
A. ①②③　　B. ②③
C. ①③

35. 如封闭舱室人员发生接触中毒,需用清水冲洗污染的表面至少________。
A. 10 min　　B. 25 min
C. 15 min

36. 听到弃船警报信号后,全体船员应在________内穿好救生衣并到达集合地点。
A. 1 min　　B. 2 min
C. 5 min

37. 船舶碰到紧急情况时,由船长决定是否弃船,弃船前应做好的善后工作包括________。
①降下国旗;②关闭油舱在甲板上的阀门;③船长必须亲自携带航海日志、相关海图、文件及现金账簿等;④登艇前艇长应向船长请示有关内容
A. ②③④　　B. ①②③
C. ①②④

38. 关于弃船时船长的职责,下列提法中不正确的是________。
A. 经努力船舶确已无法挽救且将危及人身安全时,须急电公司同意后方可考虑弃船
B. 人员撤离的顺序应是先旅客,后船员,船长应最后离船
C. 弃船后对全体人员仍负有指挥责任

39. 以下不宜考虑弃船的情况为________。
A. 船舶发生碰撞或触礁,大量进水,虽经努力,但船舶沉没、毁灭不可避免
B. 船舶发生火灾、爆炸,对船上的人员生命构成了严重的威胁时
C. 船舶遇到狂风巨浪,危及船舶安全,船舶在风浪中摇晃剧烈,有倾覆的可能时

40. 以下哪些情况下,采取立即弃船行动不妥?
A. 船舶正在沉没,但没有顷刻沉没的危险,且救助尚需一定的时间方可到达时
B. 船舶发生火灾,造成严重损坏,对船上的人员生命构成了严重的威胁,与船舶所有人联系不上
C. 船舶发生爆炸,造成严重损坏,对船上的人员生命构成了严重的威胁,来不及向船舶所有人报告

41. 以下有关船长在船舶搁浅后的应急职责,表述正确的有________。
①担任应急行动的总指挥,召集船员按公司体系文件中的应急程序进行应急;②督促大副迅速组织人员查明搁浅的部位,了解和探测搁浅水域的底质;③自力脱浅无效时,应及时请求外来援助;④自力脱浅无效等候援助期间,督促大副尽量固定船身,防止船舶破损和断裂
A. ①②③④　　B. ①③④
C. ①②④

42. 以下关于船舶发生触礁或搁浅后初始阶段的应急行动,提法有误或不妥的是________。
A. 航行中,值班驾驶员应立即停车和抛下双锚(如有可能)
B. 如因触礁、搁浅造成船体破损、油污等,应立即发出相应的应急警报信号
C. 如已确定触礁或搁浅,应在第一时间用车舵配合尝试脱浅

43. 船舶触礁或搁浅后，以下应急措施不妥的是________。
A. 值班驾驶员应立即停车，并报告船长和通知机舱
B. 值班驾驶员应把 AIS 中本船动态改为“搁浅”，并按规定显示号灯和号型
C. 可尝试立即倒车脱离礁石或脱浅

44. 船舶触礁或搁浅后，以下应急措施正确的是________。
①航行中，发生触礁或搁浅，值班驾驶员应立即停车；②为防止损失进一步扩大，应避免盲目动车、舵企图侥幸脱浅或脱离礁石；③应想方设法判断触礁或搁浅的部位以及船舶、货物的受损情况；④连续测定船位，判断船舶触礁、搁浅后是否有移动，险情是否会进一步加剧
A. ①②③　　B. ①②③④
C. ①②④

45. 船舶触礁后，宜________。
①立即车舵配合尽快脱离礁石；②查清触礁部位和损坏情况；③适时堵漏排水；④防止船体倾斜
A. ①②③④　　B. ①②③
C. ②③④

46. 船体破损漏水时应急行动中，不正确的是________。
A. 立即发出堵漏应变报警信号
B. 为了确定进水部位，可以采用下舱实地查看
C. 应立即关闭所有舱室的水密门

47. 在船体因故漏损的情况下，应采取的措施有________。
①通知机舱立即停车或减速，减小水流对船体的冲击；②尽快查找漏损位置；③关闭与漏损舱室相通的水密设施；④采取有效的堵漏措施
A. ①②④　　B. ①②③④
C. ②③④

48. 船体破损进水后，应________。
①发出堵漏应变报警信号；②召集船员；③查明进水部位；④按照应变部署规定的职责和分工行动；⑤听从现场指挥的领导
A. ①②③④⑤　　B. ①②③⑤
C. ①②③④

49. 船体进水时的应急行动程序为________。
①发现者应立即向驾驶台报告；②驾驶台应立即通知船长和机舱；③船长应立即上驾驶台，组织指挥应变；④发出漏损（堵漏）应急警报信号
A. ②→③→①→④　　B. ①→②→③→④
C. ④→①→②→③

50. 船体进水时的应急行动程序为________。
①全体船员应根据发出的警报信号，携带指定的器材到现场参加应急；②立即关闭与进水舱室相邻舱室的水密门及其他水密装置；③现场指挥应带领有关船员迅速查明漏损部位；④机舱人员按船长的命令全力排水
A. ③→①→④→②　　B. ①→②→③→④

C. ①→③→②→④

51. 船体破损进水后，应采取下列哪些办法确定船体漏损的位置和漏情？

①观察船旁水面有无气泡和漏油现象；②根据各空气管内有无流水声判断；③测量油、水舱和污水沟，根据液位变化判断；④如可行，派人潜水检查破损处的情况

A. ①②③④　　B. ①②③

C. ②③④

52. 船体破损进水后，可采取下列哪些办法确定船体漏损的位置和漏情？

①观察船旁水面有无气泡和漏油现象；②在保证人员安全的前提下，派人进入舱室直接观察；③测量油、水舱和污水沟，根据液位变化判断；④利用自制工具探测舷侧船体进水的部位

A. ①②③　　B. ①②③④

C. ②③④

53. 船舶在海上航行时触礁，发生船体破损进水，通常不考虑采用________的方法保持船体平衡。

A. 加装燃油或淡水　　B. 注入压载水

C. 移驳压载水

54. 在发生油污事故后，如果与主管当局直接联系有可能导致不必要的延误时，应以尽可能快的方法与________联系。

①最近的海岸电台；②指定的船舶报告点；③海上救助协调中心；④最近的其他船舶

A. ①②④　　B. ①②③

C. ②③④

55. 在为船舶供应燃油时如发生溢油，以下防止继续溢油的措施恰当的有________。

①立即停止有关操作，通知供油船或供油设施停止供油作业；②关闭供油管系上的所有阀门；③发出溢油报警信号，实施最初的溢油应急反应程序；④再次检查确认甲板排水孔已堵好，甲板溢油不会流入舷外

A. ①②③　　B. ①③④

C. ①②③④

56. 为防止溢油扩散，以下说法正确的有________。

①围油栏是防止溢油扩散最常用的，也是较为有效的设备；②化学凝聚剂在水面上扩散并压缩溢油油膜，使油膜面积大大缩小，从而阻止溢油扩散；③撒布化学凝聚剂比铺设围油栏容易且迅速；④化学凝聚剂对防止煤油、柴油等轻油和重油扩散是有效的方法

A. ①②③　　B. ①②④

C. ①②③④

57. 船舶港内加油作业，不慎少量燃油溢至海面，此时最佳的处理方法为________。

A. 围油栏包围　　B. 化学分散剂处理

C. 化学凝聚剂处理

58. 船舶作业现场一旦发生溢油事故，现场人员应及时采取有效措施，以下说法正确的是________。

A. 全部人员立即撤离现场，等待救助

B. 对泄漏源进行封堵,防止油污染面积继续扩大

C. 组织人力进行回收,同时使用消油剂

59. 船舶发生溢油在实施应急反应的同时应立刻按《油污染应急计划》中的报告要求通过有效地通信手段向应急领导小组和海事主管机关报告,内容包括________。

①发生溢油事故的船名、日期和时间、船位、溢油部位和事故原因、溢油的估计量;②溢油海区的气象情况,包括流速和流向、浪高和风浪的方向等;③船上货物及燃油种类、数量;④溢油控制情况,被污染海区面积,正在采取的措施,要求的援助

A. ②③④　　B. ①②③④

C. ①③④

60. 值班驾驶人员发现有人落水,应________。

①立即投下就近的救生圈、自发烟雾信号,夜间应抛下自亮浮灯;②立即向船长报告;③立即操纵船舶,避开落水者;④派专人登高瞭望,并发出人落水警报

A. ①②④　　B. ①②③

C. ①②③④

61. 在救助他船存活人员中,救助船在赴援途中须做好营救准备工作,以下做法正确的是________。

A. 接近遇险对象或其救生筏、艇时要考虑两者的漂移速度,对橡胶救生筏应从下风靠近

B. 对失火船舶应从下风驶靠

C. 不允许使用起重设备把艇筏连人一起吊上大船,以减少遇险者的体力消耗并及早护理

62. 施救在水中漂浮的生存者,以下哪种行动是不正确的?

A. 一般是用配有救生员的救生艇、筏,如风浪太大,遇险船上的人员无法撤离,可考虑撒油镇浪

B. 使用抛绳火箭在两船间带好缆绳,用救生器械将遇险人员转移到救助船上

C. 要求遇险人员跳入海中,游泳至救助船上

63. 载运危险货物的船舶发生泄漏,在应急情况下,船长首先应考虑的是________。

A. 防止水域污染　　B. 保证船舶的安全

C. 保证船员的安全

64. 当船舶发生危险货物泄漏在实施应急措施时应注意________。

①首先要考虑安全,避免和危险物质接触,不要踩踏溢出的液体或固体,远离蒸气和气体,报警;②尽可能保持驾驶台和生活区处于上风,穿戴能抗化学品影响的全套防护服和自给式呼吸器;③找出溢漏货物的积载位置。确认溢漏危险货物的联合国编号考虑应用溢漏的应急措施;④应用 MFAG,与船公司的责任人或救助协调机构联系获得对危险货物适当的应急行动建议

A. ①②③④　　B. ①②③

C. ②③④

65. 在船舶发生溢油事故后应急行动程序要点不包括________。

A. 启动船舶应急响应服务

B. 防止继续溢漏,防止溢油扩散

C. 有爆炸可能,应紧急弃船

66. 尽管各类应急演习有一定的时间间隔规定，但船长还是需要对在什么时间、什么地点、进行哪种应急演习予以适当的安排。需要考虑的因素包括________。
①演习对人员、船舶和设备、环境的安全性；②港内演习可能需要事先经有关主管当局的批准；③对某种应急情况需要增加演习次数；④可能的演习效果
A. ①②③④　　B. ①②④
C. ①③
67. 根据《国际海上人命安全公约》及国内的有关规定，以下关于船舶应急演习，表述有误的是________。
A. 应急演习应当以适当的时间间隔进行
B. 应急演习既要保证全船处于可随时应急的状态，又不至于干扰船上的正常工作
C. 船长可根据情况和需要，酌情减少应急演习
68. 船长应对演习的全过程进行监督，并注意检查________等。
①在施放应急警报信号后，全体船员能否在 2 min 内到达指定地点；②消防演习时，机舱能否在 5 min 内开泵供水；③弃船演习时，能否在船长下达放艇命令后 5 min 内将艇放至水面；④人落水演习时，能否在发出警报信号后 5 min 内将船驶到落水者附近
A. ①②④　　B. ①②③
C. ②③④
69. 按照有关规定，货船应分别在________个月间隔内至少进行一次消防、救生、油污应急的演习。
A. 3、3、1　　B. 1、1、2
C. 1、1、3
70. 在鸣放应急警报后，船长应检查参加演习的全体人员是否在________内到达指定地点，消防演习时机舱是否在________内开泵供水，弃船演习时，在船长下达放艇命令后是否在________内将艇放至水面。
A. 5 min；5 min ；2 min　　B. 2 min；2 min；5 min
C. 2 min；5 min；5 min
71. 按照有关规定，至少每________个月应进行一次应急操舵演习。
A. 1　　B. 2
C. 3
72. 下列有关应急操舵的提法哪个正确？
A. 应急操舵是指船舶在救助遇险人员时的操舵
B. 应急操舵通常是指在船舶处于失控状态下的操舵
C. 应急操舵通常是指船舶因故无法在驾驶台操舵，而必须在舵机室进行的操舵
73. 下列哪项不是应急操舵演习应演练的内容？
A. 在舵机室内直接控制舵机　　B. 舵机室与驾驶台的通信程序
C. 舵工对舵令与操舵的反应能力
74. 下列有关船舶应急操舵演习的要求哪项有误或不必要？
A. 每 3 个月至少应演习一次应急操舵
B. 应急操舵演习应演练在舵机室内直接控制舵机

C. 每个驾驶员和水手在应急操舵演习时都要亲自演练应急操舵

75. 下列有关油污应变演习不正确的是________。

A. 油污应变演习必须单项进行

B. 油污应变演习一般每 3 个月进行一次

C. 每次油污应急演习情况必须详细记入航海日志

76. 在船上举行的油污演习中，应包括________等内容。

①检查、试验有关油污警报和通信系统；②发出油污警报，向集合地点报到；③检查参加演习的人员是否熟悉自己的油污应急职责；④检查参加演习的人员能否按应急预案中的规定进行油污应急操作

A. ①②③④　　B. ①②③

C. ②③④

77. 在船上举行的油污演习中，可演练________等油污应急行动。

①关闭阀门；②堵塞甲板排水孔；③在甲板围栏和收集溢油；④清除溢出舷外的溢油

A. ②③④　　B. ①②③④

C. ①③④

78. 有关油污应变演习的表述有误的是________。

A. 为提高船员抗污染的应急反应能力，应定期举行油污应变演习

B. 油污应变演习应单独进行，不可和其他演习合并进行

C. 演习应按照油污应急计划的要求进行

79. 船舶油污应变演习的要求包括________。

①油污应变演习应根据油污演习计划进行；②在制订油污演习计划时，应充分考虑油污应急计划中的要求；③油污演习可以和其他演习联合进行；④每次演习时应进行油污应急程序的演练

A. ①②③④　　B. ②③④

C. ①②④

80. 船舶在每次进行人落水演习时，应进行________等人落水应急程序的演练。

①鸣放人落水警报信号；②操船甩尾；③模拟观察和投掷救生圈；④救助人员集合，实施放艇救人

A. ①②③④　　B. ②③④

C. ①②④

81. 船舶人落水应变演习的内容应包括________。

①发出人落水警报信号；②船员向集合地点报到，准备执行应急部署表中规定的任务；③检查参加演习人员是否按应急部署表上的规定携带指定的器材；④做好救助艇的放艇准备

A. ①②③④　　B. ②③④

C. ①②④

82. 进行船舶人落水救助演习时，模拟演习的程序可包括________。

①模拟观测和投下就近的救生圈；②鸣放警报；③操纵船舶，避开落水者；④模拟放艇

A. ①②③④　　B. ②③④

C. ①②④

83. 船上训练与授课内容应包括________。
①气胀式救生筏的操作及使用;②低温保护问题;③恶劣环境下使用救生设备;④消防设备的操作与使用
A. ①②③　　B. ①②③④
C. ②③④
84. 按照有关要求,对船员的救生、消防训练中的授课内容应包括________。
①气胀式救生筏的操作与使用;②消防设备的操作与使用;③低温保护知识及恶劣气象海况下使用救生设备的知识;④救生艇水中操纵技能
A. ①②　　B. ①②③
C. ②③④
85. 按照有关要求,每艘装有吊放降落救生筏的船上,应在不超过________时间间隔内举行吊放设备的训练。
A. 6 个月　　B. 4 个月
C. 2 个月
86. 船上训练授课内容应该包括________。
①气胀式救生筏的操作与使用;②低温饱和问题;③低温急救护理及其他合适的急救方法;④在恶劣天气和海况中使用救生设备所必需的专门知识;⑤消防设备的操作与使用
A. ①②③④　　B. ②④⑤
C. ①②③④⑤
87. 在装有吊架降落救生筏的船上,在不超过________的间隔期内应进行一次该设备用法的船上训练。
A. 4 个月　　B. 5 个月
C. 3 个月
88. 在采取某种具体的自救行动前,船长需评估________。
A. 自救可能面临的风险　　B. 自救所需的具体费用
C. 货主对船方采取自救行动的可能态度
89. 船舶发生海事后,限制损害和救助本船的行动原则有________。
①摸清本船受损情况;②按应变部署尽力自救;③适时争取外界援助
A. ①②③　　B. ①②
C. ②③
90. 易燃品液货舱发生货物泄漏,________是救助本船应采取的首要措施。
A. 防止船体断裂　　B. 防止液体外泄
C. 防止着火爆炸
91. 为了保证人员安全,船舶在发生紧急事件时应遵守的准则包括________。
①检查有否人员伤亡,能否自力救治;②判断是否需要外部援助;③决定是否撤离船舶;④决定是否弃船
A. ①②③④　　B. ①②④
C. ②③④
92. 船舶在紧急情况下,最优先考虑的是如何保证________。

A. 船舶的安全
B. 人员的安全
C. 环境的安全

93. 船舶应急时,为保护旅客和船员的安全,应遵循的原则是________。
A. 先船员后旅客,最后船长
B. 先旅客后船员,最后船长
C. 先船长后旅客,最后船员

94. 船舶在紧急情况下保护船上人员安全的行动准则________。
①首先检查是否有人员受伤亡;②然后判断是否需要救助;③其次清点贵重物品;④最后决定是否弃船
A. ①②③④
B. ②③④
C. ①②④

95. 船舶在紧急情况下,最优先的是________。
A. 通信是否畅通
B. 保证船舶安全
C. 保证人员安全

96. 当船舶遇到紧急情况时,应最优先考虑________的安全。
A. 船舶
B. 货物
C. 人命

97. 船舶在紧急情况下,最优先的措施是保证人命安全,因此应遵循下列原则________。
A. 首先判断是否需要救助,然后检查是否有人员伤亡,最后决定是否需要弃船
B. 首先检查是否有人员伤亡,然后判断是否需要救助,最后决定是否需要弃船
C. 首先决定是否需要弃船,然后判断是否需要救助,最后检查是否有人员伤亡

98. 船舶在紧急情况下保护船上人员安全的行动包括________。
①将人员撤离至安全区域;②伤员救治;③争取外界援助;④决定弃船
A. ①②③④
B. ①②③
C. ①②④

99. 当船舶在海上时有人受伤,下列表述不正确的是________。
A. 立即送往医院救治
B. 应尽力对伤员进行救治
C. 船上无法救治时,经请示可以驶往最近港口救治

100. 船舶发生紧急情况决定弃船时,人员撤离的顺序为________。
A. 首先船长,然后船员,最后旅客
B. 首先船员,然后船长,最后旅客
C. 首先旅客,然后船员,最后船长

101. 在紧急情况下,船长采取的下列哪项行动对保证人员安全没有意义?
A. 检查是否有人伤亡并及时给予救治
B. 及时宣布共同海损
C. 判断是否需要外界援助

102. 船舶发生各种应急情况后,船长应________。
①首先检查是否有人员伤亡并尽力救治;②检查本船受损情况,判断是否需要救助;③根据情况,决定是否需要弃船;④根据船东的指示决定是否需要立即宣布共同海损
A. ①②
B. ①②③

C. ②③④

103. 保护人员安全的行动要点包括________。

①将人员撤离至安全区域；②对伤员给予及时的救治；③经自救无法转危为安时，应在争取时间的同时寻求外界的救助；④经努力而船舶确已无法挽救且将危及人身安全时，可做出弃船决定

A. ①②③④　　B. ②③④

C. ①③④

104. 旅客在听到船长发布弃船命令后，只要时间允许，应该尽可能________。

A. 多穿衣服，不能忘记穿救生衣

B. 多喝一些淡水，多带一些水到救生艇

C. 携带自己的财物带离难船，带一些水到救生艇

105. 船舶搁浅后，应对搁浅船的态势进行初步评估，内容包括________。

①人员的安全状况；②天气和海况；③潮流和潮汐情况；④海底底质

A. ①②③④　　B. ①②

C. ②③④

106. 船舶搁浅后，应对搁浅船的态势进行初步评估，内容包括________。

①天气和海况；②潮流和潮汐情况；③预计天气变化；④船体周围水深情况

A. ①②　　B. ①②③④

C. ②③④

107. 船舶搁浅后，应对搁浅船的态势进行初步评估，内容包括________。

①天气和海况及预报；②船体周围的水深；③吃水和纵倾；④船舶损坏情况

A. ①②　　B. ③④

C. ①②③④

108. 船舶搁浅后，应对搁浅船的态势进行初步评估，内容包括________。

①船舶损坏情况；②进一步损失的危险性；③污染情况；④潜在污染的危险性

A. ①③　　B. ②④

C. ①②③④

109. 船舶搁浅后，如果船体是活动的，则存在哪些危险？

①偏转；②向岸推移；③墩底；④加重搁浅

A. ①②③④　　B. ③④

C. ①②

110. 船舶搁浅后一般可能发生的危险情况包括________。

①墩底；②向岸漂移；③打横；④尾淹

A. ①②③　　B. ②③④

C. ①②④

111. 一般船舶在搁浅后可能会发生的危险情况有________。

①船身倾斜；②墩底；③打横；④船体承受的应力过大

A. ①②③　　B. ①②③④

C. ①②④

112. 搁浅后，可通过所测的水深与船舶吃水的比较，判断________。
①搁浅部位；②搁浅程度；③浅滩底质
A. ①②③　　B. ②③
C. ①②

113. 船舶搁浅后的应急措施有________。
①设法判断搁浅的部位；②连续测定船位，判断船舶搁浅后是否有移动，险情是否进一步加剧；③如船舶搁浅在礁石上严重横倾时，应设法调整；④为防止船舶严重横倾而无法放艇，可以考虑先将低舷侧救生艇放出，以备急用
A. ①②③　　B. ①③④
C. ①②④

114. 船舶搁浅后，为确定受损情况，可采取的措施有________。
①连续测量各淡水舱、污水井、压载舱、干隔舱等有无进水以及水位变化情况并做好记录；②检查主机、副机、舵机是否受损；③测量各油舱（柜）的液位变化情况；④测量船舶周围水深，尤其是船首尾的水深变化情况
A. ①③④　　B. ①②④
C. ①②③④

115. 船舶搁浅后，在情况不明时，应________。
A. 立即全速后退脱浅　　B. 开车使船尾转向深水保护车舵
C. 立即查明情况，然后再行动

116. 在搁浅后的首要工作是________。
A. 立即倒车退离　　B. 立即停车迅速查明情况
C. 用车舵力争挣脱

117. 搁浅后，测量舷边四周每隔________处的水深，然后与船舶吃水相比较，判断船体搁浅部位和程度。
A. 10 m　　B. 20 m
C. 30 m

118. 船舶发生搁浅后，首先应当采取的措施是________。
A. 立即采取倒车脱浅的措施
B. 立即采取停车措施，在完全了解搁浅情况前不随意采取转向、用车等措施
C. 立即操舵，使得船首转向深水一侧水域

119. 搁浅船舶需固定船体的情况包括________。
A. 短时间内就能安全脱浅，因风浪影响而墩底、打横或翻沉
B. 短时间内不能安全脱浅，因风浪影响而墩底、打横或翻沉
C. 短时间内就能安全脱浅，因风浪影响而可自由脱浅的情况

120. 船舶坐礁时的船体保护措施包括________。
①在适当方向上抛锚固定船位；②将各压载水舱注满水；③立即抛货让船起浮
A. ①②③　　B. ①②
C. ①③

121. 船舶自力脱浅方案必须考虑的因素至少包括________。

①调节油水和货物;②本船主机和锚机力量;③潮汐和风流;④所需拖船拉力

A. ①②③④　　B. ①②④

C. ①②③

122. 船舶搁浅后,在制定自力脱浅方案时必须考虑下述哪些因素?

①调节油水和货物,抛货的可能性和数量;②本船主机和锚机力量,船体强度;③潮汐和风流;④所需拖船拉力

A. ②③④　　B. ①②③

C. ①②③④

123. 船舶发生搁浅或触礁后,船舶在制定脱浅方案时应考虑________因素。

①调整油水和货物;②本船主机和锚机功率;③潮汐和风流;④船体强度

A. ①②③　　B. ①②③④

C. ②③④

124. 船舶触礁后,脱浅方案应考虑的因素包括________。

①可排出和移驳的油水、可移动的货物;②本船主机功率和锚机的最大负荷以及船体强度;③潮汐、风流的影响;④所需的拖船拉力

A. ①③④　　B. ①②④

C. ①②③④

125. 小型船舶在低潮时搁浅且不严重时,可尝试自力脱浅,根据搁浅部位的不同,可考虑以下哪些措施以便在高潮时自力脱浅?

①调整船舶载荷沿横向或纵向分布来改变船舶的横倾、纵倾;②排出燃油来减小船舶吃水;③排出淡水来减小船舶吃水;④抛弃货物减小船舶吃水

A. ①②③　　B. ①③④

C. ①②④

126. 船舶搁浅或触礁后,可采取哪些措施使船舶脱浅?

①测量船舶四周水深,估算潮水;②通过转移或减少载荷调整前后吃水;③当船舶和人员安全受到严重威胁时,可以采取抛货措施;④船长视情况及时申请外力脱浅

A. ①②　　B. ①②④

C. ①②③④

127. 如果船舶在低潮时搁浅、触礁,应积极采取________等起浮措施,在下一个高潮到来前做好一切起浮准备并起浮。

①调整前后吃水;②减少压载水或淡水;③转移燃料油和压载水;④转移部分货物或物料

A. ①②③④　　B. ①②③

C. ②③④

128. 船舶搁浅,情况不明,盲目用车脱浅可能造成哪些不良后果?

①扩大船体损伤;②损坏车舵;③损坏主机;④造成船舶迅速沉没

A. ①②③④　　B. ②③④

C. ①③④

129. 船舶搁浅后尝试脱浅失败后应采取哪些措施固定船位?

①利用船锚固定;②向船舱灌水;③采取调整船舶载荷沿纵向或横向分布来改变船舶的

纵、横倾

A. ①②　　B. ②③

C. ①②③

130. 用本船主机倒车脱浅，当全速倒车无效时，可改用________进车配合左右满舵来扭动船体，然后再________倒车脱浅，需要时配合绞锚。

A. 半速；全速　　B. 半速；半速

C. 全速；半速

131. 船舶自力脱浅的方法主要有哪几种？

①候潮脱浅；②移载脱浅；③卸载脱浅；④车舵锚配合法

A. ①③④　　B. ②③④

C. ①②③④

132. 搁浅船应向救助船提供的船舶资料不包括以下哪一项？

A. 船舶主尺度、总布置图、静水力曲线图

B. 货物种类、重量及分舱图

C. 应急部署表

133. 救助船可以协助搁浅船的操作包括________。

①固定船体，堵漏排水；②移载、过驳；③用大型打捞浮筒增加浮力；④冲挖船底成渠；⑤提供拖力，协助他船脱浅的拖船，可给出的脱浅拖力为 0.01~0.015 Nt

A. ①②③④⑤　　B. ①③④⑤

C. ②③④⑤

134. 船舶碰撞后，下列行动中不正确的是________。

A. 尽量保持原有态势，利于判明责任

B. 检查受损情况后再决定应急部署

C. 如双方均有沉没危险，要迅速发出求救信号，做出弃船决定

135. 以下有关船长在船舶发生碰撞后的应急职责陈述有误的是________。

A. 如碰撞后造成船体破损，应操纵船舶将破损部位置于下风(流)舷，减少进水量

B. 如本船撞入对方船体内，应立即设法倒车退出

C. 督促大副和轮机长迅速查明碰撞的部位、破损情况以及进水情况

136. 以下关于船长在船舶发生碰撞时的应急职责，提法有误或不妥的是________。

A. 根据碰撞造成的后果决定或与现场指挥商定具体的应急方案

B. 督促、检查、指导现场指挥实施应急方案

C. 如因碰撞造成船体严重破损，大量进水，应不惜一切代价保持船舶的浮态

137. 以下关于船舶发生碰撞，在初始阶段时的应急行动要点，提法有误的是________。

A. 船舶发生碰撞后，值班驾驶员应立即通知值班轮机员全速倒车

B. 船长应立即上驾驶台，组织指挥应变

C. 如碰撞造成船体破损、油污、火灾、人落水等，应立即发出相应的应急警报信号

138. 以下关于船舶发生碰撞，在应急阶段行动程序要点，提法有误的是________。

A. 立即对各液舱和污水沟(井)的液位进行测量，确定船体是否已破损进水以及进水情况

B. 机舱应对由于碰撞而造成的主辅舵机等机电设备的损害立即做出评估和抢修

C. 机舱应立即做好消防和弃船的准备工作

139. 船舶发生碰撞后,下列哪项提法有误或不妥?

A. 如船体已经进水,首先应组织力量排水、堵漏,如进水严重应设法抢滩

B. 如果船体碰撞的位置在机舱,轮机长应负责内部的破损及损害控制

C. 如果碰撞造成货物损失,应立即组织抢救

140. 以下有关船舶发生碰撞后的应急行动,表述正确的有________。

①航行中,船舶碰撞后,值班驾驶员应立即通知船长和机舱;②如碰撞造成船体破损,应立即发出船体漏损警报;③全体船员听到警报后,应按部署表中的分工和职责,携带指定的器材到现场参加应急;④如碰撞部位在机舱,大副应在轮机长的协助下担任应急现场指挥,并在到达现场后立即报告驾驶台

A. ①②③　　B. ①③④

C. ①②④

141. 当我船船体被他船撞入时,我船应关闭水密门检查破损并报告船长,并尽可能________。

A. 加速以减小进水量,操船使破损处处于下风

B. 停船以减小进水量,操船使破损处处于下风

C. 加速以减小进水量,操船使破损处处于上风

142. 被他船撞入的船舶应________。

①尽可能减小或消除船舶纵向惯性速度,使本船停住(消除对水速度),减少进水量;②迅速关闭破损舱室前后的水密装置;③进行排水及堵漏工作

A. ①②③　　B. ①②

C. ①③

143. 他船船首撞入本船后,为了减少损害,所采取的下列行动哪项有误?

A. 要求他船迅速脱离本船以减小破损

B. 迅速查清船体受损情况

C. 尽量减少水域污染

144. 船舶碰撞后的防水措施中,首要的工作是________。

A. 排水　　B. 堵漏

C. 关闭水密门窗

145. 船舶碰撞后,在必要时可以抛弃货物,下列哪种货物可不必抛弃?

A. 因进水可能引起着火的货物

B. 因进水可能引起急剧膨胀的货物

C. 因进水可能引起严重霉变的货物

146. 查明船体进水情况要进行现场检查,测量舱室应包括________。

①各货舱污水井(沟);②各压载水舱;③各淡水舱;④各油舱

A. ①②③④　　B. ②③④

C. ①③④

147. 船舶发生碰撞后,船长下列哪项做法不正确?

A. 船长尽快写出碰撞通知书,并要求对方船长签署

B. 将事实经过详细记入航海日志

C. 若对方船长要求签署“碰撞责任通知书”时，船长应签字并加盖船章，不应批注“仅限收讫”

148. 船长在处理碰撞事故时，下列哪项不妥当？
A. 及时处理遇水有危险的货物
B. 将对方船名、船籍港等电告船东
C. 即使船舶没有沉没危险，也应及时降下救生艇备用

149. 船舶发生碰撞全面检查，符合下列哪些条件时可续航？
①主、辅机无损，情况良好；②船体破损部位进水经采取措施后得以控制；③船舶具有正稳性及一定的保留浮力；④一舷救生设备受损
A. ①②③④　　B. ①②④
C. ①②③

150. 船舶碰撞后续航时应注意下列哪些问题？
①应减速航行；②应尽量远岸航行以防搁浅；③应密切注意破损部位；④应与附近岸台、公司或船舶所有人保持密切联系
A. ①②③④　　B. ①②④
C. ①③④

151. 船舶发生碰撞后，进行续航的条件包括________。
①进水得以控制；②船舶能保持正常浮态和稳性；③具有一定储备浮力；④救生设备完好
A. ①②③④　　B. ②③
C. ①②③

152. 船舶发生碰撞后，进行续航时应________。
①减速航行；②密切注意各舱水位；③尽可能近岸航行；④密切注意气象变化
A. ①②③　　B. ②③
C. ①②③④

## 第二节　救助遇险船舶

1. 以下人员落水后的操船救助方法不正确的是________。
A. 驾驶台值班驾驶员收到目击者报告，发现有人落水但已无法看到，为尽快驶近落水者，使用单旋回法
B. 驾驶台值班驾驶员发现甲板上有人落水，为尽快驶近落水者，使用单旋回法
C. 驾驶台值班驾驶员发现甲板上有人落水，但因能见度不良无法跟踪落水者，使用 Williamson 旋回法

2. 船舶在海上遇到需要救助的遇险船舶或遇险艇筏时，救助船舶应该________。
A. 不顾一切救助遇险船舶
B. 在不严重危及本船安全和船上人员安全的前提下积极救助
C. 应该远离遇险船舶或遇险艇筏，避免耽误船期

3. 在到达遇险船或遇险艇筏海域后，________应亲自操纵船舶，应指挥对遇险的人员进行施救。

A. 船长　　B. 大副

C. 引航员

4. 如果有人落水,需要放艇救助,以下操作要领中表述有误的是________。

A. 应尽量选择大浪过后海面相对比较平静时放艇

B. 在救生艇降落下水前发动艇机,以便艇降落至水面后可迅速驶离

C. 如不能同时脱钩,应先脱前钩,并解去艇缆,用内舷舵进车驶离大船

5. 在海面平静的情况下应尽快释放救生艇或救助艇抢救落水人员,放艇时大船的余速不应超过________。

A. 3 kn　　B. 4 kn

C. 5 kn

6. 在大风浪中施放救生艇时,启动艇机的时机是________。

A. 艇落水前　　B. 艇落水后

C. 艇落水的同时

7. 救助遇险船舶人员,若险船不能放艇时,本船应行驶到险船________,从________舷放本船救生艇,驶抵遇险船________,救助遇险船人员。

A. 上风;下风;上风　　B. 下风;上风;下风

C. 上风;下风;下风

8. 救助船舶在前往遇险船或遇险救生艇筏的途中,应该通报的对象为________。

①搜救指挥中心;②搜救协调中心;③遇险船舶;④遇险艇筏

A. ①②③④　　B. ①③④

C. ①②④

9. 如果有人落水,需要放艇救助,以下操作要领中表述有误或不妥的是________。

A. 本船应驶向落水者的上风一侧

B. 应释放下风舷的救生艇

C. 应在本船有较大的速度时放艇

10. 如需放艇救助落水人员,以下表述有误的是________。

A. 救生艇最好从落水者下风一侧接近,将落水者置于上风舷

B. 救生艇可以从落水者上风一侧接近,将落水者置于下风舷

C. 可以利用救生圈或网具将落水者救至艇内,然后送上本船

11. 救助船收艇时,应行驶到遇险船的________侧,等待救生艇来靠本船的________舷。

A. 上风;上风　　B. 下风;下风

C. 上风;下风

12. 船舶在大风浪中释放救生艇或救助艇,艇着水后解开前后吊艇钩的顺序应是________。

A. 先解艇首钩　　B. 同时解开前后吊艇钩

C. 先解艇尾钩

13. 船舶在大风浪中释放救生艇或救助艇,应放哪一舷的艇比较合适?

A. 上风舷　　B. 下风舷

C. 上风舷和下风舷均可

14. 如有大批遇险人员漂在水中,救助船可以拖________。

A. 系有救生圈和救生衣且用浮力较大的缆绳在漂浮者上风处低速围绕其回转,让人员攀附

B. 系有救生圈和救生衣且用浮力较大的缆绳在漂浮者下风处低速围绕其回转,让人员攀附

C. 系有救生圈和救生衣且用浮力较大的缆绳在漂浮者上风处高速围绕其回转,让人员攀附

15. 以下救助海上漂浮遇险人员的行动不正确的是________。

A. 施放救生艇拖曳浮具在遇险人员上风盘旋

B. 可用抛绳枪向远处遇险人员抛掷救生索

C. 必须镇浪救助时,船上无镇浪油应缓慢排放燃油

16. 海上遇险的艇、筏与漂浮的落水者应尽量不要横在救援船舶的________。

A. 船尾　　B. 船首

C. 左舷

17. 为保证海上救援安全,操纵救生艇或救助艇靠舷梯,最好选择________靠拢最佳。

A. 涌浪较大时　　B. 海面较平稳时

C. 风流较大时

18. 船舶抵达救援现场前,船长应督促大副带领船员做好下列准备工作________。

①如条件许可,在本船的两舷各备妥一根吊杆以及吊货网、盘;②做好救生艇筏的释放准备工作;③指派有经验的水手穿好救生衣,以便下海救助遇险人员;④做好医疗准备工作

A. ①②③④　　B. ①②③

C. ①③④

19. 船舶抵达救援现场前,应在本船最低开敞甲板备妥________。

A. 引航员软梯、攀网　　B. 撇缆、软梯和攀网

C. 舷梯、撇缆

20. 海面上等待救援的救生艇筏应主动驶至大船的________待救。

A. 下风侧　　B. 上风侧

C. 船首方向

21. 一般情况下,应放本船下风一舷的艇,大船________,稳定航向,将艇放至水面后,迅速解脱吊艇钩。

A. 偏顶浪 20°~30°　　B. 偏顺浪 20°~30°

C. 偏顶浪 30°~40°

22. 船舶在港停泊时发生火灾,船长的下列做法中哪项不对?

A. 不论火势大小,必须立即发出火灾警报

B. 向港口海事主管机关及(或)公安消防机关报告火灾情况

C. 如大副不在,船长亲自任现场指挥

23. 如果船舶在港锚泊或系泊时发生火灾,船长应________。

①速向港口主管当局及(或)当地消防机关报警;②在消防队到达前应率领船员积极自救;③备好国际通岸接头,备妥防火控制图;④通知机舱备妥主机,做好出港准备

A. ①②④　　B. ①③④

C. ①②③④

24. 以下船舶在港内发生火灾的处理措施不正确的是________。
    A. 船上发出失火警报,进行灭火部署,并向周围其他船舶发出警告
    B. 立即通知岸上消防机构及港务当局
    C. 船长带领船员撤离船舶,灭火工作交由岸上消防队全权处置
25. 船舶在港发生火灾,在消防队到达后,以下不正确的行动是________。
    A. 船长向消防队介绍已探明的火情,提供防火控制图等资料
    B. 船长担心货损,阻止消防队向货舱注水灭火
    C. 船长率领船员协助消防队灭火
26. 船舶在港内系泊期间发生火灾,由于灭火的需要,消防队队员要对部分结构进行破拆,应征得________同意。
    A. 船长　　B. 消防队队长
    C. 船东
27. 防火控制图必须和船舶实际情况相一致,如有变动应________。
    A. 修船时再修改　　B. 停船时再修改
    C. 随时修改
28. 存放“防火控制图”的风雨密盒安装在________。
    A. 上层甲板　　B. 尾楼所在甲板
    C. 舷梯所在甲板
29. 一套防火控制图的复制品应放在下列哪个位置最符合要求?
    A. 驾驶台外面有明显标志的风雨密盒子里
    B. 二氧化碳间内有明显标志的盒子里
    C. 甲板室(生活区)外有明显标志的风雨密盒子里
30. 船舶火灾防火控制图一张贴在________,另两张永久性存放在________。
    A. 船员生活区内;左右舷梯甲板　　B. 船员生活区内;货仓舱壁
    C. 驾驶台;左右舷梯甲板
31. 船舶防火控制图是一张供展示全船各种消防设备及设施的________总布置图。
    A. 临时性　　B. 永久性
    C. 十周年
32. 在港内的船舶发现港口或在港内的其他船发生火灾,以下做法不正确的是________。
    A. 立即向港口消防队报警,与港口方当局保持随时联系
    B. 查清所有在船人员,随时做好船舶离港的准备
    C. 全部人员立即撤离船舶
33. 停泊在港内或锚地的船舶失火,船方与港方的合作包括________。
    A. 在自力灭火的同时,呼叫公安消防队,通知海事主管部门
    B. 在海事主管部门的认可下,船长应继续负责全面指挥灭火工作,由港方消防队负责灭火,双方密切配合
    C. 公安消防队到达,船上人员全部撤离
34. 当船在临近其他船舶发生火灾时,为了减少对他船的危害可能采取的措施是________。

A. 改变船舶方向让火场处于上风

B. 拖船将失火船舶拖到开阔水域

C. 快速驶离他船,并执行应急部署

35. 出于安全原因,以下________不是通常在港内的船舶遇到需要离港驶往外海的情况。

A. 港口或港内其他船发生火灾或爆炸

B. 台风临近

C. 船舶机械或设备故障

36. 船舶发生火灾,船方应随时做好离港的准备,以下哪种情况下船舶应驶离码头?

A. 当失火船舶严重威胁港口设施和附近船只时

B. 船舶一旦发生火灾就应马上离港灭火

C. 除非发生人员伤亡,否则船舶不应离开码头

37. 船舶发生火灾,港方通知船舶须驶离码头,以下哪种做法是正确的?

A. 如果船舶自力无法驶离码头,应请拖船协助

B. 如果船舶自力无法驶离码头,船长应立刻宣布弃船

C. 船方以正在组织灭火为由,火灾扑灭后驶离

38. 在开敞锚地中,观测到前方上风处的锚泊船距你船距离越来越近,此时最佳的措施是________。

A. 备车,弃锚

B. 备车,必要时起锚,使用甚高频和汽笛警告对方并报告港口控制中心

C. 立即抛下另一只锚并使之受力

39. 在锚泊的船发现周围其他锚泊船正在走锚,以下采取的措施不正确的是________。

A. 汽笛鸣响五短声,以警告拖锚船

B. 通知机舱备妥主机,以便随时用车

C. 走锚的船应对造成的损失负全部责任,本船不需采取措施

40. 在锚泊的船发现周围其他锚泊船正在走锚,以下采取的措施不正确的是________。

A. 用 VHF 等紧急联系走锚船及 VTS

B. 立即抛下本船另一锚

C. 如有擦碰船首的危险,可松长锚链避让

41. 本船发生走锚并临近其他锚泊船,应采取的应急措施包括________。

①值班驾驶员应立即报告船长和通知机舱准备主机;②船长采取的第一个措施就是让大副和水手长到船头值守,并立即抛下船舶的另一只锚,以求制止走锚或者减缓走锚的速度;③船长应当先用车,把走锚抑制住,等锚链松弛之后再行起锚,然后寻找合适的锚地重新抛锚;④通过 VHF 广播,通知周围船舶,引起注意

A. ①②③　　B. ②③④

C. ①②③④

42. 临近其他锚泊船发生走锚,以下采取的应急措施正确的是________。

A. 立即报告船长和通知机舱准备主机,悬挂及鸣放“Y”信号

B. 锚泊船一旦发生走锚,应该立刻松长锚链

C. 直接抛另一舷的锚,不用备车

## 第一节　船舶应急程序

1. B　2. C　3. C　4. C　5. A　6. C　7. A　8. B　9. C　10. A
11. A　12. B　13. B　14. A　15. C　16. C　17. B　18. A　19. C　20. A
21. C　22. A　23. B　24. C　25. A　26. A　27. C　28. C　29. A　30. B
31. A　32. B　33. B　34. A　35. C　36. B　37. C　38. A　39. C　40. A
41. A　42. C　43. C　44. B　45. C　46. C　47. B　48. A　49. B　50. C
51. A　52. B　53. A　54. B　55. C　56. C　57. A　58. B　59. B　60. C
61. A　62. C　63. C　64. A　65. C　66. A　67. C　68. B　69. C　70. C
71. C　72. C　73. C　74. C　75. A　76. A　77. B　78. B　79. A　80. A
81. A　82. A　83. B　84. B　85. B　86. C　87. A　88. A　89. A　90. C
91. A　92. B　93. B　94. C　95. C　96. C　97. B　98. A　99. A　100. C
101. B　102. B　103. A　104. A　105. A　106. B　107. C　108. C　109. A　110. A
111. B　112. C　113. A　114. C　115. C　116. B　117. A　118. B　119. B　120. B
121. C　122. B　123. B　124. C　125. B　126. C　127. A　128. A　129. C　130. A
131. C　132. C　133. A　134. A　135. B　136. C　137. A　138. C　139. C　140. A
141. B　142. A　143. A　144. C　145. C　146. A　147. C　148. C　149. C　150. C
151. A　152. C

## 第二节　救助遇险船舶

1. A　2. B　3. A　4. C　5. C　6. A　7. C　8. A　9. C　10. B
11. B　12. B　13. B　14. A　15. C　16. B　17. B　18. A　19. B　20. A
21. A　22. C　23. C　24. C　25. B　26. A　27. C　28. C　29. C　30. A
31. B　32. C　33. B　34. C　35. C　36. A　37. A　38. B　39. C　40. B
41. C　42. A

# 第二十九章 船上防火、控制火灾和灭火

## 第一节　消防演习

1. 消防部署中________任总指挥，________任现场总指挥。
   A. 大副；船长或轮机长　　B. 船长；大副或轮机长
   C. 船长；大副或政委
2. 消防现场总指挥是________。
   A. 船长或大副　　B. 大副或轮机长
   C. 政委或轮机长
3. 防火控制图内应标明下列哪些内容？
   ①每层甲板的控制站；②A 级和 B 级分隔的各个区域；③各舱室和甲板出入通道的细节；④通风系统的细节
   A. ①②③④　　B. ②③④
   C. ①②③
4. 船舶防火控制图符号分为哪几类？
   ①结构防火识别符号；②消防设施识别符号；③脱险通道和相关的脱险设施的识别符号
   A. ①②　　B. ②③
   C. ①②③
5. 船舶防火控制图必须与船舶实际情况相一致，如有变动应________。
   A. 随时修改　　B. 下个航次前修改好
   C. 船舶进坞维修时修改
6. 船舶上所有处所或处所群应至少提供________条尽量分开并随时可用的脱险通道。
   A. 1　　B. 2
   C. 3
7. 船舶脱险通道布置的一般要求________。
   ①脱险通道应保持安全状况，内无障碍物；②提供其他辅助逃生设施；③确保其易于到达、标志清晰、能满足紧急情况需要
   A. ①②　　B. ②③
   C. ①②③
8. 每次消防演习应包括下列哪些内容？

①到指定地点集合；②检查消防员装备；③检查有关的通信设备；④准备施放固定二氧化碳灭火系统

A. ①②③　　B. ①②④

C. ②③④

9. 每次消防演习应包括下列哪些内容？

①启动消防泵；②检查个人救助设备；③检查供随后弃船用的必要装置；④至少使用两支符合规定的水枪

A. ①②③④　　B. ①②④

C. ②③④

10. 消防演习时要求所有船员在听到警报信号后________内到达岗位，机舱值班人员应在________内开泵供水。

A. 2 min；5 min　　B. 2 min；3 min

C. 3 min；2 min

11. 关于消防演习不正确的是________。

A. 每个船员每月至少参加消防演习一次

B. 若25%的船员未参加上个月的演习，应在该船离港后一天内举行消防演习

C. 客船半月进行一次消防演习

12. 按照有关规定，货船应在________内进行一次消防演习，如在一港调换船员达25%时，则应于离港后________内进行演习。

A. 1个月；12 h　　B. 2个月；12 h

C. 1个月；24 h

13. 按照有关规定，每次消防演习时除启动消防泵外，应至少使用________支水枪，以显示该系统处于正常工作状态。

A. 1　　B. 2

C. 3

14. 根据国内相关法规规定，每次消防演习应包括________等内容。

①检查消防员装备和其他人员的救助设备；②检查有关的通信设备；③检查演习区域内水密门、防火门、防火闸和通风系统的操作情况；④检查供随后弃船用的必要装置

A. ①②③④　　B. ①③④

C. ②③④

15. 消防演习时，可分别模拟________，进行相应的消防程序的演练。

①机舱火灾；②厨房火灾；③生活区着火；④货舱着火

A. ①②③④　　B. ②③④

C. ①②④

16. 每次进行消防演习时可针对不同部位的火灾分别进行________消防程序的演练。

①火灾报警；②人员集合；③关闭通风；④组织探火、灭火

A. ①②③④　　B. ②③④

C. ①②④

17. 船舶每次消防演习的程序包括________等方面。

①鸣放警报信号;②船员集合;③关闭通风,组织探火、灭火;④演习总结讲评

A. ①②③④ B. ②③④

C. ①②④

18. 船舶组织每次消防演习时应做到________。

①消防演习应按应变部署表中的消防部署进行;②大副任消防演习的现场指挥;③演习模拟火灾的性质及发生地点应经常改变;④演习结束后,由三副进行讲评,并检查和处理现场

A. ①②③④ B. ②③④

C. ①②③

19. 船舶组织每次消防演习时应做到________。

①消防演习前应制订消防演习计划;②船长任消防演习的现场指挥;③船员在火警发出 2 min 内携带器材到达指定地点;④演习结束后,演习的内容和情况应如实记入航海日志

A. ①②③④ B. ②③④

C. ①③④

20. 每次进行消防演习时可针对不同部位的火灾分别进行________等方面的演练。

①火灾报警;②人员集合;③关闭通风;④组织探火、灭火

A. ②③④ B. ①②④

C. ①②③④

21. 船舶每次消防演习的程序包括________等方面。

①鸣放警报信号;②船员集合;③关闭通风,组织探火、灭火;④演习总结讲评

A. ②③④ B. ①②④

C. ①②③④

22. 船舶组织每次消防演习时应做到________。

①消防演习前应制订消防演习计划;②船长任消防演习的现场指挥;③船员在火警发出 2 min 内携带器材到达指定地点;④演习结束后,演习的内容和情况应如实记入航海日志

A. ①②③④ B. ①②④

C. ①③④

## 第二节 火灾基本知识

1. 燃烧是一种以________为特征的剧烈的氧化反应。

A. 发光、发热 B. 猛烈大火

C. 持续高温

2. 燃烧是一种以________为特征的剧烈的氧化反应。

A. 放热 B. 发光

C. 放热、发光

3. 当空气中氧气的含量降至________以下时,一般物质的燃烧会熄灭。

A. 11% B. 16%

C. 18%

4. 当燃烧中物质的温度降至________以下时,火就熄灭。

A. 闪点　　B. 燃点

C. 自燃点

5. 在我国,石油产品的危险分级是以________来划分的。

A. 闪点　　B. 燃点

C. 自燃点

6. ________标志着可燃液体的易燃、易爆程度。

A. 闪点　　B. 凝固点

C. 熔点

7. 在离火源较近的可燃物,因热辐射而着火是属于________燃烧。

A. 着火　　B. 闪燃

C. 自燃

8. 机舱内油柜漏油,油滴在高温排气管上而着火是属于________燃烧。

A. 点燃　　B. 闪燃

C. 自燃

9. 燃烧的类型有________。

A. 热传导、热对流、热辐射　　B. 闪燃、自燃、着火、爆炸

C. 固体火、液体火、气体火

10. 船上轻金属钠、铝、镁、钾等引起的火灾,一般使用哪种灭火器材?

A. 二氧化碳灭火器　　B. 金属干粉或砂土

C. 泡沫灭火器

11. 船舶发生火灾,常用的灭火方法主要有________。

①隔离法;②窒息法;③冷却法;④抑制法

A. ①②③　　B. ①③④

C. ①②③④

## 第三节　消防设备的使用

1. $CO_2$ 的灭火原理主要是________。

A. 化学中断法　　B. 窒息作用

C. 隔离法

2. 二氧化碳本身________,比空气重,是一种无色、无味的惰性气体。

A. 能燃、不助燃　　B. 不燃、能助燃

C. 不燃、不助燃

3. 泡沫灭火主要利用它的________。

A. 抑制作用　　B. 冷却与窒息作用

C. 隔离作用

4. 化学泡沫气泡群中的气体是________。

A. 空气　　B. 二氧化碳

C. 一氧化碳

5. 船上常见的化学泡沫是由碱性的________、酸性的硫酸铝水溶液、发泡剂甘草汁互混产生化学反应而生成的。

A. 碳酸钠　　B. 碳酸氢钠

C. 硫酸钠

6. 对于二氧化碳灭火剂的特点,以下说法正确的是________。

A. 二氧化碳是具有刺激性气味的气体

B. 本身不助燃,用降温、加压可以使其液化

C. 制造方式复杂,不利于储存

7. 黄沙、干土也常被作灭火剂使用,以下哪种火灾场景不适用?

A. 金属类火灾　　B. 爆炸品火灾

C. 液体类火灾

8. 水灭火的主要作用是________。

A. 冷却　　B. 窒息

C. 隔离

9. 为避免救火人员灼伤,用干粉灭火器灭火时,应距火焰________。

A. 1~2 m　　B. 2~3 m

C. 3~5 m

10. 干粉灭火器是依靠压缩________驱动干粉喷射灭火的。

A. $CO_2$ 或氮气　　B. $CO_2$ 或空气

C. 氮气或氧气

11. 使用便携式泡沫发生器灭火时,应使泡沫向________方向喷射。

A. 顺风　　B. 逆风

C. 侧风

12. 船上便携式泡沫灭火装置产生的是________泡沫。

A. 低膨胀　　B. 高膨胀

C. 空气

13. 消防安全灯,照明时间应不少于________。

A. 5 h　　B. 4 h

C. 3 h

14. 进入火灾区域探火,除戴好呼吸器,安全灯外还应________。

A. 拿着水龙带　　B. 系好防火绳

C. 带着担架

15. 每一呼吸器都应配有一根长度至少为 30 m 的耐火救生绳。其主要作用为________。

A. 联系工具

B. 显示通道

C. 显示通道和联系工具

16. 在机舱等可能有溢油危险的处所应配备________水枪。

A. 直流　　B. 喷雾或两用

C. 无特殊要求

17. 客船的海水泵及自动报警和探火系统应有不少于________动力供应源。
A. 2套　　B. 1套
C. 3套
18. 所有船舶至少备有消防员装备________。
A. 4套　　B. 2套
C. 1套
19. 储压式空气呼吸器内灌装的是________。
A. 新鲜 $CO_2$　　B. 新鲜氧气
C. 新鲜空气
20. 储压式空气呼吸器,它能维持供应________。
A. 30 min 空气　　B. 45 min 空气
C. 60 min 空气
21. 进入货舱探火时人员行走的方法是________。
A. 低姿探索前进　　B. 直立探索前进
C. 跳越探索前进
22. 消防员装备呼吸器应为自给式压缩空气呼吸器,瓶内空气储存量为________;可供使用的时间至少为________。
A. 1 000 L;20 min　　B. 1 200 L;30 min
C. 1 300 L;40 min
23. 船舶经常用到的测量仪器包括________。
①便携式氧气分析仪;②便携式可燃气体测量仪;③便携式测爆仪;④便携式有毒气体测量仪
A. ①②③④　　B. ②③④
C. ①③④
24. 消防员进入舱室进行可燃气体浓度测试,以下说法正确的是________。
A. 进入油舱测试,舱内可燃气体浓度不得大于爆炸下限的10%
B. 测试人员必须使用防静电的劳保护具,并备妥必要的安全用具
C. 个人照明设备为普通的手电筒,没有特殊要求
25. 感温探测器主要是探测火灾区域的________而报警。
A. 火光　　B. 烟雾
C. 温度
26. 锅炉间、焚烧炉间、车床间、集控室等相对封闭的高温场所,主要采用的探测器为________。
A. 感温式　　B. 感光式
C. 感烟式
27. 起居和服务场所的走廊、舵机间、应急消防泵间、机舱等处,主要采用的探测器为________。
A. 感温式　　B. 感光式
C. 感烟式
28. 应急消防泵正常工作时能维持________股所需的水柱。
A. 1　　B. 2

C. 3

29. 下图所示为________。

A. 船用应急消火栓　　B. 船用应急消防泵

C. 船用应急消防装备

30. 船舶使用的每条消防水带应配有一支水枪和必要的接头，用于机器处所的不得超过________。

A. 20 m　　B. 15 m

C. 25 m

31. 火警信号发出后，消防水带应在________。

A. 5 min 内出水　　B. 6 min 内出水

C. 8 min 内出水

32. 国际通岸接头平时应________。

A. 接在管子上　　B. 存放在指定位置

C. 存放在物料间内

33. 下图所示为________。

A. 铁链　　B. 铁圈

C. 国际通岸接头

34. 高倍数泡沫系统通常布置在________。

A. 机舱和货油舱、滚装船装货处所　　B. 甲板

C. 生活区

35. 船上二氧化碳施放程序,以下做法正确的是________。

A. 对二氧化碳保护舱室发出施放警报,将所有人员撤出现场

B. 打开所有通风口、进出口,确认舱内所有的开口畅通

C. 舱室一旦起火,火势较猛,应立即施放二氧化碳系统

36. 船舶上高膨胀泡沫系统一般布置在________和________的油泵间。

A. 机舱;货油舱　　B. 客舱;机舱

C. 厨房;货油舱

## 第四节　船舶灭火程序

1. 正确部署灭火方案,针对火的类别确定实施有效的灭火方法的前提是________。

A. 先控制后消灭　　B. 察看火情

C. 指挥员的能力

2. 船舶一旦起火,此时船员应________。

A. 穿好救生衣准备逃生　　B. 听从指挥奋力扑救

C. 施放救生艇再救火

3. 船员到达火灾现场后就应________。

A. 组织大家扑救　　B. 查明火源火情再扑救

C. 集中消防器材再扑救

4. 船舶发生火灾时,高效固定灭火系统(二氧化碳、干粉、泡沫等)是否使用由________决定。

A. 现场指挥　　B. 消防队队长

C. 船长

5. 火警信号发出后,驾驶台应将火灾发生的________记入航海日志。

①时间;②准确船位;③火灾种类;④地点;⑤发现者

A. ①②③　　B. ②③④

C. ①②③⑤④

6. 施放固定 $CO_2$ 灭火系统前必须________。

A. 先鸣放警报,撤离人员　　B. 先关闭门窗

C. 先戴好呼吸器

7. 起居室失火时,且烟雾很大,则应________。

A. 打开门窗　　B. 寻找火源

C. 关闭门窗和通风

8. 起居室灭火过程中应________。

A. 迅速关闭门窗,切断通风,以防风助火势向下风蔓延

B. 初期的小火可用水灭火系统进行扑灭

C. 如果有人困在火场,应先灭火再进入舱室救人

9. 船舶公证检验的检验报告可作为________等的合法依据。

①海事索赔;②保险理赔;③费用追偿和分摊

A. ①②③　　B. ①③

C. ①

参考答案

## 第一节 消防演习

1. B　2. B　3. A　4. C　5. A　6. B　7. C　8. A　9. A　10. A
11. C　12. C　13. B　14. A　15. A　16. A　17. A　18. C　19. C　20. C
21. C　22. C

## 第二节 火灾基本知识

1. A　2. C　3. A　4. B　5. A　6. A　7. C　8. C　9. B　10. B
11. C

## 第三节 消防设备的使用

1. B　2. C　3. B　4. B　5. B　6. B　7. B　8. A　9. C　10. A
11. A　12. A　13. C　14. B　15. C　16. B　17. A　18. B　19. C　20. A
21. A　22. B　23. A　24. B　25. C　26. A　27. C　28. B　29. B　30. B
31. A　32. B　33. C　34. A　35. A　36. A

## 第四节 船舶灭火程序

1. B　2. B　3. B　4. C　5. C　6. A　7. C　8. A　9. A

# 第三十章 操作救生设备

## 第一节　应变部署表与个人责任

1. 下列有关船员应急岗位及职责的说法，哪些正确？
①船长是各类船舶应急的总指挥；②大副是所有应急的现场指挥；③轮机长有时也担任应急现场指挥
A. ①②③　　B. ②③
C. ①③

2. 下列有关船员应急岗位及职责的说法，哪些正确？
①船长是各类应急的总指挥；②弃船时一般由大副任艇长；③在油污应急时，大副在油污现场会同轮机长担任现场指挥
A. ①②　　B. ②③
C. ①②③

3. 下列有关船员油污应急岗位及职责的叙述，哪些正确？
①现场指挥是轮机长，大副协助轮机长指挥，负责组织人员回收溢油；②船长在驾驶台或现场指挥应急；③水手负责灭火
A. ①②③　　B. ①②
C. ①

4. 当有人落水时，下列哪些说法是正确的？
①船长担任应急总指挥；②大副在主甲板（放艇时在救生艇甲板）担任现场指挥，组织对落水人员的施救；③另一名驾驶员在驾驶台值班；④水手准备救生器材，并做好释放救生艇的准备工作
A. ①②③④　　B. ②③④
C. ①③

5. 下列有关船舶应急的分工，不确切的是________。
A. 船长是船舶各类应变的总指挥
B. 大副是各类应变的现场指挥
C. 大副应将每次演习的起止时间、地点、内容和情况如实地记入航海日志

## 第二节　应变部署表编制与审核

1. 应急部署表的编制原则有________。

①应结合本船的船舶条件、船员条件、客货条件及航区自然条件；②关键岗位、关键动作应指派技术熟练经验丰富的人员；③根据本船的具体情况，可以一职多人或一人多职；④人员的安排应该有利于应急任务的完成

A. ①②③　　B. ①②④

C. ①②③④

2. 船舶应急部署表的编制应考虑的原则不包括________。

A. 根据本船的具体情况，可以一职多人，或一人多职

B. 人员的安排应有利于应急任务的完成

C. 关键的救生设备要安排关键的人员登乘和操纵

3. 船舶应急部署表的编制应结合本船的________。

①船舶条件；②船员条件；③客货条件；④航行时间

A. ②③④　　B. ①②

C. ①②③

4. 为保护海上人命安全，船上都配有相关的应变部署表，以下说法正确的是________。

A. 应变部署表的表格形式是由各船公司自由制定的

B. 一般由三副根据船员的职务、特长、工作能力和船舶设备情况编制

C. 应变部署表既可以在开航前编制，也可以在航行中编制

## 第三节　应变信号

1. 弃船的警报信号为________。

A. 警铃和汽笛短声，连放 1 min

B. 警铃和汽笛一长声，持续 30 s

C. 警铃和汽笛七短一长声，连放 1 min

2. 有关船舶发生火灾时的警报信号，下列说法正确的为________。

A. 船舶首部失火：警铃和汽笛短声，连放 1 min 后，鸣二短声

B. 上层建筑失火：警铃和汽笛短声，连放 1 min 后，鸣三短声

C. 船舶机舱失火：警铃和汽笛短声，连放 1 min 后，鸣四短声

3. 一般地，我国船舶发生油污事故可鸣放________。

A. 警铃和汽笛二长一短声

B. 警铃和汽笛二短声

C. 警铃或汽笛一短二长一短声

4. 发现有人落水，应鸣放________。

A. 警铃和汽笛二长一短声，连放 1 min

B. 警铃和汽笛短声，连放 1 min

C. 警铃和汽笛三长声,连放1 min

5. 船舶弃船及召集旅客等救生应变信号为________。

A. 七短二长,连放汽笛1 min　　B. 七短一长,连放汽笛1 min

C. 六短一长,连放汽笛30 s

6. 船舶发生进水事故,堵漏应变信号为________。

A. 二长一短,连放汽笛1 min　　B. 七短一长,连放汽笛1 min

C. 一长二短,连放汽笛30 s

## 第四节　应变演习

1. 组织船舶应急演习是为了________。

①提高船员安全意识;②使船员熟悉应变岗位及职责;③使船员熟练掌握各种应急设备的操作技能;④检查、试验各类应急器材、设备的技术状态

A. ①③④　　B. ②③④

C. ①②③④

2. 组织船舶应急演习是为了________。

①提高船员安全意识;②使船员熟悉应变岗位及职责;③使船员熟练掌握各种应急设备的操作技能;④检查、试验各类应急器材、设备的技术状态

A. ①③④　　B. ②③④

C. ①②③④

3. 按规定,每位船员每月应至少参加一次________和________。

A. 弃船演习;消防演习　　B. 堵漏演习;弃船演习

C. 消防演习;人落水演习

4. 船上有________以上的船员未参加该船前一月的弃船演习,则船舶在________举行该项演习。

A. 25%;离港后12 h内　　B. 25%;离港后24 h内

C. 15%;离港前24 h内

## 第五节　弃船应急行动

1. 在发布弃船命令后,登艇前船长应向各艇长布置下列哪些事项?

①本船遇难时间;②本船遇难地点;③发出的遇难求救信号是否有回答及可能在何时何地获救;④驶往最近陆地或交通线的航向和距离

A. ①②③　　B. ②③④

C. ①③④

2. 发布弃船命令后,船长在登艇前应向各艇长布置下列哪些事项?

①本船遇难地点;②本船遇难原因及情况;③驶往最近陆地或交通线的航向、距离;④发出的遇难求救信号是否有回答及可能在何时何地获救

A. ①②③④　　B. ②③④

C. ①③④

3. 关于船上训练与授课,相关的记录要求包括________。

①举行集合的日期;②弃船演习和消防演习的详细情况;③其他救生设备演习;④船上训练均应记载于主管机关规定的航海日志由大副负责该记录

A. ①②③④　　B. ②③④

C. ①③④

4. 船员上船以后,应尽快在不迟于________内,对其进行有关的船上训练。

A. 两个星期　　B. 一个星期

C. 三个星期

5. 关于救生艇筏登乘方法,以下哪一项不正确?

A. 在救生甲板直接登乘　　B. 在船上直接跳入艇筏内

C. 快速撤离系统登乘

## 第六节　救生艇筏设备操作

1. 下列哪种方法是借助救生艇缆绳离开航行中船舶的正确操作?

A. 解掉艇首缆绳,启动艇机、用车,驶离船舶

B. 稍用外舷舵,使艇与船偏离一段距离,启动艇机、用车,解掉缆绳驶离

C. 稍用里舷舵,操艇与船航行一段距离,启动艇机、用车,解掉缆绳驶离

2. 抛放海锚操作的主要技术要点是________。

A. 操艇首处于顶风顶浪状态、从艇首抛放出海锚、绳索松放合适的长度后系牢

B. 操艇首处于顶风顶浪状态、从艇尾抛放出海锚、绳索松放合适的长度后系牢

C. 操艇首处于顺风顺浪状态、从艇尾抛放出海锚、绳索松放合适的长度后系牢

3. 在海锚抛放完毕后,海锚索和回收索的受力状况应该如何控制?

A. 海锚索与回收索同时受力　　B. 回收索受力、海锚索不受力

C. 海锚索受力、回收索不受力

4. 大风浪中要保持救生艇顶风顶浪应借助________。

A. 舵　　B. 桨

C. 海锚

5. 保持艇首顶风顶浪,减少上浪,防止艇、筏倾覆应施放________。

A. 绳索　　B. 镇浪油

C. 海锚

6. 海锚主要作用之一是________。

A. 保持艇不会移动　　B. 防止艇内进水

C. 保持艇首顶风顶浪

7. 救生艇在海上遇到恶劣天气时可投放海锚,海锚应从________。

A. 艇尾投放　　B. 中间投放

C. 艇首投放

## 第七节　求生信号

1. 手持红光火焰信号点燃后应将信号伸出救生艇的________。
   A. 上风侧舷外　　B. 下风侧舷外
   C. 尾部舷外
2. 施放手持火焰信号时,应从________。
   A. 艇首施放　　B. 艇尾施放
   C. 下风施放
3. 白昼晴天在远处海面发现有过往的船舶应立即使用________。
   A. 降落伞火箭信号　　B. 手持红光火烟信号
   C. 日光信号镜
4. 夜晚遇险船为了向附近飞机、船舶求救应使用________。
   A. 施放烟雾信号　　B. 火焰信号
   C. 日光反射镜
5. 在海上漂浮待救,白天发现救助的船舶飞机,为引起注意最好施放________。
   A. 红光降落伞火箭　　B. 手持红光火焰信号
   C. 橙黄色烟雾信号

## 第八节　定位仪器和无线电应急设备

1. 搜救雷达应答器的信号在被搜寻雷达接收时,开始工作的信息是________。
   A. 天线启动灯开始亮、蜂鸣器不断发出“嘀嘀”声响
   B. 灯光不断联闪、蜂鸣器不断发出语言通告
   C. 灯光不断联闪、蜂鸣器不断发出“嘀嘀”声响
2. 如图所示设备平时存放在________。

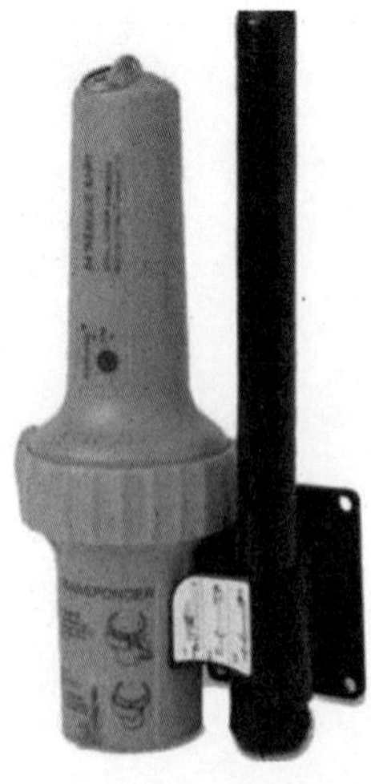

   A. 救生艇筏上　　B. 驾驶台两侧的存放架上

C. 生活区出口处

3. 搜救雷达应答器在救生筏上设立天线的要求最好是________。

A. 设立在瞭望窗附近、天线至少距水面 3 m 以上

B. 设立在筏的顶棚上、天线至少距顶棚 1 m 以上

C. 设立在瞭望窗附近、天线至少距水面 1 m 以上

4. 在救生艇筏上漂浮待救人员，防止低温效应的有效方法之一是________。

A. 不停活动　　B. 脱掉衣服按摩身体

C. 尽量多穿衣服

5. 救生服(浸水服)无须专门训练即可在________内迅速拆包并穿好。

A. 2 min　　B. 3 min

C. 5 min

6. 以下哪一项不是救生服的特点？

A. 具有足够的浮力，良好的水密性和稳性

B. 全部隔热，可以抵御风寒

C. 无须专门训练，即可在 5 min 内迅速拆包穿好

7. 每次弃船演习应包括下列哪些内容？

①全体人员(值班人员除外)向集合地点报到；②检查救生衣穿着情况；③启动并操作救生艇发动机；④至少降下一艘救生艇

A. ①②④　　B. ②③④

C. ①②③④

8. 弃船演习中，船长发出放艇命令后，应在________内完成登乘和降落准备工作，并将艇放至水面。

A. 10 min　　B. 7 min

C. 5 min

9. 下列关于救生演习内容错误的是________。

A. 查看船员和旅客的穿着是否合适　　B. 启动和操纵救生艇发动机

C. 至少降下一只救生筏

10. 船长在宣布弃船后，最先撤离到救生艇筏的是________，其次是________，________最后撤离。

A. 旅客；船员；船长　　B. 船员；旅客；船长

C. 船长；船员；旅客

## 参考答案

## 第一节　应变部署表与个人责任

1. C　2. C　3. A　4. A　5. B

## 第二节　应变部署表编制与审核

1. C　2. C　3. C　4. B

## 第三节　应变信号

1. C　2. C　3. C　4. C　5. B　6. A

## 第四节　应变演习

1. C　2. C　3. A　4. B

## 第五节　弃船应急行动

1. B　2. C　3. A　4. A　5. B

## 第六节　救生艇筏设备操作

1. B　2. A　3. C　4. C　5. C　6. C　7. C

## 第七节　求生信号

1. B　2. C　3. C　4. B　5. C

## 第八节　定位仪器和无线电应急设备

1. C　2. B　3. C　4. C　5. A　6. C　7. C　8. C　9. C　10. A

# 第三十一章 医疗急救

## 第一节　生命急救

1. 最简便最有效的人工呼吸法是________。
   A. 口对口人工呼吸法　　B. 仰卧压胸法
   C. 俯卧压背法
2. 做口对口人工呼吸时应将病人的头后仰,目的是________。
   A. 便于操作　　B. 防止呕吐
   C. 打开气道
3. 运用人工呼吸法时每分钟要进行________。
   A. 8～11 次　　B. 16～20 次
   C. 20～24 次
4. 以下何种病人可做口对口人工呼吸?
   A. 吞服剧毒物者　　B. 口鼻受伤严重缺损者
   C. 一氧化碳中毒
5. 人工呼吸有效的标志是________。
   A. 瞳孔扩大　　B. 颈动脉搏动
   C. 呼吸恢复
6. 二人法做心肺复苏法时,胸外心脏按压与口对口呼吸法之比为________。
   A. 1∶5　　B. 30∶2
   C. 15∶2
7. 胸外按压的频率为每分钟________。
   A. 50 次　　B. 100 次
   C. 120 次
8. 胸外心脏按压时患者应仰卧在________。
   A. 沙发上　　B. 硬板上
   C. 钢丝床上
9. 胸外心脏按压应使胸骨下陷________。
   A. ≥5 cm　　B. 5～6 cm
   C. 7～8 cm

10. 下列哪项不是胸外心脏按压的有效标志?
A. 瞳孔放大　　B. 动脉搏动
C. 肤色转红

11. 检查病人有无呼吸时应________。
A. 看颈部脉搏　　B. 看瞳孔
C. 凝视胸部并感觉是否有气体从口鼻出来

12. 四肢动脉出血,最迅速的一种临时止血法是________。
A. 止血带　　B. 指压动脉止血
C. 加压包扎止血

13. 下肢动脉出血可压何处止血点?
A. 肱动脉　　B. 颈动脉
C. 股动脉

14. 指压止血法主要用于________。
A. 动脉出血　　B. 静脉出血
C. 毛细血管出血

15. 手指出血时应压迫手指的________。
A. 远心端　　B. 近心端
C. 中部

16. 指压动脉止血法的原则是在出血部位的________施压止血。
A. 出血部位上　　B. 出血部位远心端
C. 出血部位近心端

17. 加压包扎止血法用于________。
A. 较小血管引起的出血　　B. 毛细血管出血
C. 大动脉出血

18. 伤口内有异物,不能用下列哪种方法止血?
A. 加压包扎止血　　B. 止血点加压法
C. 止血带

19. 加压包扎止血法,主要用于四肢损伤时的________。
A. 大动脉出血　　B. 较大静脉出血
C. 较小血管出血或渗血

20. 止血带每隔多长时间放松一次?
A. 20 min　　B. 60 min
C. 80 min

21. 下肢上止血带后应每多长时间放松一次?
A. 30 min 以内　　B. 1 h 以内
C. 1 h 以上

22. 扎止血带后每次放松的时间为________。
A. 0.5~1 min　　B. 1~3 min
C. 4~5 min

23. 下肢出血时，如扎止血带应扎在肢体出血部位的________。
    A. 上部　　B. 中部
    C. 下部
24. 止血带用于四肢的________。
    A. 动脉出血　　B. 静脉出血
    C. 毛细血管出血
25. 在紧急情况下，________可作止血带材料。
    A. 绳索　　B. 绷带
    C. 铁线
26. 心脏位于________，稍为偏左。
    A. 胸腔内、胸骨后　　B. 腹腔
    C. 胸腔内、胸骨后、两肺之间
27. 检查病人有无呼吸，应________。
    A. 触摸病人颈部动脉搏动　　B. 观察胸、腹有无起伏
    C. 检视瞳孔
28. 按照腹部四区分法阑尾位于哪个区？

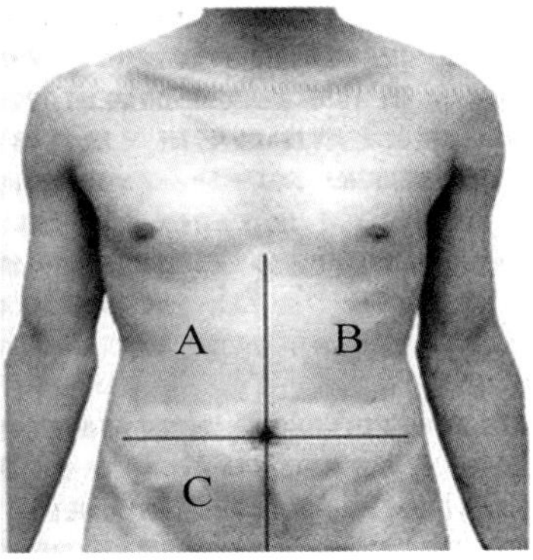

    A. A　　B. B
    C. C
29. 船载有毒货物中毒的途径有________。
    ①吸入性；②食入性；③接触性
    A. ①③　　B. ①②③
    C. ②③
30. 中毒的治疗原则为________。
    ①立即终止与毒物接触；②尽快使用解毒剂或解毒方法
    A. ①　　B. ②
    C. ①②

## 第二节　创伤

1. 当脊柱损伤，出现下列哪项症状时，提示有脊髓损伤？

A. 疼痛　　B. 局部明显肿胀
C. 肢体无力

2. 颈椎损伤的伤员送岸时,________搬动头部。
A. 可两人一起　　B. 严禁随意强行
C. 为缓解头痛可以

3. 胸腰椎损伤搬动时,________的方法。
A. 可用一人抬头一人抬脚
B. 禁用搂抱或一人抬头一人抬脚
C. 可用背

4. 病员脊柱损伤搬运时应________。
A. 用帆布担架搬运　　B. 搂抱搬运
C. 硬板搬运

5. 怀疑有脊柱、脊髓损伤者,搬运时以下哪项是错误的?
A. 搬运前先固定　　B. 纵向拖动伤员
C. 横向拖动伤员

6. 开放性或闭合性骨折现场急救应________。
A. 立即复位　　B. 注射抗生素
C. 不必复位,只进行止血和临时固定

## 第三节　环境及理化因素损伤

1. 船员溺水导致吸入淡水或海水后,可能会________。
A. 只引起肺顺应性降低
B. 引起肺顺应性降低、肺水肿、肺内分流、低氧血症和混合性酸中毒
C. 只能是混合性酸中毒

2. 溺水者出水后的现场救护________。
A. 首先要判定:是否有呼吸;是否有心跳;神志清楚还是意识丧失;是否有严重体温过低;头部、颈及腰椎有无外伤
B. 先不要急救,等医生救护
C. 直接送医院,然后进行控水等处理措施

3. 溺水者复苏后的护理,以下正确的是________。
A. 用毛毯或棉被包裹身体是不合适的
B. 神志不是很清醒的,多翻身,头偏向一侧,保持呼吸道畅通
C. 清醒后给予少量酒精类饮料,用于恢复体温

4. 冻僵常见于以下哪几种情况?
①长时间暴露于寒冷环境又无充分保暖措施和热能供给不足时发生;②年老、体衰、慢性疾病和严重营养不良患者在低室温下也易发生;③不包括意外冷水或冰水淹溺者
A. ①③　　B. ①②③
C. ②③

5. 对于冻僵的患者，现场处理措施正确的是________。
A. 将患者用火烤加速复温
B. 立即脱去患者潮湿的衣服，用毛毯或棉被包裹患者身体
C. 立刻给予酒精饮料，加速体温升高

6. 对较大面积的烧伤部位，现场处理应该用________。
A. 干净衣服、被单等材料遮盖保护
B. 烧伤药膏涂抹
C. 湿敷止痛

7. 烧伤面积估算，常用中国新九分法和手掌估算，以下说法正确的是________。
A. 头颈部占比 10%　　B. 双上肢占比 18%
C. 躯干占比 46%

8. 烧伤创面的处理，以下说法正确的是________。
A. 烧伤属红斑性炎症反应，无须特殊处理，能自行消退
B. 如烧灼感重，可以涂薄层清凉油
C. 小面积浅Ⅱ度烧伤清创后，如有水泡，可以直接把水泡剪破后包扎

9. 溺水伤员后续的生命支持主要包括________。
①供氧；②补充血容量，维持水电解质和酸碱平衡；③复温；④脑复苏；⑤处理并发症
A. ①②③④⑤　　B. ①③④⑤
C. ②③④⑤

## 第四节　船舶药品、器械的使用

1. 一人胃痛，应给予下列哪种药物止痛？
A. 去痛片　　B. 阿托品片
C. 消炎痛片

2. 禁止长期使用的药物是________。
A. 吗啡　　B. 酵母片
C. 维生素

3. 硝酸甘油用于________。
A. 抗心律失常　　B. 防治心绞痛
C. 降血脂

4. 治疗心绞痛的药是________。
A. 利血平　　B. 珍菊降压片
C. 硝酸甘油片

5. 心绞痛发作时，予以舌下含何种药可迅速缓解？
A. 硝酸甘油　　B. 心得安
C. 强痛定

6. 船员发生心绞痛，首选药品是________。
A. 硝酸甘油　　B. 氯雷他定

C. 吗啡

7. 船舶常用器械包中,换药包里主要包括________。

①镊子两把;②换药碗两个;③无菌纱布四块;④无菌干棉球若干等

A. ①②③　　B. ①②③④

C. ②③④

## 第五节　消毒和灭菌

1. 在使用化学消毒法时,应注意的事项以下说法正确的是________。

A. 根据消毒对象或物品的种类和目的,选用合适的消毒剂

B. 消毒剂的正确使用与其浓度和作用时间没有关系

C. 大部分消毒剂都是稳定的,在稀释使用时可以预先配好

2. 心脏骤停患者进行心肺复苏成功后应如何处理?

A. 就地继续观察

B. 继续心肺复苏或静脉推注药物治疗

C. 与陆岸联系,转送至医院进一步高级生命支持(如脑复苏)和病因治疗

3. 抢救心脏骤停患者成功的关键是________。

A. 紧急呼救　　B. 尽早固定、搬运

C. 尽早进行心肺复苏

4. 腋下体温测量时间一般需要________。

A. 3 min　　B. 5 min

C. 10 min

5. 意识丧失病人应采取的卧位为________。

A. 俯卧位　　B. 平卧头偏向一侧

C. 侧卧位

6. 神志不清的呕吐病人应采取________。

A. 半卧位　　B. 头高足低位

C. 平卧位,头偏向一侧

7. 病情观察是护理工作中的一项重要内容,主要包括________。

①生命体征;②观察病人的意识状况;③观察瞳孔;④观察记录病人排泄状况

A. ①②③④　　B. ②③④

C. ①③④

8. 生命体征主要包括________。

①体温;②脉搏;③呼吸;④血压

A. ①②③　　B. ①②③④

C. ②③④

9. 在请求无线电医疗咨询前,应对外伤病人准备哪些资料?

①准确叙述如何受伤;②受伤发生的时间;③受伤的部位

A. ①　　B. ②③

C. ①②③

10. 在请求无线电医疗咨询时，关于病人的常规细节包括________。

①船舶名称、呼号；②航线和航速；③伤员的姓名和职位

A. ①　　B. ②

C. ③

11. 请求无线电医疗前的资料准备，应包括________。

①船舶的常规细节；②病人的常规细节；③疾病发病、治疗、诊断

A. ①　　B. ②③

C. ①②③

12. 直升机救援时，下列哪项说法不正确？

A. 必须提供船舶的位置、船舶的型号、船体的颜色

B. 不需要提供病人的具体情况、活动能力

C. 病人在担架上用皮带固定，用绞车拉上飞机

13. 以下关于直升机救援说法正确的是________。

A. 直升机救助迅速快捷，所以一旦有船员生病应该立刻申请直升机救援

B. 为方便救助病人，直升机应该可以在任何地点停靠

C. 直升机飞行距离有限，他们会要求在靠近陆地的地方进行救援

14. 对情绪烦躁不安，易激动的船员主要应进行________。

A. 心理调节　　B. 身体休养

C. 加强学习

15. 提高海员心理健康水平的措施主要有________。

①加强培训；②加强学习；③改善人际关系；④改善领导与被领导间的关系；⑤保持良好心态

A. ①②③④　　B. ②③④⑤

C. ①②③④⑤

16. 船员是个特殊的职业群体，影响船员身心健康的主要因素有________。

①海上的自然环境、水文和气象的复杂变化、湿度大、风浪多；②船舶的机动性大，在不同的海域中作业，停靠不同的码头；③船舶的环境特殊，空间狭小，噪声振动，家庭、社会分离，食物供应受限等；④工作时间呆板，机械紧张度高，劳动强度和体力消耗大等

A. ①②③④　　B. ②③④

C. ①②③

17. 海员为适应航海事业必须具备以下哪几个方面的心理素养？

①智力素质；②情感素质；③意志品质；④良好的心境；⑤应激素质

A. ①②③④　　B. ②③④⑤

C. ①②③④⑤

# 参考答案

## 第一节 生命急救

1. A 2. C 3. A 4. C 5. C 6. B 7. B 8. B 9. A 10. A
11. C 12. B 13. C 14. A 15. B 16. C 17. A 18. A 19. C 20. B
21. B 22. B 23. A 24. A 25. B 26. C 17. B 28. C 29. B 30. C

## 第二节 创伤

1. C 2. B 3. B 4. C 5. C 6. C

## 第三节 环境及理化因素损伤

1. B 2. A 3. B 4. B 5. B 6. A 7. B 8. A 9. A

## 第四节 船舶药品、器械的使用

1. B 2. A 3. B 4. C 5. A 6. A 7. B

## 第五节 消毒和灭菌

1. A 2. C 3. C 4. C 5. B 6. C 7. A 8. B 9. C 10. C
11. C 12. B 13. C 14. A 15. C 16. A 17. C

# 第三十二章

# 船舶适航

## 第一节　船舶稳性、吃水差与强度

1. 衡量船舶初稳性大小的指标是________。
   A. 复原力矩所做的功　　B. 静稳性力臂 *GZ*
   C. 初稳性高度 *GM*
2. 当吃水不变时，________随船舶重心高度的增大而减小。
   A. 初稳性　　B. 破舱稳性
   C. 浮性
3. 表示船舶初稳性大小的基本标志是________。
   A. 复原力矩所做的功　　B. 静稳性力臂 *GZ*
   C. 初稳性高度 *GM*
4. 初稳性高度是指船舶________之间的距离。
   A. 重心和浮心　　B. 重心和稳心
   C. 浮心和稳心
5. 在________处少量装载货物会使船舶重心高度减小。
   A. 船舶重心处　　B. 船舶重心之上
   C. 船舶重心之下
6. 船舶在配载时经校核发现稳性不足，最好通过________措施来调整。
   A. 垂向移动载荷　　B. 加甲板货
   C. 加压载水
7. 为了减少自由液面对稳性的影响，以下做法________是恰当的。
   A. 应集中某一舱并左右均衡使用油水
   B. 将大舱柜的油水驳到小舱柜后再使用
   C. 使用油水时，应先用一侧舱柜，再用另一侧舱柜
8. 自由液面对船舶稳性的影响，相当于船舶的________提高。
   A. 重心　　B. 稳性
   C. 初稳性高度
9. 下列哪种情况一定会使船舶的 *GM* 值增大?
   A. 油水消耗　　B. 加压载水

C. 货物下移

10. 船内重物水平横移将使船舶________。
A. 重心降低　　B. 重心提高
C. 产生横倾角

11. 悬挂物对稳性的影响相当于将货物重心________。
A. 下移到舱底处　　B. 上移到上甲板
C. 上移到悬挂点处

12. 船舶大倾角倾斜时,________不变。
A. 浮心位置　　B. 漂心位置
C. 排水体积

13. 船舶大倾角稳性可用________来表示。
A. 静稳性力臂　　B. 初稳性高度
C. 动稳性力矩

14. 当排水量一定时,船舶的大倾角稳性的大小与________。
A. 复原力臂成正比　　B. 复原力臂成反比
C. 复原力臂值相等

15. 当船舶的横倾角略大于稳性消失角时,如果此时外力矩消失,船舶将________。
A. 回摇　　B. 左右摆动
C. 继续倾斜

16. 根据我国《船舶与海上设施法定检验规则》对普通货船稳性的规定,船舶稳性衡准数应不小于________。
A. 0.5　　B. 1
C. 2

17. 根据《船舶与海上设施法定检验规则》,对国内航行普通货船完整稳性的基本要求,均应为________后的数值。
A. 进行摇摆试验　　B. 经自由液面修正
C. 计及横摇角影响

18. 船舶的最小许用初稳性高度是指保证船舶满足《船舶与海上设施法定检验规则》对普通货船稳性基本要求的________。
A. $GM$ 最大值　　B. $GM$ 最小值
C. $GZ$ 最大值

19. 营运船舶的临界稳性高度值 $GM_c$ 随船舶________的变化而变化。
A. 排水量　　B. 横倾角
C. 重心高度

20. 船舶在同一个航次中,出港时能满足稳性要求,则到港时________。
A. 能满足稳性要求　　B. 不能满足稳性要求
C. 不一定能满足稳性要求

21. A 船离港时的 $GM=0.50$ m,B 船离港时的 $GM=0.40$ m,下列说法正确的是________。
A. A 船的稳性肯定满足要求　　B. B 船的稳性肯定满足要求

C. 两船的稳性均无法确定是否满足要求

22. 船舶极限重心高度是从初稳性、大倾角稳性、动稳性出发，规定的船舶重心高度的________。

A. 平均值　　B. 最大值

C. 最小值

23. 船舶临界稳性高度是从初稳性、大倾角稳性、动稳性出发，规定的船舶初稳性高度的________。

A. 平均值　　B. 最大值

C. 最小值

24. 稳性与船舶安全直接相关，因此________。

A. 船舶稳性越大越好　　B. 船舶稳性越小越好

C. 船舶稳性应保持在一个适度的范围内

25. 以下关于船舶稳性的说法正确的是________。

A. 船舶初稳性越大越安全

B. 船舶初稳性越大，横摇周期越小，因此也越安全

C. 船舶初稳性高度至少应满足：$GM \geq GM_c$（$GM_c$——临界初稳性高度）

26. 船舶稳性不足表现的征状为________。

A. 左右装载不均时出现横倾角　　B. 船舶航行时左右摇摆

C. 船舶横摇周期较大

27. 航行中船舶的横摇周期 $T_\theta$ 与船舶 $GM$ 的关系是________。

A. $T_\theta$ 越大，$GM$ 越大

B. $T_\theta$ 越大，$GM$ 越小

C. $T_\theta$ 与 $GM$ 关系的变化趋势不定

28. 同一船舶的横摇周期________。

A. 与 $KG$ 无关　　B. 随 $KG$ 的增加而减小

C. 随 $KG$ 的增加而增加

29. 某船在航行中测得船舶的横摇周期 $T=22$ s，根据经验，该船的重心高度值________。

A. 过小　　B. 正好

C. 过大

30. 船上载荷横移产生的横倾角与________成正比。

A. 船舶排水量　　B. 初稳性高度

C. 移动载荷的重量

31. 航行中的船舶横摇越平缓，说明船舶________。

A. 稳性越小，抵御风浪能力差　　B. 稳性越大，抵御风浪能力强

C. 稳性越大，操纵能力越好

32. 卸货时若卸一较轻的货引起船舶出现较大的横倾，则表明________。

A. 船舶稳性过大　　B. 船舶稳性过小

C. 货物过重

33. 船舶用舵转向时横倾较大，说明________。

A. 稳性过大　　B. 稳性过小
C. 纵倾过大

34. 船舶因少量货物装卸左右不均形成较大初始横倾角，表明此时________。
A. 稳性较大　　B. 稳性较小
C. 横倾力矩较大

35. 在一艘停泊中的船舶上，当把一件货物从左舷移到右舷，在移动距离和移动货物都不变的情况下，如果出现的横倾角越大，则反映船舶________。
A. 稳性越大　　B. 稳性越小
C. 与稳性无关

36. 船舶在航行中稍有风浪则摇摆剧烈，说明船舶稳性________。
A. 过小　　B. 适度
C. 过大

37. 某集装箱船在使用船吊装货过程中，发现船舶横倾异常，此时应采取的适当措施是________。
A. 在船舶倾斜的对侧甲板上装载适量集装箱以消除横倾，保证船舶安全
B. 在倾斜的对侧打入适量压载水，以消除横倾
C. 立即停止装货，选择船舶双层底压载舱对称打满，并随时注意观察船舶横倾的变化情况

38. 船舶满舱满载时，调整稳性措施正确的是________。
A. 货物上移　　B. 货物下移
C. 轻重货物垂向等体积交换

39. 将舱内货物由二层舱移到底舱，则________。
A. 初稳性高度值降低　　B. 初稳性高度值增大
C. 初稳性高度值不变

40. 当船舶在航行中处于稳性不足状态时，可以采取以下________措施。
A. 向双层底压载舱内注满压载水　　B. 将现有双层底压载水舱排空
C. 用船吊将二层舱的货物移至底舱

41. 增大船舶稳性的措施有________。
A. 货物上移　　B. 加装甲板货
C. 在双层底加满压载水

42. 将船舶稳性调大的措施有________。
A. 货物上移　　B. 加装甲板货
C. 在双层底加满压载水

43. 一艘满载不满舱的船舶如稳性不足可通过________来调整。
A. 打压载水　　B. 加装甲板货
C. 垂向移动货物

44. 将舱内货物由底舱移到二层舱，则________。
A. 船舶重心降低　　B. 船舶重心不变
C. 船舶重心升高

45. 船舶处于合适尾倾的优点有________。

①可以提高航行性能,操纵灵活;②可以增加航速

A. 仅①　　B. 仅②

C. ①②都是

46. 普通船舶首倾航行时,可能会产生下述________影响。

①首部甲板易上浪,强度易受损;②出现飞车现象

A. ①　　B. ②

C. ①②

47. 根据实践经验,一般航行中船舶应处于________状态为佳。

A. 首倾　　B. 尾倾

C. 正浮

48. 根据实践经验,一般满载船舶的尾倾量一般________空载中船舶的尾倾量。

A. 大于　　B. 等于

C. 小于

49. 在我国,船舶首吃水小于尾吃水,则此时船舶呈________状态,吃水差为________。

A. 尾倾;正　　B. 尾倾;负

C. 首倾;正

50. 船舶少量载荷增加后,首吃水增大 0.4 m,尾吃水减小 0.2 m,则吃水差改变________。

A. 0.2 m　　B. 0.4 m

C. 0.6 m

51. 船舶的每厘米纵倾力矩($MTC$)主要是用于计算及调整船舶的________。

A. 吃水　　B. 最小倾覆力矩

C. 吃水差

52. 当船舶的尾吃水等于首吃水时称为________。

A. 首倾　　B. 尾倾

C. 平吃水

53. 通常情况下,普通货船的每厘米纵倾力矩($MTC$)________。

A. 随吃水的增加而减小　　B. 随吃水的增加而增大

C. 与吃水大小无关

54. 将一定货物________移动,尾倾减小最显著。

A. 自船尾向船首　　B. 自船尾向船中

C. 自船中向船首

55. 将一定货物________移动,首倾减小最显著。

A. 自船首向船尾　　B. 自船首向船中

C. 自船中向船尾

56. 船舶纵向移动载荷调整吃水差,已知吃水差 $t=-0.5$ m,则由前向后移动时,尾倾量将________。

A. 增大　　B. 减小

C. 不变

57. 实际营运中,船舶纵向移动载荷调整吃水差,则由中部舱室向首部舱室移货时,尾吃水差将

________。

A. 增大　　B. 减小

C. 不变

58. 将少量载荷装于船舶漂心处时,则船舶________。

A. 首尾吃水不变　　B. 吃水差不变,平行下沉

C. 首吃水减少,尾吃水增加

59. 船舶为中拱状态,现欲增大船舶尾倾,需________。

A. 将船中货物前移　　B. 将船中货物后移

C. 将船首货物移向船中

60. 调整船舶吃水差时,主要综合考虑船舶的吃水差和________的要求。

A. 稳性　　B. 局部强度

C. 纵向强度

61. 中机型货船满载航行遇到波浪时,可能会发生________。

A. 中拱弯曲变形　　B. 中垂弯曲变形

C. 扭曲变形

62. ________采用中区压载,有利于减小过大的________变形。

A. 尾机船;中拱　　B. 中机船;中垂

C. 尾机船;中垂

63. 船舶装载后为中拱状态,为减小尾倾,应将________。

A. 压载水加在中区　　B. 压载水加在尾部

C. 尾部压载水移至中区

64. 船舶装载后为中拱状态,为增大尾倾,应将________。

A. 首部压载水移至中区　　B. 压载水加在首部

C. 压载水加在中区

65. 某船装载后呈中拱状态且稳性过小,则应采取以下________措施来调整。

A. 将首尖舱加满压载水

B. 将首区货物移至中区

C. 将中区双层底压载舱加满压载水

66. 尾机型杂货船空载航行时,为减缓其纵向变形,在压载安排方面最好采取________。

A. 首尾中部舱柜全部压满

B. 利用首、尾部位的压载舱进行压载

C. 尽量使用中部舱柜进行压载

67. 某船装载后呈中拱状态且首倾,最好是________。

A. 在中区加压载水　　B. 将首部压载水移至中区

C. 在首区双层底加压载水

68. 船舶装载后为中拱状态,为增大尾倾,应将________。

A. 首部压载水移至中区　　B. 压载水加在首部

C. 压载水加在中区

69. 在配载时,按舱容比例分配货物重量的主要目的是保证船舶________。

A. 满舱满载　　B. 有适度的稳性

C. 总纵强度不受损伤

70. 下列________不是保证船舶局部强度不受损伤的措施。

A. 重大件货物要绑扎牢固

B. 装载重大件货物时应加适当衬垫

C. 按船舶的腐蚀程度确定甲板允许负荷量

71. 上甲板舱盖上不装重货是为了________。

A. 方便船上重吊的吊装　　B. 防止舱盖受力过大而变形

C. 限制其落底速度

72. 以下哪个不是保证船舶局部强度的措施?

A. 适当减小旧船的许用负荷量　　B. 舱内货重分布尽量均匀

C. 按照舱容比分配货物的质量

## 第二节 船舶破损控制

1. 抗沉性是船舶在一舱或数舱破损进水仍能________的性能。

A. 保持一定浮性和吃水差　　B. 保持一定稳性

C. 保持一定浮性和稳性

2. 为计算船舶破舱后的浮性和稳性,将进水舱分为________类型。

A. 两种　　B. 三种

C. 四种

3. 在船舶设计建造中,提高其抗沉性最有效的办法是________。

A. 增加主尺度　　B. 增加水密横舱壁

C. 增加救生设备

4. 在研究船舶抗沉性问题时,根据船舱进水的情况,可将进水舱分为________类。

A. 五　　B. 四

C. 三

5. 当某船舱破损进水后,舱内实际进水体积与该舱空舱时的型体积之比称为________。

A. 舱容系数　　B. 渗透率

C. 主尺度比

## 第三节 船舶构造

1. 船舶设置双层底的主要作用是________。

A. 保证抗沉性　　B. 调整前后吃水

C. 便于装卸货

2. 船舶设置水密横舱壁的主要作用是________。

A. 保证抗沉性　　B. 便于装卸货

C. 调整前后吃水

3. 水密舱壁的主要作用是________。

A. 承受液体压力　　B. 保证邻舱间水密

C. 隔热

4. 船舶设置横舱壁的作用是________。

①保证抗沉性;②减少自由液面的影响;③分隔舱容;④增加船体强度

A. ①②③　　B. ②③④

C. ①③④

5. 船舶最重要的一道水密横舱壁是________。

A. 尾尖舱舱壁　　B. 首尖舱舱壁

C. 大舱与大舱之间的舱壁

6. 集装箱船采用双层船壳的主要目的是________。

A. 提高抗扭强度　　B. 增加压载水舱

C. 增加抗沉性

7. 为保证集装箱船的船体强度,其主船体结构中采用了________。

A. 双层船壳、抗扭箱或等效结构　　B. 多层甲板

C. 多道纵向舱壁

8. 有多层甲板的船为________。

A. 集装箱船　　B. 散装货船

C. 杂货船

9. 杂货船的一般特点是________。

①通常具有2~3层甲板结构;②为便于装卸货,舱口尺寸较大;③配有吊杆或起重机;④抗沉性设计为"两舱不沉制"

A. ①②　　B. ①②③

C. ②③④

10. 全集装箱船的特点是________。

①舱口宽大;②多层甲板;③双层壳;④货舱有箱格导轨装置

A. ①②　　B. ①③④

C. ②③④

11. 集装箱船采用双层船壳的主要目的是________。

A. 提高抗扭强度　　B. 增加压载水舱

C. 增加抗沉性

12. 货舱口小、甲板层数多、船速较快而吨位较小的船舶是________。

A. 滚装船　　B. 液货船

C. 冷藏船

13. 下列采用水平装卸方式的船舶是________。

A. 杂货船　　B. 集装箱船

C. 滚装船

14. 油船货油舱舱口为________。

A. 方形小舱口　　B. 圆形大舱口

C. 圆形小舱口

## 第一节 船舶稳性、吃水差与强度

1. C 2. A 3. C 4. B 5. C 6. A 7. A 8. A 9. C 10. C
11. C 12. C 13. A 14. A 15. C 16. B 17. B 18. B 19. A 20. C
21. C 22. B 23. C 24. C 25. C 26. C 27. B 28. C 29. C 30. C
31. A 32. B 33. B 34. B 35. B 36. C 37. C 38. C 39. B 40. A
41. C 42. C 43. C 44. C 45. C 46. C 47. B 48. C 49. B 50. C
51. C 52. C 53. B 54. A 55. A 56. A 57. B 58. B 59. C 60. C
61. A 62. A 63. C 64. A 65. C 66. C 67. B 68. A 69. C 70. A
71. B 72. C

## 第二节 船舶破损控制

1. C 2. B 3. B 4. C 5. B

## 第三节 船舶构造

1. A 2. A 3. B 4. C 5. B 6. A 7. A 8. C 9. B 10. B
11. A 12. C 13. C 14. C

# 第三十三章 货物运输

## 第一节 货物装卸、积载和系固

1. 判断本航次计划所运载的货物能否被船舶全部承运，应满足的条件不包括________。
   A. 航次货运量不超过航次净载重量
   B. 航次货物体积不超过货舱总容积
   C. 船舶航次储备量须控制在一定数额内
2. 下列不属于船舶载货能力的是________。
   A. 载货重量能力　　B. 载货容量能力
   C. 储备品装载能力
3. 对于装载高密度矿石的散货船，核算船舶载货能力的主要目的是________。
   A. 确定航次货物最大装载重量
   B. 确定航次货物最大装载体积
   C. 确定航次货物最大装载件数
4. 船舶载货能力中的容量能力对集装箱船而言，是指________。
   A. 箱位容量　　B. 散装舱容
   C. 液舱舱容
5. 当船舶的航线水深不受限时，船舶的最大装载水尺应根据________来确定。
   A. 航次货运量　　B. 航道水深
   C. 适宜的载重线
6. 在实际营运中，船舶航次储备量中的可变储备量包括________。
   A. 船用备品　　B. 粮食和供应品
   C. 燃润料和淡水
7. 船舶航次储备量中的可变储备量不包括________。
   A. 燃油　　B. 淡水
   C. 船舶备品
8. 通常情况下，船舶常数在________测定。
   A. 出租前　　B. 装货前
   C. 定期修理后
9. 船舶常数是________，其值越________，船上装货量越小。

A. 变量;大　　B. 定值;大
C. 定值;小

10. 船舶常数 $C$ 是指船舶________。
A. 测定时的空船重量
B. 测定时的空船重量减去新船的空船重量
C. 测定时的空船重量减去航次储备量

11. 某船排水量为 800 t,空船重量为 200 t,船上燃油 40 t,淡水 20 t,粮食和物料 10 t,压载水 500 t,则此时的船舶常数为________。
A. 30 t　　B. 40 t
C. 50 t

12. 当航线水深对船舶吃水有限制时,为提高船舶的载重能力,船过浅水区时应保持________状态。
A. 平吃水　　B. 适度首倾
C. 适度尾倾

13. 船舶装载后达到满载,说明船舶充分利用了它的________。
A. 载重能力　　B. 容积能力
C. 其他方面的能力

14. 下列________不是液化气船舶在受载前必须对货舱进行的特殊作业。
A. 货舱惰化　　B. 货舱驱气
C. 货舱通风

15. 船舶在装载货物时,合理的情况下,应尽可能做到紧密堆码、减少亏舱,这是________。
A. 提高船舶的载重能力　　B. 充分利用了船舶的容积能力
C. 充分利用了船舶的其他能力

16. 下列________不是提高船舶的载重能力的具体措施。
A. 装载重货后合理平舱
B. 减少船舶常数
C. 合理确定航次的油水数量

17. 充分利用船舶净载重量和舱容的方法是________。
A. 品质相同的货物同装一舱　　B. 种类相同的货物同装一舱
C. 轻重货物在各舱合理搭配

18. 实际营运中,充分利用船舶载货能力使货舱满舱满载的基本途径之一是________。
A. 正确进行船舶强度计算　　B. 正确绘制积载图
C. 轻重货物的合理搭配

19. 货物数量及货物性质不同的货物,应首先配装________。
A. 特殊的,较少数量的货物　　B. 特殊的,较大数量的货物
C. 普通的,较少数量的货物

20. 在可能的情况下,小批量气味货应尽量________。
A. 分散配于各舱内　　B. 集中配于任一货舱内
C. 集中配于容积较小的首尾舱内

21. 在可能的情况下,单一气味货应尽量________。
A. 分散配于各舱内
B. 集中配于某一任意货舱内
C. 集中配于容积较小的首尾底舱内
22. 小木桶装流质货________。
A. 应配于其他货物上面
B. 可配于容积较小的首尾部底舱作打底货
C. 应配于二层舱舱口四周底部,并尽量远离舱口位置
23. 某尾机船共有两个货舱,某航次有一票气味货需装于上甲板,装于以下哪个部位更为恰当?
A. 第一舱舱盖上
B. 第一舱和第二舱的舱口间
C. 第二舱舱盖上
24. 某船承运一批玻璃制品,其舱位最好选择在________。
A. 二层舱,舱口下方
B. 二层舱,靠近前后横舱壁
C. 底舱,靠近前后横舱壁
25. 某船航次接近满舱时承运一批玻璃制品,其舱位最好选择在________。
A. 二层舱,靠近舱口位顶层
B. 二层舱,靠近前后横舱壁底层
C. 底舱,靠近前后横舱壁
26. 一般的捆包货物在配装时的适宜舱位是________。
A. 上甲板
B. 中部货舱打底
C. 形状不规则的首尾舱
27. 砂糖受潮结块发酸,水泥受潮结块影响质量,故其与潮湿货的配舱要求为________。
A. 不相邻
B. 不同室
C. 不同舱
28. 棉织品不得与________混装。
A. 颜料
B. 皮革制品
C. 玻璃
29. 为保证二层舱舱盖能顺利打开,防堵货物体积应________防堵舱容。
A. 大于
B. 不大于
C. 等于
30. 关于杂货船配载图,以下说法错误的是________。
A. 中途港货物的货位可以用不同颜色标示
B. 备注栏要标明注意事项
C. 二层舱采用侧视图、底舱采用俯视图标识
31. 下列________是编制船舶配载图之前应做的准备工作。
①熟悉港口和航线情况;②熟悉航次货载情况;③熟悉船舶情况及有关资料
A. ①②③
B. ①②
C. ①③
32. 实际营运中,指导卸货工作的是________。
A. 计划配载图
B. 货物实际积载图
C. 货物提供的有关图表

33. 在货物配载图中,底舱的图示法以________表示。
A. 平面图　　B. 俯视图
C. 侧视图
34. 某航次船舶装载箱装橡胶,则装货前船方对货舱的准备工作可不包括________。
A. 货舱清扫　　B. 舱内除味
C. 舱盖检查
35. 装载不同货主的钢材时,下列较好的隔票材料是________。
A. 油漆　　B. 钢丝绳
C. 帆布
36. 对重大件或大件货物进行衬垫的主要目的是________。
A. 防止货物水湿及震动
B. 防止散货撒漏和清洁货被污染
C. 防止货物压损、移动及甲板局部强度受损
37. 下列________不是航行中对货物保管的工作。
A. 下舱检查货物情况　　B. 测量并排出污水
C. 测量并加注压载水
38. 下列对航行中货物的保管工作中错误的是________。
A. 进入货舱检查货物前应进行舱内含氧量和有毒气体的测量
B. 选择好的天气打开冷藏集装箱检查箱内货物情况
C. 定期测量污水井内的污水含量并及时排除
39. 某船某航次装载棉花,航行中发现某舱有烟雾,以下所采取措施正确的是________。
A. 开舱检查　　B. 开舱扑救
C. 封闭该舱通风筒及舱盖并进行扑救
40. 为防止舱内产生汗水,以下哪种情况可以进行自然通风?
A. 当天气晴好时
B. 当舱内温度高于外界温度时
C. 当舱内空气的露点高于外界空气的露点时
41. 船舶由暖湿地区驶往寒冷地区时,货舱应________。
A. 少量通风　　B. 大量通风
C. 断绝通风
42. 当外界空气温、湿度高于舱内空气温、湿度时________。
A. 可以进行自然通风　　B. 可以进行机械通风
C. 可以进行干燥通风
43. 货舱壁上产生汗水的原因是________。
A. 船体温度下降至低于舱内空气的露点
B. 船体温度上升至高于舱内空气的露点
C. 舱内气温高于露点
44. 货舱通风方法中,不受外界环境条件限制的通风方式________。
A. 自然通风　　B. 机械通风

C. 干燥通风

45. 下列哪种情况可以进行自然通风?

A. 舱内温度高于外界温度

B. 舱内空气露点温度高于外界空气露点温度时

C. 舱内空气露点温度低于外界空气露点温度时

46. 自然通风中,将上风一侧通风筒转向下风,下风一侧通风筒转向上风,称为________。

A. 排气通风　　B. 对流循环通风

C. 机械通风

47. 自然通风中,将所有通风筒口全部转向下风一侧的通风方式,称为________。

A. 干燥通风　　B. 对流循环通风

C. 排气通风

48. 下列________不属于海上货运事故。

A. 货物件数短少　　B. 货物残损

C. 货物被扣留

49. 下列不属于船方配积载不当的是________。

A. 货物搭配不当　　B. 舱位选择不当

C. 值班看舱松懈,疏于监装、监卸

50. 在货物装卸及运输过程中发生和发现的货物变形、变质、霉烂、破碎及泄漏等现象称为________。

A. 货物残损事故　　B. 货物溢短事故

C. 人身伤亡事故

51. 下列发生货损货差的主要原因中,________是由船方负责的。

A. 装卸过程中,装卸工人使用起货机具不当

B. 货物本身原因造成的货损货差事故

C. 装卸作业中,船上起货机具不良造成的货损货差事故

52. 以下货运事故产生的原因中,________属于货舱不适货及其设备不符合要求。

①货舱有异味,造成货物串味导致货损;②货舱通风设备失灵,通风不及时造成货物霉烂;③货舱开口封闭锁紧装置不良,造成货舱进水,引起货损;④货舱盖没有关紧,造成货舱进水,使货物水湿

A. ①②③④　　B. ①②③

C. ①②④

53. 最大系固负荷(*MSL*)系指________。

A. 船上系固设备的许用负荷　　B. 船上系固设备的破断强度

C. 船上系固设备的试验强度

54. 若系固钢丝在其10倍直径的任何长度内超过________严重锈蚀,则予以换新。

A. 1%　　B. 5%

C. 10%

55. 下列________不包括在《货物系固手册》中。

A. 手册编制依据、定义　　B. 系固设备及其布置

C. 航次货物的系固方案

56. 货物系固时，若仅考虑防止货件滑动，其系固角应________。

A. 不大于 25°　　B. 不小于 40°

C. 不大于 60°

57. 装运重大件货物前，应详细了解所运重大件货物的有关资料，不包括________。

A. 货物主要尺度　　B. 货物重心位置

C. 货物生产厂商

58. 下列不属于重大件货物运输的特点的是________。

A. 单件货物重量大　　B. 单件货物尺寸大

C. 货物批量大

59. 船运重大件货物时应特别注意________。

A. 稳性和吃水差　　B. 稳性和纵向强度

C. 稳性和局部强度

60. 为便于重大件货物装载，应尽量使船舶吃水差________。

A. 尾倾较大　　B. 首倾较大

C. 较小或平吃水

61. 重大件货物装载时，为避免过大横倾，可采取________的方法予以调整。

A. 收紧船舶缆绳　　B. 调整压载水

C. 防止货件移动

62. 对于重大件货物的系固，以下错误的是________。

A. 系索应松紧适宜

B. 系固时每道系索应缠绕货件两周后再固定

C. 为提高系固效果和节省系索，系固角应适当

63. 用船吊吊卸重大件时，船舶横倾角最大的时刻为________。

A. 吊杆头的高度最大时　　B. 货物距基线的高度最大时

C. 货物将要落地之时

64. 用船吊吊装重大件时，船舶横倾角最大的时刻为________。

A. 吊杆头的高度最大时　　B. 货物距基线的高度最大时

C. 货物刚刚离地之时

65. 一些钢板因________不当，会造成下层钢板在重压下成波浪样变形。

A. 装载位置　　B. 衬垫设置

C. 隔票方法

66. 许多类钢材货物摩擦系数小，易于发生移位。最危险的是个别钢材重件如果产生移动，会________。

A. 引起卷钢卷边，开卷等　　B. 引起货物倒塌

C. 击穿水线下的船侧外板而造成船舱进水

67. 以下有关海运钢材的特性，说法错误的是________。

A. 积载因数较大　　B. 密度较大

C. 怕潮湿

68. 根据钢材货物装运要求,以下错误的是________。
A. 不与非钢材货物同舱装运　　B. 不与鲜湿货物同舱装运
C. 避免出现船舶重心过低情况

69. 动物性冷藏货物腐烂变质的主要原因是________。
A. 微生物作用　　B. 呼吸作用
C. 化学作用

70. 船舶运输冷藏货物时,采取冷藏方法保管易腐货物的最主要条件是________。
A. 通风　　B. 湿度
C. 温度

71. 关于冷藏船装货前的货舱准备工作,不包括________。
A. 观察冷藏货物的外表　　B. 冷藏舱清洁
C. 冷藏舱设备检查

72. 以下________不是冷藏船舶在运输途中应做的管理工作。
A. 控制舱温的变化　　B. 控制舱内的湿度
C. 定时开舱检查货物的情况

73. 为充分利用集装箱船的箱容量,应________。
A. 排空所有压载水　　B. 将所有压载水舱注满
C. 在双层底及其他合适位置加适当压载水

74. 关于 40 ft 集装箱与 20 ft 集装箱的装载问题,下列________说法是正确的。
A. 20 ft 箱上面不可装 40 ft 集装箱　　B. 40 ft 箱上面可装 20 ft 集装箱
C. 20 ft 箱上面是否可装 40 ft 集装箱需视箱格结构和底座位置等而定

75. 装有海洋污染物的集装箱,________。
A. 只能选配于舱面　　B. 只能选配于舱内
C. 应尽可能选配于舱内

76. 集装箱船编制配积载计划不同于普通货船,它包括三个过程,其中初配工作由________承担。
A. 集装箱船大副　　B. 集装箱船船长
C. 集装箱装卸公司

77. 集装箱船舶的实际积载图通常由________绘制。
A. 集装箱船大副　　B. 船舶理货员或理货公司
C. 集装箱装卸公司

78. 舱内集装箱在航行途中遇火灾时,________。
A. 可向舱内灌水灭火　　B. 可施放 $CO_2$ 扑灭
C. 无法扑救

79. 顶层相邻集装箱之间的横向水平紧固系固设备是________。
A. 角锁紧装置　　B. 绑扎杆
C. 桥锁

80. 通常在舱内 40 ft 箱位上装载 20 ft 集装箱时用于固定上下两层 20 ft 集装箱,以防止其水平滑动的系固设备是________。

A. 扭锁　　B. 桥锁
C. 定位锥

81. 舱内 40 ft 箱格导轨内装载 20 ft 箱时，置于集装箱箱位底座和集装箱底部角件之间，起定位及防移作用的是________。
A. 扭锁　　B. 桥锁
C. 锥板

82. 桥锁用于对________的连接。
A. 相邻两行最上层集装箱的顶部
B. 相邻两列最上层集装箱的顶部
C. 甲板集装箱与底座之间

83. 锥板是________。
A. 连接上下两层集装箱的系固设备
B. 连接集装箱与底座的系固设备
C. 连接横向两列集装箱的系固设备

84. 固体散货的易流态化是指________。
A. 未经充分平舱时易在舱内流动
B. 散落性较强，易在舱内自由流动
C. 含水量较大时，易造成货物流动

85. 流动水分点是可用来衡量________特性的指标。
A. 一般固体散货　　B. 易流态化货物
C. 具有化学危险的固体散货

86. ________不是固体散货船在运输过程中的危险性。
A. 稳性减小或丧失　　B. 船舶操纵困难
C. 船舶结构损坏

87. 下列________不是固体散装货物运输中易产生的危险。
A. 由于积载不当造成船体结构的损坏
B. 易发生货差货损
C. 易产生化学危险

88. 根据 2019 年 3 月 1 日《海运固体散装货物安全监督管理规定》，船舶载运________固体散装货物的，还应当遵守《船舶载运危险货物安全监督管理规定》。
A. A 组　　B. B 组
C. C 组

89. 根据 2019 年 3 月 1 日《海运固体散装货物安全监督管理规定》，载运固体散装货物的船舶，其船舶________中应当列出所载货物安全适运的典型工况。
①装载手册；②积载计划；③稳性计算书
A. ①②　　B. ②③
C. ①③

90. 根据 2019 年 3 月 1 日《海运固体散装货物安全监督管理规定》，船舶载运固体散装货物，应当符合有关________并符合相应适装证书或者证明文书的要求。

①积载;②隔离;③装卸;④运输的安全技术规范

A. ①②④　　B. ①③④

C. ①②③④

91. 根据2019年3月1日《海运固体散装货物安全监督管理规定》,船舶所有人、经营人或者管理人应当对船员进行固体散装货物专业知识培训和考核,保证船员熟悉固体散装货物的________。

①特性;②运输规程;③应急预案

A. ①②　　B. ①③

C. ①②③

92. 根据2019年3月1日《海运固体散装货物安全监督管理规定》,发现货物装卸作业与装卸计划不符或者可能存在安全隐患的,载运固体散装货物船舶和港口经营人应当共同进行核实,并采取必要的________。

A. 强制措施　　B. 安全措施

C. 应急措施

93. 根据2019年3月1日《海运固体散装货物安全监督管理规定》,船舶载运可能释放有毒气体的固体散装货物时,应当对货物处所提供________。

①机械通风;②循环通风;③自然通风;④独立通风

A. ①③　　B. ②④

C. ①②③④

94. 根据2019年3月1日《海运固体散装货物安全监督管理规定》,船舶载运的固体散装货物属于危险化学品并违反本规定的,按照________进行处罚。

A.《海运固体散装货物安全监督管理规定》

B.《危险化学品安全管理条例》

C.《危险货物安全管理规定》

95. 不同类别的B类固体散货________。

A. 应配装在同一货舱　　B. 应配装在不同货舱

C. 视货物相容性而定

96. 散装固体货物船舶装货时压载水的排放顺序通常________。

A. 排放装载货舱附近的压载舱　　B. 先中部货舱,后首尾货舱

C. 先首尾货舱,后中部货舱

97. 对于散装固体货物船舶,正确的装舱顺序是________。

A. 先中部,然后首、尾部交替进行　　B. 先首部,再尾部,然后中部

C. 先尾部,再首部,然后中部

98. 装卸散货时,为减少进入船舶生活区或其他舱室的粉尘量,在装卸期间应________通风系统,空调应调节为________运行方式。

A. 关闭或遮盖;外部循环　　B. 关闭或遮盖;内部循环

C. 打开或遮盖;外部循环

99. 关于散装固体货物安全装运要求,以下叙述错误的是________。

A. 装货前,货方应向船长提交拟装货物特性的证书和证明文件

B. 装货时，船方应做好货物的取样和样品封存，以便掌握装货时货物的状况

C. 在准备货舱时，一般情况下不用检查污水沟、测深孔

100. 煤炭在自燃的同时会产生________，人员吸入会中毒。

A. 氮　　B. 一氧化碳

C. 硫化氢

101. 煤易发生氧化，导致舱内________。

A. 缺氧　　B. 二氧化碳减少

C. 产生硫化氢气体

102. 某运煤船在海上航行时货舱发生火灾，有关处理措施以下错误的是________。

A. 封闭所有通风口　　B. 开舱灌水

C. 用水冷却货舱四壁和甲板

103. 矿石不具有以下________特性。

A. 密度大　　B. 吸附性

C. 易流态化

104. 根据 2019 年 3 月 1 日《海运固体散装货物安全监督管理规定》，从事固体散装货物装卸作业的人员，应当遵守安全和防污染操作规程，建立并落实________制度，严格按照船舶检查表的要求进行检查和填写。

A. 港口安全检查表　　B. 船舶安全检查表

C. 船岸安全检查表

105. 水尺计量是用于________的一种计量方法。

A. 船运低廉固体散货　　B. 价值较高的散货船运

C. 船运大宗包装货

106. 某固体散货船装载前吃水差 $t=-1.20$ m，水尺检量中进行排水量纵倾修正时，________。

A. 只需进行第一次修正　　B. 只需进行第二次修正

C. 两次修正都需进行

107. 油量计量中，石油密度是指________。

A. 单位重量石油的体积　　B. 单位体积石油的重量

C. 某一温度下单位体积石油的质量

108. 舱内液体很满，测深孔在舱长中点后部，则船舶________时可能测不出液面空当高度。

A. 正浮　　B. 尾倾

C. 横倾

109. 液舱测深孔在左舷，测深时船舶左倾，则所测得的空当高度________。

A. 大于舱内液面的平均空当高度　　B. 小于舱内液面的平均空当高度

C. 等于舱内液面的平均空当高度

110. 关于油样的选取，以下正确的是________。

A. 选取的油样应直接装入一个容器内

B. 选取的油样只需要交给货方

C. 选取的油样应搅拌均匀后装入两个容器内

111. 在装油结束后，可从油舱取样口进行取样。一般油船至少应从________的油舱内选取。

A. 15%　　B. 25%

C. 30%

112. 装油前,应把消防器材放在接管处,并在附近接妥________消防水龙。

A. 一根　　B. 两根

C. 三根

113. 装油过程中控制装油速度的主要目的是________。

A. 避免静电放电　　B. 预防电气火花

C. 减少静电积聚

114. 油船装油完毕后,应________。

A. 地线软管同时拆　　B. 先拆地线后拆软管

C. 先拆软管后拆地线

115. 下列________不是液体散装化学品的主要特性。

A. 易燃性　　B. 自燃自热性

C. 化学反应性

116. 液化石油气在常温常压下是________的碳氢化合物。

A. 气态　　B. 液态

C. 固态

117. 液化气船的燃烧和爆炸在________可能性最大。

A. 锚泊时　　B. 装卸时

C. 等待作业时

118. 液化天然气船在装载货物时有充装的限制,各液舱最大应装至液舱容积的________。

A. 50%~60%　　B. 70%~80%

C. 98%

## 第二节　危险货物运输

1.《国际危规》根据________将危险货物分为9大类。

A. 配积载原则

B. 货物的理化特性及对人身的伤害情况

C. 货物危害性的大小

2.《国际危规》中将危险货物分为________个大类,其中工业酒精属于第________类。

A. 9;3　　B. 9;4

C. 10;3

3. 半数致死量是衡量________的指标。

A. 有毒物质的毒性　　B. 爆炸品的危险性

C. 放射性物质的危险性

4. 半数致死浓度和半数致死量是衡量________的指标,其值越________,危险性越大。

A. 放射性物质;小

B. 有毒物质;小

C. 放射性物质;大

5. 凡具有燃烧、爆炸、毒害、腐蚀、放射线等性质,在运输过程中能引起人身伤亡、财产毁损或环境污染的货物均属________。

A. 爆炸品　　B. 毒害品

C. 危险货物

6. 黄磷在空气中能迅速氧化,它在危险货物中属于________。

A. 氧化剂　　B. 易燃固体

C. 易自燃物质

7. 我国规定________不得进行海上运输。

A. 剧毒品　　B. 稀有金属

C. 感染性物质

8. ________属于潮湿时放出易燃气体的物质。

A. 爆炸品　　B. 电石

C. 潮湿的棉花

9. ________不属于爆炸品的特性。

A. 爆炸性　　B. 毒性和窒息性

C. 自燃性

10. 以下________物质属于危险货物。

①乒乓球;②烟花爆竹;③高锰酸钾;④油漆;⑤电石

A. ①②③　　B. ③④⑤

C. ①②③④⑤

11. 以下________物质属于危险货物中的腐蚀性物质。

①酒精;②硫酸;③高锰酸钾;④漂白粉

A. ①②④　　B. ②

C. ①②③④

12. 根据危险货物包装的等级,一般可以判断该货物的________。

A. 类别　　B. 状态

C. 危险程度

13. 危险货物包装按其适用范围,可分为________。

A. 单一包装、复合包装　　B. 单一包装、组合包装

C. 通用包装、专用包装

14. 危险货物的Ⅰ类包装可以盛装________。

A. 低度危险性货物　　B. 中等危险性的货物

C. 危险性最大的货物

15. 危险货物通用包装Ⅱ类包装可以盛装________。

A. 中等危险性的货物　　B. 危险性中等或更低的货物

C. 低度危险性货物

16. 危险货物通用包装Ⅲ类包装可以盛装________。

A. 中等危险性的货物　　B. 危险性中等或更低的货物

C. 低度危险性货物

17. 危险货物通用包装分为________个等级,其中________类包装可以适用高度危险性的货物。

A. 3;Ⅰ　　B. 3;Ⅱ

C. 3;Ⅲ

18. 危险品包装类型代码的第一部分用________来表示。

A. 一个阿拉伯数字　　B. 一个大写拉丁字母

C. 两个大写拉丁字母

19. 下列哪些危险货物需要专用包装?

①部分爆炸品;②第2类危险货物;③放射性物质

A. ①②③　　B. ①②

C. ①③

20. 船舶承运曾盛装过危险货物的空容器,若未经处理的,则应________。

A. 按普通货物处理　　B. 给予适当的通风

C. 保持原危险货物标志

21. 危险货物图案标志的形状是________,海洋污染物标志的形状是________。

A. 菱形;三角形　　B. 菱形;菱形

C. 三角形;菱形

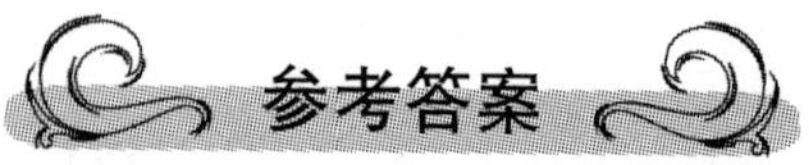

## 参考答案

## 第一节　货物装卸、积载和系固

| | | | | | | | | | |
|---|---|---|---|---|---|---|---|---|---|
| 1. C | 2. C | 3. A | 4. A | 5. C | 6. C | 7. C | 8. C | 9. A | 10. B |
| 11. A | 12. A | 13. A | 14. C | 15. B | 16. A | 17. C | 18. C | 19. B | 20. C |
| 21. C | 22. C | 23. A | 24. A | 25. A | 26. C | 27. C | 28. A | 29. B | 30. C |
| 31. A | 32. B | 33. C | 34. B | 35. A | 36. C | 37. C | 38. B | 39. C | 40. C |
| 41. A | 42. C | 43. A | 44. C | 45. B | 46. B | 47. C | 48. C | 49. C | 50. A |
| 51. C | 52. B | 53. A | 54. B | 55. C | 56. A | 57. C | 58. C | 59. C | 60. C |
| 61. B | 62. B | 63. C | 64. C | 65. B | 66. C | 67. A | 68. A | 69. A | 70. C |
| 71. A | 72. C | 73. C | 74. C | 75. C | 76. C | 77. B | 78. B | 79. C | 80. C |
| 81. C | 82. B | 83. B | 84. C | 85. B | 86. B | 87. B | 88. B | 89. C | 90. A |
| 91. B | 92. B | 93. A | 94. B | 95. C | 96. A | 97. A | 98. B | 99. C | 100. B |
| 101. A | 102. B | 103. B | 104. C | 105. A | 106. C | 107. C | 108. B | 109. B | 110. C |
| 111. B | 112. B | 113. C | 114. C | 115. B | 116. A | 117. B | 118. C | | |

## 第二节　危险货物运输

1. B　2. A　3. A　4. B　5. C　6. C　7. C　8. B　9. C　10. C
11. B　12. C　13. C　14. C　15. B　16. C　17. A　18. A　19. A　20. C
21. B

# 第三十四章 船舶维修保养

## 第一节 船舶修理

1. 关于船舶计划修理的说法,下列内容不正确的是________。
   A. 计划修理多结合船舶的各种检验有计划、周期地进行
   B. 计划修理还包括因意外事件而进行修理
   C. 计划修理包括坞修、小修和检修
2. 关于船舶临时修理的说法,下列内容不正确的是________。
   A. 临时修理包括航修和事故修理
   B. 临时修理还包括坞修、小修和检修
   C. 临时修理是由于意外事情而进行的非计划修理
3. 坞修是指________。
   A. 对船体水下部分的构件和设备进行检查和修理的工程
   B. 结合船舶的中间检验或年度检验进行的修理
   C. 重大海损事故后进坞的修理
4. 有关检修,下列说法正确的是________。
   ①属于最大的修理类别;②按规定周期进行;③结合船舶定期检验进行;④结合船舶的特别检验进行
   A. ①②③④　　B. ①②③
   C. ②③④
5. 有关事故修理,下列说法正确的是________。
   ①属临时性修理;②不包括在计划修理内;③如时间巧合也可与计划修理合并进行
   A. ①②③　　B. ①②
   C. ②③
6. 船舶修理工作中,甲板部对船舶的养护和修理工作,由谁负责领导和分工?
   A. 船长　　B. 大副
   C. 船长和大副
7. 船舶进坞时,为了不使墩木受力过大,应将船舶尾部与墩木接触之前的吃水差调到________。
   A. 适当首倾　　B. 适当尾倾

C. 平吃水

8. 船舶进厂修理首先要注意安全，主要的安全措施有________。

①防火、防坠落；②安全用电；③防滑和防冻

A. ①②③　　B. ①③

C. ②③

9. 船入坞后航海仪器的船底装置应用________。

A. 水泥涂封　　B. 油漆涂盖

C. 不干胶纸贴封

10. 为避免坞内油漆船壳板时防腐锌板沾上油漆，可事先用________将防腐锌板的四周涂好，再刷船壳板油漆。

A. 煤油　　B. 牛油

C. 水泥

11. 船入坞后测深仪位于船底的震荡器不得________。

①用水泥涂封；②用油漆涂盖；③用白纸封贴

A. ③　　B. ①③

C. ①②

12. 坞修工程完成后出坞前，应注意确认和检查________。

①所有坞修工程是否确实完成并检验合格；②防腐锌板是否装妥并涂好油漆；③船底塞是否塞好封牢；④航海仪器的船底装置纸贴封是否撕掉

A. ②③④　　B. ①②④

C. ①③④

13. 下列对钢板裂缝处理方法不当的是________。

A. 对裂缝进行补焊或挖补　　B. 在裂缝两端钻止裂孔

C. 在裂缝上进行覆补

14. 裂缝修理的方法是________。

①在裂缝两端钻止裂孔；②用覆补修复；③补焊或挖补修复

A. ①②③　　B. ①②

C. ①③

15. 修理工程的验收和检验内容包括________。

①施工中的检查；②完工后的检查；③完工后的试验

A. ①②③　　B. ②③

C. ①②

16. 锚设备是重要的甲板设备，经修理后，为了保证其正常的工作性能，应进行下列哪项检查？

①锚机的起锚能力；②锚爪的校正情况；③锚链的连接可靠性

A. ①②③　　B. ②③

C. ①③

17. 修船完工后的航行试验内容包括________。

①主机和操纵性能试验；②深水抛锚试验；③助航仪器和通信设备试验

A. ①②　　B. ②③

C. ①②③

## 第二节　船舶日常检查保养

1. 对船体结构进行检查时，以下________部位应进行重点关注。
①船壳板；②甲板；③肋骨及其肘板；④舱口围板；⑤压载舱
A. ①②③④⑤　　B. ①②③④
C. ②③④⑤

2. 对船体结构进行检查时，以下________部位应进行重点关注。
①舱口围板；②入舱道门；③通风筒与空气管的甲板开口处；④测量孔甲板开口处；⑤锚机
A. ①②③④⑤　　B. ①②③④
C. ②③④⑤

3. 对船体结构进行日常检查时，必须注重检查以下________局部易腐部位。
①轻、重载重线间的外板及焊缝；②流水孔下的外板；③推进器附近的外板；④人孔周围的内底板；⑤舱口围板下部的死角处
A. ①②③④⑤　　B. ①②③④
C. ②③④⑤

4. 对集装箱船货舱舱口盖进行检查保养的项目一般应包括________。
①货舱盖的锈蚀、变形和裂纹等损坏情况；②对货舱盖进行敲产、清洁、除锈和油漆；③每个航次对被绑扎工具砸坏的部位进行检查并进行必要的修理
A. ①②③　　B. ①②
C. ①

5. 下列哪项是缆绳安全系数选取的依据？
①缆绳应用的场所；②缆绳的新旧程度；③缆绳的插接方法
A. ①②③　　B. ①②
C. ①

6. 绞缆机在养护周期内的养护要点是________。
①对失灵者换新或修理；②活络处加油；③制动装置失效者应及时修复
A. ①②③　　B. ①②
C. ②

7. 关于化纤缆绳的使用，正确的做法是________。
①新缆绳使用前应在甲板上重卷一次；②结冰后应在适当温度下解冻，晒干后再存放；③沾油后应及时清洗干净
A. ①②③　　B. ①②
C. ①

8. 使用和保管钢丝绳时，下述哪种说法正确？
①防止扭结和弯曲过度；②防止生锈和过度磨损；③防止受钝力
A. ①②③　　B. ①②
C. ①③

9. 锚的外观检查应在涂漆前进行，锚和其零部件表面不应有的缺陷为________。
①裂纹；②气孔；③砂眼；④其他足以影响强度的缺陷
A. ①②③④　　B. ①②④
C. ①④

10. 用手锤敲击每个链环与卸扣，听其声音是否清脆，主要用于检查其有否________。
A. 磨损　　B. 裂纹
C. 变形

11. 锚机在日常检查保养中应做到________。
①检查刹车是否良好；②使用前先空转、试车；③离合器经常加油；④注意链轮的轮齿磨损情况
A. ①②③④　　B. ①③④
C. ③④

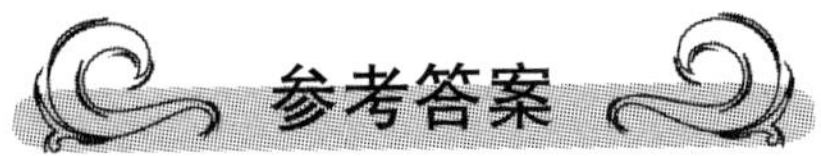


## 第一节　船舶修理

1. B　2. B　3. A　4. A　5. A　6. B　7. C　8. A　9. C　10. B
11. C　12. C　13. C　14. C　15. A　16. A　17. C

## 第二节　船舶日常检查保养

1. A　2. B　3. A　4. A　5. A　6. A　7. A　8. A　9. A　10. B
11. A